新时代创业者丛书 打造创业者的“中国芯片”

木羊老师的抖音课堂

——六步实现短视频百万粉丝

木 羊 崖 峰◎著

● 起点快人一步

● 涨粉快人一步

● 热门快人一步

● 行业领先一步

● 变现快人一步

● 制作快人一步

中国铁道出版社有限公司
CHINA RAILWAY PUBLISHING HOUSE CO., LTD.

内容简介

本书主要讲述了打造拥有百万级粉丝的短视频营销号的实施方法，分别从做好准备工作、了解推荐算法、把控内容布局、掌握拍摄剪辑、做好运营维护、玩转营销套路共6个步骤进行讲解和分析，并将每个步骤所具有的意义和作用分别归纳为起点快人一步、热门快人一步、涨粉快人一步、制作快人一步、变现快人一步和行业领先一步。本书通过图文并茂的形式，按照打造百万级粉丝短视频营销号的真实情景讲述，实操性极强，适合零基础的人士阅读和学习。

本书适合从事电子商务、短视频制作、企业主、厂家或商家负责人阅读和学习，也适合有志于创业的高校学生和社会人群学习和参考。

图书在版编目（CIP）数据

木羊老师的抖音课堂：六步实现短视频百万粉丝 / 木羊，崖峰著. —北京：中国铁道出版社有限公司，2021.9
（新时代创业者丛书：打造创业者的“中国芯片”）
ISBN 978-7-113-28179-3

Ⅰ. ①木… Ⅱ. ①木… ②崖… Ⅲ. ①网络营销 Ⅳ. ① F713.365.2

中国版本图书馆 CIP 数据核字 (2021) 第 145339 号

书　　名：木羊老师的抖音课堂——六步实现短视频百万粉丝
作　　者：木　羊　崖　峰

策　　划：潘星泉　　　　编辑部电话：（010）51873090
责任编辑：潘星泉　李学敏
封面设计：刘　莎
责任校对：苗　丹
责任印制：樊启鹏

出版发行：中国铁道出版社有限公司（100054，北京市西城区右安门西街8号）
网　　址：http://www.tdpress.com/51eds/
印　　刷：北京柏力行彩印有限公司
版　　次：2021年9月第1版　2021年9月第1次印刷
开　　本：710 mm × 1 000 mm 1/16　印张：13.75　字数：160千
书　　号：ISBN 978-7-113-28179-3
定　　价：58.00元

编 者 语

做自媒体前，我是一名大学老师。2015 年，为了把“电子商务与网络营销”课程讲得言之有物，我误打误撞地进了互联网圈子。

为了讲好一门课，我开始接触互联网项目、微信公众号、短视频，因为我知道，做学问不能一直待在象牙塔里，要继承传统，更要与时俱进。

2018 年，我顶着短视频的风口开始创业。这一年，我培训出了第一个百万级的大号，成了燕山大学、东北大学（秦皇岛校区）的新媒体专家导师，收获了一支大学生全能短视频团队（团队的每一个人都可以从事账号的前期创作、拍摄、后期剪辑等所有工作）。

2019 年是我承接抖音培训和代运营业务接到“手软”的一年，也是最心力交瘁的一年，频繁的四处培训和顺着甲方的思路做代运营，让我完全没办法沉下心来做内容。于是，同年年底我拒绝了行业“大佬”抛来的橄榄枝，继续专注于内容打造。

从做自媒体的第一天开始，我就知道，做这行要耐得住寂寞，也要学会拒绝诱惑。

我是一个很执着的人，我一直坚信人成功只有一条原则，就是执着。我有一个朋友，是导演兼制片人。2019 年她在内蒙古阿拉善拍片子的时候，我曾经去探班，一个小制作，拍的又是不卖座的文艺片，剧组穷得几个星期不见荤腥，可是她对拍摄却从不马虎，每一个细节都力争表达得完美无缺。她在开机宴上的讲话让我泪流满面：“我知道做成一件事很难，想做好的话就更难。”她说：“人这一辈子，总得有几件想做的事。”

每当想到所有追梦的人，我就觉得自己不是一个人在坚守着。

我相信，无论时代如何变迁，传播依赖何种载体，世界永远需要优质的内容表达，我需要脚踏实地、心无旁骛、优雅笃定、自信从容地把好的内容传递出去，为的是我所敬仰的全部热忱。

我想借我的书发声：我是谁，我在做什么，也希望所有热爱短视频的创作者，能够以己手谱己歌，做个正能量的传播者。我是木羊，一个致力于短视频内容生态学的研习者，很高兴认识你！

木　羊

2021 年 7 月

目　　录

绪　论

2019 年，移动互联网用户规模触顶，我们进入了一个存量博弈的时代。对企业而言，产品同质化越来越严重，带来的结果就是大多数企业量价齐杀。有人说，生意的本质是流量，与过去不同的是，品牌之间不仅要争夺线下流量，更要争夺线上的流量（见图 0–1）。

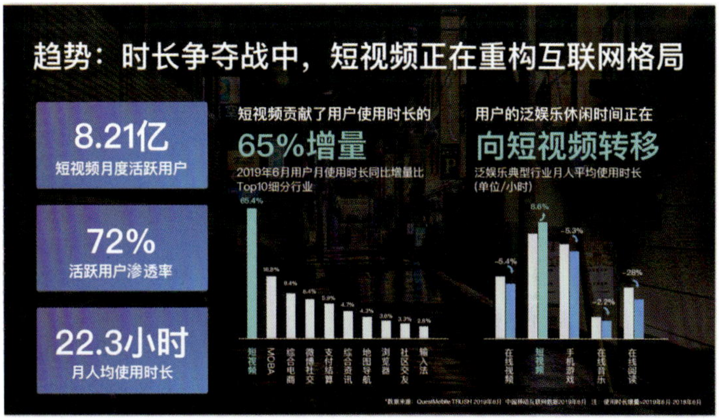

图 0–1

在过去的两年当中，短视频月活跃用户超 8 亿，时长争夺战中，贡献了移动互联网用户使用时长中 65% 的增量，短视频满足用户碎片化的娱乐场景需求，月均使用时间远超长视频。由此可见，用户的泛娱乐休闲时间正在向短视频转移。2020 年，短视频用户行业渗透率超 70%，已成为互联网最炙手可热的流量入口。

抖音作为“国民级”的短视频平台，2016 年上线，只用两年时间 MAU（Monthly Active User，月活跃用户数）就突破了 4 亿大关，成为 MAU 破 4 亿用时最短的

App。抖音高度重视产品运营，加速崛起，领跑短视频赛道，在行业内遥遥领先（见图 0–2）。

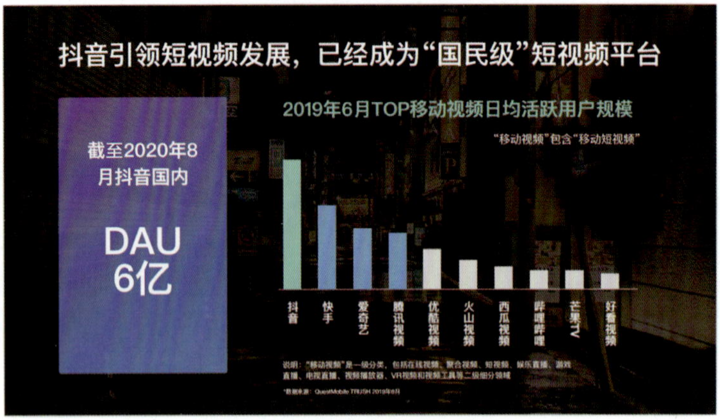

图 0–2

从抖音的用户画像来看，抖音里超八成用户为 19~40 岁的核心消费人群，可以说，抖音平台集中了全国网民中最年轻、最高端、消费水平最高的群体。由此可见，这场线上流量争夺战的焦点就在抖音这个巨大的战场（见图 0–3）。

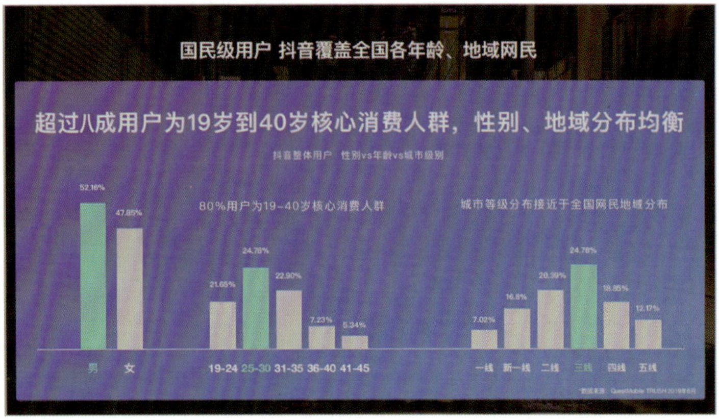

图 0–3

短视频时代，谁能率先占领这个商业入口，谁就是最后的赢家。那么抖音是如何实现流量转化的呢？

所有的流量主，大到某个企业、品牌，小到某个工作室、某个零售商，也包含各种门店、手工作坊等，对流量的需求无非两种：一是曝光；二是转化。

先说曝光，我们以旅游产业为例。2019 年，“抖音网红打卡地”（见图 0–4）线上路人视角曝光量超 50 亿次。纵观国内旅游景区现状，两极分化较为严重，客流量大的景区大多自带 IP，比如泰山的历史 IP，九寨沟的风景 IP 等。多数景区的现状是靠山吃山、靠水吃水，既无历史沉淀也无惊艳的风景。就旅游产业面临的打造 IP 困难、粉丝转化慢的现状，我曾经设计过一款“旅游产业线上线下一体化全面解决方案”的产品，为旅游产业打造直接转化的 IP 和网红地标，这样的产品都需要以抖音为载体实现流量的线上线下一体化。由此类推其他行业，比如商场、酒店，我们都可以利用线下的改造、线上的流量，为企业打造高流量、高曝光率的网红地标，从而实现最直接的线上线下的流量转化。

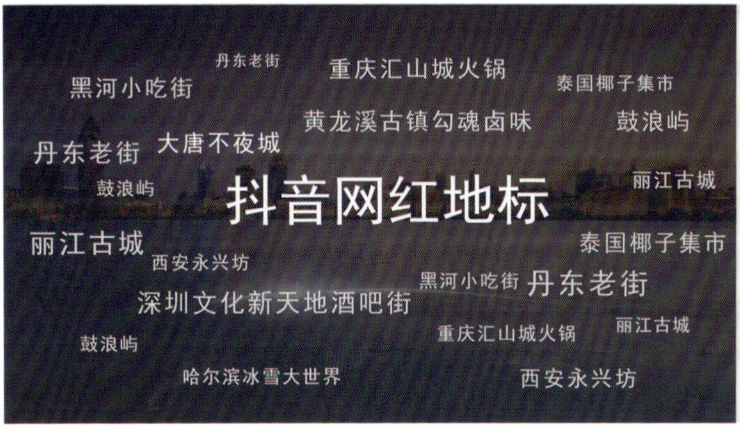

图 0–4

因此，抖音平台的巨大流量可以给企业或个人获得曝光提供更多、更直接的机会。

再讲转化。有的人认为“流量是一切生意的本质”，这句话是倒果为因，他们认为流量只是品牌赢得人心的结果。简而言之就是说，只有流量，没有好的产品、牢固的品牌加持，并不是企业发展的长久之计。实际上，互联网解决了产品的传播成本，并不是产品本身。因此，用短视频为载体获得流量跟牢固树立品牌意识和创造好的产品并不冲突。

但对大多数需要线上流量的人来说，如何将流量转化成购买力才是关键。互联网改变了商业形态，自媒体改变了信息传播模式，以抖音为首的短视频改变了内容分发逻辑与内容消费模式，甚至有可能改变一代人的阅读习惯。两年时间，短视频行业的野蛮粗放式生长逐渐被取代，行业内迎来更多的理性和思考。但即使是目前如此激烈的竞争环境下，短视频仍有红利，尤其是垂直细分领域仍然还是蓝海。在差异化需求的推动下，必然会催生出更多的小众细分内容，而某一领域的特定内容加上个性化的运营手段，也会构建出相关红人的差异化优势。

与众多在拥挤的赛道中和当红 IP 拼搏厮杀相比，如果在偏小众且有目标消费者的垂直赛道上进行精密布局，将获得巨大的竞争机会，此刻，就是各行业在短视频平台上打开一方天地的最佳时机。

我也预祝各位都能通过抖音平台获得成功。

第 1 章
做好准备工作，起点快人一步

1.1 抖音的前世今生

抖音是音乐创意社交软件，起源于早期的 Dubsmash（对口型表演），所以早期的抖音特别流行一种玩法，就是使用现成的 BGM（背景音乐），对着口型进行表演。自 2016 年上线以来，抖音经历了探索期（2016.9—2017.6），着重用户体验和用户留存；初步发展期（2017.7—2018.2），全面发力和重金推广；高速发展期（2018.3—2018.12），用户爆发式增长并尝试实现流量变现；成熟期（2019.1 至今），打造品牌影响力。截至 2020 年第一季度，抖音月活跃用户超 5.5 亿，在短视频企业市场份额中，抖音和快手占了大部分，而抖音独占市场份额超六成。

抖音的产品形态是突出内容本身，单列无限下滑沉浸式短视频，配合音乐直击用户。从平台调性来看，抖音的产品定位是原创短视频分发平台，口号是记录美好生活（见图 1-1）。娱乐的方式有两种：一种是我为用户提供娱乐（PGC），另外一种就是用户的自娱自乐（UGC）。那么，抖音就是天生的 UGC 和 PGC 的完美结合。

图 1-1

目前，随着短视频行业的日趋成熟，用户规模增速放缓，加之抖音平台筛选优质内容的特殊机制，平台粉丝获取难度增加，存量用户对视频内容的要求提高。2019 年，处于增粉状态的红人仅占平台 KOL（粉丝超过 1 万的视频创作者）市场份额的 33%，更有超过 18% 的红人粉丝数量在下降。根据卡思数据，30 万粉丝是内容创作者生存的基础门槛，300 万粉丝是最难跨越的进阶门槛。短视频“腰肩部”红人（粉丝量 30 万 ~ 300 万）占比 42.5%，且增长速度飞快，说明越来越多的优质内容涌入平台，流量竞争愈演愈烈。10 万到 30 万的尾部 KOL 占比达 54.61%，但在此区间的账号掉粉现象最严重，若缺乏持续优质内容产出将首先被淘汰。

如何才能在平台获得可持续发展？首先我们要做好基础准备。

1.2 新手账号注册的基础操作流程

抖音是强运营平台，犹如上帝之手，平台独特的推荐算法导致流量总是源源不断地流向最受欢迎的内容，为了让新账号发布的第一个视频就能收获较高的基础流量推荐，我们需要按照一定的规程进行养号。养号之后的账号在初始推荐时可以获得更为精准的流量推荐，使得视频表现和用户反馈收获更佳的数据，从而进入下一流量池。

接下来我们就可以按步骤开始操作了。

1.2.1 账号注册

首先准备一个没有注册过抖音账号的手机号，最好是流量卡。后续会讲到发布视频的时候最好用流量发布而不是无线网络。因为已注册过的账号普遍存在权重不高的问题：一是原本的账号可能没有持续的活跃及更新而影响权重；二是原本的账号标签与未来发布视频的定位不符而影响权重；三是原本的账号存在违规操作被标记而影响权重。对于已经拥有一定粉丝基础的账号可否使用要由账号、内容、达人的情况具体而定。对于有一定粉丝基础的账号而言，如果内容表现不好，账号会持续降权重，或者因更换达人、更换定位等引起的掉粉也会影响平台后续视频推荐。因此，使用全新的抖音账号进行养号后，只要内容优质，获得推荐的机会是最大的。

我们首先用该手机号注册一个头条号（见图 1–2），再用头条号登录抖音账号。字节跳动旗下抖音短视频、今日头条、西瓜视频三大平台粉丝互通，在之后发布视频的时候也方便同步。

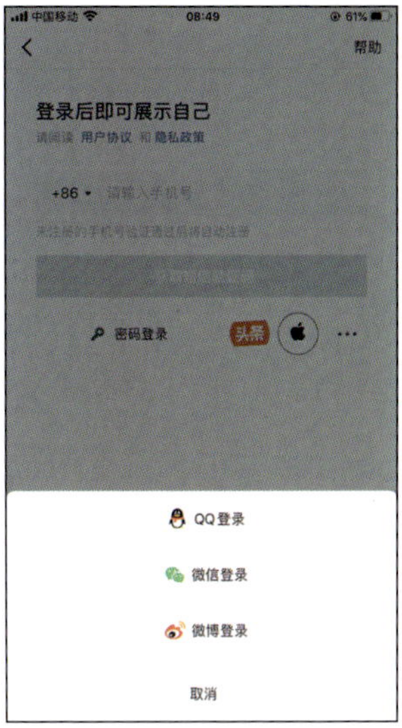

图 1–2

1.2.2 养号

养号是获得平台推荐和提升新号权重的重要一步，因此申请账号之后的第一步不是设置及修改资料，也不是实名认证，而是在账号没有任何标签的情况下先养号。

抖音采用去中心化的推荐逻辑。视频上传后，平台根据视频内容筛选符合抖音调性的内容推荐给少量用户，在首轮推荐中就获得用户较多的良好反馈是获得二次推荐的关键所在。因此，我们希望视频发布后能够被同频用户发现。比如：我们做了一个关于婆媳日常的视频，此类型的视频受众以 30~50 岁的女性用户为主，如何让平台将自己的视频更为精准地推荐给符合账号定位的用户，养号就是关键。

养号需要做好以下几点：

1. 一机一卡一号

养号的第一步就是设备的选择，苹果或安卓系统的手机均可，基础配置可以是 4 GB 运行内存 +64 GB 手机内存或者是 4 GB 运行内存 +128 GB 手机内存，好一点的可以选择 6 GB 运行内存 +128 GB 手机内存。手机配置不能太低，这是为了防止账号或视频爆粉后手机卡顿甚至瘫痪。假如你的视频一夜爆火，有上千万的播放量加上数百万的点赞、评论及粉丝留言，如果内存不够手机就很容易瘫痪。

接下来需要注意的就是要遵守一卡一机一号原则。很多安卓手机都可以双开，双开的同时，两个账号在同一设备上登录，抖音后台是可以检测出来的。如果该账号曾经违规，抖音平台进行了处罚，处罚的结果是封号，该账号就再也无法登录和使用了，手机号和曾经用于登录的设备也会被后台标记。这个时候如果你还想启用这个手机号就几乎没有可能了，但是这个手机恢复出厂设置之后还是可以继续使用的。我们在同一个手机上登录两个账号，会受到彼此的标签、权重、处罚记录的干扰，因此，想要做精一个抖音号，就要秉承着一机一卡一号的原则。手机号码要选择正常号段的流量卡，这里注意，不是虚拟号段，所有抖音账号从注册开始的所有操作都要使用手机流量，不可用 Wi–Fi。因为同一 IP 地址下有多个账号登录，或者万一此 Wi–Fi 下曾有账号的违规操作记录，都会影响其他账号发布的视频的后续推荐。

2. 关注、点赞、评论等操作

首先根据你的账号定位关注 10 个细分领域的大号（粉丝 100 万以上），重点刷同一领域的内容以及点赞、评论、互动，比如：想做一个精分（网络流行语：形容一个人分饰了两个角色或者是两个以上角色）类型的账号，可以关注“多余和毛毛姐”“毛光光”“鹏程哥”等（见图 1–3）；或者想做一个段子类型的账号，可以关注“尬演七段”、“许君聪”等。多看热点、同城视频，每天保持两小时抖音在线，使用用户思维评论，比如“学习了”“太有意思了”，等等。保持这样的活跃状态 3 ~ 5 天，如果在推荐栏看到的同类视频数量超过 60% 就算养号成功。养得好的话，能达到 80% 以上。

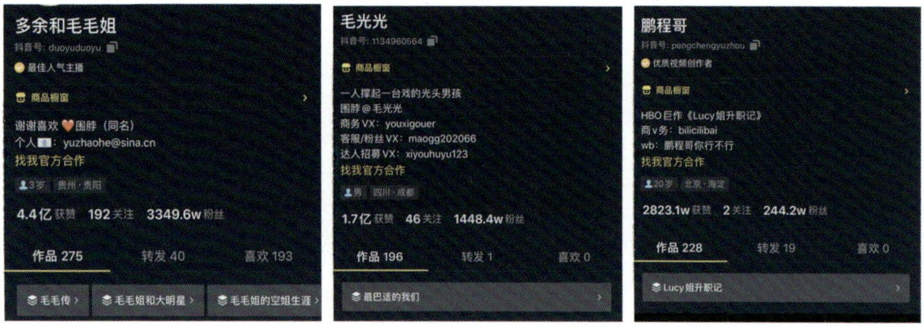

图 1–3

1.2.3 主页打造

每一个通过视频推荐对你产生兴趣的用户都有可能成为你的粉丝，那么你的主页就会影响每一个潜在粉丝对你的第一印象。

首先我们要确定账号名称。这个账号名称一定要与账号内容相关，比如 ×× 穿搭、×× 说车等（见图 1–4），通过名称第一时间代入你的账号定位，获取精准粉丝。其次，账号名称要简单易记，不要过于复杂，最好朗朗上口，易于用户通过账号对视频进行联想。注意账号中不要出现违规字眼，比如，明显向站外导流的、出现暴力等违反社区公约的不良内容，或含有侮辱他人、贬损竞争对手等内容。

账号名称的选择可以根据诉求直接引入，比如 ×× 穿搭；也可以用谐音表达，比如七舅脑爷；也可以用场景加 IP 的形式，比如办公室小野；还可以直接用人名，比如李子柒（见图 1–5）。

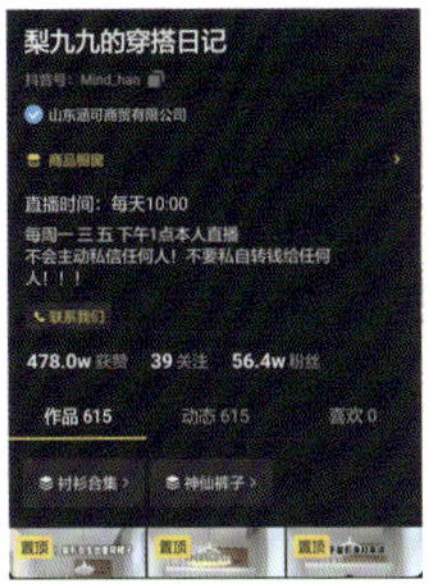

图 1–4

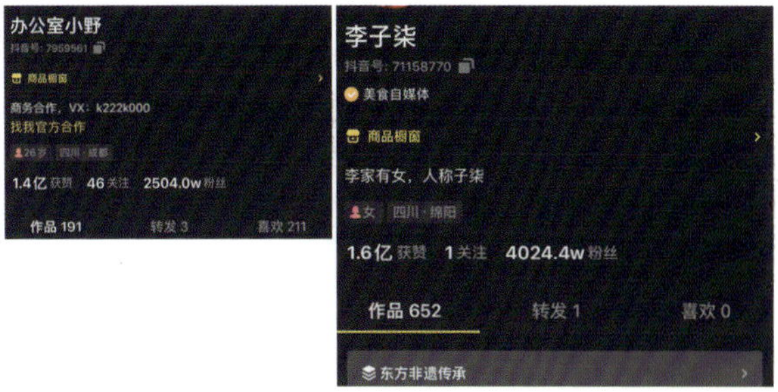

图 1–5

接下来是个性签名的设置。个性签名位于账号名称的下方，位置比较显眼。个性签名是用户了解创作者最直接的窗口，目的是给进到主页的用户留下深刻的印象。创作者可以在这里直接表达诉求，比如抖音号“胖妞教穿搭”的个性签名里注明：“美衣点击我的商品橱窗”，直接表明带货诉求，同时在个性签名中标明自己的身高体重，为粉丝购买的时候提供参考。也可以在个性签名里留下联系方式，当然，抖音明确规定不能向站外导流，那么这里就需要避免违规的字眼，用字母或图形代替（见图 1–6）。

然后，我们根据账号的调性设计主页图和头像，使用清晰、辨识度高的图片，展示个性，引起用户兴趣（见图 1–7）。

最后，在主页当中，注册申请时自动生成的抖音账号是可以修改的。为方便用户查找和记忆，可以将账号修改得更简单易记或个性化，也可以寻找一些与现成的 IP 相关联的名称，比如明星（见图 1–8）。

图 1–6

图 1–7

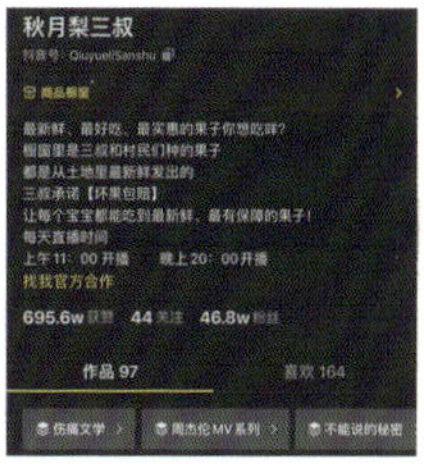

图 1–8

1.2.4 后台设置

主页设置完成后，我们需要进行第三方账号绑定和导入通讯录等设置，为我们积累第一批粉丝，如图 1–9 和图 1–10 所示。

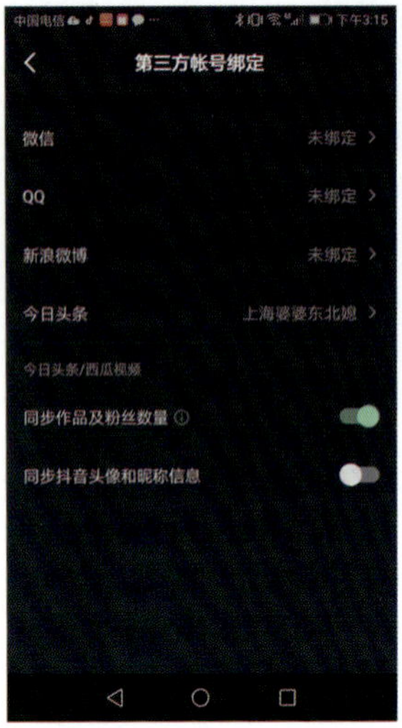

图 1–9

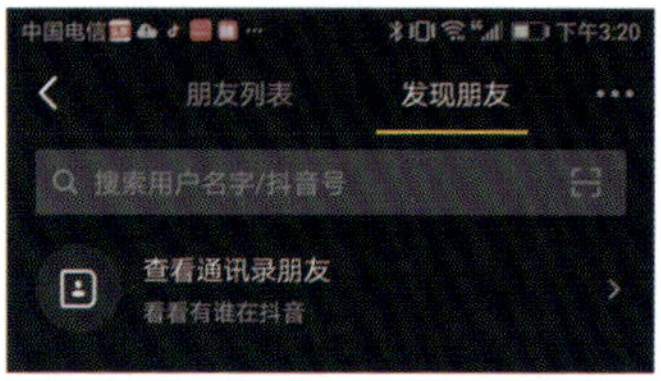

图 1–10

众所周知，抖音平台含有社交属性，而用户上传视频的首轮曝光是依据用户标签完成的，除了推送给符合内容需求的用户外，还会有部分流量推送给熟悉的人。这些人中有两类会对我们发布的视频有帮助：第一类是亲朋好友，这类用户可以增加与视频的互动概率，为视频获取更好的表现数据；另外一类是工作相关联的，这类用户就很可能是你的潜在客户，极有可能成为黏性高且转化高的粉丝。

对于新手账号来说，所有后台设置到这里就结束了。那要不要实名认证呢？在这里，我建议先不要实名认证，因为抖音的实名认证目前无法撤销，一个身份证只能认证一个账号，如果账号表现不好，想重开账号的时候，这个实名身份就浪费掉了。是否实名认证并不影响视频推荐的权重，等到账号需要开购物橱窗或者需要个人或企业认证的时候再进行认证即可。

到这里，账号的准备工作就做完了，在这期间需要注意：

①账号注册完毕不要修改任何资料，直接养号；

②没有一定粉丝基础前不要在主页任何位置放置导流到其他平台的内容，比如

微信号、微博号等；

③养号成功前不要发布任何视频；

④不要有私信回复联系方式等违规操作；

⑤账号开始发布视频后每天都按养号规则保持账号活跃。

1.3 抖音账号类别

抖音账号分为个人号和认证号两种，认证号又有黄 V 和蓝 V 之分（见图 1–11）。不同的账号权限和权重有一定的差别，是否需要认证要视情况、需求而定。

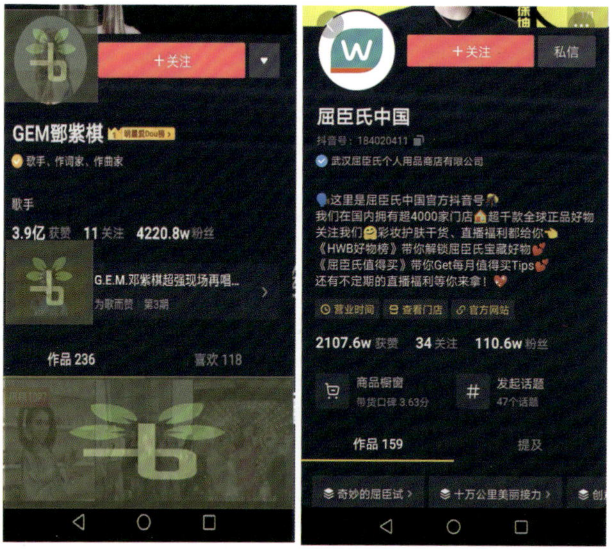

图 1–11

1.3.1 个人号

用户用手机号注册抖音账号之后都拥有以下权限：浏览视频、评论私信互动、拍摄视频、发布视频、视频置顶、申请抖音电商、申请抖音小店、申请加 V 认证、DOU+（视频加热）功能、抖音小游戏等（见图 1–12）。

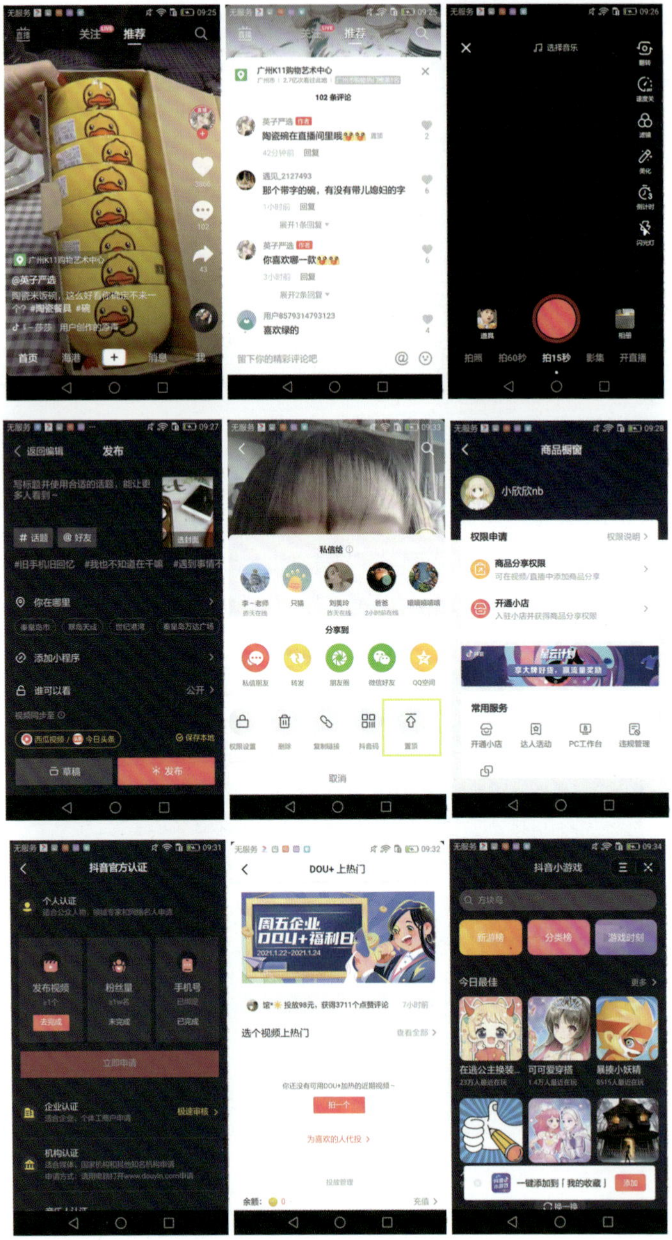

图 1-12

用户下载抖音 App 后即可在软件内浏览平台推荐的内容，但是需要绑定手机号后才可以在平台上与其他用户互动，如评论、私信以及其他账号权限。注册之后的账号如果发生违规行为，或因行为不当被其他用户举报，可能会被禁言、被限制某项使用权限和功能，甚至被封号。

用户不仅可以浏览视频，也可以利用抖音记录日常。通过手机可以拍摄或上传时长最长为 60 秒的视频，通过 PC 端可上传 5 分钟以内的视频，少量开通长视频权限的账号可以上传 10 分钟以内的视频。可能很多人都困惑，抖音的时长是依据什么规则制定的呢？其实，抖音火爆跟“15 秒”的概念有很大的关系。早期的抖音，粉丝数在 1 000 以内的用户只能上传 15 秒的视频，而这个 15 秒的概念是由头条系一个做沉迷产品的负责人提出的。根据研究，人的注意力每 15 秒要分散一次，因此 15 秒的短视频会导致两种结果：一是不停地看同一条视频；二是不停地看下一条视频。随着平台内容越来越丰富，15 秒甚至一分钟都不能满足用户需求，抖音降低了开放一分钟权限的门槛，再到后来，就完全放开要求，新注册用户即可获得一分钟权限。2019 年上半年，抖音开始内测 5 分钟长视频权限，在用户反馈良好的前提下，抖音放开了 5 分钟视频权限，甚至有部分创作者开通了 10 分钟视频权限，但必须由 PC 端上传（见图 1–13）。

图 1–13

其实，在内容创作早期，较短的视频更容易获得更好的用户反馈，从而获得更多轮的推荐。普通用户发布 15 秒以内视频上热门概率远超长视频。不过，归根结底，视频最终获得更多的流量不是取决于时长，而是取决于内容质量。记住，内容为王，这是重中之重。

在发布较多视频后，创作者可以在众多视频中选择三条最希望用户看到的视频进行置顶（见图 1–14），这样，用户进入主页就可以第一时间看到置顶视频，创作者不用担心好的视频因为发布较早而被“淹没”。

当视频内容不足以登上热门时，创作者可以选择用 DOU+ 来帮助视频获取更多的流量（见图 1–15）。也就是说通过平台花钱购买流量，将你视频推送给更多的人。除此之外，当粉丝数大于 1000 的时候可以申请开通抖音电商，通过平台向其他用户分享好物，同时赚取佣金，这是抖音上创作者最重要的变现方式之一。

图 1–14

图 1–15

1.3.2 认证号

普通用户满足一定条件后可以申请认证号，即账号加 V。加 V 用户有两种：一种是蓝 V 用户，另一种是黄 V 用户。蓝 V 用户分企业认证和机构认证（见图 1–16）。企业认证适合企业或个体工商户认证。企业蓝 V 认证后可以获得以下权限。

1. 企业号后台

抖音企业号在 PC 端的 E 管理平台（简称 E 后台，网址为 www.e.douyin.com）可以对账号进行全方位的管理，为企业主提供更方便的登录方式和一站式账号运营体验（见图 1–17）。

图 1–16

图 1–17

2. 电话组件

添加电话组件后，用户可以在账号主页个性签名的位置看到黄色字体“联系方式”四个字，点击即可一键拨出，更快为企业导流。这里需要说明的是，抖音平台禁止普通用户进行站外导流，禁止在主页或视频的任何位置添加其他平台的联系方式或者电话号码。因此这项功能是企业号的特权。添加电话组件需要登录 PC 端的企业号后台，找到“转化功能”，单击进入找到主页转化功能中的“联系方式”。如果选择“使用智能电话”，用户拨打电话只能看到系统生成的虚拟号，可以更好地保护用户的隐私，但同样可以在后台查看通话数据（见图 1–18）。

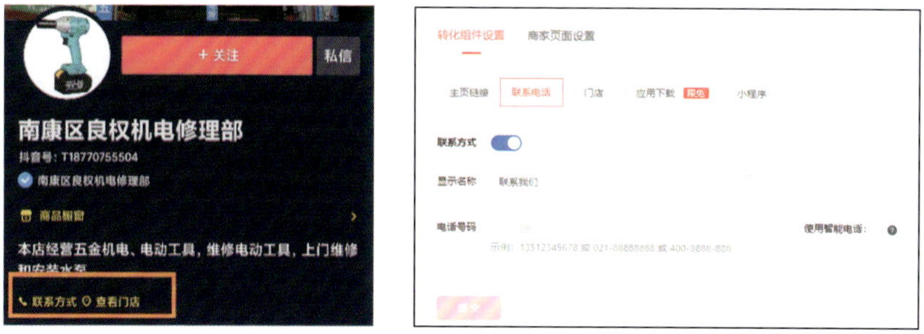

图 1–18

3. 落地页

落地页就是企业的官方链接。这里需要注意的是：因涉及网址安全性问题，网址需以 https 开头。如果放置的是店铺的网址链接，只能是淘宝、天猫、京东的企业店铺，且企业店铺认证主体与抖音企业认证主体必须一致（不支持个体工商户的店铺）（见图 1–19）。

4. 同步认证

企业认证完成后，可享有今日头条、抖音、火山三个平台同步认证的权益（见图 1–20）。只需在需要认证为主账号的平台进行缴费审核即可，然后选择另外两个平台需要同步的账号，注意，此步操作不可撤销。

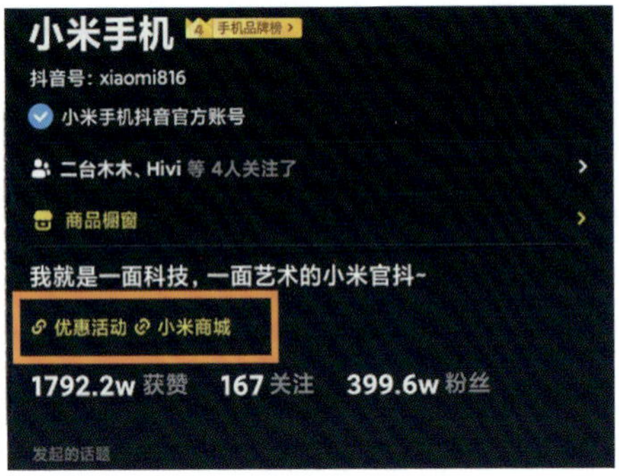

图 1–19

图 1–20

5. 门店认领、装修

抖音门店有点像抖音版的美团，会显示在企业号主页当中，关注 dyshangjia（抖音门店助手），点击官网链接进行认领，认领后可对门店适当装修，使主页看起来更美观，也可以在抖音门店中领取优惠券或其他活动优惠（见图 1–21），同时有机会将抖音上的潜在客户转化到线下。

6. 子母账号

子母账号的出现是为了满足品牌广告主的需要，实现对旗下分公司、经销商或第三方代运营团体的管理而生，作为母账号，可以授权与之相关联的其他企业号作为自己的子账号，子账号可以将部分功能授权给母账号，比如角色功能设置、数据查看等。这里需要注意的是，子母账号双方

图 1–21

都应是已认证的企业蓝 V，一个企业号可既作为母账号，接受多个子账号的授权；也可作为子账号，授权给多个母账号。另外，子母号开通后，一方权益到期不会自动解除授权，待完成年审续期后，无须再次授权即可正常使用。最后，联系客服即可操作解绑，非常便捷。

具体操作步骤如下：

（1）子账号角色授权

Step 1：用子账号角色登录 E 后台（e.douyin.com），单击“授权管理”→“发起授权”按钮（见图 1–22）。

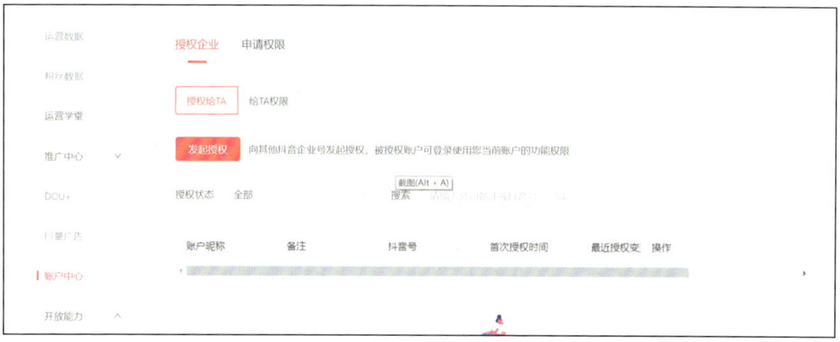

图 1–22

Step 2：输入母账号的抖音号，确认母账号的昵称和头像，避免授权错误。勾选想要授予母账号角色的管理权限，单击“确定”按钮（见图 1–23）。母账号将收到系统发送的授权确认通知。

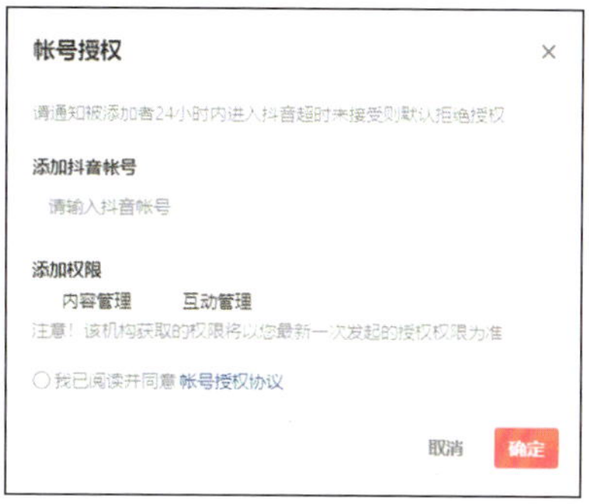

图 1–23

（2）母账号角色确认接受权限

Step 1：用母账号登录 E 后台，单击“接收授权方”中的“授权请求记录”并查看，此时待确认的授权状态为“授权中”。

Step 2：浏览子账号授权给自己的权限模块，但不能修改。如确认无误，单击“接受”按钮。

如申请状态显示“已通过”，说明权限授权已生效。

（3）母账号对子账号进行管理操作

Step 1：母账号通过授权后，便可以对子账号进行操作了。登录母账号在“接受授权方”中单击“被授权账户”，单击“登录”按钮，即可进入子账号管理界面。

Step 2：母账号可以看到并直接操作所有子账号授予自己管理的模块内容。

（4）子账号修改授权权限

如果子账号想修改授权给母账号的权限内容，单击“发起授权方”→“已授权账户”→“权限设置”，重新选择模块内容后，单击“确定”按钮。系统会将权限变更通知发送至母账号。子账号确认权限修改后立即生效，母账号无须再次确认。

（5）申请撤销授权

子母账号角色均可发起撤销授权，以子账号角色为例，在“发起授权方”→“已授权账户”下选择想要解除授权的母账号角色，单击“撤销授权”按钮。

双方授权关系从母账号角色接到系统的撤销通知并单击“确认”按钮开始就结束了。

7. 商家主页

商家主页显示在抖音账号主页中，跟作品并列，是企业蓝 V 的特权。商家主页上可以展示自己的品牌信息、产品单页、POI 店铺信息等，有利于增加品牌认知度、线下转化等。

操作教程如下：

Step 1：登录 E 后台，单击“主页管理”→“商家页面”，如果你希望用户进入主页时首先看到商家页面，那么就需要在设置界面打开“优先展示商家页面”开关（见图 1–24）。

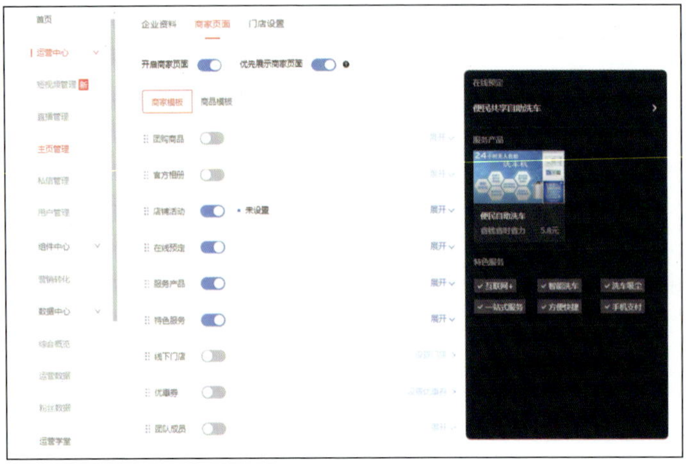

图 1–24

Step 2：商家页面有很多模块，分别是在线预订、店铺（POI）、店铺活动、特色服务、经典案例、团队成员和优惠券。

商家页面可以选择展示 4 ～ 5 个模块，打开页面开关后即可操作设置，把需要在主页展示的模块开关打开即可，不打开的不展示。对于已打开展示开关的模块，将指针移动到整条按钮左方，指针变成“拖动”样式后即可通过拖动模块来调整模块顺序（见图 1–25）。

图 1–25

Step 3：店铺（POI），POI 地址可以理解为一个入口，可以给商家更多展示的入口，包括店铺地址、联系电话、营业时间。另外，最重要的就是可以上传视频来展示自己门店内的商品、服务等，借此来吸引用户到自己门店消费。打开该模块开关，就可以在商家栏下展示已认领的店铺。每个账号最多展示 2 个店铺，如认领过多个店铺，系统将随机选择 2 个店铺展示。

如仍需认领其他店铺，单击“认领更多店铺”，通过审核后将会展示在你的商家栏下（见图 1–26）。

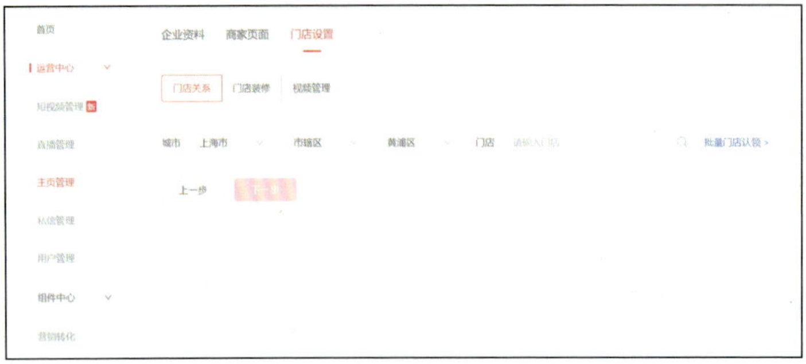

图 1–26

8. 产品转化页

用户可以在视频中和评论置顶处插入产品转化页。

PC 端设置教程如下：

Step 1：登录 E 后台，单击左侧导航栏“内容管理”，选择需要插入的 H5 页面视频，并在选择的页面下方单击“添加组件”按钮（见图 1–27）。

Step 2：在添加组件“落地页”的下拉列表中选择要添加的页面，单击“确定”按钮，提示“修改成功”即成功添加落地页。请注意，这里的“标题”将会作为落地页按钮的文案展示在视频和评论置顶位。注意：每个账号每周最多可添加 3 次产品转化页（见图 1–28）。

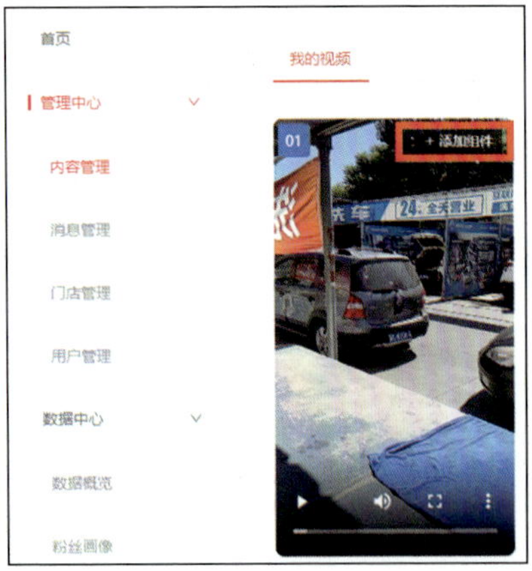

图 1–27

图 1–28

Step 3：落地页成功添加后，会展示在所添加视频的评论置顶处（见图 1–29）。

Step 4：点开图标便会展示落地页，用户可通过落地页与商家进行联系（见

图 1-30）。所留资料的数据请在“用户管理”查看。

图 1-29

图 1-30

Step 5：若第一次使用此功能，单击“创建新页面”按钮（见图 1-31）。

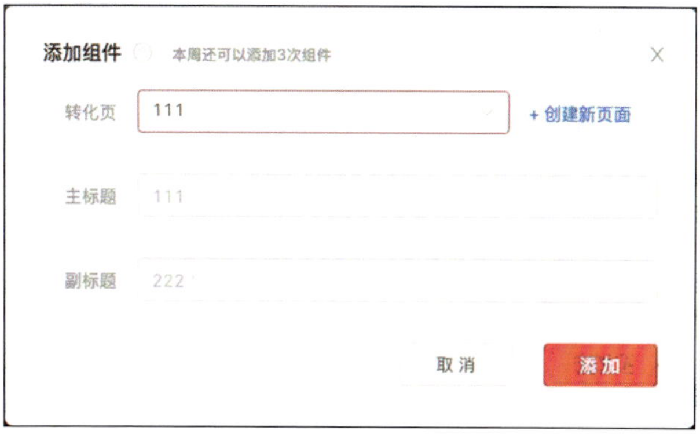

图 1-31

Step 6：填写页面标题、上传产品图片、输入服务相关内容（右侧手机图标可提供样式预览），单击“提交”按钮，产品转化页审核通过后，就可以添加在视频里了。审核时间为 2 个工作日。

Step 7：如果产品转化页的审核状态为“已通过”，就可以在视频和评论位置添加产品转化页了（见图 1–32）。

图 1–32

9. 数据中心

数据中心可以为创作者提供数据分析、粉丝画像和运营指数等数据。这里申明一点，个人号达到一定粉丝数量后，平台也会自动为创作者开通数据中心，位于创作者服务中心内，手机、PC 端均可查看。

数据分析包括核心运营数据、主页数据、视频互动数据等，有助于企业主和品牌主全面了解企业号的运营状况，是对账号价值、传播效果、互动效果等最为客观和科学的分析评估。

粉丝画像是粉丝标签的集合，通过把群体标签化，成为一个具象化的形象，就像一个现实中的人一样，有自己的性格、特征或喜好等。由于互联网的虚拟化特征，我们需要把抽象的粉丝群体形象化，以便实现精准营销。在这方面，平台借助可视化、数据化、线性化的表现方式，为企业主形象具体地描绘粉丝画像，让企业主更了解自己的粉丝，从而为企业实现个性化推荐或其他营销行为打下基础。

（1）“粉丝画像”入口

登录抖音企业号管理后台，单击左侧导航栏“数据中心”→“粉丝数据”，即可看到当前账号的粉丝画像内容（见图 1–33）。

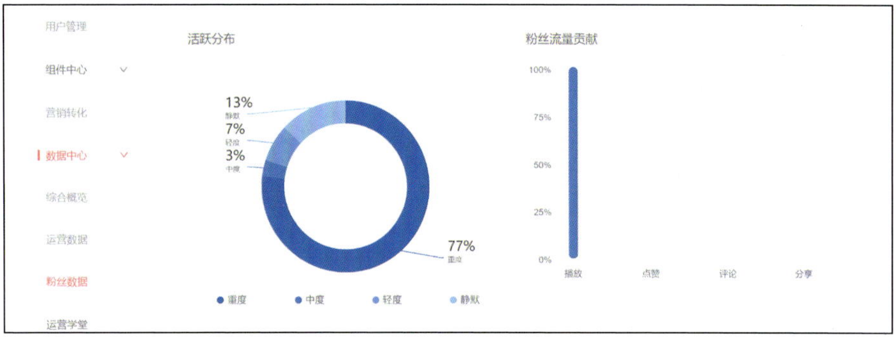

图 1–33

平台收集信息，每天更新前一天的数据，数据为已关注当前抖音认证企业号的所有粉丝在抖音 App 上的相关数据。

（2）“粉丝画像”数据解析

粉丝画像目前提供七大维度的数据，分别是性别、年龄、地域、机型设备分布、活跃粉丝分布、粉丝兴趣分布、粉丝流量贡献占比。

①性别 & 年龄数据分析（见图 1–34）。

②地域分布数据分析（见图 1–35）。

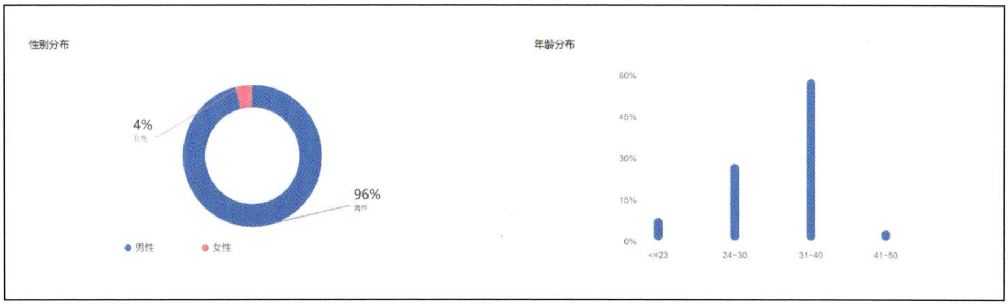

图 1–34

地区	占比
河北	13%
山东	9%
河南	8%
辽宁	7%
江苏	6%

图 1–35

③机型设备分布数据分析（见图 1–36）。

④粉丝兴趣分布数据分析（见图 1–37）。兴趣数据为粉丝在抖音 App 上的兴趣关键词，展示占比最多的前 10 项。

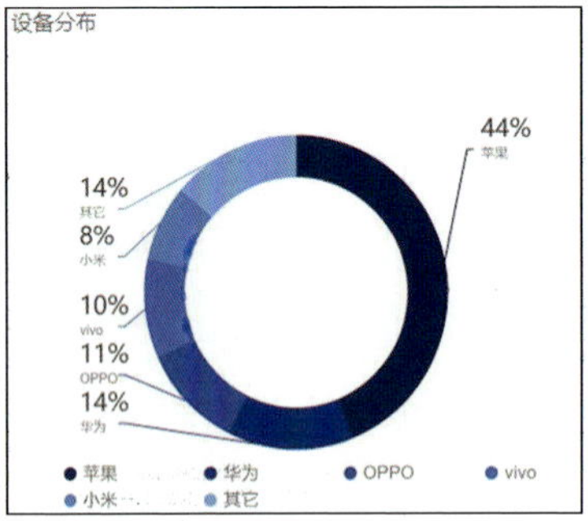

图 1–36

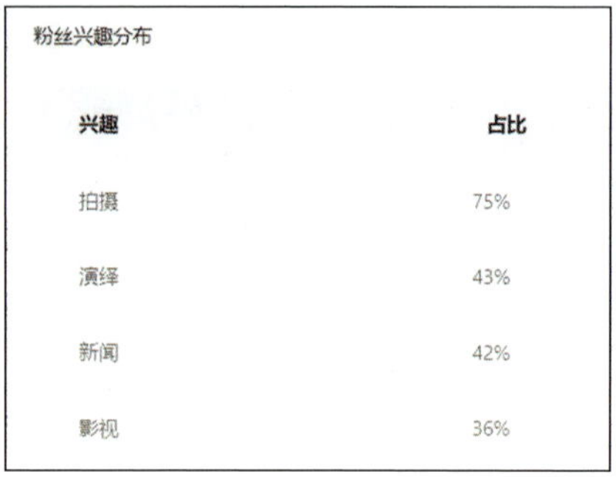

图 1–37

⑤活跃分布数据分析（见图 1–38）。按粉丝近期在抖音 App 上的活跃情况，对粉丝进行分类并体现占比。

⑥粉丝流量贡献数据分析（见图 1–39）。统计账号近期所获得的所有播放和互动（点赞、评论、分享）数据中来源于粉丝的贡献比例。这项数据能很好地反映粉丝的黏性和账号及品牌的影响力。

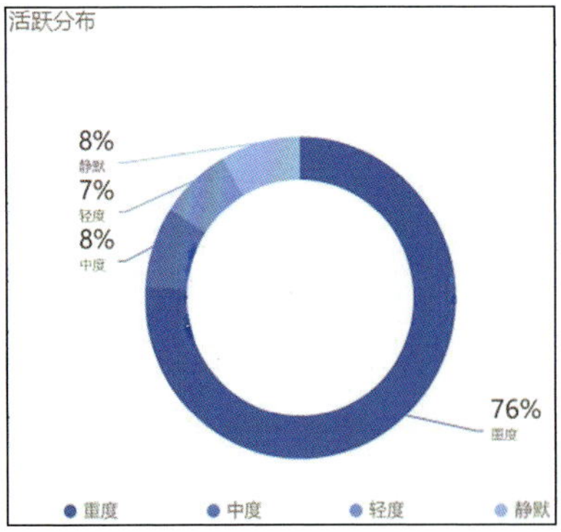

图 1–38

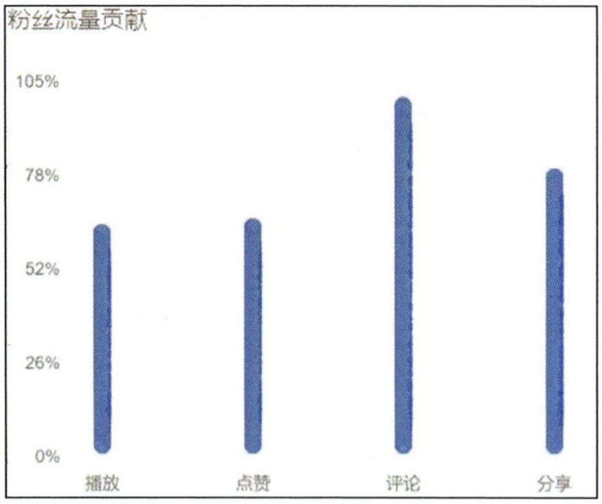

图 1–39

（3）运营指数

运营指数作为认证企业号运营情况风向标，主要用来监控认证企业号的运营状况，找到短板并提高完善。

在 PC 端登录管理后台，单击左侧导航栏的“数据中心”，左侧栏选择“数据概览”→“运营指数”，可查看认证企业号运营指数（见图 1–40）。

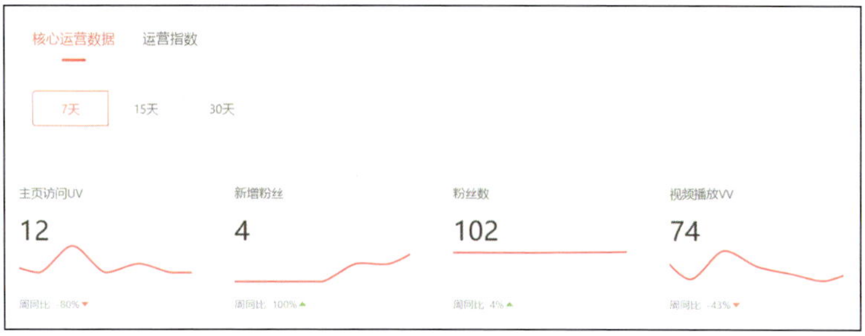

图 1–40

运营指数体现的是账号运营情况，由曝光指数、兴趣指数、关注指数组成。曝光指数包含视频播放量、播放完成率、爆款视频量、爆款视频率等指标；兴趣指数是由主页访问量和主页互动率等指标决定的；关注指数是根据粉丝量、粉丝播放完成量、粉丝平均播放完成量、粉丝转化率等指标得出。

运营指数在后台分两部分显示（见图 1–41）。

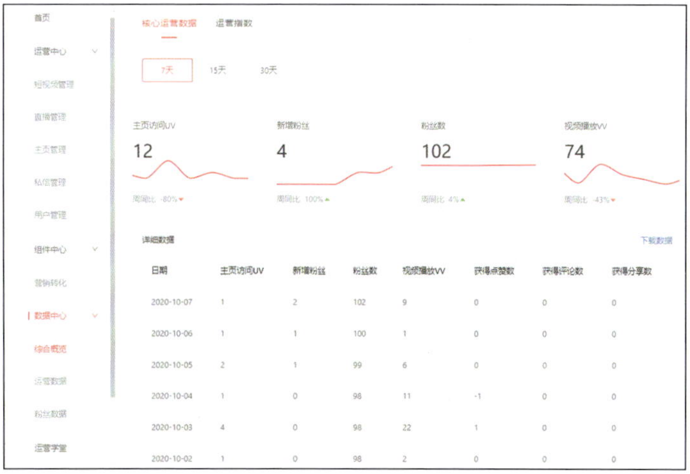

图 1–41

第一部分显示运营指数得分、粉丝量、超过同粉丝区间用户 3 项指标，以及曝光指数、兴趣指数、关注指数 3 项的得分与建议。

第二部分是运营指数在一段时间内的变化情况，用于帮助用户长期观察运营指数变化情况。

运营情况的量化给认证企业号用户展示了运营的具体优势与劣势，指明了改进方向，对认证企业号的优化有着重要意义。

10. 用户中心

用户中心包含所有用户管理、私信管理、评论管理功能。

（1）用户管理

用户管理功能支持企业对有过私信沟通的用户进行管理和标注，便于企业自建客户关系管理，对目标用户进行分层细化营销。

在 PC 端登录管理后台，单击管理中心，找到用户管理，可看到当前有过私信交流的用户。针对每个用户可以设置用户状态、联系方式、地区等用户标签，最多 5 个。可以在上方时间栏、状态栏、地区栏进行用户检索，或输入用户抖音号或联系方式精准检索。

（2）私信管理

私信管理是指可通过 PC 端直接回复抖音私信，包括 PC 端回复咨询、自定义菜单、自动回复、关键词快捷回复和消息卡片。

①移动端设置指南。

进入企业服务中心（“我”→“企业服务中心”→“消息管理”），设置自动回复 / 关键词回复 / 自定义菜单（见图 1–42）。

● 自定义菜单。单击“自定义菜单”设置，进入后如为第一次设置，单击下方“添加菜单”按钮即可（见图 1–43）。

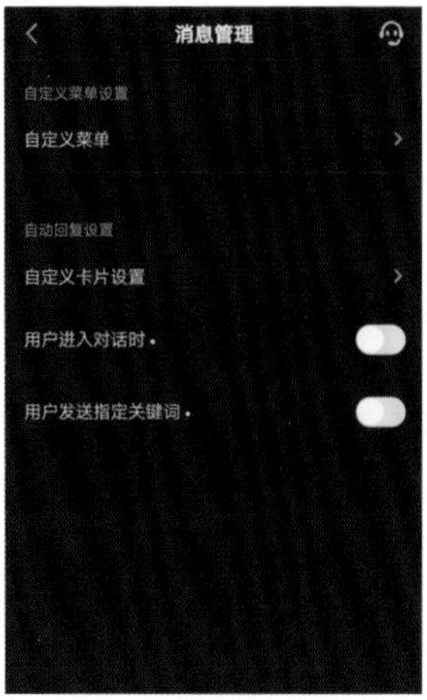

图 1–42

图 1–43

菜单功能支持复合菜单、跳转网页、自动回复 3 种，图 1–44 中右图所示为复合菜单展示效果，跳转网页在文本框中输入网址链接，自动回复可调取已设置的关键词回复选项。

● 自动回复、关键词回复。打开“用户进入对话时”开关，即可设置自动回复内容；打开“用户发送指定关键词”开关，即可设置关键词自动回复规则（见图 1–45）。自动回复支持图片和文字两种形式，提交后等待审核即可。

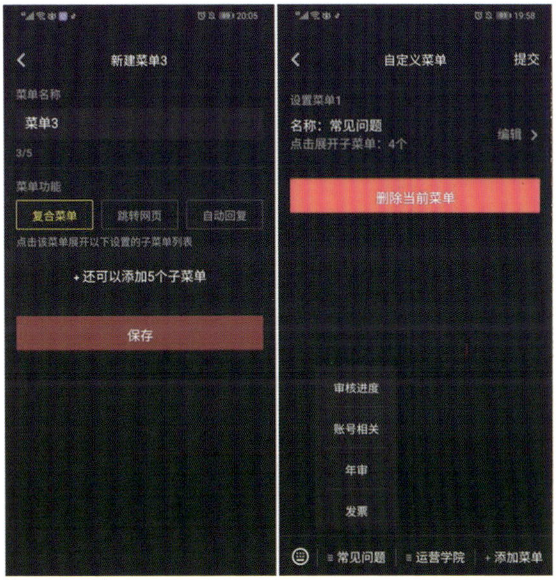

图 1–44

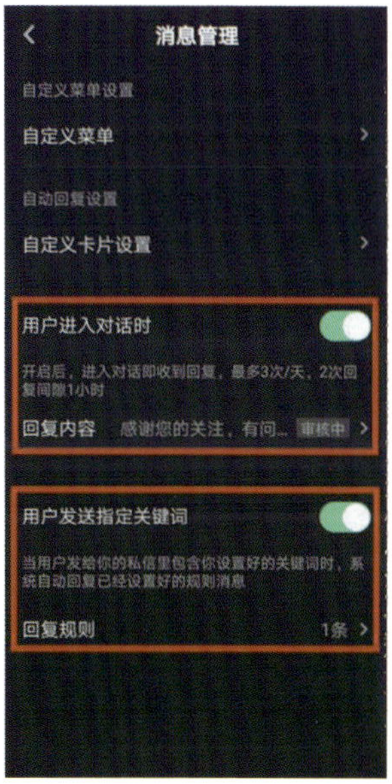

图 1–45

② PC 端设置指南。

Step 1：在 PC 端登录管理后台。单击左侧导航栏的“运营中心”→“私信管理”，可对私信进行设置（见图 1–46）。

Step 2：在“私信对话”栏可查看并实时回复私信，或对想要持续联系的用户进行置顶操作（见图 1–47）。

设置置顶：将鼠标指针放在需要置顶的用户头像上，即可看见置顶标识，单击后当前对话则被置为最顶端。

取消置顶：将鼠标指针放在已置顶的用户头像上，即可看见取消置顶标识，单击后则当前对话按照最后消息时间进行排序。

图 1–46

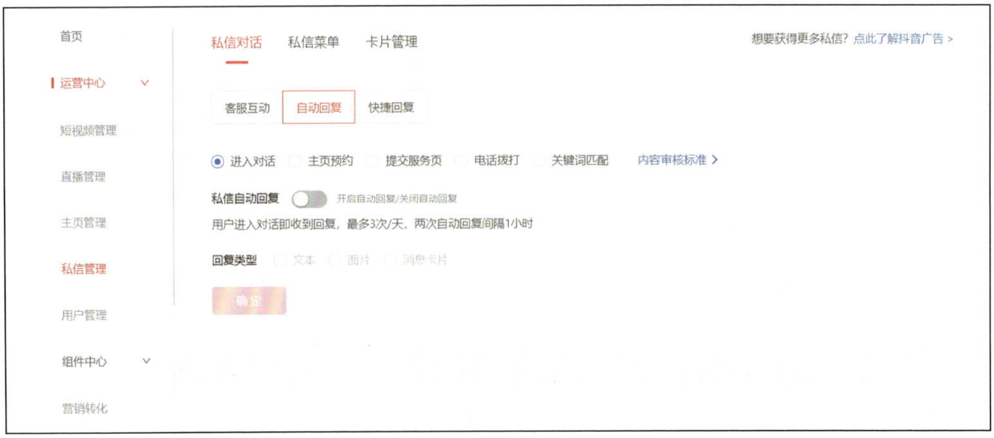

图 1–47

Step 3：单击“自动回复”按钮可设置私信自动回复和关键词自动回复。私信自动回复是当用户首次关注账号并进入私信对话框时，该账号对粉丝自动回复的内容。可以简单设置让粉丝印象深刻的话，这是给粉丝的第一印象。关键词自动回复用户私信涉及关键词时，将自动触发账号回复。回复内容由该企业号自定义编辑，字数上限 300 字，支持输入图片。

认证企业号设置的私信自动回复需经过审核，审核通过后方可生效，审核标准如下（标准出自抖音企业号官方声明）：① 不得出现任何联系方式及变体、链接及变体。抖音内引流可通过搜索抖音号 ×××、搜索挑战赛 ×××、点击抖音主页官网链接等。

② 不得出现站外文案、水印，以及店铺名的无意义连续词组。

③ 企业号涉及教育培训，不得对效果作出明示或者暗示的保证性承诺，如“一次通关、100% 包过”等描述。

④ 企业号涉及招商投资加盟类，不得对投资回报、收益或者与其相关的情况作出保证性承诺，明示或者暗示保本、无风险或者保收益等。

⑤ 企业号涉及服饰鞋帽，不得使用带有他人品牌商标（LOGO）的图片。

Step 4：在“私信菜单”栏，认证企业号可以设置自定义菜单，自定义菜单最多支持两级，菜单支持的响应动作包括跳转链接和触发自动回复（见图 1–48）。

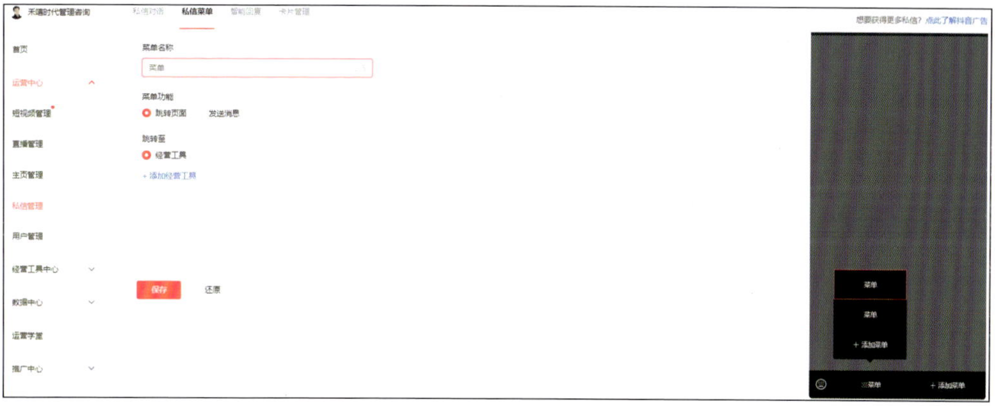

图 1–48

Step 5：以上功能均支持添加消息卡片形式。消息卡片可将不同的内容整合在一起，为商家提供高效的私信管理功能，让用户获得更好的体验。目前“消息卡片”支持 5 种形式：文字链接、图片链接、问题列表、电话拨打和留资组件。单击“消息卡片”→“添加卡片”并选择想要添加的卡片形式即可（见图 1–49）。

以文字链接为例，输入自己可以辨识的卡片名称、需要自动回复给用户的文字内容和附加的链接名称、链接地址，单击“提交”按钮，审核通过即可使用。

如希望用户可在私信中一键拨打预留电话，可使用电话拨打卡片，添加卡片前需先在“转化功能”→“主页转化功能”下设置智能电话拨打。

如使用留资组件收集用户线索，可在“用户详情”查看用户所留资料（见图 1–50）。

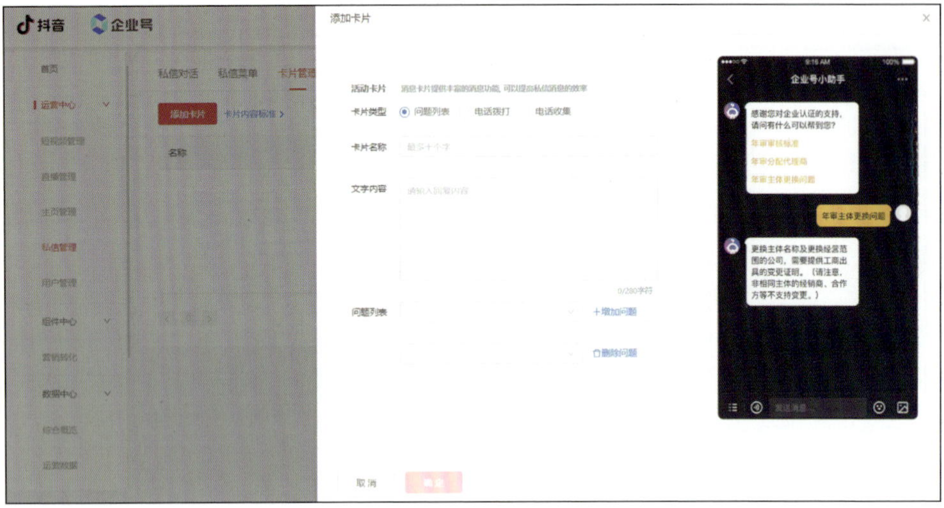

图 1–49

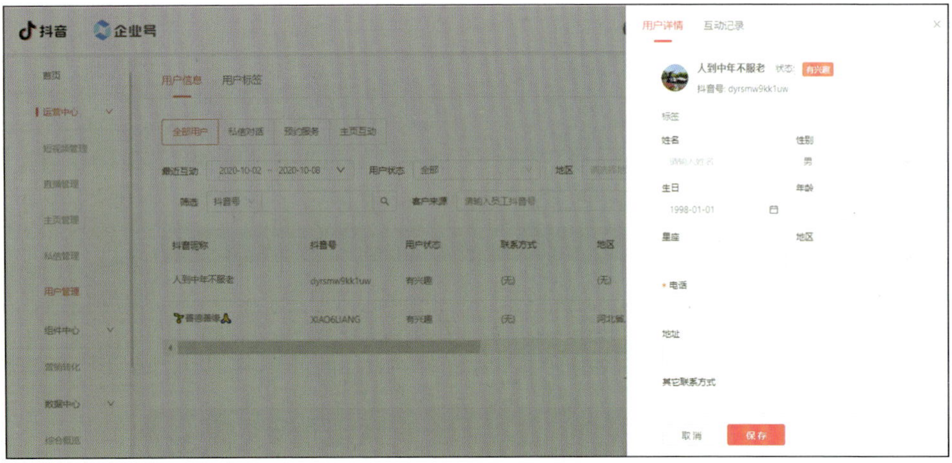

图 1–50

（3）评论管理

评论管理也可在 PC 端操作，比如设置某条评论为置顶评论，使得用户互动、舆论管理更高效、便捷。

Step 1：在 PC 端登录管理后台，单击“运营中心”→“短视频管理”，即可查看账号发布的所有视频内容及其互动数据（见图 1–51）。选择希望进行评论管理的视频，单击下方“查看评论”按钮。

Step 2：在评论内容页，可对评论进行删除、回复、置顶 3 种操作（见图 1–52）。

Step 3：设置评论置顶，置顶的评论不得包含任何联系方式、违规内容（如低质商业推广），审核时效为 2 小时，审核通过后，评论将置顶在首条评论位置。

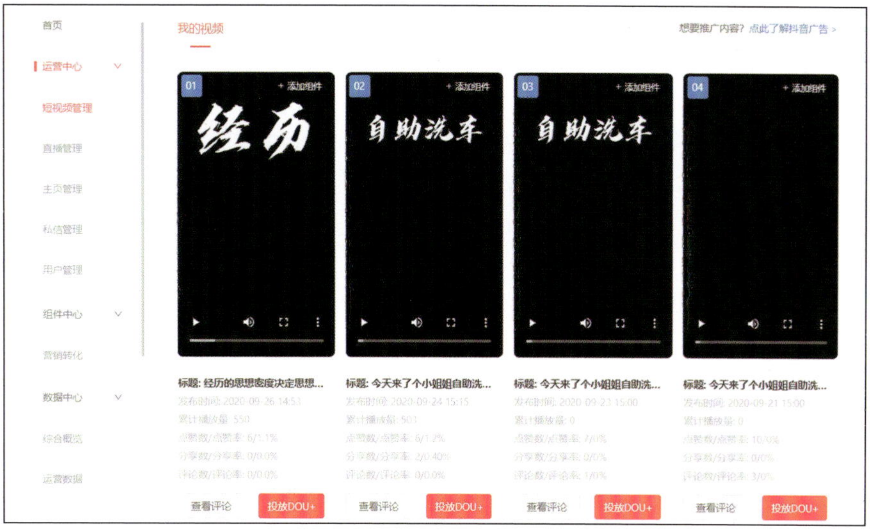

图 1–51

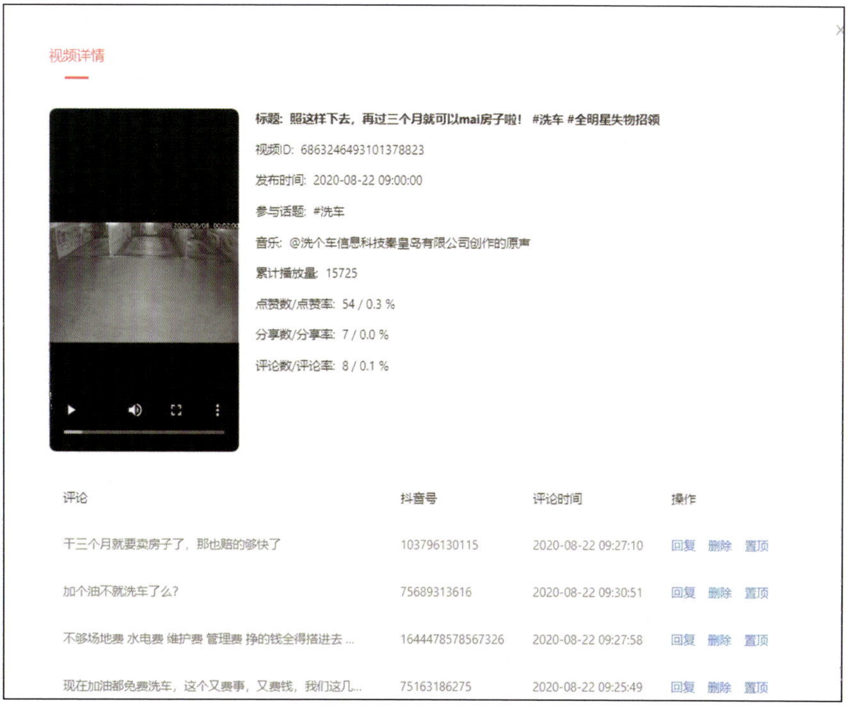

图 1–52

设置评论置顶应遵守如下审核标准（以下标准来自抖音平台官方说明）：

①不得涉及党政军警及民族、地域歧视内容；

②不得涉及黄赌毒及攻击谩骂内容；

③不得出现任何方式的联系方式，包括电话号码、链接、微信（VX 等变体）、各平台口令、网盘等；

④不得出现除头条产品外其他 App 引流内容，或其他平台的引导关注内容。

⑤不得出现踩竞品、违规推广内容。

⑥被置顶的评论，需要同步审核评论人的昵称和头像，使用导流或疑似导流的头像和昵称不得通过，如“一个月减 30 斤”“点我看小姐姐”等。

正确评论置顶示例：

①营销宣传类：京东 618 特卖正式开启，前往认证企业号主页“官网链接”查看。

②活动引导类：脉动新玩法，你也来尝试一下吧！发布脉动视频，参与活动！

③打造人设类：必小客来啦，大家快来撩！

④抖音号内引流：请戳主页官网链接，请私信发送关键词【价格】，请单击下方菜单。

最后企业号可以发布一些适度营销的内容，视频内可以展示品牌，不做违规处理。认证企业蓝 V 的费用是 600 元，每年审核一次。平台也会不定期地举行各种限免的活动。另外，在头条系平台投放信息流广告的商家可以获得额外流量及高级蓝 V 认证等权限。

除此之外，加蓝 V 用户还有机构认证，适合企业、媒体、国家机构和其他知名机构申请。

申请方式：PC 端登录网址 www.douyin.com 即可申请。

申请条件：

①准备认证资料：营业执照（原件的拍照或扫描件）、认证公函（加盖彩色公章）；

②提交认证资料；

③等待审核：7 个工作日内即可完成审核。

第二类黄 V 认证的用户属于个人认证，适合公众人物、领域专家和网络名人申请，比如，演员、优质视频创作者、某领域知名人士等。这类账号的权限跟普通个人账号差不多，但是初期会有较高的推荐权重，想持续拥有高流量需要水平相当的作品才行。有很大一部分黄 V 用户来自抖音对他们的官方邀请，比如笔者曾经合作过的台球皇帝亨德利（见图 1–53），这样的用户一方面是受邀方，另一方面是自带 IP（第 3 章中有详细阐述），因此推荐权重相对普通用户更高。但高权重能够持续的时间有限，最终还是要靠过硬的优质内容说话。

个人认证黄 V 需要满足三个条件：

①发布 1 个以上视频；

②粉丝量大于 1 万；

③账号已绑定手机号。

图 1–53

1.4 软件使用及相关规则

1.4.1 视频浏览及互动

抖音短视频首页即为播放中的推荐视频页面，是用户打开 App 看到的第一屏，导航选用黑白色，简单明了的设计让人更容易聚焦视频本身。推送方式为单列全屏视频，配合自动循环播放和无限向下滑功能，可以让用户在短时间内源源不断地获取丰富的信息，从而达到沉浸式的体验效果（见图 1–54）。

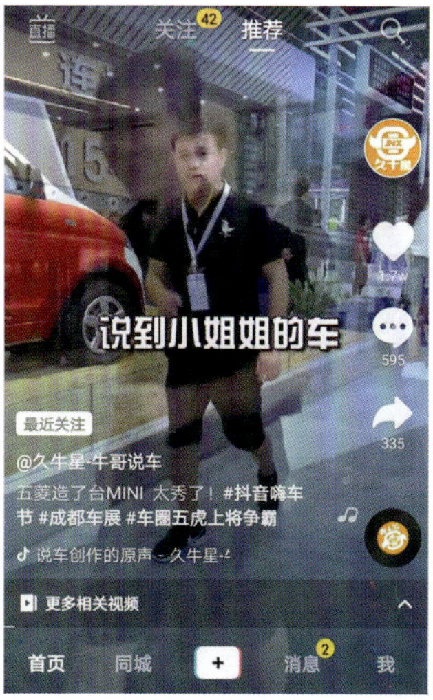

图 1–54

视频右上角的“放大镜”是搜索功能图标，点击后是搜索框，可以在其中输入想要查找的抖音号、视频或者话题等。搜索框的左侧有扫一扫的功能，可以直接扫描某抖音号的二维码进入该号主页（见图 1–55）。搜索框的下方包括抖音热搜、人气榜单、今日最热视频等，点击某话题进入后，可以查看该热门话题下的综合、视频、用户、音乐、话题、地点、商品等。除此之外，还有品牌热 DOU 榜和好物榜等。

视频左上角是直播按钮，可以查看平台为用户优先推荐的直播内容，进入直播间后可以通过小时榜选择喜欢的直播间，也可以下滑查看其他推荐内容。在直播间可以评论留言，也可以为主播刷礼物打赏，还可以进入视频下方的购物链接中购买商品（见图 1–56）。

在推荐的视频中，用户可以看到视频发布者的昵称、标题、使用的 BGM，以及评论、点赞和转发，点击进入视频发布者的主页内可以查看更多视频内容和信息，并可关注或者发私信。

点击视频下方的同城按钮可以查看抖音为用户自动匹配的同城视频，该页面是双列视频流，用户可以自行选择查看。

点击视频下方的消息按钮可以查看粉丝、点赞、评论及 @ 你的人。同时，可以查看所有收到的消息，也可以发起聊天。

点击视频上方推荐栏左侧的关注栏，是你曾关注用户发布的视频。

点击屏幕下方“我”，可进入自己的主页查看粉丝、获赞、所有发布的作品、动态和点赞的视频等。你可以编辑主页的所有资料，与其他用户进入你的主页不同的是，你可以看到自己发布的每个视频的播放量（见图 1–57）。

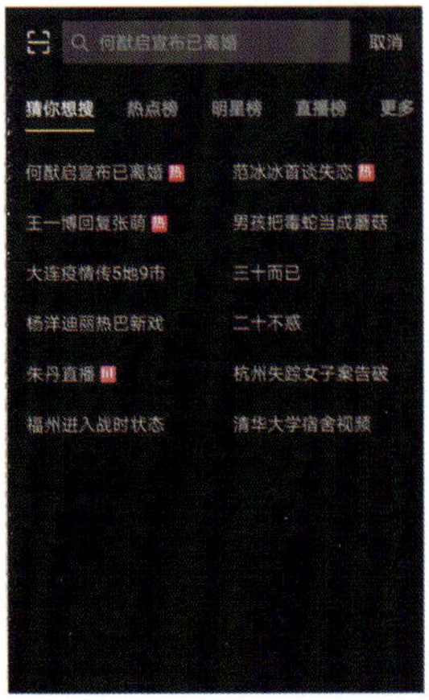

图 1–55

图 1–56

图 1–57

1.4.2 视频拍摄及发布

在视频推荐页的正下方有一个“+”按钮，点击就是视频拍摄、上传界面。

视频源分为拍摄和上传两种，其中拍摄分为 15 秒视频拍摄和 60 秒视频拍摄（见图 1–58）。上传视频时，手机端可以选择时长小于 60 秒的视频或者选择 35 张以内的照片（或照片、视频组合）。

1. 拍摄选择

拍照：通过拍照按钮拍摄单张照片上传。

影集：影集里包含 51 组视频模板，选择其中一组模板点击使用，根据要求选择相应数量和要求的照片，做好最后修饰（配乐、特效、文字、贴纸）后点击“下一步”按钮，配好文字标题即可发布视频（见图 1–59）。

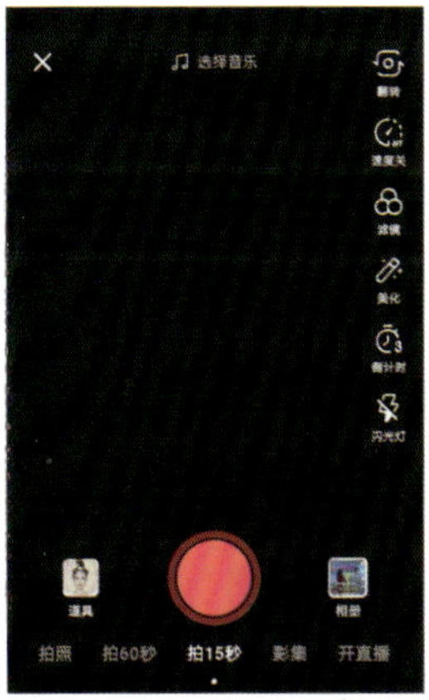

图 1–58

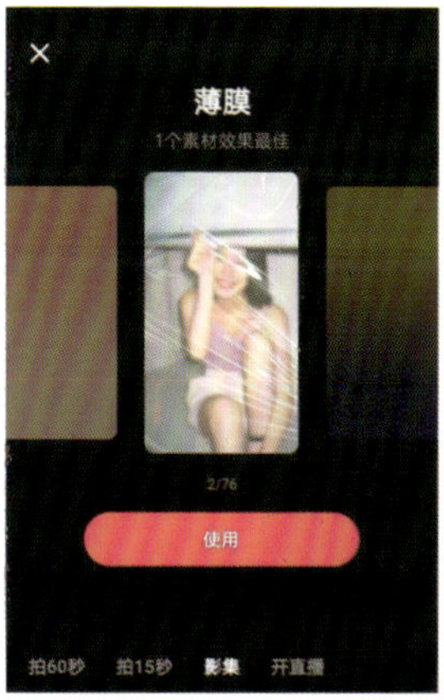

图 1–59

拍摄 15 秒或 60 秒视频：根据需要拍摄视频的时长，在拍摄按钮上方选择拍摄速度，左侧选择道具，右侧选择工具进行美化后，点击拍摄即可。注意，拍摄按钮可以选择点击和长按。点击适用于拍摄连贯视频内容，拍摄完成后点击“下一步”按钮即可。长按适用于拍摄分段视频，松手即停止，还可以在按住的同时上下滑动来调整焦距。拍摄完成后，点击位于拍摄按钮右侧的“消除”按钮可以分段删除刚刚拍摄的内容。最后点击“下一步”按钮即可。

开直播：首先选择开播模式——视频直播、电脑直播、语音直播（见图 1–60）；输入标题、选择封面和道具；添加商品；设置预告直播时间等。完成后即可开始直播。

2. 拍摄工具

选择音乐：选择音乐栏下有“发现音乐”和“我的收藏”两个选项。可以把常用的或者喜欢的音乐添加进“我的收藏”中，就可以随时使用了（见图 1–61）。在生成视频后的修改配乐栏最下方还有配乐和原声音量的调整。

翻转：翻转按钮是选择手机摄像头前置和后置拍摄的按钮（见图 1–62）。

快慢速：拍摄速度共 5 档，极慢、慢、标准、快、极快（见图 1–62）。这里的快速档是将拍摄时间拉长后呈现的快速效果，所以如果根据配乐舞动的时候，拍摄过程中，音乐的节奏会变慢，从而最后呈现快速的效果。慢速档正好相反。

图 1–60

图 1–61

图 1–62

滤镜和美化：美化指的是对视频中的人像进行美颜调整，包括磨皮、瘦脸、大眼、口红和腮红等，每一项都可以调节美化的程度（见图 1–63）。滤镜有增加画面美感和质感的效果，在管理设置里还可以增减滤镜的种类。

倒计时：倒计时按钮适合于单独拍摄时，无人代替出镜人按拍摄按钮的情况，可以根据需要选择时长分别为 3 秒和 10 秒的倒计时，在分段拍摄时，还可以选择拍摄暂停的位置（见图 1–64）。

闪光灯：选择拍照选项后，右侧工具栏里有闪光灯的选项（见图 1–65），分三档：开、关和自动。

图 1–63

图 1–64

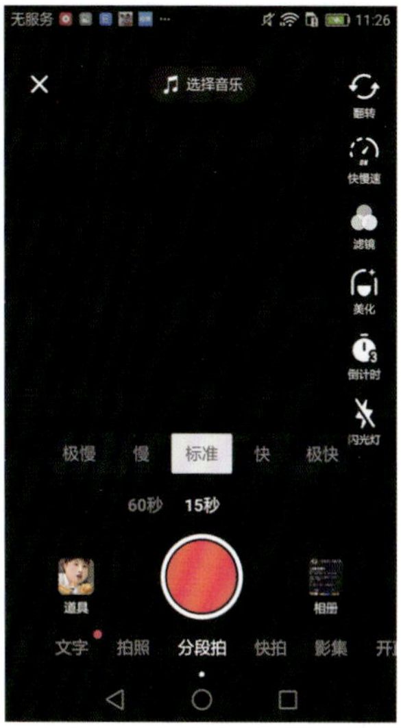

图 1–65

道具：拍摄按钮左侧是道具选项，内含丰富的道具（见图 1–66），可以增加视频的趣味性，使用热门道具可以增加视频登上热门的概率。

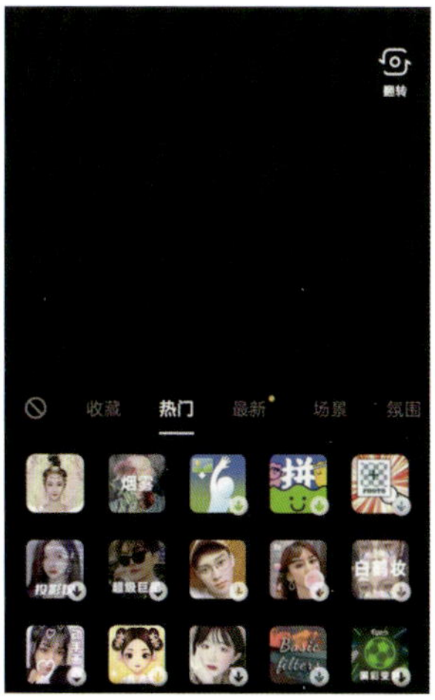

图 1–66

特效：拍摄或上传完成视频后，点击“下一步”按钮，即可看到“特效”按钮，点击进入，可以看到梦幻、自然、动感、转场、分屏、装饰、时间 7 类特效。这些特效加在视频中可以让视频呈现不同的视觉效果。梦幻类别里含有天使光芒、人鱼滤镜、爱心泡泡等 35 种效果，让视频呈现梦幻的效果；自然类别里则是 9 种自然现象，比如下雪、大雨等；动感类别里是从抖音最初上线就一直延续至今的特效，比如经典的抖动和闪屏，让视频更加神秘时尚；转场效果里包含 13 种转场效果；分屏效果里则包含 7 种将画面分为若干屏的不同效果；装饰效果当中可以选择一个装饰放入画面，有点类似拍摄时的道具，这个效果弥补了上传视频无法使用道具的遗憾；最后是时间特效，包含时光倒流、反复和慢动作。时光倒流可以令视频倒放，反复就是重复视频当中的某一段，慢动作就是将动作慢放。

其中，梦幻、自然、动感、分屏特效的使用方法相同，只需把指针放在视频中

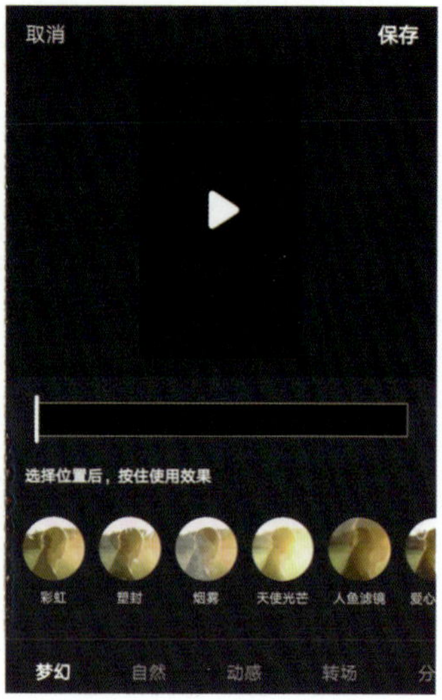

图 1–67

某一帧的位置，然后按住选中的特效即可使用该特效，一条视频可以使用多个效果。转场效果需要选中某一位置后，点击需要使用的转场效果，可重复使用，每段转场时间是固定的。装饰效果每次只能使用一个，选中即可。时间效果中，时光倒流选中后整个视频倒放，不能倒放一部分；反复和慢动作只能选中一段视频，但长度在 1 秒以上即可（见图 1–67）。

文字及贴纸：文字、贴纸和特效在同一界面上，使用文字效果可以在视频中添加文字，但视频全程只能添加一次，方便起见可以使用同一界面上右侧的“自动字幕”，这个功能可以识别视频中清晰的人声和歌词，识别之后可以在当前界面进行字幕修改，也可以更改字体和颜色。

贴纸分为贴图和表情，加入视频中可以增加活泼灵动的效果。有些贴图还很智能，比如歌词，选择歌词后可以在下一界面中选择某个背景音乐，然后歌词会自动同步成字幕。投票贴图可以增加用户的互动（见图 1–68）。

剪辑：剪辑也是录制视频下一步中出现的，可以把拍摄好的视频进行修剪，但只能选取其中的某段视频。想要多段剪辑拼接可以通过上传分段视频，分段编辑后自动拼接。

画质增强：画质增强是智能调节视频的锐度。

平台推崇用户用抖音自带的功能进行拍摄剪辑（见图 1–69），这些功能不仅强大、便捷，还可以提高视频权重。

3. 视频发布

视频合成完毕后进入发布界面，可以在选封面界面选择视频当中的任意一帧作为视频封面，当其他用户进入主页当中，未点开视频时看到的就是封面。然后添加视频标题（不能超过 40 个字，包括标点、空格以及话题或 @ 某个人），选择添加某个话题，或 @ 你的好友，可以选择添加位置，然后选择观看者权限。安卓系统的手机还可以选择添加小程序，比如游戏、链接、文章等。之后确定是否同步到头条号，是否保存于本地（视频发布的同时自动下载存入你的手机相册），最后选择是否立即发布或存入草稿箱等待下次发布（见图 1–70）。

图 1-68

图 1-69

图 1-70

1.4.3　账号设置

在个人主页的右上角有一个代表“更多”的标识，点击进去可以看到更多后台功能（见图 1–71）。

①【我的二维码】中包含个人抖音号生成的二维码，其他用户可以直接手机扫描关注。

②【我的收藏】包含用户在浏览视频时收藏的视频、合集、地点、商品、话题、音乐、道具和影视综艺，方便查找（见图 1–72）。

图 1–71

图 1–72

③【钱包】可以查看用户在平台所有消费记录；可以充值抖币用于平台消费，如直播打赏；“我的收入”里包含用户直播收入、创作收入和红包收入（见图 1–73）；除此之外，还包括银行卡管理（绑定银行卡必须进行实名认证）、支付管理（必须进行实名认证才能使用红包、提现到银行卡等功能）、DOU+ 个人中心（查看为视频加热数据）、抖音信用卡（免费申请招行头条联名卡）、未成年人退款（用于监护人不知情情况下未成年人打赏后的退款操作，需要按要求填写详细信息并提供相关证明，申请退款后将封禁充值消费能力，并会扣回未消费抖币）、反馈与帮助（包含一些常见问题的解决）。

④【小程序】：iOS 系统这个选项的名称是“功能”，其内包含用户使用过的小程序（见图 1–74）。

图 1–73

图 1–74

⑤【创作者服务中心】是为鼓励用户进行原创视频分享而开启的功能。

创作者学院：包含很多学习经营账号的技巧，比如平台政策课程、内容创作升级、品类内容进阶、创作者变现课程等（见图 1–75）。这个功能非常人性化，而且简单易懂，为初入抖音的用户提供了很好的技术支持。但缺点是，平台方占据平台高度，部分内容跟实际操作差异较大，另外一点就是很多知识陈旧，未随着平台政策变化而及时更新。

商品分享：商品分享功能是抖音平台为创作者提供流量变现的主要方式之一，

开通商品分享权限后支持视频或直播间中添加并分享商品，并拥有个人主页商品橱窗功能，支持通过精选联盟添加并分享第三方电商平台（包括但不限于小店、淘宝、京东、考拉海购、唯品会、苏宁易购等）的商品（见图 1–76）。

图 1–75

图 1–76

另外，商品分享功能里还包含开通小店，完成小店的入驻流程后，抖音账号将与小店账号绑定，同时会开通抖音商品分享权限，可在视频或直播间中添加来小店的商品。

在“更多服务”里可以申请开通小店，进入小店学院学习，查看规则中心、数据看板和达人榜，还可以投放 DOU+ 和信息流广告。具体开通要求和入驻规则会在后续变现章节中详细阐释。

通用能力：包括直播入口、视频管理、开通企业号或官方认证通道以及开通抖音门店（见图 1–77）。

注：普通个人账号进行过视频发布的用户在创作者服务中心内增加了数据概要（查看每日数据增量，包括总览、作品数据和粉丝数据等）。对直播过的用户还增设了一个主播中心的服务，可以查看各种数据和攻略。对于粉丝达到 10 万以上并入驻星图平台的用户，会增加“我的星图”模块，进行账号管理，并获得一对一专属

客服服务（见图 1–78）。

⑥未成年保护工具：对于未成年人用户，平台设置了一些保护机制（见图 1–79）。

时间锁：可以为时间锁设置一个触发时间，开启后，需设置独立密码，使用时长超出时，需输入密码才能继续使用，防止沉迷。

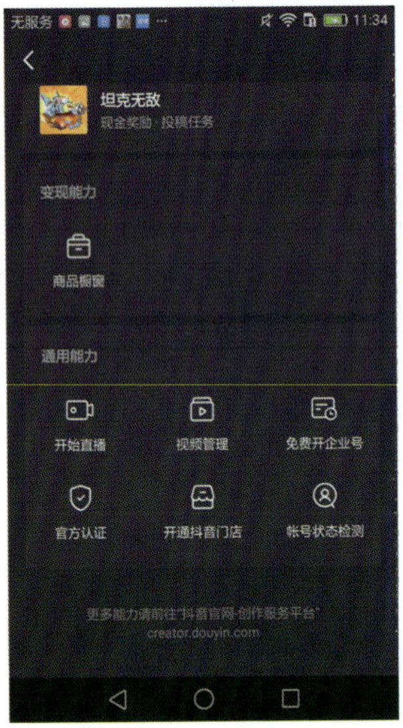

图 1–77

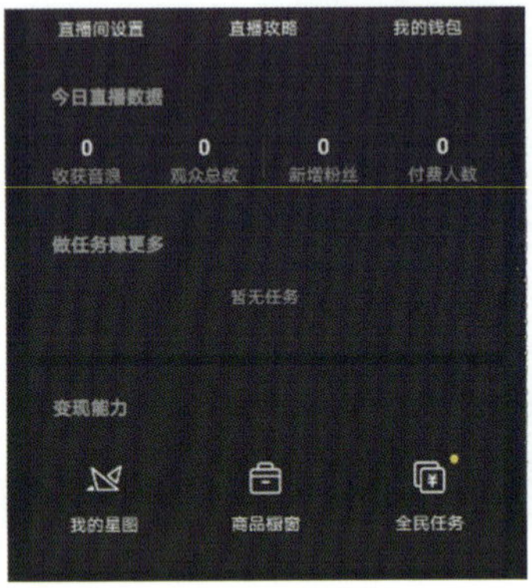

图 1–78

图 1–79

儿童 / 青少年模式：此模式中，平台精选了一批教育类、知识类内容呈现在首页，且无法进行充值、打赏等操作，每日 22 时至次日早 6 时期间无法使用抖音。开启模式后，需先设置独立密码，系统自动开启时间锁，时间锁默认设置为 40 分钟。单日使用时长超过触发时间，需要输入密码方可继续使用。

亲子平台：开启后，儿童 / 青少年模式及时间锁会清空，可以根据需要设置孩子使用抖音的时长，更加便捷地管理孩子的使用行为。

⑦【设置】。

• 账号。账号与安全设置中可以绑定或修改绑定的手机号码；进行第三方账号绑定；账号管理；授权管理；保存登录信息开启或关闭；抖音密码设置；实名认证登录设备管理；申请官方认证；抖音安全中心（见图 1–80）。

隐私设置包含私密账号权限开启（开启后，只有批准的用户才能关注并查看你的内容和喜欢，同步到其他软件的开关会关闭）；允许将我推荐给好友权限开启；

私信及互动设置；黑名单管理；不展示活跃状态开启（他人无法看到你的活跃状态，你也无法查看他人）。

● 通用。

通知设置：设置是否接受推送通知的权限，包括互动通知、私信通知、发布通知和直播通知（见图 1–81）。

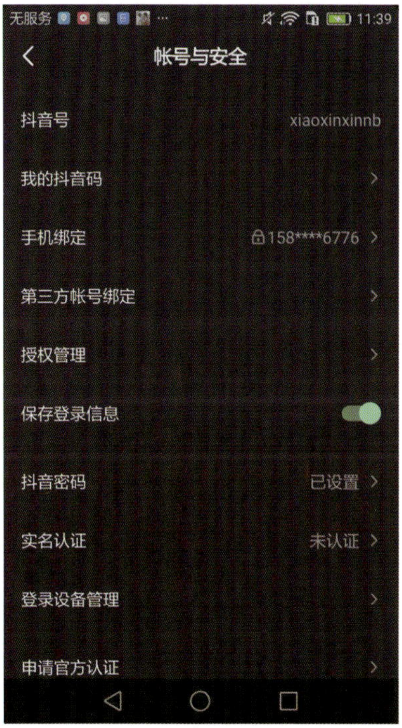

图 1–80

图 1–81

通用设置里可以选择是否开启动态封面、提前上传作品以及私信聊天展示联想表情包等。安卓系统的手机还会有一个动态壁纸的选项，所有在平台下载过的动态壁纸可以集中到这里查看。

● 账号互通。可以跳转头条主页并参与今日头条 5 大产品打通的粉丝 + 计划。作品一键同步至头条、火山、西瓜、抖音、悟空问答 5 大平台（见图 1–82）。

● 关于。包含用户协议、社区自律公约、隐私政策、抖音服务热线、反馈与帮助及空间管理（见图 1–83）。

图 1-82

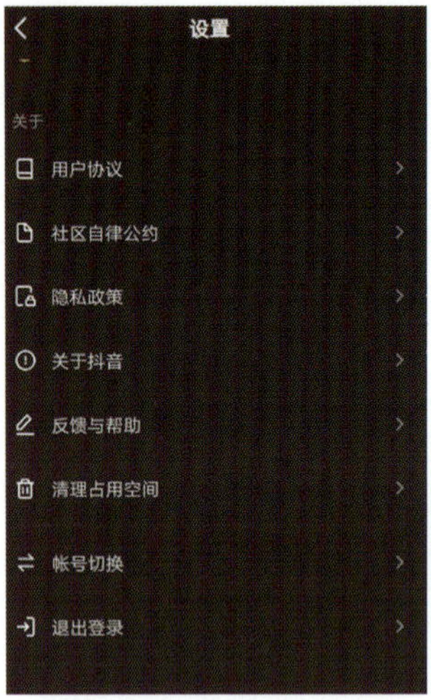

图 1-83

● 退出登录。

⑧其他 PC 端特殊操作内容。

登录抖音官方网站，用手机账号扫描即可登录（见图 1-84），PC 端除拥有大部分手机端的功能外，还可以上传超过 1 分钟时长的视频，而且清晰度最高。在视频管理中可以将同一类视频整理为合集，合集会出现在用户主页作品的最上方，方便粉丝查看。另外，创作者服务平台中有更为详尽的用户数据，比如单个视频的数据分析、完播率、视频带粉数量等。但需满足 1 000 粉丝以上且周发布作品 3 个以上的要求方可开通，还有就是在音乐管理中可以上传自己的原创音乐，申请认证抖音音乐人等。

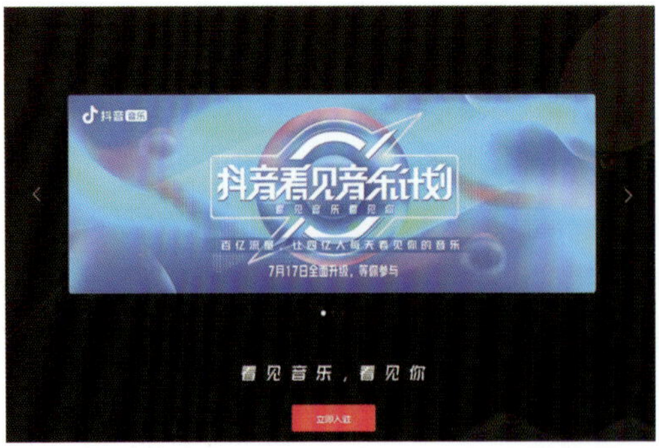

图 1-84

1.4.4　抖音相关规则

抖音平台的口号是记录美好生活，旨在为用户提供一个可以记录和分享美好生活的互联网平台。平台致力于弘扬社会主义核心价值观，传播正能量，宣扬中华民族传统文化和美德，宣传积极向上的时代风尚和生活方式，因此平台将对用户发布的内容进行审核，如有违反相关法律法规的作品，将不予推荐或进行不同程度的处罚。

用户在规范视频内容的基础上，应注意符合以下要求：上传声画清晰、竖屏 9∶16，背景干净（不故意露出任何产品或品牌标识和 LOGO，带货或星图广告除外），不具有其他平台水印、LOGO 的视频，做好封面和字幕并配有标题文案。

在视频发布过程中应避免以下行为：

①频繁更换账号登录设备，或同一设备频繁切换不同账号。

②刷量，即通过非官方手段交易获取平台流量。这样的刷粉刷赞行为是由第三方软件通过一些程序实现的，抖音后台可以识别，并会判定违规，轻则降权清粉，重则封号。

③过于频繁地发布作品，每日作品发布应不超过 3 条，否则容易被平台判定为营销号，作品发布时间要间隔两到三小时。

④删除大量作品。不想保留某个视频时可以选择设为私密，操作后账号的总体点赞数不变，一旦大量删除作品，作品的点赞数量会大幅度下降从而影响权重。

⑤停更时间过长。正常的活跃账号要保持每周更新 3 条视频以上，长期停更的账号会降权。

⑥主页设置，账号、签名、主页图等出现违规内容（敏感词），粉丝数量低于 1 万时不建议进行站外导流。

⑦在同一 Wi-Fi 下登录操作大量账号（5 个以上），抖音打击批量养号的行为，对于出现大批量违规操作的 IP 地址，平台有可能会进行标记，即在这一地址下的账号都面临限流的风险。

⑧使用模拟器等第三方软件登录账号。

⑨视频没有看完就点赞，这样的情况不计入后台互动的数据值。

⑩把抖音当作朋友圈，大量发布低质量、方向混乱的作品。

⑪把抖音当作营销平台，大量直接发布露骨营销内容。

⑫搬运、发布模糊、含有其他平台水印等影响观感的视频。

⑬使用未经授权个人或平台使用的 BGM。抖音重视知识产权保护，对于未经授权使用的背景音乐，抖音会限制视频的分享。

第 2 章 了解推荐算法，热门快人一步

2.1 抖音热门原理

有人将移动互联网的诞生称之为第三次技术革命，而在其推动下，市场格局发生了巨大的变化，我们这个时代，正面临着百年未有之大变局。这一变局不但影响着传播领域，也将深刻地改变我们生活的方方面面，而基于智能算法的内容分发就是智能时代传播领域的一项重要成果。

人类的信息分发模式迄今为止主要经历了三个阶段。什么是分发呢？分发就是信息传播的方式，它决定了哪些信息在什么样的场景下被传递给了哪些人。第一阶段是以人工编辑为主的媒体型分发，以传统媒介为代表。这里面有一个关键环节，就是分发信息的决定者，我们接收的信息内容、质量都依靠于这个决定者的经验、水平。互联网的来临使得传播的时间空间都发生了变化，信息由原来的单向传播（分发者传递给接收者），变成了双向且多维的传播，也就是说每一个信息接收者也会成为下一个信息分发者。这就形成了第二个阶段。

第二阶段是依靠社交链传播形式为主的关系型分发，以微信、微博为代表（见图 2–1）；这种传播形式打破了传统媒体的传播模式，使得信息能以互联网世界中任何一个个体为中心，然后迅速呈网状扩散至全世界。随着技术的进步，尤其是人工智能的诞生，这个信息发布的决定者变成了一套程序，一方面记录用户行为，另一方面根据用户行为来精准地匹配内容。这就形成了第三个阶段。

图 2–1

第三阶段是以智能算法为基础的算法型分发，以今日头条为代表（见图 2–2）。算法型分发是通过人工智能实现对于信息和人的高度匹配，这里有三个关键词：第一个是效率，第二个是多元，第三个是平等。算法一方

面广泛抓取用户的行为数据，另一方面握有最全面的信息内容，通过程序快速精准地实现给用户推送最需要的信息，这就是效率。传统媒体时代，用户始终处于被动接收信息的状态，即使出现了互联网，我们接收到的内容也是千人一面的，智能分发改变的就是单点分发的信息形态，所有与用户相关的内容都有可能被推送到用户面前，那么我们接收到的内容就是千人千面的，这就是多元。最后，无论是第一阶段，由发布者的资历决定发布给接收者的内容，还是第二阶段，由社交网络发达与否决定发布给接收者的内容，都具有一种居高临下的姿态，从这个层面来讲，智能分发技术更加符合互联网精神——公平。

图 2–2

有人认为，抖音的推荐制算法就是马太效应，强者愈强，弱者愈弱。实际上，抖音虽然是强平台，但它采用基于内容质量分发的逻辑恰好给普通用户更多的展示机会。也就是说，所有视频发布后，获得推荐的最重要的原则就是内容质量，而评价内容质量高低的主要数据来自用户反馈，这恰好说明平台的公允性。这也是对这个“内容为王”时代最好的诠释。

那么抖音究竟是基于什么逻辑进行推荐视频的呢？

2.1.1　推荐制算法

什么是算法呢？简单通俗地讲，算法就是一套评判机制，这套机制对平台的所有用户都有效，无论是内容生产者还是内容消费者。短视频的一个重要特点就是内容生产者和消费者之间的界限模糊，也就是说我们每一个人既可以享有在平台接收他人分享的视频的权利，也有主动将自己的创作分享给他人的权利。我们在平台上的每一个行为都会被平台记录下来作为一个清晰的数据，然后平台会根据这些数据来判断每一个用户的行为、每一条视频内容的性质，也就是所谓的标签化。比如，平台会根据用户的活跃程度和行为为你贴上优质用户、沉默用户、流失用户、可挽回用户等标签。这样的作用是什么呢？举个例子，如果你是一名优质用户，活跃且有优质视频创作能力，那么平台就会给予你一定的扶持。如果你的行为为平台带来了负面影响，比如发布大量劣质视频、营销信息，影响其他用户的体验，那么平台就会减少甚至不给你任何推荐，以避免给其他用户带来不好的体验，从而避免平台用户流失。

推荐制算法起源于 1995 年在美国人工智能协会上首次提出的个性化推荐概念，这种算法是通过一些数学建模收集用户行为，从而推测出用户可能喜欢的内容。头条系第一次将这种算法引入到平台流量分发逻辑中。在这之前，社交媒体的推荐逻辑更偏重于粉丝经济，从流量分发层面是关注分发和社交分发的结合，也就是说，你的流量首先取决于你的粉丝数量，比如微信、微博等。今日头条用强大的推荐制算法抓取信息，更为精准地为用户推荐喜欢的内容，因此迅速进入移动互联网的第一梯队，与 BAT 比肩而立。

抖音的推荐逻辑源于同一套推荐模型，2016 年抖音上线（见图 2–3），短时间内内容呈爆发式增长，因此自 2017 年下半年开始，平台弱化人工运营，强化算法。这样的逻辑使得流量源源不断地流向受欢迎的内容，在优胜劣汰的环境下，内容呈良性循环，使得平台优质内容不断涌现，用户层面的体验就是："刷抖音，会上瘾"或"中了抖音的毒"等。因此，抖音不是用户层面的马太效应，而是内容层面的马太效应。它更像自然法则，通过良性竞争，不断将平台推向内容高地。

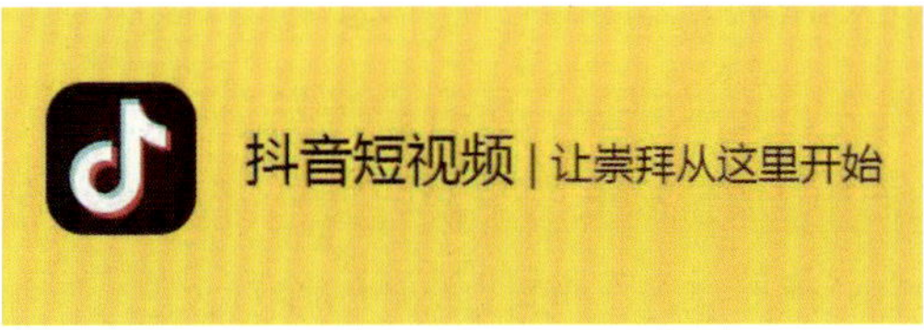

图 2–3

头条系这种推荐制算法的原理其实是拟合的一个含有用户、资讯和环境三个维度变量的函数。用户维度即用户特征，包括兴趣标签、职业、年龄、性别、浏览习惯，甚至手机机型和很多模型刻画出的隐藏兴趣；资讯维度实际上就是内容特征，每种内容都含有很多标签，需要分别提取；环境维度就是环境特征，不同时间地点不同的场景，用户对信息的偏好不同。结合这三个维度的变量进行建模，推算出在某个场景下该用户喜欢的内容。这是站在用户层面，平台是如何利用算法推荐给用户最需要的内容。作为视频创作者，需要利用这样的逻辑去反推什么样的内容可以被机器推荐到前端，被更多的人喜欢和观看（见图 2–4）。

在抖音平台上，用户上传视频后，平台首先会根据标签筛选符合抖音调性的内容，头条拥有健全的内容安全机制，除了人工审核团队，还有强大的技术识别。比如风险内容识别技术（构建千万张图片样本集的鉴黄模型，超过百万样本库的低俗模型和谩骂模型等），以及泛低质内容识别技术。可以说，这样的算法背后，也是平台运营方的生存之道。在经过初步筛选后的视频会被推荐进入初始流量池，这个流量池的流量大小跟账号权重相关，之后平台便开始收集用户反馈。这些用户反馈通

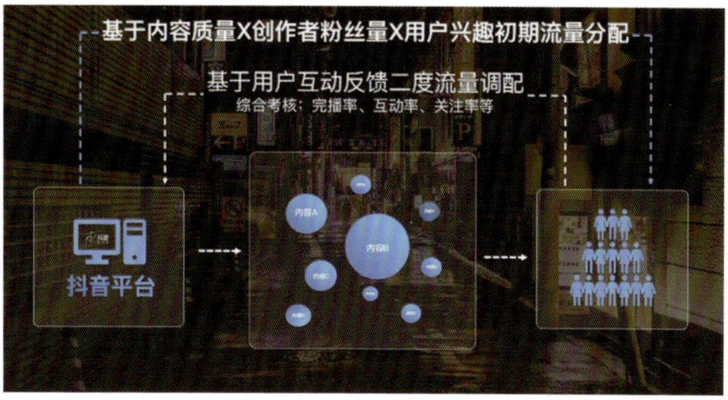

图 2–4

过用户浏览时间长短、点赞、评论、转发、观看完成度、关注等多重指标来界定作品内容质量的优劣，然后由系统决定是否将作品推入更大的流量池。经过多轮流量池的筛选后才有可能进入推荐池，用户打开抖音后优先看到推荐池的内容，推荐池中点赞量超过 1 万的视频被称为爆款视频。我们平常说的上热门，就是这个意思。

从创作者层面，平台用四个数据来界定内容质量的好坏：点赞量、跳出率、完播率和平均播放时长（见图 2–5）。点赞量就是一个视频被点赞的数量；跳出率就是一个视频观看不到 5 秒就跳出的概率；完播率就是视频播放完成的概率；平均播放时长取决于用户在同一视频留存的时间长短。一个优质的视频点赞量越高、跳出率越低、完播率越高、平均播放时长越长，这个视频上热门的概率就越大。

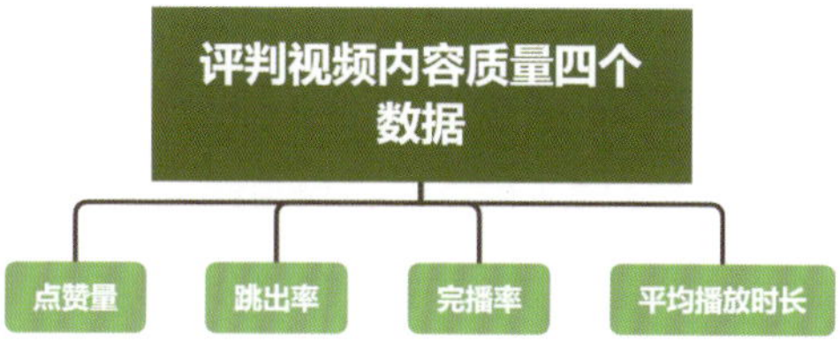

图 2–5

抖音的这种推荐逻辑的优势在于容易制造爆款，普通用户利用一支视频在短时间内积累大量粉丝的概率非常高。劣势是头部效应过于明显，大部分用户是内容消费者，因为平台的分发制度弱化了内容创作者本人，使其与用户之间不易深度链接，不利于社交属性的发展。根据卡思数据统计，2018 年抖音平台粉丝大于 1 万的 KOL 只占用户的 4.7%，但用户覆盖率达到了 97%，头部视频播放量占比约 80%，到 2020 年头部视频的播放量占比达 88%，这都充分说明抖音平台缺乏用户黏性，且用户的注意力极容易受到转移。

2.1.2 抖音的流量池规则以及权重依据

1. 抖音的流量池规则

前面提到，抖音通过智能推荐算法首先对创作者发布的某个视频进行审核和筛选，通过后进入初始流量池。初始流量分配的原则是 90% 的标签用户 +10% 的关注粉丝。初始流量匹配跟账号权重相关。对于一个新手账号而言，一般有 200~500 不等的流量，如果在该流量池内获得好的用户反馈（约 10% 的点赞和部分评论转发以及 60% 完播率等），便有机会进入下一流量池。

二次推荐的流量一般在 1 000~5 000 不等，如果仍然获得较好的用户反馈即可进入下一流量池。再经过多次推荐后，流量根据视频热度有可能呈几何倍数增长，这时候平台会结合人工审核机制，衡量视频创作者的内容可不可以上热门。一般情况下，判断一个视频能否进入下一流量池，发布后的第一小时尤为关键，如果在这期间，视频播放量在 5 000 以上，点赞数高于 100，评论数高于 10，视频就有极大机会进入待推荐流量池，等待被加热后登上热门的机会。

2. 权重及权重依据

可以看出，即使处在同一流量池当中，流量匹配也有高低之分，这就取决于账号的权重。账号权重指的是平台根据综合指标界定该账号对平台的贡献和重要程度，从而为账号匹配相应的曝光和其他优势的比重。账号的权重与多重因素有关，比如粉丝数量、用户反馈数值、活跃度以及变现能力等。

具体来讲，播放量平均在 1 万以上的账号称为待上热门账号，待上热门账号发布的视频持续位于推荐池或接近推荐池的流量池中，是其他用户打开抖音优先看到的内容，在保持这样的热度的情况下，账号可以有规律地出现爆款视频（平均一周左右）。

播放量在 1 000~3 000 的账号为待推荐账号，权重低于上述的待上热门账号，这样的账号保持持续的活跃度和内容质量，随时会进入待上热门流量池。

播放量在 300 以下的账号为低权重账号，这样类型的账号，会随着视频内容质量没有大的改善而获得越来越少的推荐，如果视频播放降到 100 以下即为僵尸号。这种超低权重的账号想要重新起复非常困难，平台会标记为低质量内容创作者而限制流量的推送。

抖音账号的权重计算依据是什么呢?

开通商品分享功能后，点开商品分享功能可以查看视频创作者综合能力等级。根据等级可以依次解锁达人榜资格、好物榜资格等。后面有详细的等级概览，即平台根据发布内容等综合指标为视频内容质量、内容影响力、粉丝影响力以及商业影响力打分，根据评测结果改进后，达到标准方提升至下一级。抖音作者等级规则说明如下：

抖音作者等级规则说明

（来源：抖音官方声明）

一、计算规则

综合能力等级共分为 7 级，是根据作者近 60 天的内容表现，对作者的内容生产、粉丝运营等能力的综合评估，提升等级可获得对应等级权益和运营工具。

综合能力等级由内容质量、内容影响力、粉丝影响力、商业影响力四个维度组成；各维度根据难度共有 7 个分值（满分 7 分）；了解各维度要求，可有效帮助提升等级。

1. 内容质量

根据内容本身（画面清晰度、内容充实新鲜度、商品和内容相关度）以及用户喜爱程度（播放、互动）综合计算而来；发布满足平台要求的内容可提高内容质量得分。

2. 内容影响力

根据内容在平台获取的播放（观看）数量计算而来；学习和发现行业热点、持续发布优质商品分享视频，可提高内容影响力得分。

3. 粉丝影响力

根据账号累计粉丝量计算而来；打造有人设账号、为粉丝生产优质内容，可以提升粉丝影响力得分。

4. 商业影响力

根据推广的商品、内容转化效果及转化规模计算而来；选择优质的商品（正品、价格合理、优质商家的商品），结合场景进行推广，帮助粉丝、读者更好地进

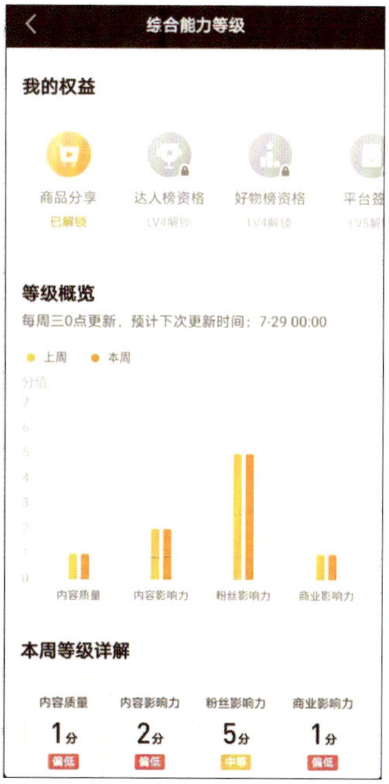

图 2–6

行购物决策，可提升商业影响力得分（见图 2–6）。

二、各等级升级门槛（见表 2–1）

表 2–1

等级 / 权益	升级门槛
LV1	开通权限，各维度默认为 1 分
LV2	各维度均大于 2 分
LV3	各维度均大于 3 分
LV4	各维度均大于 4 分
LV5	各维度均大于 5 分
LV6	各维度均大于 6 分
LV7	各维度均大于 7 分

三、各等级权益（见表 2–2）

表 2–2

等级权益	商品分享	达人榜资格	好物榜资格	专属运营	高星俱乐部	平台签约
LV1	√					
LV2	√					
LV3	√					
LV4	√	√	√			
LV5	√	√	√	√	√	√
LV6	√	√	√	√	√	√
LV7	√	√	√	√	√	√

四、权益说明

商品分享：作者可在个人主页橱窗、视频或直播场景中分享商品。

达人榜资格：满足榜单条件后，即有机会出现在小店达人榜。

好物榜资格：满足榜单条件后，即有机会出现在好物榜。

专属运营：专属运营 1V1 联系，帮助作者快速反馈和解决问题，并提供内容选品指导。

高星俱乐部：可以和同行业优质作者一起交流学习。

平台签约：可选择与平台签约，享受签约后带来的一系列优先待遇和扶持。

平台对影响视频流量和权重的不同评判标准中，每一个维度上账号权重的分布如下：

（1）内容分发的权重分布为：内容质量 > 关系 > 双向互动

平台针对视频内容进行流量分发时，参考的评判标准或表现的重要程度，从高到低，依次为内容质量、关系、双向互动。也就是说，内容质量是最高评判标准，其次是粉丝和社交关系，最后是互动数据。

（2）视频热度的权重分布为：转发量 > 评论量 > 点赞量

评判视频热度的标准按重要程度从高到低依次为：转发量、评论量、点赞量。也就是说，如果视频进入下一流量池的标准是点赞量为播放量的 10%，那么评论量和转发量的评判比重会依次降低。

（3）发布时间的权重：热度优先

非近期发布的视频也会根据热度推送给用户，召回期为 90 天 + 精品召回，这个在行业内叫作抖音的挖坟机制。当账号因某条视频而热度激增的时候（特别是爆粉的时候），大量用户涌进主页观看以往视频，并产生互动数据，这时平台会对之前发布的视频重新评判并给予流量扶持。

注意，账号的权重不是一成不变的，如果账号权重不高，就要自查是否存在违反平台规则和调性的内容或行为，并努力提高作品质量，坚持做下去，一定会有所收获。同样的，高权重账号，如果没有做好维护，出现违规或低质内容，也会被降为低权重或超低权重账号。这时候，时刻提升自身作品质量才是王道。

Muyang 2.2 抖音热门四步曲

2.2.1　过审

2018 年，抖音迎来第一波流量爆发，很多人一夜爆红，但也带来了很多问题，抖音也曾因此被工商局网信办约谈、整改并受到处罚（见图 2–7）。因此，吃过亏的抖音对用户上传视频内容的审核机制非常科学和严格，当一个视频完整上传后，首先进行机器检测。通过 AI 技术，抖音可以进行人脸识别、肢体识别、语音识别、文字识别等。当上传的视频中画面、标题、关键词有任何一方面被发现有违规内容，视频就会进入人工审核环节，人工检测最终确认违规后会采取删除视频或其他处罚措施。没有违规且通过审核的视频便进入画面消重、关键词匹配的环节，其中重复内容会进入低流量推荐，未重复的内容才开始进入初始推荐。具体推荐过程不再赘述。如果视频在推荐期间有用户举报，则会进入人工审核环节，确认违规后会在后台通知作者，作者此时可以提供相关证明材料进行申诉，申诉成功后继续推荐，申诉不成功的情况下视情节严重程度给予删除视频或其他处罚措施。

辣品

首页 › IT资讯 › 业界

北京工商局约谈“抖音”要求即时阻断违规直播

2018-04-18 15:57 IT之家（阿迷）

IT之家4月18日消息 近日北京市工商局海淀分局对“抖音”短视频运营范北京微播视界科技有限公司进行约谈。约谈原因是由于此前有关于“抖音”短视频平台涉嫌发布售假视频的报道。约谈会上，“抖音”方面负责人反馈了调查情况，并表示目前“抖音”平台上涉嫌违规的内容已经采取删除或者封禁等措施。

图 2–7

抖音的审核机制如图 2–8 所示。

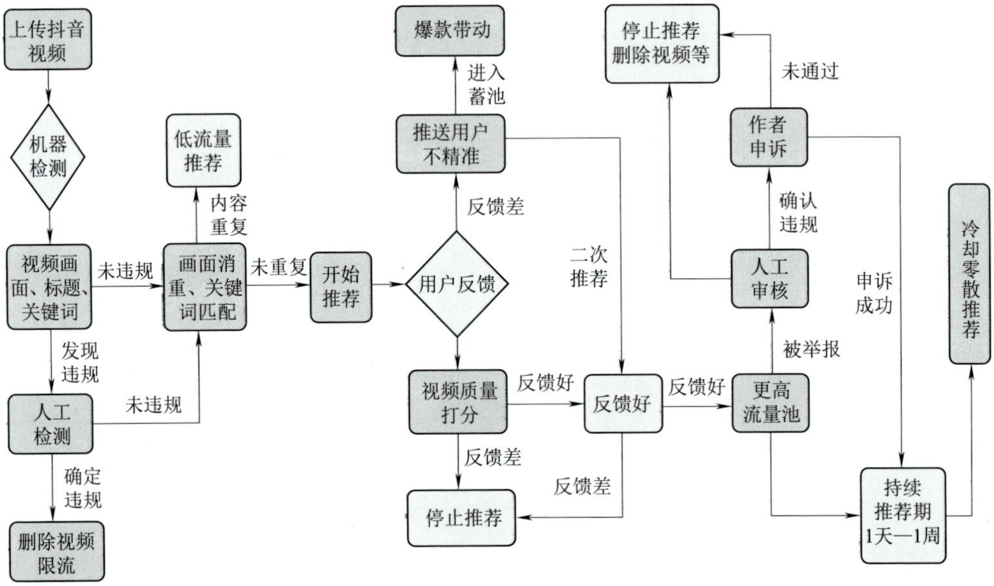

图 2–8

此外，视频上传的内容除需要经过机器审核、人工审核之外，还要经过抖音自律委员会监督和二次回审的层层检验，一旦多次违反社区规定就会被抖音限流或“关小黑屋”，甚至是封号处理。

哪些是“雷区”，触碰不得呢？

1. 底线不能碰

内容不符合抖音社区公约的，危害国家社会安全、公民身心健康的，涉及政治敏感话题的，负能量不符合社会主义核心价值观等内容的，类似这种红线，一旦触碰，抖音平台一定严肃处理。

2. 营销不能碰

抖音的口号是记录美好生活，营销内容与平台调性相悖，也是平台着力封杀处理的内容。

明显向站外进行导流（在主页或视频中留有微信、电话号码、企业或商铺名称等明显招揽信息），或具有曝光和指向性的视频都会被抖音限制。但多数账号还是会利用技巧巧妙地导流到私域，对于平台而言，也适当为用户留有变现余地（见图 2–9）。

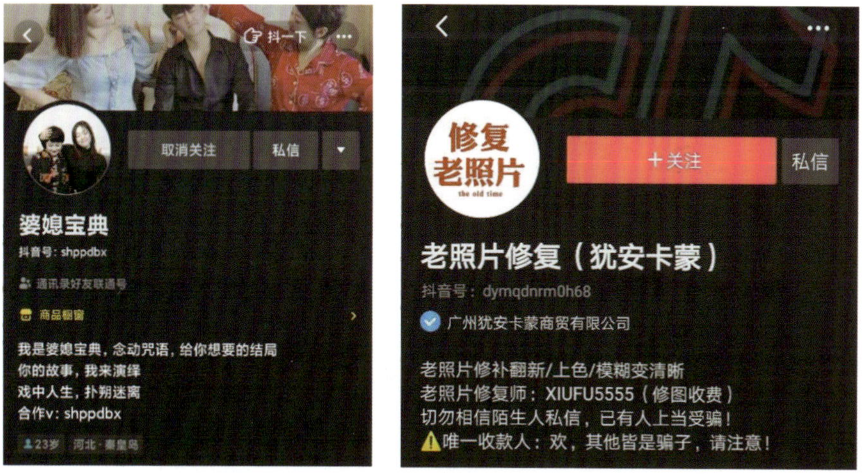

图 2–9

有意展示品牌标志、快递单、消费凭证等或无意展示但视频逗留时间过长，都会影响最终审核结果并有可能被判定为违规。除此之外，视频的字幕或标题文案当中存在有可能被平台误判的字眼，比如：钱、数字、买卖等。在如此严格的审核条件下，有时拍摄场景稍不注意就会被误判为营销内容。因此，如果有被抖音限流的情况要及时向平台申诉，在下次拍摄和剪辑时就需要注意了（见图 2–10）。

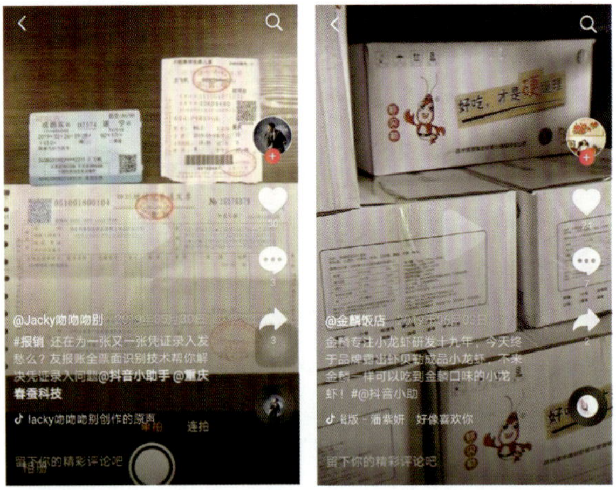

图 2-10

3. 搬运不能碰

保持视频原创，视频当中不得出现其他平台水印或直接搬运抖音平台其他用户的视频内容。如果需要重复发布自己的视频，发布之前建议做一些细微的修改或更改视频的 MD5 值（文件指纹），同时设置与之前发布视频不同的封面（见图 2-11）。

图 2-11

4. 频繁操作不能碰

不能频繁地私信用户要联系方式，或者在评论留言中有微信号等（见图 2-12）。另外，每天视频不要发布过多，频繁发布（超过 3 个以上）有可能会被标记为营销号，减少推荐。

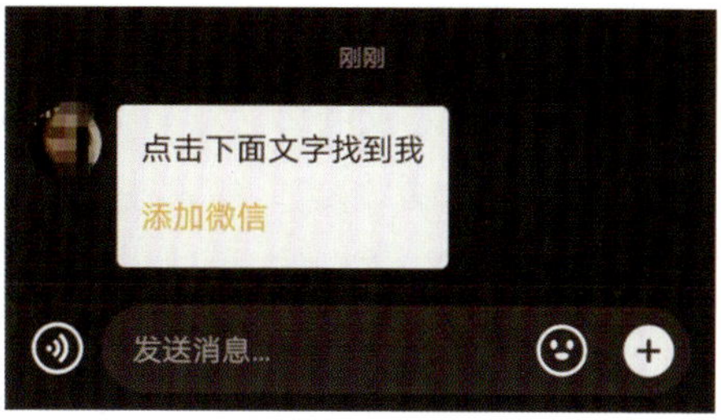

图 2-12

2.2.2　利用算法上热门

想要视频登上热门，视频质量是非常重要的（见图 2-13）。

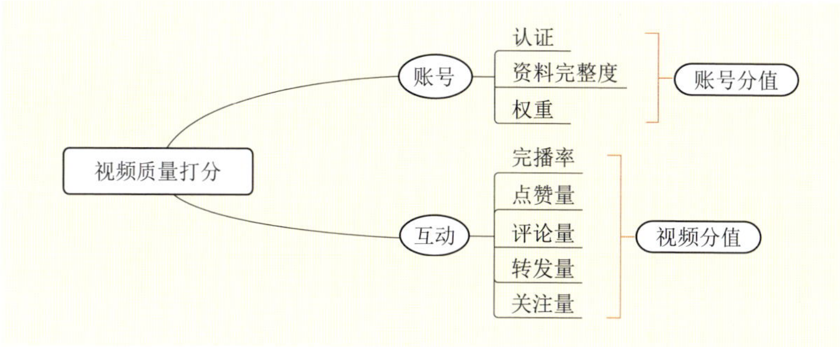

图 2-13

通过本书 2.1 节当中介绍的平台推荐算法可以看出，抖音推荐逻辑有 3 个关键词：基础流量、叠加推荐、时间效应。下面，我们就从这 3 个关键词入手分析抖音视频上热门的技巧。

1. 基础流量

抖音的基础流量取决于账号的权重和标签。关于权重，前面已经讲过，这里就不再赘述。至于标签，是根据账号的浏览习惯以及视频发布的内容来定义的。那么一个从未发布过视频的新账号，想提升权重和形成对标精准用户的标签就一定要进行“养号”，也就是第 1 章中提到过的内容。对于使用过或正在使用中的账号而言，根据后台测算出的账号综合能力等级评分进行改进，坚持创作优质视频，一定可以提高账号的权重（见图 2-14）。

图 2-14

2. 叠加推荐

抖音为每个作品都公平地推荐一个流量池，之后的传播效果就取决于作品在这个流量池中的表现。结合前面提到的，增加这个视频在此流量池热度的 5 个指标，我们就要想办法提升这 5 个指标。

①完播率。提升完播率分三步走。第一步是尽量缩短视频时长，前面介绍了抖音 15 秒视频的由来，而热门视频也多为 15 秒以内的视频。视频过长的情况下有任何一个小环节没有抓住用户，就会导致用户看不完就跳到下一个视频。第二步是降低跳出率，前面提到过，跳出率是一个视频播放不足 5 秒就跳出的频率。跳出率高的作品完播率不可能高，而一个 15 秒以内的视频如果能让用户观看 5 秒以上，那么能观看完整个视频的概率就大大提高了。降低跳出率有三个字的口诀：美、趣、快（见图 2–15）！画面美好、内容有趣、节奏要快，第一时间抓住用户的眼球。第三步是勾起用户的好奇心，也就是视频有让用户想看下去的欲望。可以通过文案引导，比如标题“全抖音估计都没人知道这是啥”，引导用户将视频看完。或者在视频中第一时间出现勾起用户好奇心的文案，比如很多影视混剪账号就常采用这样的手段：“我敢打赌这么豪横的女霸总，你绝对没见过”。另外对于时长稍长的视频而言，还可以通过后期剪辑手段，把整个视频当中最精彩且让人好奇的部分剪辑到视频前面，有点像内容预告，时间要短，然后迅速切入主题。比如视频中的悬疑、误解或者冲突等场面。

图 2–15

②点赞量。用户为视频点赞一般有两种情况：第一种情况是觉得视频特别好，非常有共鸣，或者是感动，或者是开心；另外一种就是觉得视频有用，希望能随时找到。点赞之后，用户可在主页的“喜欢”一栏里找到该视频（见图 2–16）。所以总结起来就是，视频要激发用户的触点，引起共鸣，能为用户提供价值，希望留存。这就需要在做好账号定位的同时，研究自己账号粉丝的用户画像，了解粉丝或潜在粉丝的年龄、性别、地域、爱好等，根据用户的喜好创作相应的内容。随着平台内容的逐渐丰富，用户对内容质量和猎奇程度的要求越来越高，所以单纯地模仿已经很难在平台立足，那么我们就需要寻找用户的触点，再根据自身的定位去创作内容，结尾适当反转，让用户看完之余还能回味才算完美。举个例子，一个穿着朴素的老

人走进水果店，希望老板卖给他一些烂掉的水果，因为他兜里只剩一块钱了，买不起。老板非常凶地说："我店里怎么可能有坏的水果？你是来找茬的吧？"这里就是第一个触点，对弱势群体的同情。随后，老板说："算你走运，我这搞活动，这袋苹果一块钱，有钱就拿着，没钱就赶紧给我走人，别耽误我做生意。"老人拿着水果，千恩万谢地走了。其实到这里，结局已经反转，而且相当正能量，可以引发用户点赞的欲望。但是后面仍有剧情，旁边一个看热闹的问那个老板："我也参加活动，给我也来一袋吧。"老板说，活动没了。那个人不依不饶非要买。这里又是一个触点，一个好心的老板和一个看到真相还要占便宜的人，再次把剧情引向高潮。这个时候，原本旁观看热闹的人拿起一袋苹果把钱放老板手里就走，老板一看是二百，这是最后的反转，然后，买水果的顾客说："收下吧，我赚钱比你容易。"直逼泪点。最后这个视频收获了 200 多万的点赞量。另外，垂直细分领域的内容最容易给用户提供价值，获得点赞。例如：10 个动作轻松让你瘦大腿（见图 2–17）。

图 2–16

图 2–17

③评论量。提升评论量的关键在于引导用户评论，用户会因为猎奇、吐槽、共鸣或者想提供帮助等多种原因参与评论。引导用户评论除了视频内容就是标题了。比如，标题设置一个问题：我老婆比我大 8 岁，我妈比我老婆大 12 岁，你猜我多少岁？或者是抛出一个槽点：婆媳关系就是远香近臭。还可以利用用户的同情心：单亲妈妈创业，每天带着不满周岁的孩子游走在城市的各个角落，陌生人，可以祝福我吗？

④转发量。提升转发量的难度大于前 3 个要素。激发用户想要分享出去的欲望，作品的内容一定要使观看者有一种发现新大陆的感受，希望社交关系下的其他人也能看到。

⑤关注量。在 PC 端的服务平台，创作者可以看到发布每个视频的带粉量，也就是因为此视频而增加的关注数（见图 2–18）。用户因一个视频而产生兴趣，进到主页后，希望看到后续发布的更多作品，才会关注。那么说明，主页的作品类型一定是类似的，也就是我们说的垂直。另外就是这些作品让用户感到满足，还希望能看到更多的内容。这些会在后续的内容定位当中详述。

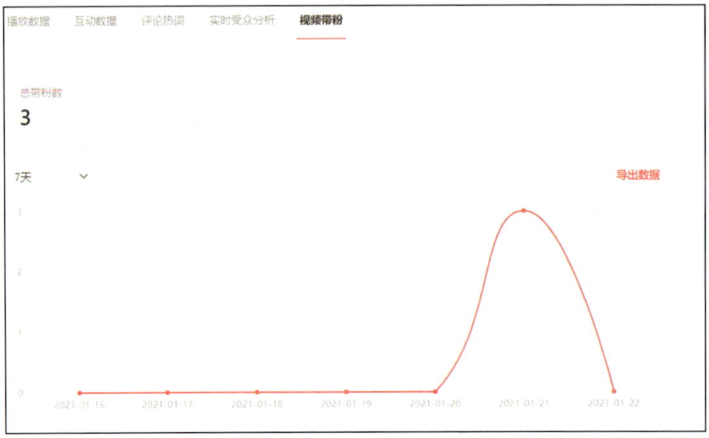

图 2–18

3. 时间效应

这就是我们前面提到的抖音的“挖坟”效应。这里我们可以通过将视频置顶，用户进入主页后就可以优先看到置顶的视频，加热之下，视频有可能进入下一流量池，还可进行人工视频加热——DOU+，后面的运营章节中再进行详述。

2.2.3　利用优化上热门

1. 账号优化

所谓账号优化，就是提高账号的权重，保持账号的可持续化运营，如何优化呢？一是养号，前面章节里讲过新号养号的方法，这里提醒大家注意的是，已经开始发布视频的账号依旧每天要按照养号的法则浏览账号，增加与粉丝的互动，这些在后面运营的章节中还会详述。二是保持活跃度，每周至少发布 3 个以上视频，不发布视频的时候也要使用平台浏览或者消费等。三是提升账号等级，做好内容，只要保持高权重或权重攀升的状态，平台会标记为优质视频创作者，源源不断地给予流量扶持。

2. 内容优化

内容优化是非常关键的一方面，首先要做好账号的定位。内容定位，不垂直是大忌，今天发母婴、明天发美食，不但不容易获取流量，还很难“聚粉”。其次就是要坚持原创，如果一定要借鉴他人的内容，要动脑筋把同样的内容做出自己的特色。第三是要学会“蹭热度”。每一个阶段，平台都有热门的内容，热门内容是用户和创作者争先仿效的内容，这就是羊群效应。热门内容包括热门话题、热门挑战、抖音热搜、热门 BGM、热门同款视频、热门评论等（见图 2–19）。

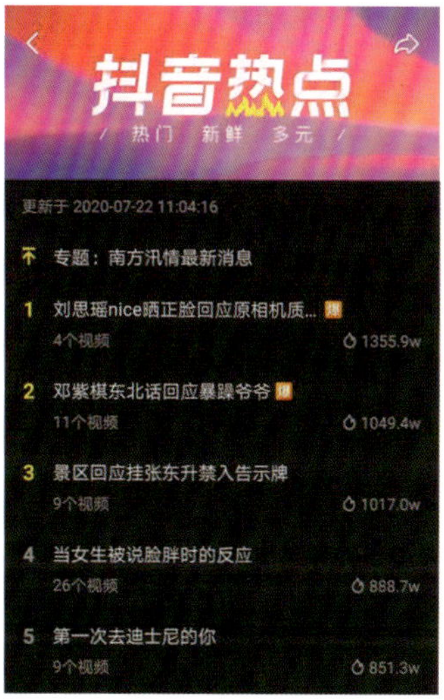

图 2–19

抖音定期会发起官方挑战和热门话题，这些是抖音官方给出的流量扶持，另外一些热门事件在热度足够的时候想办法蹭热度会增加上热门的概率。比如，女主播为拒绝容貌焦虑拍摄素颜与化妆对比视频，引发全网跟拍。BGM 可以说是一个作品里的灵魂所在，热门 BGM 的使用可以增加视频热度，从用户心理的角度，越是同款的内容，用户越希望看完，从而找到不同的感觉。最后就是视频的拍摄和后期制作的质量。上传清晰且 9 ∶ 16 尺寸的竖屏视频，视频中配以合适的 BGM，再适当配合特效，给用户更好的体验。

3. 发布优化

保持账号活跃和日更，每天尽量保持同一时段更新。大数据测算每日的流量高峰期为三个时段 11:00—13:00，17:30—19:30，21:00—22:30。但根据视频发布经验以及推荐规律，每日上午 9:30—10:00 之间是发布视频的黄金时段，尤其是节假日，一般上午发布的视频一天至少能够经历三个流量高峰时段，或者是节假日的下午 2:30 左右以及工作日的下午 4:30 都是最佳发布时间。

另外，可以在视频中添加同城定位，选择该时段人流最密集的地点即可。@ 抖音小助手有希望被官方收录或赠送流量，也要添加话题以及制作精美封面等（见图 2–20）。

2.2.4 制造爆款模型

可能你曾经听了太多如何蹭热度加热视频的技巧，被画了很多的饼，只可惜到最后也只能是望着别人的热门兴叹。为了攀升热度，不断瞄着其他创作者的内容，最终只能做“复读机”，即使能复制红人的内容却复制不了红人的成功。况且，在这样内容拥挤的平台上想要杀出重围，靠的一定不是盲目跟风，最关键的是差异化。

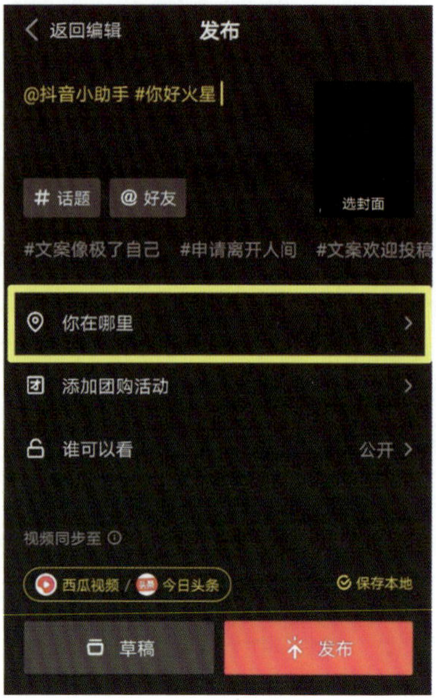

图 2–20

从上述内容里我们可以看出，任何爆款视频当中都包含着一个法则：吸引力法则。这是一个碎片化内容消费的时代，要想打动用户，依靠传统的“埋伏笔—推进程—进入高潮”路线就太拖沓了，即使是好莱坞大片的套路也是在危机高潮来临之前要有一段岁月静好。在抖音，用户刷到视频时，是否能吸引用户往往就是开头那 5 秒、3 秒甚至 1 秒。因此，制作短视频，要做到“开头即高潮”，在前几秒中就迅速制造一个让用户肾上腺素飙升的“哇哦”瞬间，锁住用户的视线，不仅能看完视频，还期待下一次更新。

说到这里，你可能仍然云里雾里，那么给大家提供一个“傻瓜式”模板，助大家迅速登上热门（见图 2–21）。

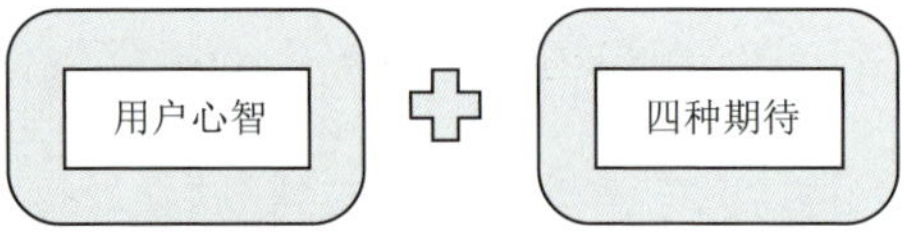

图 2–21

这个模板就是用户心智 + 四种期待。任何一个内容创作者，绝对是洞察人心、影响用户心智的高手，而从用户心智出发，观看视频是一种行为，任何一种行为都是由动机驱动的。

那么制造爆款的核心就是建立期待，即用无数个诱因制造期待感，让用户产生动机（观看的欲望），从而发生动作（完播、点赞、评论、关注等）。短视频的时长留给用户的思考时间有限，那么这种建立期待的设置就一定要“快、准、狠”。

什么是有“期待感”的视频呢？在抖音倡导的美好生活里，无论是视觉上的期待（如颜值）还是情感上的共鸣，又或者是有趣的瞬间，都会在一开始利用音乐、人物、视觉、身份、文案等元素设置悬念，为用户建立“好笑、好看、感动、有新知”等期待（见表 2–3）。

表 2–3

在视频起始处利用	音乐氛围	植入动机、建立	会好笑	的观看期待
			有新知	
			会好看	
	视觉奇观		会很刺激	
	代入共鸣		会很成功	
	文案预告		不看就亏了	
			不看就 out 了	

1. 音乐氛围期待

老生常谈的一句话：音乐是抖音的灵魂。

用音乐制造悬念分两种：一种是用音乐带入情绪或情境，不同的音乐对应着欢快的、悲伤的情绪，在不同场景中，比如悬疑、气愤、悲惨等不同情境下使用不同的音乐会让人身临其境，从而产生期待。另一种带入情绪，有些是音乐，有些是音效，还有一些是达人的口头禅，比如韩美娟的“记得双击么么哒”或者“惊雷，这通天修为天塌地陷紫金锤”等。用煽情的音乐催人眼泪，用诙谐的音乐放松身心，把热门音乐使用得与众不同且恰到好处让用户拍案叫绝，这就是最高境界了（见图 2–22）。

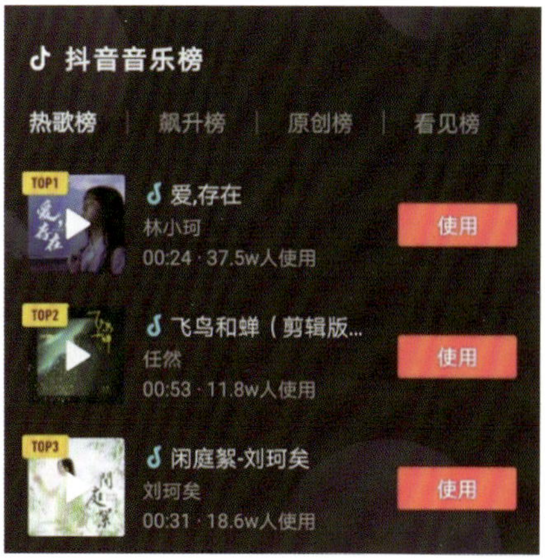

图 2–22

2. 视觉奇观期待

眼睛是人类认识世界的主要感官，好奇心往往使人不理性，罕见的美景、崭新的视角、意外的场景，冲击用户视觉从而产生值得一看的动机。

而真人出镜的视频中，人物出场的一瞬间用户会产生不同的心理预期，好看和新奇能最大限度地刺激用户的心理预期，有震撼力的人物出场让用户有种出镜即是巅峰、一眼万年的感受。我们常见的，比较容易表现的就是颜值。美好的容颜加上人设光环，给人一种欲罢不能的感受。另外就是利用超出心理认知范围的视觉体验，比如“阿纯全网男女通用脸”（见图 2–23），这种男扮女装引起的强烈反差刺激着人的感官。

图 2–23

3. 代入共鸣期待

用户对与自己相关的内容会格外关注，比如失恋时听到情歌会伤心，女性看到男权霸凌会愤怒等。如果在视频开始时提到受众人群的身份标签（地域、职业、爱好或大多数人的共同经历），就能成功引起用户的兴趣。比如，拿刻板印象来自嘲就非常有效。例如，怕冷的北方人（见图 2–24），同一个世界同一个老妈，你遇到过的渣男等。用“与我有关”建立“共鸣”的期待。

4. 文案预告期待

也许有的人说，看视频的时候根本就不看文案，非也，好的文案是视频的点睛之笔。有趣的灵魂和有用的主题碰撞之下一定可以擦出火花。视频中的文案分两种：一种是标题，另一种是视频当中出现的字幕（见图 2–25）。

图 2–24

图 2–25

我们先用后者举个例子。在视频开头就利用字幕文案明确告知用户视频的主题或主要内容，只要主题足够有趣且与用户产生关联，就可以引起用户的好奇，达到“开门见山”的效果，建立“对我有用”的期待。这里给大家提供一个模板，即“5W+1H”。也就是用“What/When/Who/Where/Why”提出问题，然后再用“How”来解决问题。比如：疫情期间在家如何瘦身？用这样的视频建立“有新知”的期待。

至于视频的标题，要想办法提炼精华、设置悬念、预告亮点、真实动情，让用户看到时不自觉地看完视频，建立“有惊喜”的期待。比如：最后一刻我绷不住了。

然而，说了这么多，还是要提醒打算做短视频的朋友们，技巧固然重要，但不要本末倒置，更不要每天挖空心思地钻平台的漏洞，做短视频要知悉平台法则，这是生存之道，但要牢记，最终能让你站稳脚跟的永远是好的内容。一句话送给大家：套路千万条，内容第一条，创意不到位，运营两行泪。

第 3 章

把控内容布局，涨粉快人一步

3.1 抖音内容类别

抖音平台作为强运营平台，极其重视创作内容的质量，做好抖音短视频的核心是提供优质内容。从短视频爆发开始，全网内容产业格局开始变化，受众破界，职能升级，生态变得更加丰富。从图文到短视频，内容体裁不断丰富。小众文化流行，用户对内容本身的需求也在不断演化，反向推动内容创作者优化内容和提升创作效率。创作者既要主动了解用户需求变化，调整内容生产策略和风格，也要从自身定位出发，挖掘新选题触达潜在目标用户群体，扩大影响力。

1. 内容产出者方向分类

正所谓知己知彼，快人一步，想要在平台上创造出好的作品，首先要了解平台的内容展现形式。

（1）非真人出镜

非真人出镜指的是视频当中不出现真人的内容，包括图文（见图 3–1）、动漫（见图 3–2）、影视二剪（见图 3–3）等。图文内容是指讲搬运来的图片配上文字和适当的 BGM 制作成视频形式发布。这种类型的视频在早期由于成本低、聚粉容易而成为很多批量养号者的宠儿，但由于视频质量普遍偏低，加之搬运导致内容同质化严重，违背了抖音平台倡导原创优质内容的初衷，被抖音平台限制类似内容的流量，且限制图文号带货视频分享。

同为搬运出身的影视二剪目前依然活跃在平台上，主要是通过剪辑软件把影视剧简要剧情剪辑后放入平台，比如女帝剪辑。还有一种把剪辑后的剧情配以解说后发放，比如毒舌电影。这类内容成本低、容易聚粉，但是难以 IP 化，且变现困难。但是，比较高级的还有一种把不同剧集的内容用比较复杂的剪辑方式放在一起，配上卡点的 BGM 和相应的主题，每一个视频虽使用了现成的影视作品，但有非常强烈的创作痕迹，制作精良，变现价值也是不容小觑的，例如“扬十一”。在抖音平台内容越来越丰富的现状下，非真人出镜的账号越来越难以变现，但动漫类的视频是个例外。全网第一大动漫 IP——“一禅小和尚”具有非常高的变现价值，但这类视频的弊端是制作成本太高。

图 3-1

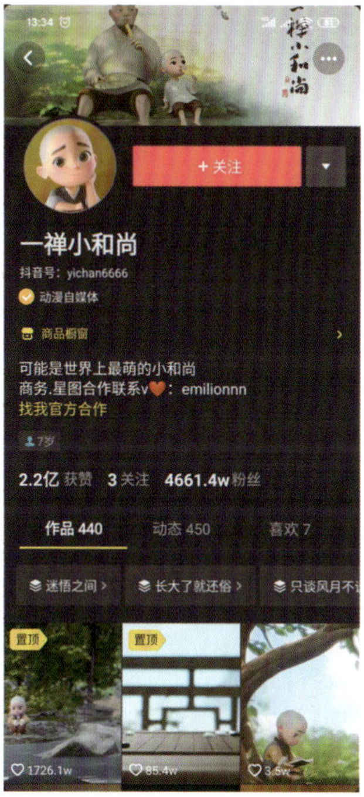

图 3-2

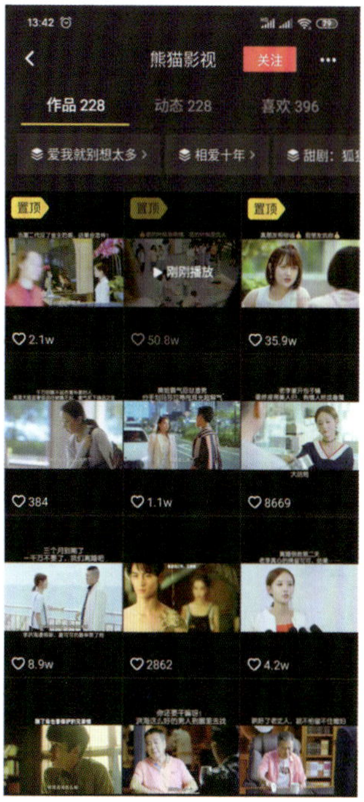

图 3-3

（2）真人出镜

整个短视频内容生产，可划分为 PGC、PUGC、UGC 3 种模式。PGC 是专业生产内容，UGC 是用户输出内容，而 PUGC 是介于两者之间的。抖音是以 PUGC 和 UGC 为主，正在缓步涉足 PGC 的内容平台。

我们通过表 3-1 来比较这三者的区别。

表 3-1

比较项	PGC	PUGC	UGC
生产者	专业机构	拥有粉丝基础或拥有某一领域专业知识的 KOL	非专业的普通用户

续表

比较项	PGC	PUGC	UGC
特点	成本较高、专业和技术要求较高、商业价值高，主要靠内容盈利，强媒体属性	成本较低、有人气基础、商业价值高，主要靠流量盈利，兼具社交属性和媒体属性	成本低、制作简单、无门槛、商业价值高，无盈利目的，强社交性
代表产品	西瓜视频、梨视频、好看视频、土豆视频、秒拍等	快手、抖音、抖音火山版	抖音、快手、美拍等
时长	2～5 分钟，通过海量优质内容吸引用户的关注和互动	1 分钟左右，以故事为中心	15 秒以下为主，鼓励用户表达个性自我

目前以 MCN（Multi-Channel Network，网络频道整合）机构为首的 PGC（见图 3–4）、PUGC 生产方，已成为短视频平台最重要的内容生产者。强运营基因带动 IP 滚雪球式孵化。因此，作为普通用户生产的 UGC 内容想要获取流量，存在一定的难度。

UGC 用户普遍拍摄场景和内容较为贴近生活，展现家庭日常，活学活用网络热门段子（见图 3–5），或拍摄个人生活 Vlog（Vlog 指视频日志，用视频记录生活）等。

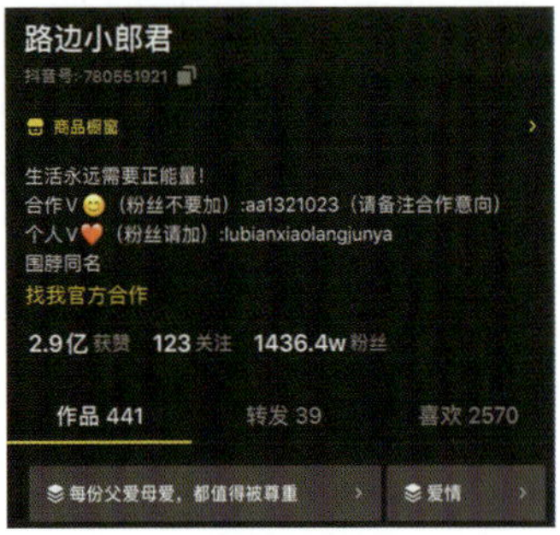

图 3–4

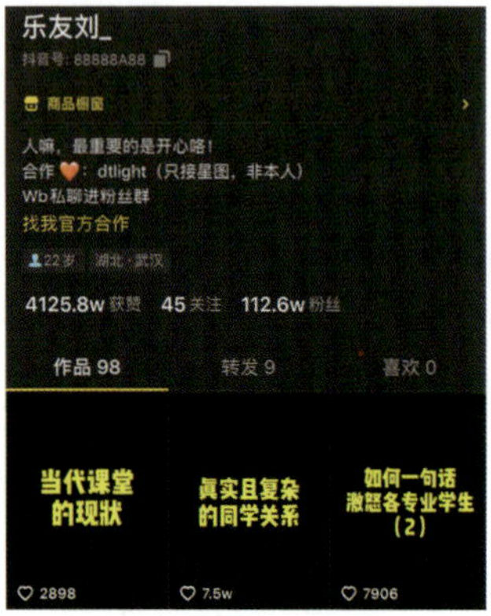

图 3–5

2. 内容涉足领域方向分类

以上是从内容产出者方向分类，下面从内容涉足领域方向对平台内容进行分类。

（1）颜值

抖音平台四类人最容易爆火：大长腿、小奶狗、真戏精、技术流。寓意是有颜、会演、有料的内容创作者。那么无论是平台还是用户对颜值的需求永远没有上限。

如果具有这样的优势，无论你是小姐姐（见图 3–6）还是小哥哥（见图 3–7），特别是还有些才艺和特点的，只要稍微运用一些专业知识，极容易爆粉甚至 IP 化。

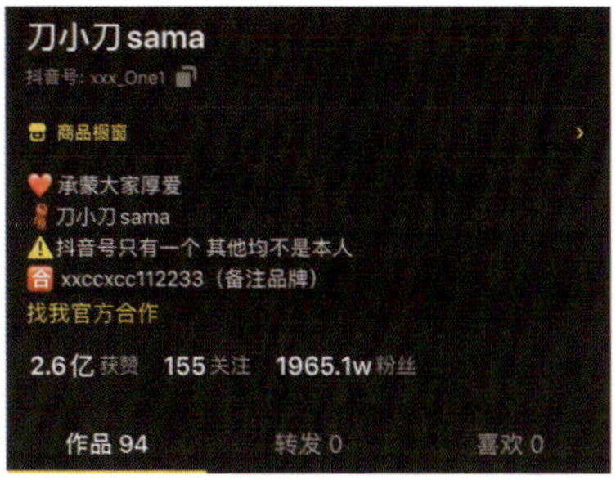

图 3–6

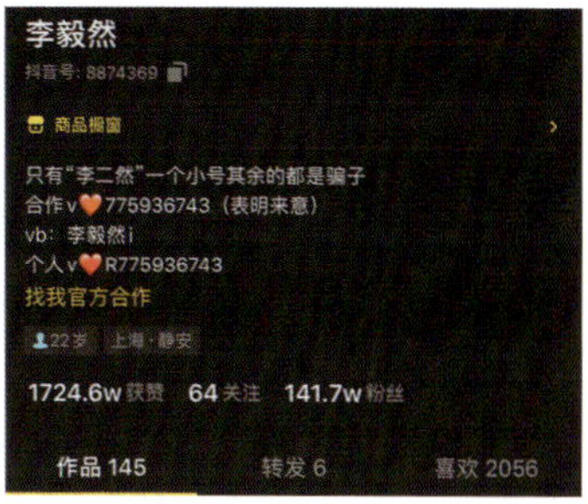

图 3–7

（2）家庭

家庭化的场景和在该场景发生的生活化的片段容易与用户产生共鸣，同时，从内容电商的角度来看，家庭化的生活场景容易做各种产品露出，利于变现，是 UGC 用户不错的选择。

具体来讲，家庭类别下还可以细分为：萌娃（见图 3–8）、夫妻情侣（见图 3–9）、宠物、母婴等。

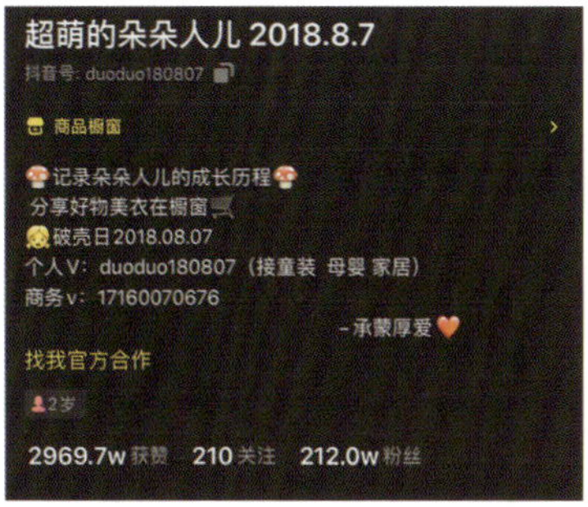

图 3–8

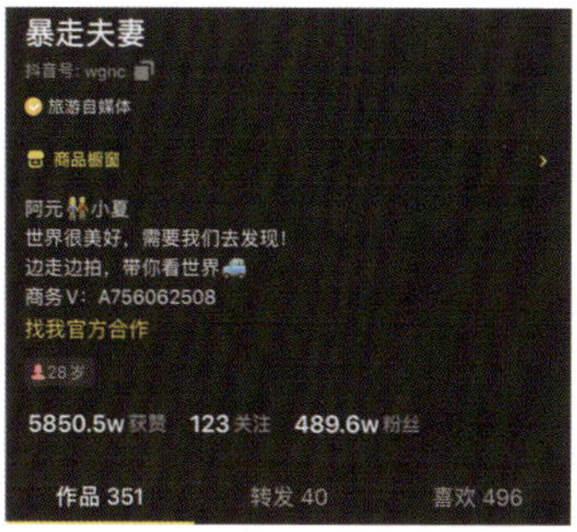

图 3–9

（3）生活

艺术来源于生活，在这一类别下，内容创作素材丰富，变现空间也是相当不错的。

生活这一大类下可以细分为：美食、旅游、运动健身、生活百科、情感、正能量、Vlog 等。

民以食为天，美食类的账号一直是很多机构的宠儿，这类账号的转化一般比较高，且因美食的特殊属性使得这类型的视频于观众而言，受欢迎的程度不亚于帅哥美女。全网第一大美食博主李子柒（见图 3–10）爆火后，有很多类似的账号开始模仿拍摄这种田园风格的美食视频（见图 3–11 ）。

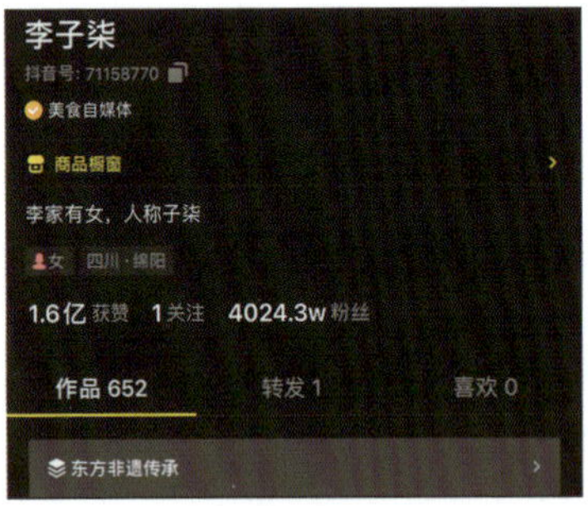

图 3–10

图 3–11

这类视频爆火背后的本质是都市人对自由、对自然、对美好的向往。另外有一类美食账号是以简单场景展示做饭过程的视频，除了菜品令人垂涎的色香味之外，还可以为用户提供技能性的内容，更加容易增加粉丝黏性。还有一类美食账号是以品尝美食为主，由此甚至催生了一系列的产业链和行业怪相，比如大胃王。

不过，平台上美食类账号（见图 3–12）几乎呈饱和的态势，需要有独辟蹊径的差异化或者压倒性的优势。

旅游类的账号属于垂直领域内不太容易做的。前面讲过旅游行业的现状，旅游类的 KOL 多以拍摄 Vlog 为主，不过成本较高。如果是某个旅游企业想通过线上流量为景区增加曝光，但自身又没有过硬的条件的话，就可以通过线上线下一体化的形式在线下设置打卡地点，通过特定的运营操作模式形成大流量的路人视角（见图 3–13）曝光，就可以形成所谓的网红打卡圣地的现象了。

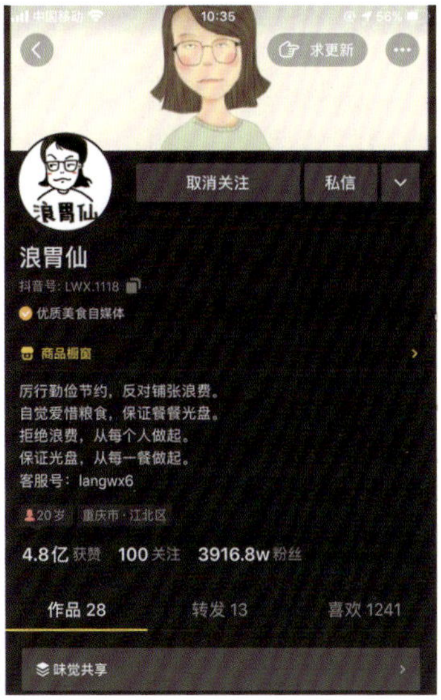

图 3-12

图 3-13

我的团队曾为很多企业做过这样的线上线下一体化全面解决方案，这里给大家举一个例子，这是给一个北方小镇设计的，小镇分美食区、文化区、零售区和民宿区。我们通过一个 IP 故事引入一棵红娘树，红娘树下设下了一个有 100 个格子的箱子，里面有游客自愿投放的联系方式，锁上之后，钥匙被装入福袋挂在红娘树上，通过一系列引流的玩法让参与者从这个区域开始进入角色，这个起点就叫作“箱遇”，美食区叫作“相食”，文化区叫作“相知”，零售区叫作“相爱”，民宿区叫作“相伴”。有点类似线下的陌陌交友，当然在活动开始有各种规定来规避风险。这种交互式的体验成本不高，但是仪式感充足，仅一个摘福袋开箱的活动就可以引起路人视角的爆火，从而把红娘树当作网红打卡圣地（见图 3-14）。

图 3-14

运动健身类的账号（见图 3–15）也属于垂直领域，什么是垂直领域？垂直可以理解为专注于某一领域，提供专业的、专一的内容或服务。垂直领域的内容吸引的粉丝叫作精粉（精准粉丝），他们多数都是这个行业的潜在消费者，每一个用户代表的购买力，比综合品类账号的用户的平均水平还要高许多倍。因此运动健身类的账号除了考虑做的内容符合平台调性之外，更重要的是能为用户提供价值，这类型的账号如果做好了，变现价值极高。

生活百科类的账号（见图 3–16）比较容易做商品展示，但在提供价值的基础上如何做得生动有趣就是创作者需要好好考虑的地方了。

曾有统计资料显示，全网关于情感方面的内容超 80%。人是感情动物，情感方面的内容更容易引起共鸣、共情。但由于内容较多，做这一类型的账号（见图 3–17）需要在细分领域把差异化尽可能做到最大化。

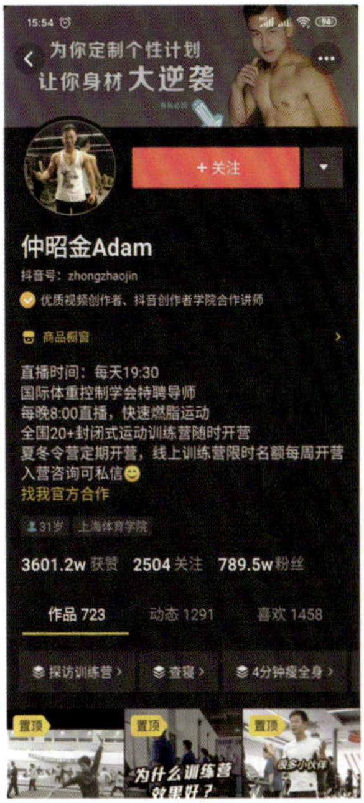

图 3–15

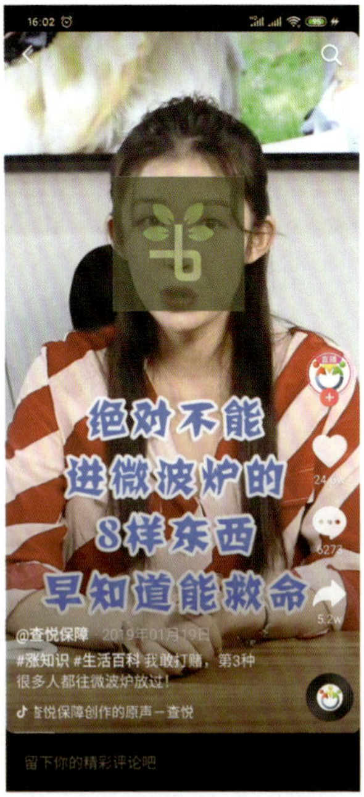

图 3–16

图 3–17

正能量的视频是最容易收获点赞的，这类视频分两种：一种是真实的正能量事件（见图 3–18），比如某些官媒曝光的摄像头下的画面或者创作者真实记录的好人好事，如“天志”（见图 3–19）；另一种就是拍摄出来的正能量事件，宣扬善、惩戒恶，比如狗眼看人低系列、逆袭系列都是用户喜闻乐见的内容，这类型的视频是比较容易爆火的。

生活化的内容离不开 UGC 用户最喜欢拍摄的内容 Vlog。Vlog 指的是视频日志，用视频记录生活，当然，在记录的过程中不能像记流水账日记一样，要做好定位，确定风格，每一期都要有相应的主题（见图 3–20）。

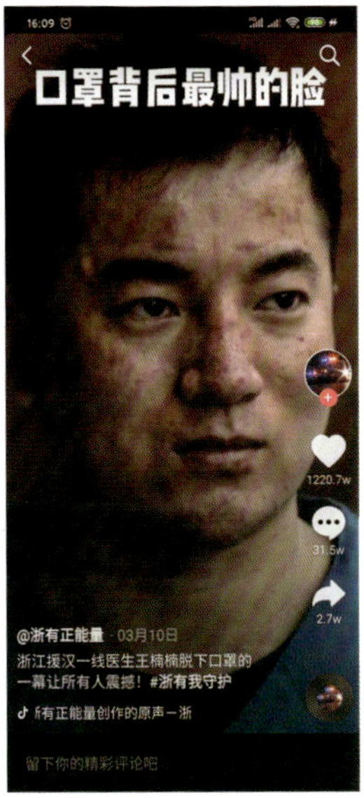

图 3–18

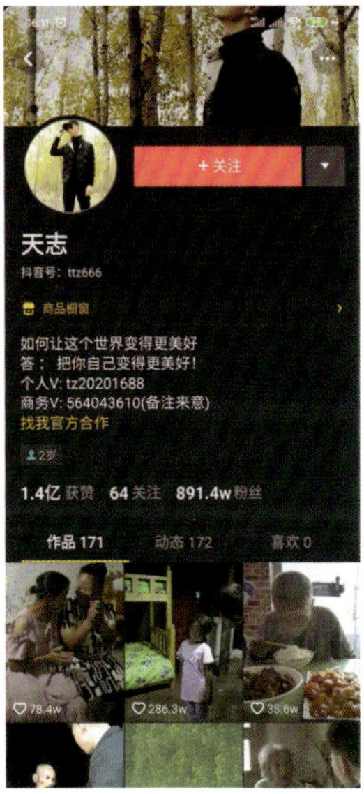

图 3–19

图 3–20

（4）才艺

抖音是音乐创意社交软件，音乐可以说是一个视频的灵魂，因此，如果你有过人的音乐方面的才艺（见图 3–21），在平台上是比较容易火的。当然，其他方面，诸如书画、手工（见图 3–22）等都属于用户比较容易看完的视频，因为才艺是大多数人不具备的，用户会怀着好奇和敬畏的心理去观看这样的视频，如果创作者在展示美好作品的同时还能为用户提供技能方面的价值就再好不过了。

（5）娱乐

人类的发展史就是不断通过延迟满足创造即时满足的过程。我们需要不停地锻炼延迟满足来创造科技，再由科技改变生活带来的无限追逐即时满足。娱乐就是让我们可以快乐在当下的即时满足品。而抖音的推荐机制更是把这样的即时满足变得比任何时候都更快。

人类需要娱乐，而且越是艰难困苦的时候越需要娱乐。因此，在这个品类里比较容易寻找用户的痛点和爽点，但是需要细分领域，也需要在众多内容里做出属于你自己差异化的东西。

（6）时尚

时尚品类囊括了几类可以直接转化的内容，比如明星、美妆（见图 3–23）、种草、开箱等。以美妆为例，展示化妆前后的巨大差异，是这类型账号比较普遍的聚粉方式。但是账号想要长久发展以及获得较高转化就一定要 IP 化，后面我们会具体讲，在这里就不赘述了。

图 3–21

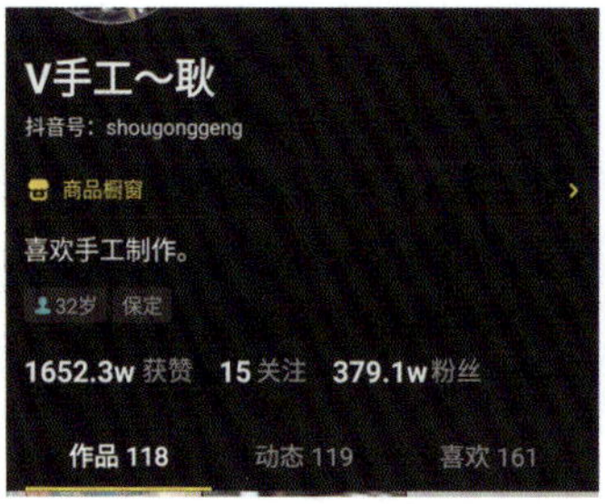

图 3–22

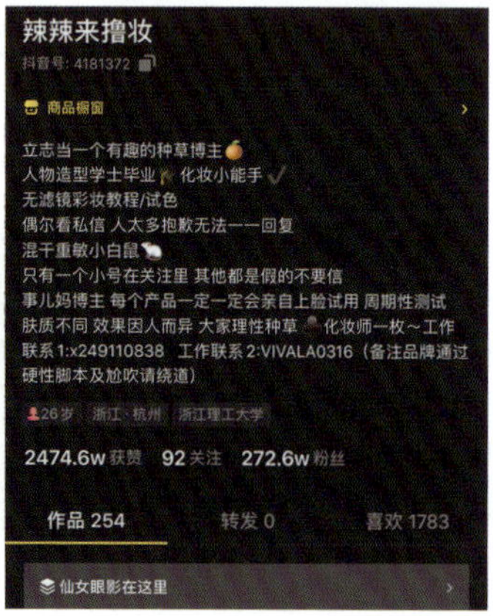

图 3–23

（7）技术类

这类型的作品需要有硬实力支撑。拿摄影类来讲，用手机拍摄大片比较受用户欢迎，而技术流类型（见图 3–24）的视频更多的是展示运镜的技巧和强大的后期剪辑水平。

（8）其他垂直领域

垂直领域目前还存在许多蓝海，比如汽车（见图 3–25）、科技（见图 3–26）、教育等等。但这类内容聚粉较慢，需要坚持。

无论哪种内容，都需要做好自己的账号定位和内容布局。

图 3–24

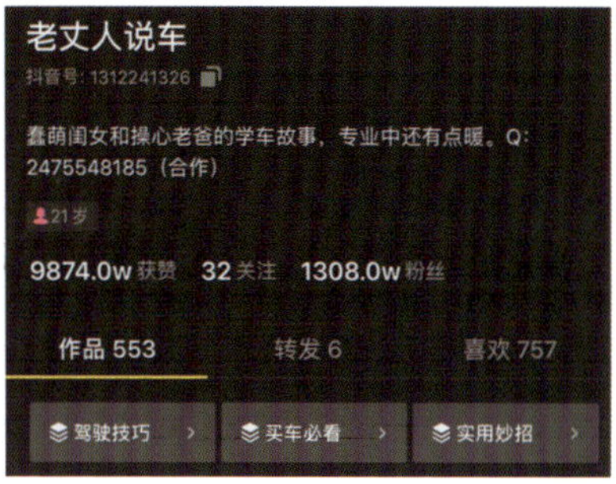

图 3–25

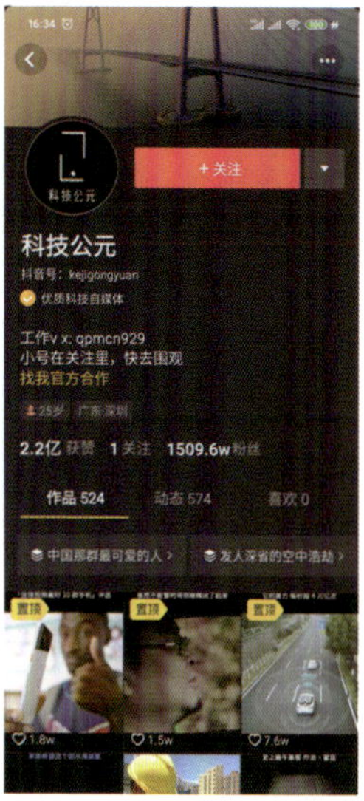

图 3–26

3.2 抖音内容定位

3.2.1　什么是定位?

在讲解这部分内容之前，我们先要了解两个概念：一个是垂直，另外一个是定位。

前面曾多次提到，做内容一定要垂直，垂直是什么意思呢？垂直可以理解为专注于某一领域，提供专业的、专一的内容或服务。在前面，我们已经对抖音平台的内容分类做了详细的介绍，选中其中一个类别进行更新，中途不能轻易更换选择的方向，在这个平台上，就可以算作是垂直。为什么要垂直地去更新呢？有两个优势：第一是利于聚粉。当用户在推荐页看到你的某一条视频后，非常感兴趣，非常有可能进入你的主页查看视频。如果主页内的视频种类繁杂，就会大大降低用户的关注欲望，相反，如果主页内都是该用户喜欢的同类型视频，用户就会有极大的概率成为粉丝。举个例子，用户看到一条宠物的视频非常感兴趣，就会进入主页进行查看，结果发现主页全是生活随拍，跟宠物没有关系，那么这个时候你的账号并不能给用户提供持续的价值，用户就不会产生后续的关注行为。第二个优势是利于变现。举个例子，你的账号虽然有爆款视频，粉丝也聚了一些，但是如果你今天发母婴的短视频、明天发旅行的短视频，那么你的变现方向是什么呢？广告主是不会在不垂直的账号上投广告的（见图 3–27）。

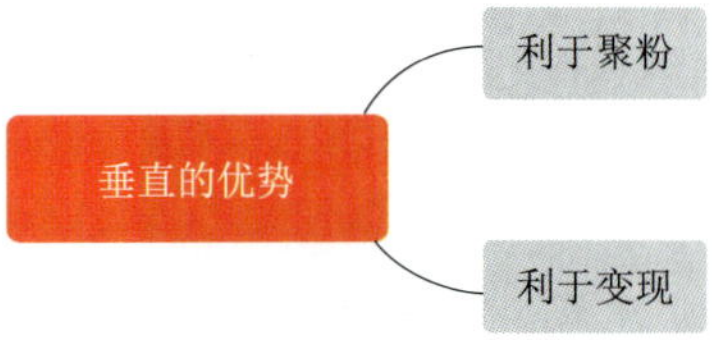

图 3–27

另外，垂直的领域还可以进行细分，越是垂直的领域变现空间越大，商业价值也越大。这种细分领域的垂直内容吸引的粉丝称为精粉，他们多数都是这个行业的潜在消费者，每一个用户代表的购买力，比综合品类账号的用户平均水平还要高许多倍。比如专门针对钓鱼爱好者做的专业鱼竿评测账号“科学钓鱼”，在抖音上有150 多万粉丝，根据 2019 年的卡思数据报道，该账号的钓鱼周边小店年营业收入达到了 100 万元，其中粉丝购买占比 83%。这种垂直细分账号的变现基本上都和账号属性密切相关，通过账号的特定专业属性，吸引到有直接需求和潜在需求的用户。当这个账号逐渐拥有了一定的“公信力”和“专业性”后，会相应地把粉丝的关注行为进一步转化为购买行为。

2018 年年底的时候，我在飞机上结识了一个县城的小老板，他在出差途中上买了本关于创业的书，每天看完一章就写一段心得。后来用一个手机、一台笔记本电脑，每天录一段自己写的东西并发布在自己的抖音号上，一直坚持，每天录，录到第 30 天的时候涨了 100 个粉丝，到第 70 天的时候突然“爆”了 1 条短视频，涨了 2 万粉丝，然后开始往微信导粉，到三个月的时候，粉丝已经 20 多万，然后这本书也就分享完了。在此期间，他开始有规划地打造高大上的朋友圈，比如经常和圈内的大咖交流心得等，几个月的时间向微信导粉 3 万多，随后他跟粉丝说，第一本书分享完了，想继续听分享的就进群，99 块钱一个人，不到半个小时，500 人的群就满了。依靠这个，他赚得了短视频的第一桶金。

如果你理解了什么是垂直，那么接下来你就容易明白做定位的重要性了。

什么是定位呢？目前市面上关于短视频行业的定位理论非常少，因为定位理论是 20 世纪 70 年代由美国著名的营销专家艾 · 里斯和杰克 · 特劳特（见图 3–28）为服务于产品或品牌提出的，目前，还没有专门服务于短视频行业内关于定位的深度研究。特劳特说：在传播过度的社会中，获得成功的唯一希望，是要有选择性，集中火力于狭窄的目标，细分市场，一言以蔽之，就是定位。定位的本质是占领消费者心智。这就是定位理论最核心、最基础和最早的概念和观点。

图 3–28

定位理论延伸到短视频领域，实际上就是建立一个与目标用户相关的 IP 形象（后面会详述）的过程和结果。简单来讲，建立一个抖音账号，首先要为它确定一个合适的领域，再利用差异化的内容在用户心中占领一个特殊的位置。

比如，我们熟知的李子柒（见图 3–29），首先定位在美食账号领域，然后再通过场景、风格、人设等差异化的内容在用户心目中占领了一个非常特殊的位置，那种不食人间烟火的仙子气质配合着世外桃源的宁静生活和每一帧都堪比艺术电影的制作，将李子柒定位在第一古风美食博主的位置上。

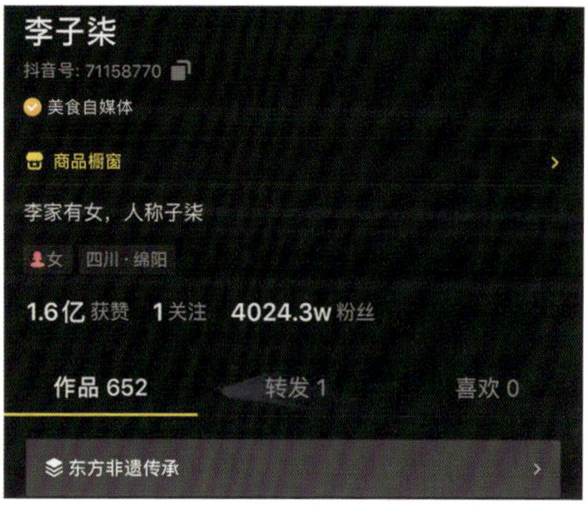

图 3–29

特劳特在《新定位》一书中总结了消费者的五大心智模式：消费者只能接收有限的信息；消费者喜欢简单讨厌复杂；消费者缺乏安全感；消费者对品牌的印象不会轻易改变；消费者的心智容易失去焦点。由此提出了九大通过制造差异化占领用户心智的机会：成为第一；拥有特性；领导地位；经典；市场专长；最受青睐；制造方法；新一代产品；热销。

特劳特强调："人的心智是海量传播的防御物，屏蔽、排斥了大部分的信息，一般而言，人的心智只接受与其以前的知识与经验相匹配或吻合的信息。"因此他反复强调，成为第一是进入心智的捷径。简单来讲，你要做最不同的那个。法国人曾归纳了一个很好的营销词汇"寻找空位"。推演到短视频领域，想要拥有一个足以占领用户心智的定位，就是要想办法做这个领域的第一，或者是在这个领域中的用户心智中寻找"空位"——差异化的内容。这里说的寻找，并不是凭空创造新的、不同的东西，而是去操控用户心智中已经存在的认知，拆解并重组已存在的各种关联，成为一个全新的认知领域。成功的定位需要用独一无二的定位加上较大的用户需求。但是反过来讲，如果在一个较大的用户需求面前想做到独一无二很难时，我们就要想办法把领域细分。

举个例子，在美女的领域里，用户需求足够大，但是容颜姣好、性格可爱的小姐姐那么多，怎么做到独一无二呢？那么就可以在细分领域里继续寻找。我在和乔氏台球合作共同打造美女台球裁判王钟瑶（见图 3-30）的时候就是这样做的。根据她的特点想了很多方案，比如最百变、最职业等，但最终想到定位理论中的占领第一，既然这个细分领域当中没有人占领，我们就要率先占领，因为这就是用户心智当中最广阔的领域所在。最美台球女裁判的定位就诞生了。我们可以分析一下，最开始是美女，然后细分领域是美女裁判，然后是美女台球裁判，最后是最美台球女裁判。这就是占领用户心智细分领域的全过程。

图 3-30

3.2.2 诉求转化定位法

如果你理解了上述理论，那不难看出，一个成功的定位跟你的目标用户的心智密不可分。如果你还不知道你的目标客户是谁，那么我们就从自身出发，先想想自己的诉求是什么。

首先要明确的是，你的站位是企业还是个人。

先说企业，企业的诉求无非是两个方面：一是曝光，二是转化。无论哪一种都与产品密切相关，无论哪一方面都要首先解决曝光的问题。那么接下来你就要问自己，你的产品是什么？它的类型有哪些？风格是什么？有哪些适用场景？当你一一确定后，你就可以确定你的目标用户有哪些了。当你确定目标用户之后，就要在与产品相关的内容当中筛选符合你的用户心智模块了，当找到这些模块后，就可以拆分组合，确定你最终的定位了。

举个例子，我刚入行半年的时候，受邀给一个做蒸汽洗车设备的企业做辅导。他们的诉求就是要给自己的产品做转化。他们的设备被放置在一个电动三轮车上，可以移动，适用于户外的各种场景，优势是环保、节省大量的用水而且清洗得非常干净。他们请了一个专业的模特，穿着工作服进行户外清洗，但是没有足够引起用户兴趣的内容，同时常做品牌露出对账号不好，因此流量不高。我在后台留言中发现有很多人对设备感兴趣，那么这些人就是目标客户。因此，在目标客户心目中产品露出是必要条件，剩下的就是差异化了。根据抖音推荐原理得知，为了争取让更多的目标客户看到视频，需要多轮推荐，那么如果在每一个流量池中，即便不是目标客户也能对视频感兴趣，是不是就可以增加更多的流量以及潜在客户了呢？我们就想到了更多用户心中存在的第二个因素——清洗。人们喜欢观看污浊被清洗干净的内容，但是清洗实物始终是有限的，什么可以无限清洗下去而且不用重复呢？那就是把物化的东西转移到精神层面上。于是我为他们打造了“蒸汽侠—逸掌帮”（见图 3–31），定位就是蒸汽侠，清洗世间污浊。随后就出现了一个穿着酷炫，开着一个比较酷炫的（单独定制的）装有蒸汽设备的车，行走在大街小巷，做着正能量的事的侠客。在这个蒸汽洗车领域，他就是独一无二。蒸汽侠上线的第一周粉丝涨到 10 万，线上设备转化 30 万元。曝光的第二步就是变现，如果企业需要变现，就要注意，一定要和产品结合，但绝不是直接打广告，通过寻找产品的特性从而找出用户心中的空位。

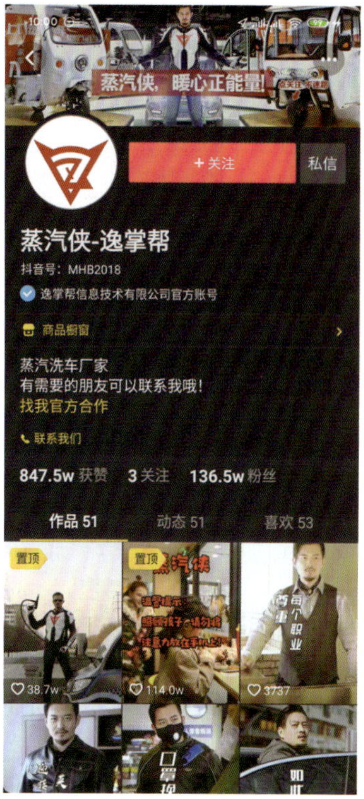

图 3–31

下面我们来看如果是个人该如何定位。对于个人而言，最终的目的一定是变现，流量再多，如果不能转化成价值也是没有意义的。明确自身的诉求之后与产品定位的相似之处就是分析，分析自己的优势、劣势，从中找出适合自己的领域。

无论是从产品角度还是个人角度，明确诉求之后，通过以下三步就可以确定你的定位了。

1. 变现定位

变现定位法首先要思考的就是用流量做什么，“卖自己”“卖货”“卖服务”还是“卖流量”。

“卖自己”就是通过个人魅力聚粉为诉主提供曝光，比如被某企业邀约曝光，或者星图广告，或者直播收打赏。这样的账号定位就要依靠个人魅力或实力展示。比如李蠕蠕（见图 3–32）、代古拉 K（见图 3–33）。寻找自己擅长的领域，然后根据自己的特点寻找用户心中的空位，然后细分领域，找到属于自己的独一无二。

图 3–32

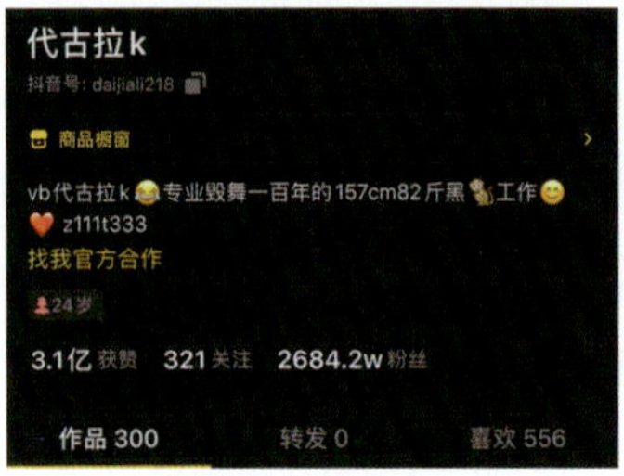

图 3–33

“卖货”一般可以通过抖音电商和二次转化来进行变现，在做定位的时候和前面从企业角度出发是一样的，从产品层面分析、寻找答案，比如李佳琦（见图 3–34）。李佳琦的例子有点特殊，他最开始的定位是“口红一哥”，即细分领域的第一，但是后来将口红领域扩充到化妆品，又从化妆品转战到其他快消品品类。这就不是简单的定位理论了，这是一个非常成功的 IP，可以说是现象级的。

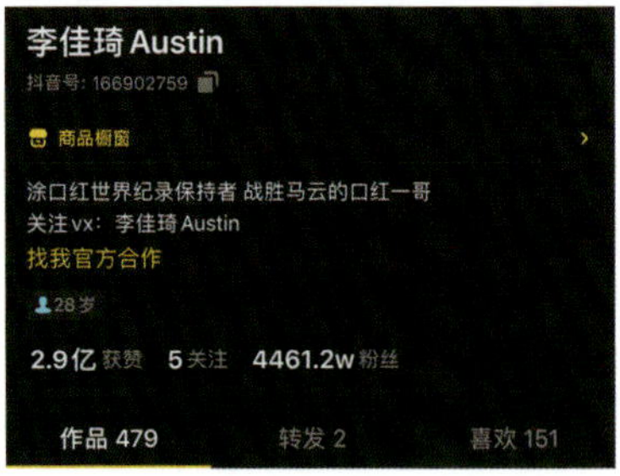

图 3–34

“卖服务”可以变现的方向就是将服务作为商品售卖，比如做培训等内容转化。这样的账号定位时要考虑展现服务的魅力以及普及知识的专业度和能力。

“卖流量”是最原始粗暴的变现方式，直接将账号出售，不过这样的账号如果是以人设为主导的账号，买来并不具备很高的价值。如果不用真人出镜，单纯考虑流量的话，可以选择比较易爆的领域范围，比如影视剪辑，成本低且容易聚粉。

2. 人群定位

无论是企业寻求曝光转化还是个人寻求流量变现，做好定位的最终的目的是占领用户心智，或者说在用户心智中寻找空位。

人群定位法首先考虑的是未来把产品、服务或流量等卖给什么人，这是基于用户选择角度的定位方法。在这里我们把人群划分为三类：粉丝、体验者、需求者（见图 3–35）。

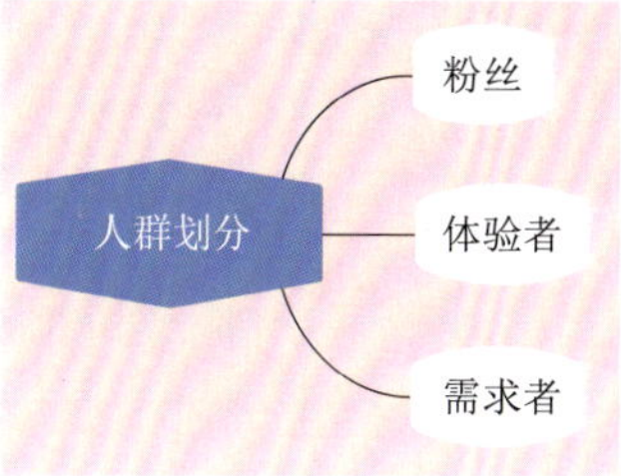

图 3–35

第一是粉丝类，这类型的人群对账号创作者个人或内容高度认同，他们对产品的要求需要与账号调性一致。因此，如果你的定位要结合产品和粉丝需求来制定（对于现有目标产品的创作者来讲，定位方式与前面站位在企业角度的方式相同，大多数的 UGC 创作者在做内容之前都没想好变现的渠道，都是想着先火了再说），那么在做定位的时候就从自身出发，参考前面的变现定位法。在获取流量后，再分析粉丝画像，从而确定要通过什么样的形式来变现或寻找什么样的产品来由粉丝买单。

第二类是体验者，意即用户想通过视频内容获得产品体验，这类账号的定位一般就在内容带货方向，比如种草（见图 3–36）、开箱（见图 3–37）、打假等。此类型的账号定位重点在于作品的形式与内容，“创新、有价值、能引起用户兴趣”是定位时的关键词。

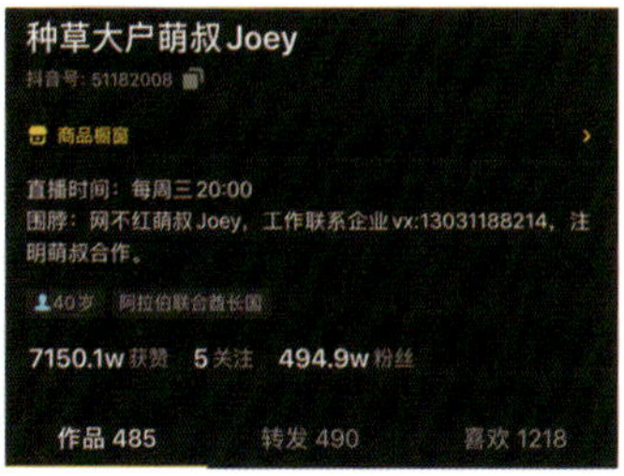

图 3–36

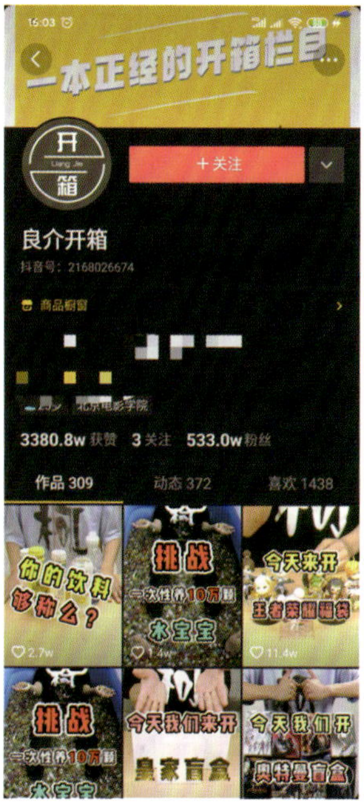

图 3–37

第三类是需求者，即产品的潜在客户，这类账号仍然是从产品角度出发，适合厂家和单品的消费者或创业者。

3. 格调定位

一个账号的内容风格决定变现人群。确定人群需要看三点：人群基数、消费能力和消费决策。选择风格要看四点：难易度、传播性、稀缺性、原创性。虽然目标是占领用户心智中第一的空位，但是要综合考虑平台的接纳、拍摄的成本以及后期可以为账号带来的收益。

下面我们通过案例来进一步说明这些方法。

抖音上有一个明星美妆博主——陈彦妃（见图 3–38）。她的身份是演员，曾出演过一些影视剧，2016 年之后由于个人原因淡出娱乐圈。平时爱好摄影、美妆和美食。她的第一条抖音视频用 Vlog 的方式进行自我介绍，她在文案中写道，“我叫陈彦妃，我喜欢用相机记录生活。如果说 Vlog 是送给未来自己的礼物，那么从现在起，做个心理准备，因为将来的礼物要爆仓了。”这段话就是陈彦妃对自己的内容做的定位，即记录生活的 Vlog。

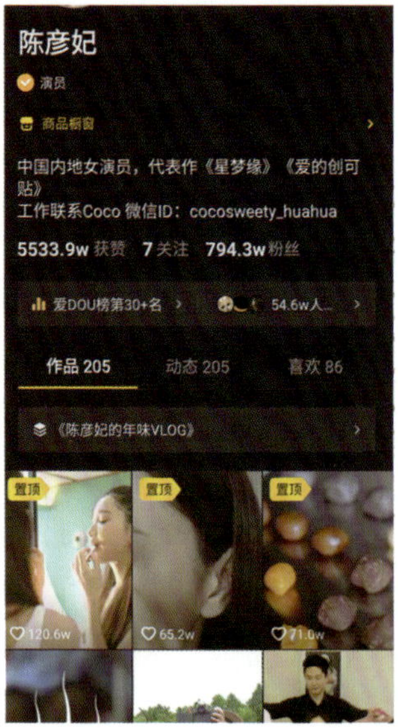

图 3–38

跟一般的创作者不同的是，她本来的身份是演员，这样的创作者是自带 IP 属性的，也就是原本就有自己的人格化的标识或者说是标签，即使不认识她的用户，当看到她的介绍时也会好奇地搜一搜她曾经的作品，这是她最大的优势。即使作为一个不温不火的艺人，大众对她的生活也充满了好奇，所以利用这种好奇，去定位自己的内容领域是获取流量的最快打法。从诉求层面讲，她最初的目的更倾向于单纯地分享生活，记录美好，看起来是不是非常符合抖音的调性啊？那么接下来就先不看变现定位，我们看人群定位，从陈彦妃的短视频内容基调来看，既然最初没有考虑变现，那么在她的人群定位当中首先需要做的就是粉丝定位。从陈彦妃目前账号的粉丝画像来看，女性粉丝占 80.74%，30 岁以下粉丝占 85% 以上（见图 3–39，数据来源“飞瓜数据”）。你可能会疑惑，在新账号没有粉丝的情况下如何确定粉丝画像呢？那么我们从陈彦妃本人出发分析她的人群定位应该是怎样的。前面讲了陈彦妃的演员人设带来了大众对她私生活的好奇，那么她定位在拍摄日常生活 Vlog 就是一个很不错的选择，而

Vlog 的受众大多是 30 岁以下的年轻女性，这个群体的女孩子消费能力极强，因此从她们的角度出发分享时尚、有趣、新鲜的生活画面都是不错的选择。

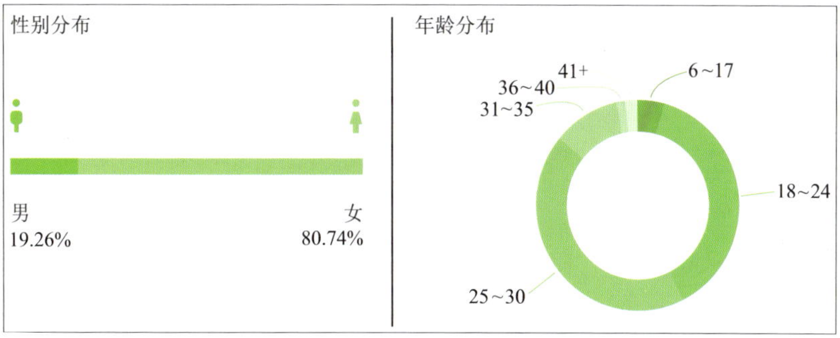

图 3-39　来自飞瓜数据

如今我们分析陈彦妃的账号定位，只能反推，因为从她的视频内容看出，最开始的定位是很宽泛的，头顶着明星的光环，就是最好的差异化。但是在这个账号运营的过程中，她在逐渐调整着自己的定位。我们来看下飞瓜数据（见图 3-40），她的用户评论里的关键词一部分包含她的生活特质：幸福、大娃、爸爸；另一部分，也是占比更多的一部分：素颜、皮肤、好看、面膜、口红等。陈彦妃在最初的视频当中经常分享的是生活日常，比如做个小甜点，那个阶段有很多粉丝定位她为明星跨界短视频的美食博主。在后来的视频当中，她开始逐渐偏向美妆的分享。这里一则是通过人群定位来的，这些粉丝群体对美妆、护肤、时尚的感兴趣程度超越美食；二则是由于创作者个人的特质，比如、皮肤好、素颜无滤镜、擅长化妆等。

图 3-40　来自飞瓜数据

因此，我们可以看出，陈彦妃后期的定位调整是基于变现定位来的。在流量变现的过程中查看哪类型的商品更适合自己的粉丝需求，从而也确定了账号的格调定位。最终，陈彦妃的定位就是通过 Vlog 进行日常分享的明星跨界短视频美妆播主。

你看出来了吗？我们最初依照自己的想法去定位，朝着我们既定的目标努力，但在创作的过程中还要经过不断地调整，在这里，粉丝和平台对账号属性的标签非常重要，可以这样讲，你认为的自己是什么样子不重要，粉丝认可的才是重要的。

3.2.3 环境分析定位法

特劳特曾说："《韦氏词典》对战略的定义是针对敌人（竞争对手）确立最具优势的位置，这正好是定位要做的工作。"他在《定位》一书中谈到："在顾客心智中针对竞争对手确定最具优势的位置，从而使品牌胜出赢得优先选择，这就是企业需全力以赴抵达的成果，也是企业赖以存在的唯一理由。"特劳特在书中借用泰勒的四步工作法来整理了定位四步法，那么我们下面就通过特劳特提出的定位四步法来总结我们的环境分析定位法。

1. "分析整个外部环境，确定我们的竞争对手是谁，竞争对手的价值是什么。"

创意分很多种，第一种是从 0 到 1 颠覆式的创造。比如，在有钢铁侠之前没有钢铁侠，也就是说创造了一个别人从未有过的创意，但具有这种创造力的毕竟是少数人。那么就有另外一种创意，这就是从 1 到 N，即横向功能的延伸（见图 3–41）。比如，有了钢铁侠之后，又有了蜘蛛侠，有了绿巨人，他们都是具有特殊能力的人，那么这不算是横向功能的延伸，他们是从第一个具有特殊能力的形象创造出来之后的差异化的衍生，但是复仇者联盟就是横向功能的延伸，属于从 1 到 N。再说得具体一些，市面上某款洗发水，具有去屑的功能，如果想做成同样的产品差异化就需要横向功能的延伸，比如加入护发成分，再加入防脱发成分等。那么其实创意大多数是借鉴模仿，但需要真正制造一个能占领用户心智中第一的空位，但又无法做一个颠覆性创造的时候，增加横向功能就是最好的方法。所以，如果没有好的创意，或者思路受限时，需要看看别人是怎么做的，然后并不是盲目地跟风模仿，而是考虑如何差异化。第一步就是先分析你的竞争对手。

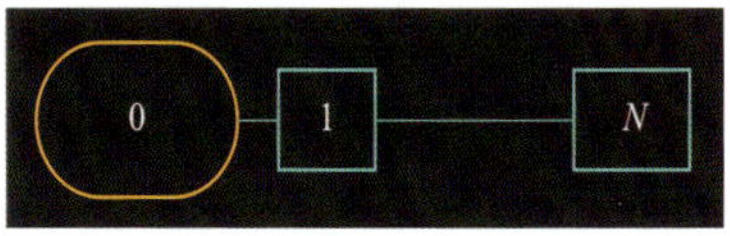

图 3–41

环境分析法的前提是首先已经确立一个环境，比如说美女、宠物、母婴等，这种环境的确立还是首先回归到创建账号的目的上，依然参考前面讲过的诉求转化定位法。确定领域之后，就可以分析竞争对手了。由于平台很多的内容趋于饱和，而用户心智却是有限的，因此在做环境分析法进行定位时，就会由用户导向转向竞争导向。

以影视二剪为例。前面提到过，做影视二剪比较容易聚粉，但比较难以 IP 化，因此变现困难，但这并不意味着不能 IP 化。下面按照特劳特的步骤开始给影视二剪类型的账号定位。按照环境分析法的第一步，首先确定了做影视二剪这个领域。接下来就要对这个领域内的同类型账号进行分析。影视二剪，顾名思义就是影视作品的二次剪辑或者说是二次创作。我们在平台上随处可见的影视二剪类型通常是把热门的影视剧情节简要梳理，再通过剪辑手段配上合适的背景音乐进行发布，也可以把已经淡出公众视野的影视作品通过同样的手法“炒冷饭”。平台流量巨大，无论多久远的片子，只要剪辑得当，辅以夺人眼球的话题就可以引起很多人的围观，几分钟之内就可以带用户领略一部长达两小时的精彩，这非常符合碎片化传播时代人们娱乐的节奏，这也是这类型账号一直拥有市场的原因。这类型的账号多不胜数，但稍有不慎就会被判定为搬运而限流甚至封号，即使流量上来也不知道该如何变现。所以，高级一点的做法是配合解说，解说是试图给这类型的账号打造 IP 比较直接的手法，最简单的做法就是把内容梗概重新组织，好一点的呢，在片头片尾加个人见解，类似于：我是 ×××，每天带你看侦探大片。再高级一点的做法就是在解说中加入个人风格，语言或幽默或犀利，或是有独到的见地。

想要做好同类账号分析就少不了一些常用的数据分析工具，比如卡思数据、飞瓜、抖查查等，当然这些都是收费平台，而且价格很高。想要行业内的深度数据，目前没有免费的平台，现在做基础的分析还涉及不到收费的项目。

图 3–42

首先，打开百度搜索：卡思数据（见图 3–42），单击进入主页，找到“达人榜”（见图 3–43），单击右上角的“更多”进入下一界面，然后选择想要查看的领域——影视，单击之后就是影视类别的账号排行。

图 3–43

排名第一和第二的毒舌电影（见图 3–44）和贤于葛格（见图 3–45）都属于解说类的影视二剪，除了选片、剪辑颇有技巧外，对电影内涵的见解也较为深刻，粉丝黏性较好。排名第三的阿瘾是条咸鱼（见图 3–46）与他们不同，这个账号做的是有声漫画，也是一个全网分发的账号，他从漫画视角讲述的漫威 DC 宇宙，如果不是漫威的“重度粉”恐怕很难理解他的视频内容，会被说得云里雾里，不过利用类似蒙太奇的手法将漫画与影视画面混剪，还是给用户已经疲劳的审美带来了一丝新体验。排名第四的追剧狗（见图 3–47）则侧重于剧集的剪辑，这类型的账号一般是不配解说的，易聚粉，难 IP 化，平台内容众多。第五影视圈梗主和第六电影冷知识都属于盘点类，相对于前者把一些影视剧集中简短有趣的“梗”剪辑好直接发送，后者的“冷知识”不但可以吸睛，同时也可以通过真人出镜来增加账号 IP 化的机会，但盘点类的账号在视频制作上就需要投入更多的精力，比如搜集资料，而不是简单地看个电影以及写一篇观后感了。有一类二剪的账号比如“若有缘影视剪辑”，并没有把某部电影或电视剧剪辑完整，而是片段配合文案吸睛。还有一种就是真人出镜的方式聊电影，比如“侃片张公子”，真人出镜配合影视画面剪辑，深度解说电影人物、原型等，比如比较钢铁侠和蝙蝠侠谁更有钱。

图 3–44

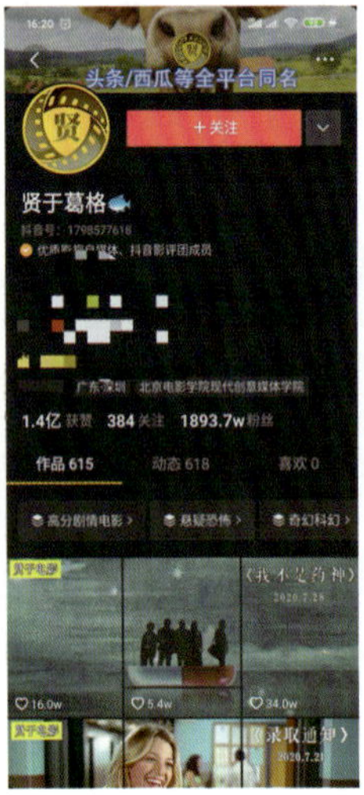

图 3–45

图 3–46

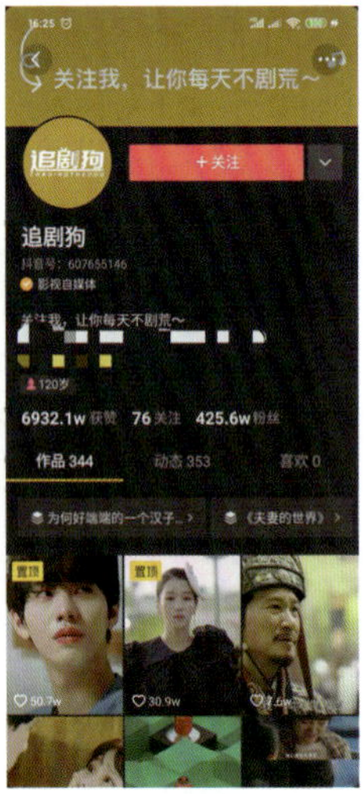

图 3–47

以上可以看出，影视二剪类的账号大体上分以下几类：

①剧集剪辑类，即只剪辑剧情不配解说。

②剧集解说类，即剪辑剧情配解说。

③深度解读类，有真人出镜，也有非真人出镜。

④影视盘点类。

其实除此之外，还有影视知识分享类，但侧重点不在影视二次剪辑上，就不在这里说明了。

接下来，我们来看看这些账号也就是你的竞争对手具备哪些优势（见图 3–48）。

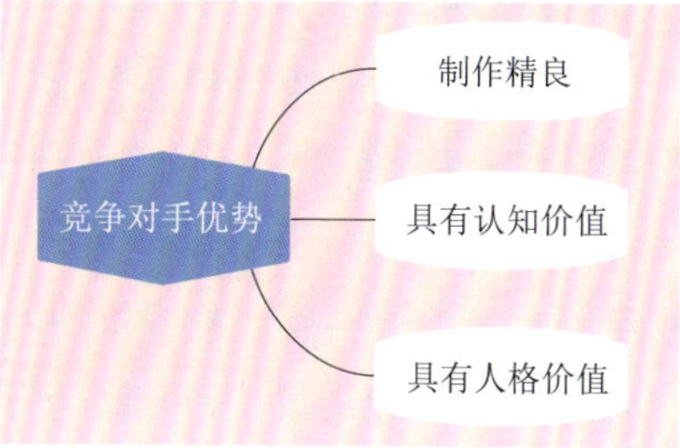

图 3–48

（1）制作精良

虽然都是剪辑，但是将一部长达几个小时的电影或剧集在短短几分钟内表达，既要让用户看懂，又能让用户留有深刻的印象，看似简单，其实包含很多的技巧。首先就是需要完整看过电影，然后能对电影内容如数家珍，可以把电影的梗概大体在脑中分解出来，然后根据时长去分配要展示的几部分内容。剪辑就是二次创作的过程，用户看懂，这是创作的第一要义，也是所有优质二剪账号的首要价值。其次，想要留住用户，让他们看过视频后能够点赞、评论、关注，这需要一定的剪辑技巧。比如，为了降低跳出率，提高完播率，在视频的开头就把整段视频最燃的部分放出来，就像是片头预告一样，但要懂得在最关键的地方戛然而止，让用户产生强烈的好奇，盼望看到视频的最后可以解开最初的疑惑。同时要将视频的结尾留下悬念，让用户期待下一条视频。最后，就是用心。通过卡思数据排名第一和第二的两个账号可以看出，视频的创作者对细节的把控十分用心。比如，对封面的设计，抖音账号主页每三个视频占一行，创作者将这三个视频的封面设计成一个完整的电影画面（见图 3–49），就如同海报一般，用户进入账号之后，不但美观，而且查看某个影片的时候非常方便，这就拥有更大的概率留住进入主页的用户。除此之外，还有很多技术上的处理，比如，如何保障画面清晰，用什么样的软件处理画质更优，还有 BGM 的搭配。很多人可能要问，好好的电影剪辑，为什么要加入音乐，影响看电影、听原声。其实，对于影视二剪，尤其是没有解说的影视二剪，始终跟搬运的界限有些模糊，当视频被举报或被平台认定为搬运的时候，剪辑处理痕迹就是申诉的依据，这代表着你并没有把现成的影视作品搬运到

图 3–49

平台上，而是进行了二次创作。当千篇一律的影视二剪配乐让用户烦不胜烦又忍不住一看再看的时候，BGM 是那么恰到好处而且与众不同，就是这个账号的全新价值。

（2）具有认知价值

影视二剪的创造力其实源于每个人对电影的不同解读，我相信，这也是大多数电影爱好者热爱电影的原因之一。那种带有解说的二剪账号发布的视频或者是深度解读的作品比简单粗暴地通过剧情吸引用户的作品拥有更长的生命力，这样的价值是更进一步的价值。

（3）具有人格价值

在这样的二次创作中，能够保持与众不同的最大原因就是能够把冰冷的解说变得有血有肉，解说不仅是解说，更像是一个似曾相识的朋友，这样的价值是终极价值。

2.“避开竞争对手在顾客心智中的强势，或是利用其强势中蕴含的弱点，确立品牌优势位置。”

这个位置，就是定位。意思就是，一个好的定位可以在用户心智中留有深刻的烙印，如果采用同样或类似的定位，都没办法改变用户心智中原有的印象，比如，我们提到古风美食博主，首先想到的就是李子柒，李子柒就是将古风、美食、桃源仙境般的生活、美人入画般的意境深深地烙印在用户心智当中，因此，再有类似的账号时，大家首先会想到是在模仿她。抖音上有个账号“祥子姑娘”（见图 3–50），因为拍摄古风视频，被很多网友评论模仿李子柒，因此她在个性签名里标明，自己是全网最早开始古风山居的“90 后”，为的就是将定位与李子柒区别开来。她的个性签名里还有独立摄影师、青年作家的标签，并且特意标明了自己是没有团队的，这都是在表明自己并没有抄袭模仿李子柒。可能很多网友会把这样的行为认作是防止网络暴力的求生欲，但这正是我们要做好定位的第一步。如果你成功找到你的竞争对象，那么就要懂得如何规避别人的优势，因为他的优势恰好就是他已在用户心智中播撒的种子，一旦长成会形成思维定式，很难超越。

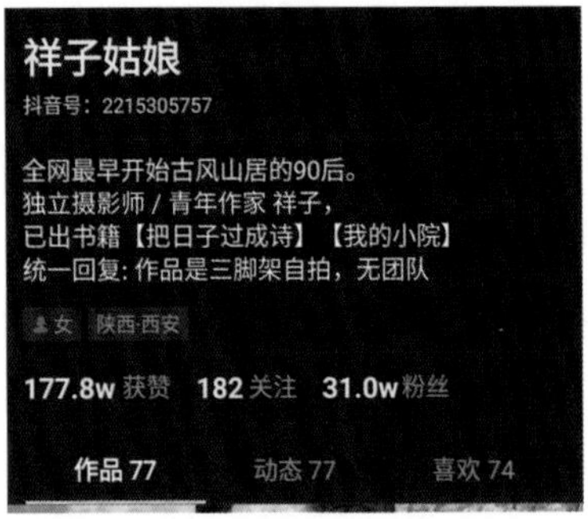

图 3–50

我仍以影视二剪为例，大多数影视二剪账号的优势如前面所讲：制作精良、具有认知价值和人格价值。找到之后要避开，寻找他价值中的弱点，想办法把他人的弱势变为你的优势。

刚刚我们提到的祥子姑娘找的几个切入点：一是最早；二是身份；三是团队。李子柒一直被人质疑的无非是这几点：一是是否真实住在山里；二是有团队包装；三是身份成谜。祥子姑娘针对这些弱点各个击破，她标榜自己是真实的山居者，然后没有团队，有明确的身份标签，但是这个“最早”用得不是很好，首先这个“最”字违反了广告法，在前面提到的抖音平台各项规则当中也有类似的说明。其次就是针对李子柒山居的方式，祥子姑娘并没有更大的优势，比如样貌、衣着、拍摄技巧、脚本等，这里给人一种故意对标李子柒的感觉，容易引起其他用户的反感。针对她的情况，其实她只需要强化自己的身份标签，比如作家、独立摄影师，用一种谦卑随和的态度去包装自己，处处彰显自己一个人拍摄每个场景的艰辛，比直接说自己没有团队包装要好得多。

针对我们前面举的影视二剪的例子，他们的优势在于制作，但弱势也在制作上。虽然剪辑处理属于二次创作，但在已经完善的作品上进行创作，很难逃开原有视频内容格调的怪圈，如果能够摆脱原有视频内容的束缚，创造全新的内容，就有机会找到用户心智中新的空位了。

3.“为这一定位寻求一个可靠的证明——信任状。”

信任状是品牌和定位理论当中的专有名词，意思是一个客观的“可靠的证明、公认的事实”，来帮助品牌把定位变得更加可信。那么用在短视频定位当中，这种信任状就是你能够证明你真的就是你所形容的样子的证明。

那么在抖音上如何为你的用户提供信任状呢？

（1）官方认证

前面讲过抖音的加 V 认证流程和方式，如果你是音乐创作者，可以向官方申请认证抖音音乐人；如果你是演员，可以向官方申请认证演员。举个简单的例子，最美台球裁判王钟瑶，官方黄 V 认证为 ICEA 中式台球国际金章裁判（见图 3–51）。

图 3–51

（2）主流媒体报道

如果你有这样的机会或实力能够让主流媒体，甚至是官媒把你的定位公之于众，那么这样的信任状是非常牢靠的，比如新浪体育综合报道的文章《程野跨界执裁台球比赛搭档最美台球女裁判王钟瑶》（见图 3–52）。官方媒体的威力巨大，用户更容易信任这种最有公信力的发声机构。

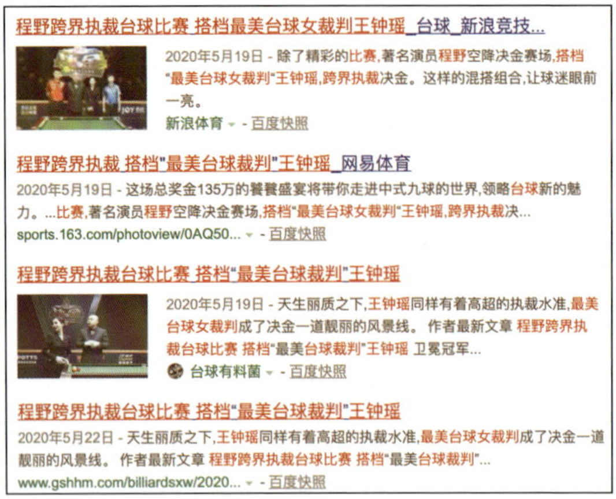

图 3-52

（3）提高粉丝认可度

如果你不具备官方认可并为你盖章证明的实力，你就要把自己的定位表达出来，为自己明确一个定位之后，依靠提高粉丝的认可度，让粉丝自发地去传递你的定位。不要小看粉丝的力量，它可以达到与官方认可一样的效果，或者更好的效果。比如大胃王浪味仙（见图 3-53）、国民闺女祝晓晗（见图 3-54）、山村鲁班大师山村小杰（见图 3-55）等。在前面的内容当中，我们举过一个陈彦妃的例子，她从演员到明星美食播主再到明星美妆播主，这个定位转换的过程，其实就是依靠提高粉丝的认可度来完成的。我们为自己做的定位不重要，粉丝认可的才重要。

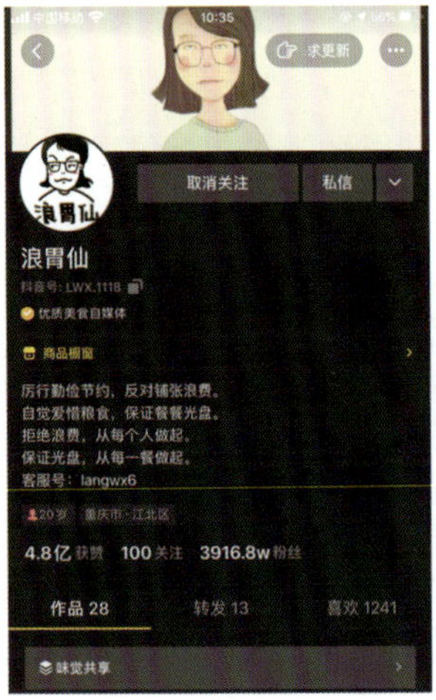

图 3-53

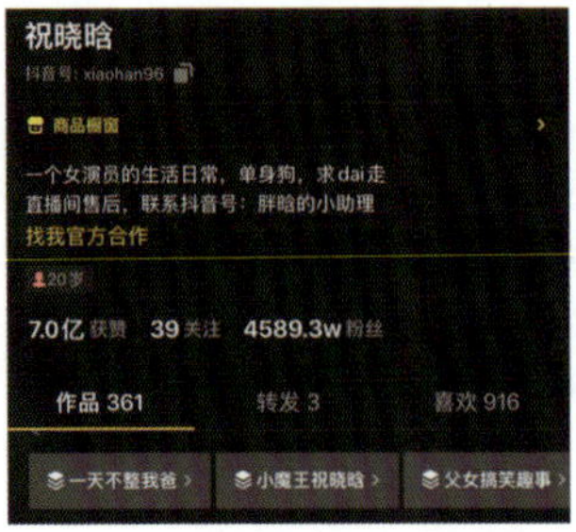

图 3-54

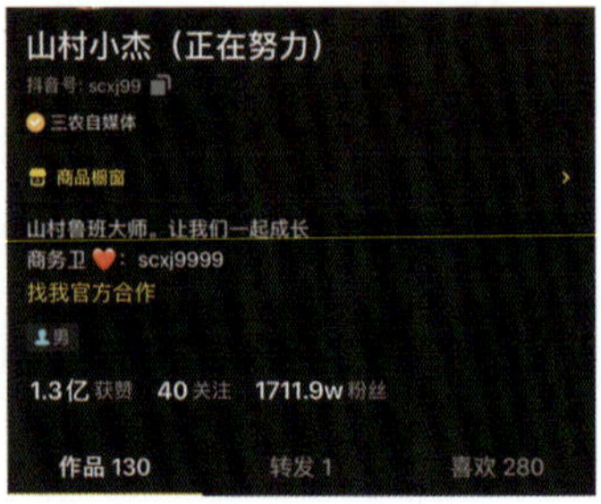

图 3-55

4.“将这一定位整合进企业内部运营的方方面面，特别是传播上要有足够多的资源，以将这一定位植入顾客心智。”

针对特劳特的这个步骤，我们运用到短视频定位当中，实质上就是刚刚提到的提升粉丝认可度的方法和过程。我们看到很多 PGC、PUGC 为了强化自己的定位，会在每个视频中重复一句话，比如：神偷小张的“我是小张，又是空手而归的一天”（见图 3-56），韩美娟的“记得双击么么哒”（见图 3-57）等。为了在极短的时间内让用户对你留有深刻的印象，最好的办法就是简单粗暴地反复重复一句最能展示你定位的标语，而最好的结果就是大家不但可以记住而且把它当作一个梗“玩起来”。比如陆超，千篇一律的表情神态和台词，一样的语气和非常魔性的自我介绍“我是陆超”，引得很多用户甚至明星模仿，并使用“陆超体”作为视频的文案。但最高级的就是把定位融入人物的血液当中，比如乡村爱情当中的刘能，刘能最大的特点是说话结巴，刘能的扮演者王小利在现实生活中原本是不结巴的，据说为了让这个角色更加深入人心，他在公开场合出现的时候就是电视剧中刘能的形象，这样就真正做到了把定位整合到本人的形象当中。

图 3-56

图 3-57

最后，我们在寻找信任状的时候要牢记一个原则，就是越具体，越可信。美国心理学家通过调查发现：具体清晰的信息很容易给人以信任感，从而带来行为上的改变，如果信息是含糊不清、模棱两可的，即使结论听起来合理，也容易引起人们的疑惑从而导致不信任。所以在寻找信任状的时候，具体的描述更被青睐，具体的形象、标签或者是能够简短表述的一句话等。

下面我们举个例子来具体说明这种定位方法。

抖音平台有一个影视二剪类型的账号“扬十一”。这个账号的视频并不是把某一部影视剧的内容精剪或者是解说，而是首先确定一个主题，然后去寻找与主题相关的影视片段，配合合适的 BGM，最后成片完全脱离了原来影视剧的桎梏，感觉特别像一部完整影片的预告片，丝毫看不出不同影视剧拼凑在一起的违和感，这个账号的价值就在于作者的二次创作能力和精良的剪辑手法。我们以其中一个视频为例（见图 3–58）。

这个视频的标题是，那“腰”平日里都什么样啊，是纤如柳枝，还是润如朱玉 # 降龙大师之捉妖榜。“那妖平日里都是什么样的”这句话是《西游伏妖篇》的台词。而标题把“妖”改为“腰”一语双关，从后续的视频画面来看，这个视频是关于影视作品中各种美艳的“妖”的集合（见图 3–59）。那些“妖”的形象是妖冶的、扭捏的、做作的、柔软的，“腰”最能展示美人的风情，就像视频当中的第二句台词“是纤如柳枝还是润如朱玉”，就是形容弱柳扶风的妩媚姿态（见图 3–60）。

图 3–58

图 3–59

图 3–60

这个视频的背景音乐采用了一首日本风的纯音乐《蛮》，曲风与画面、主题都十分贴合。

整个视频总共用了八个电影片段，包括《西游伏妖篇》《画皮》《白发魔女》《三打白骨精》《猫妖传》《钟馗伏魔》《鬼吹灯之寻龙诀》和《女儿国》。

首先一个镜头是《西游伏妖篇》里女蜘蛛精的香袖划过猪八戒的脸，并且用到原声："那腰平日里都是什么样啊？"点明主题。紧接着《画皮》里的一个片段，冯绍峰说了一个"妖"字并用"腰"字替换（见图 3–61），提示进入正片。第三、四个镜头用了《钟馗伏妖》里雪妖睁眼的两个特写镜头，一闪而过，瞬间将用户的情绪和感官调动起来。紧接着是《三打白骨精》里巩俐饰演的白骨精现形的近景镜头，和上个视频用雪妖眼睛特写的镜头结合，由近到远展现人物。随后用了一个《钟馗伏妖》里雪女扭动着腰肢从雪里出来的远景镜头。再加上原片的一句"你千山万水跑来找我，是不是也想见识我的风情"（见图 3–62），接下来就开始展示了雪女、猫妖传中被附身的夫人等妖的特写镜头，风情万种。最后，用了一系列镜头组合并配以原声"有腰，你怎么知道有腰啊"，与片头呼应。

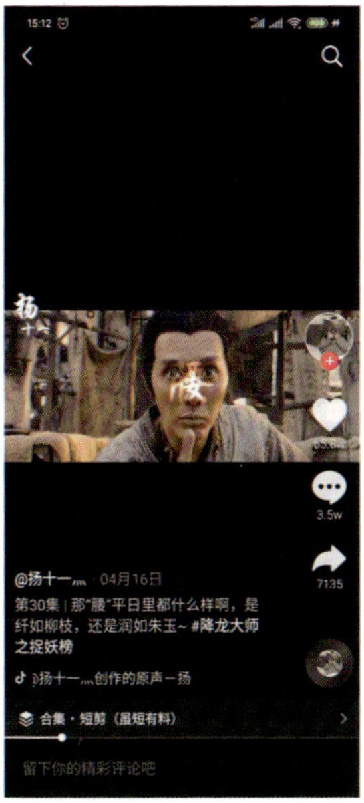

图 3–61

图 3–62

按照环境分析定位法，这个账号就避开了大多数影视二剪类账号的优势，利用影视二剪作品中比较弱势的创作力，确定了自己的优势位置，也就是定位。如果他能够持续发布这样的优质作品，并为用户带来价值，就可以将这一定位深深地植入用户的心智。

3.2.4 以人为本定位法

前面我们讲了以诉求为核心、以环境为核心的定位方法，但短视频的核心，尤其是内容的核心实际上是人。大多数的内容定位首先要根据自身的条件定位，诉求是第一位，但你愿意花多少成本去打造内容才是关键。因此，在节约成本的前提下首先想到的是资源整合。比如对于个人而言，定位的时候首先考虑到自己适合做什么，对企业而言，定位的时候就首先考虑旗下的员工有哪些人、适合做什么，这是最常见的情况。这就是以人为本定位法存在的意义。

我曾经辅导过一个颇有实力的自媒体企业，旗下员工过百。他们原本并不是原创视频，也不了解抖音平台。在合作的初期，提出的诉求就是针对现有的艺人进行打造，而这些艺人原本是其他技术或内容岗位的员工。老板提出了一个命题，就是主角是一个家道中落的富二代。我们根据命题连夜做好了账号定位和 IP 导图，第二天见到主角之后才发现和我们想象中的角色相差甚远。这就是在定位中忽视了以人为本重要性的结果。后来，我们经过对演员的了解和他们现有资源的整合重新设定了 IP，用他们一定要使用的主角名字做了强化 IP 的 Slogan（标语、口号），在极短的周期内就打爆了账号。

但是以人为本定位法相较于创造新定位法而言，更适用于更改原定位。也就是说，在运用诉求转化定位法或环境分析定位法之后，在已做好的定位基础上根据“人”来进行调整。这里的“人”不仅是演员，还包括视频制作环节涉及的许多“人”，比如编剧、摄影、后期等。

对于很多 UGC 来说，起初发布视频只是出于试一试的目的，没有做好定位的准备，但是自身具有的强大的 IP 化特征，也就是拥有天然的定位，在爆粉之后的某个时间段突然遇到瓶颈，或加入团队进行改造，这个时候运用这个定位方法也是非常适合的。

下面我们通过案例来介绍以人为本定位法的内容：

以人为本定位法的核心是解决六个问题：问题一，你的定位是什么？问题二，你原本想做的是什么？问题三，你的劣势是什么？问题四，你的优势是什么？问题五，你的定位生命力如何？问题六，你的竞争对手在干什么？

第一个问题是要我们分析自己的账号定位。得到一个确切的答案，或者说是得到一个是否有明确定位的答案。2019 年年底，我的团队开了一个关于婆媳日常的账号，第一个视频播放量就突破了 1000 万（见图 3-63），不到一个月的时间，账号涨粉 10 万。可惜遇到了疫情，两个月不能拍摄就发之前拍摄的边角料，不出所料，由于内容质量的问题视频的流量呈断崖式下跌，团队恢复办公后，我们理性地分析了账号的定位。账号当初的命名是“上海婆婆东北媳”，目的是在婆媳领域里做出差异化的内容，将南北地域差异加入到婆媳这个特殊的关系中，使剧情更加容易引起共鸣。为此，编剧大量进行调研，甚至找到上海的朋友与我们开视频讨论她们婆媳的日常。我们最初就是要塑造一对麻辣婆媳的形象：单身婆婆，刀子嘴豆腐心；儿媳妇比老公大八岁，性格外向开朗，大大咧咧。儿子不出镜但情商很高，为了平息婆媳矛盾，每次都将战火引到自己身上。第一个视频的灵感来自泰剧《麻辣婆媳》，剧中人物的性格也有类似的地方。第一个引爆的视频后来成为很多千万级大号争相模仿拍摄的范本。

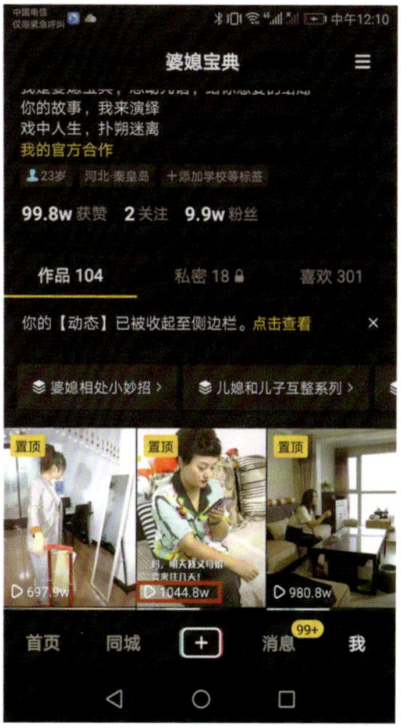

图 3-63

原本循着剧情模式，希望打造两个讨喜的婆媳形象，剧中既有矛盾也有温情和搞笑反转，没想到一场疫情打乱了所有的节奏。在流量下滑后，团队讨论分析自身的定位，在分析定位的时候我们才发现，我们账号发布的内容早就不知不觉地偏离了原本的定位。这就开始回答第二个问题。我们账号的问题是，第一地域化特征越来越不明显，为了追求完播率而逐渐缩短视频时长，导致剧情化减弱，粉丝黏性下滑，过短的视频没办法展现更多的剧情，人物塑造得不立体，没有成功 IP 化，搞笑和反转的差异化也不明显。但是，在流量越来越差的情况下，我们还是为了保持账号权重拼命向平台靠拢，比如，为增加热度翻拍热门视频，为了增加完播率再次缩短视频时长。终于，我们有了继续上热门的视频，但是粉丝下滑严重，由于更改了定位，原来的老粉丝并不买账，粉丝黏性再次降低。这个时候，我们再次回归定位，回归内容讨论。这就开始研究第三个和第四个问题，你的优势和劣势是什么。

我们的优势是原创能力，这是毋庸置疑的，有很多大号翻拍我们的作品就是证明；但我们的劣势也有很多，比如演员，这类账号其实 PGC 做得很少，大多数是 UGC，个人用户拍摄日常有团队做不出来的真实感，演员之间不够熟悉，没有家人间的亲密关系，没有办法做到不露痕迹地表演，这也是很难 IP 化的原因。再者就是题材选择，婆媳关系的话题就像“狗眼看人低”系列一样，永远拥有数不清的受众，只要是女性就能感同身受，部分男士也深有共鸣。但难的是我的团队全是“95后”，又都是男性，对这类型的剧缺乏生活，这类型的内容没有生活写出的东西就很难有非常强烈的代入感。很遗憾的是这两点短时间内都很难改变，因此我决定先从技术上解决平台的约束，在之前账号活跃度很高、权重很高的情况下，视频的完播率大约是 20% 左右，大爆的视频完播率也只有 25%。因此，我想在定位不变的前提下首先提高完播率，这就用到了第 2 章讲的热门技巧中的开门见山式，既然怕观众看不完就滑走而看不到视频的精华，那么在开头就用自己的方式预告给大家，比如：先出封面和画外音、聪明的婆婆是这样对待儿媳的。给用户一个预期，希望用户看到最后的结果。然后以每天一个婆媳相处的小妙招作为强化 IP 的手段，给用户提供价值，到最后结局时，通常是儿子解决问题，给人意外的反转和笑点，可以增加视频被点赞、评论和转发的机会。在这样定位之后就面临一个问题，需要儿子出镜，因此就找了一个适合的演员加入进来。在视频拍摄的第一期完播率就提升了 30% 以上，评论互动增加了 15%。但非常遗憾的是，我们其中一个视频因被误判含有低俗内容而限流，虽然通过申诉后撤销了处罚，但是仍然非常影响后续的流量和权重。简单来讲，从热度优先（第 2 章权重）的角度，视频被“挖坟”的概率大大降低，在这样的状态下我们不得不考虑第五个问题，定位的生命力。

这个生命力不是指定位本身，而是根据这个定位可以创作的内容，从这个维度来讲，没有任何 IP 的生命力是永恒的。比如像复仇者联盟，总有终结的一天。因此，需要考虑沿着原本的定位究竟可以走多远，如果真的走不通的时候，第一，不要轻易放弃；第二，寻找新的突破点。这个时候，就要看一下竞争对手在做什么，在婆媳这个领域的视频，多以正能量视频为主，就是以婆媳关系融洽为基调，别忘了抖音的口号是“记录美好生活”。因此，即便是想通过婆媳矛盾吸引眼球，最终结果也一定要正能量。想要差异化一是强化婆媳突出的性格特点，二是考虑在保留婆媳标签的基础上将剧情引入其他元素，比如悬疑、温情等。

做内容的过程是痛并快乐的，很多时候相当绝望，但更多的时候坚持是非常重要的。2018 年下半年，我在燕山大学的第一届新媒体训练营当中曾有一个做百度百家号的学生，他的文章非常优质，流量持续走高，百家指数也非常平均，当时推测他将是第一个拿到原创的选手。突然有一天，他的文章被莫名其妙地限流了，询问百家号平台，回复说内容质量不高。我为他找到百度总部的朋友，朋友看了他的文章说确实不错，就帮忙查了后台，不知道什么原因，他的账号进了封禁名单，再也不可能获得原创，我建议他换一个账号。他对我说，“老师，我原来就爱写东西，但这是我第一次在网上写东西，第一次有这么大的成就感，意义挺不一样的，封就封吧，我就写着玩，有没有原创都无所谓了”。然后他就一直坚持更新，每隔一段时间就爆一篇，坚持更新近两年的时间，直到今年疫情期间，意外地收到百家号的通知，他获得了原创资格，他成了正式的百家号原创作者。

做内容就是这样，要有持之以恒的精神，平台的自由规则永远只能做到相对公平，但你要相信，只要坚持把越来越好的内容呈现，就一定可以收获你想要的成功。

3.3 IP 化

我在很多线下课中，都会以一个例子来说明定位和 IP 的关系。在短视频界寻找自己的定位就好像进入一个已经坐了很多人的大教室（见图 3-64），首先你要找一个没人坐的位置，这就是寻找内容领域的过程。那么接下来你要做的就是要引起所有人的注意，尤其是老师，因为其他人都是你的竞争者，老师代表的是潜在粉丝。一种情况是，你本身长相特殊，可以直接吸引人注意；另一种情况是，你是一个普通人，想先声夺人就需要包装自己。你可以穿着奇装异服，成为这个教室着装最特殊的人，这就是定位理论中占领第一的过程。如果你的装扮特

图 3-64

殊，就会引起老师的反感，老师就会请你离开，你就无法占领这个位置；如果你既特殊又符合老师心目中的审美，你就可以成功引起老师的注意，这就是占领用户心智，即定位。那么什么是 IP 呢？当有另一个人再次进入教室，与你类似，但大家的目光并没有因为他的出现而转移，反而认为他在模仿你，这就是成功形成了 IP，你在用户心智中的第一形象稳固树立，无法取代，这就是 IP 化，就像李子柒。

没有 IP 化的内容定位就如同无根之萍，只能是定而无位。

1. 什么是 IP 化?

到底 IP 是什么呢？这个我们要从商业交易入口的更新迭代入手了解。回顾过去，商业交易入口一共分三代：第一代是流量，东西放面前，摆摊叫卖，不分线上线下；第二代是价格，通过价格更低来吸引顾客，进入互联网时代后，这个入口升级成了搜索功能；第三代是人格也就是品牌，通过长时间和海量的品牌费用堆积出来的人格化标识，不是活人但能够比真人更能牢固地扎根在我们的脑海里，有性格有价值观，这是工业时代的 IP。比如，阿迪达斯、可口可乐等。

IP（Intellectual Property，知识产权），它是社会公共空间中突然多出来的新角色，是可以透过人们生活中的认知、体验、信任及感情，挣到一席之地后所建立的关系。比如，有的人喝酒只喝茅台，穿衣只穿阿玛尼，这就是 IP 对普通人所产生的影响。而这个 IP 形成之前，它只是一个抽象在思维或知识体系中的种子，当有一天这颗种子变得有生命、有个性、有价值，而且能在人们心中生根发芽，对关注它的人来说，它早就不是一颗种子，而是一个有血有肉的活人，在参与你的生活，影响你的价值观，让你愿意为它耗费时间、精力甚至金钱，爱它，为它疯狂甚至把它当作你的信仰。

2. IP 化的三个过程

成为 IP 需要经历三个过程（见图 3–65）：人格化、信仰化、商业化。

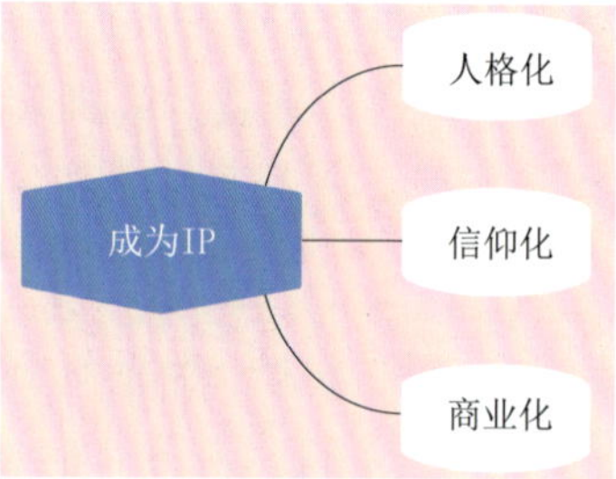

图 3–65

（1）人格化

从字面上理解是拟人化修辞手法的具体体现，拟人修辞方法，就是把事物人格化，将本来不具备人的动作和感情的事物变成和人一样具有动作和感情的样子。打造 IP 的过程中需要人格化的不一定是事物，可能是一个念头、一个创意、一段视频内容也可以是一个人。这个人可能就是一个普通人，也可能是社会公共空间中早已存在的形象。举个例子，纵观整个清代，最火的两个 IP 就是贾宝玉和爱新觉罗·胤禛。贾宝玉是曹雪芹笔下虚构出来的人物形象，他把一个创意或者是脑海中曾有的对标人物形象人格化，创造了一个全新的角色；雍正皇帝，从宫斗类的穿越剧爆火开始，四爷的形象就深入人心，加上现象级的宫斗剧《甄嬛传》的爆火，让四爷这个形象甚嚣尘上。四爷是谁，和历史上的雍正有几分相似？已经不重要了。人们心中的四爷就是那个阴狠、冷酷、薄情又痴情的人。又如曾刷新动画电影票房纪录的《哪吒》（见图 3–66），哪吒这个 IP 形象已经存世数百年了，原本就是《西游记》中出场率还不如小妖的角色，但是在经过重新定义以及人格化后，成了一个敢于冲破桎梏、逆天改命的英雄。那句“我命由我不由天”让多少为了生活奔波的普通人热血沸腾。

图 3–66

（2）信仰化

一个形象被人格化之后还不足以形成 IP，从定位的角度来说，它占领用户心智占领得并不牢固。那么我们需要把它牢牢固定在人们心中。所谓的信仰化实际上就是给用户“洗脑”的过程，让用户认为这个 IP 形象原本就是这样。比如钢铁侠命运的终结，会让很多粉丝心碎，就像与现实中某个真正的朋友道别。IP 的信仰力量甚至可以改变一个人的命运。

（3）商业化

当我们理解不了一个概念的时候，我们要学会对概念进行拆分。比如权重，什么是权重？权就是你的权限、权利、特权；重就是重要性、重要程度。那么权重就是你对平台的重要程度决定平台会给予你多少扶持的权限。对于知识产权，我们也如此理解。我们把“知识”“产权”拆分开来解读，知识就是认知，是人类对客观世界认知的结果，也是人类智慧抽象出来的成果；产权是经济所有制关系的法律表现形式，实际上就是对你的合法财产占有、使用、支配、处置的权利。所以知识产权（见图 3–67）实际上就是为了保护你的知识财产而诞生的名词。知识如此抽象，什么样子才算拥有知识产权，才能够得以保护？我理解，就是先把抽象的知识具象化，让它从人的观念里跳出来，变成具体的形象，再深植进人们的脑海中。但最终可以要求法律保护它的原因是什么呢？就是它变成了财产，也就是具有价值，就是我这里提到的商业化。

图 3–67

2015 年之前还没有知识产权这个概念，这个词也是完完全全的“中国制造”，理解 IP 对我们做内容来讲，真的是相当的重要。

3. 如何打造 IP？

那么如何打造 IP 呢？首先要理解创意具有很大的主观性和随机性，因此，没有任何一种方法能够代替我们思考和创造。但对于短视频来说，我有一些比较具体的方法论可以帮助大家把好点子进行加工，甚至 IP 化。

首先我们来回顾 2017 年和 2019 年影视界两个现象级的大 IP，一个是刚刚提到的《哪吒》，另一个就是《战狼》。两部影片成功 IP 化的核心关键点就是抓住了人们的痛点，《哪吒》表达的“我命由我不由天”和《战狼》表达的强烈爱国情怀成功引起了人们的共鸣和共情，所以制作 IP 的第一要义就是找到用户的痛点。这就需要回归营销理论了。

叶茂中讲营销理论的时候曾提出，营销的本质是解决需求，而解决需求的本质是解决冲突。这里提到的冲突来自于人的左右脑（见图 3–68）对事物的偏理性以及偏感性的认知冲突。比如，看书的时候左脑（理性脑）告诉我们看书应该注意坐姿，而右脑（感性脑）更希望能躺着或者用其他舒服的姿势完成这个动作。那么这就是对同一件事情左脑和右脑的冲突。叶茂中认为，所有营销都需要解决左右脑之间的冲突，左脑代表的是产品力，右脑代表的是品牌力。对标到短视频领域，我们可以想象一下，一旦突破左脑的理性思考，就可以制造出单个爆款视频，而突破右脑的感性思维就有可能与用户建立一种更深层次的联系，也就是形成 IP。

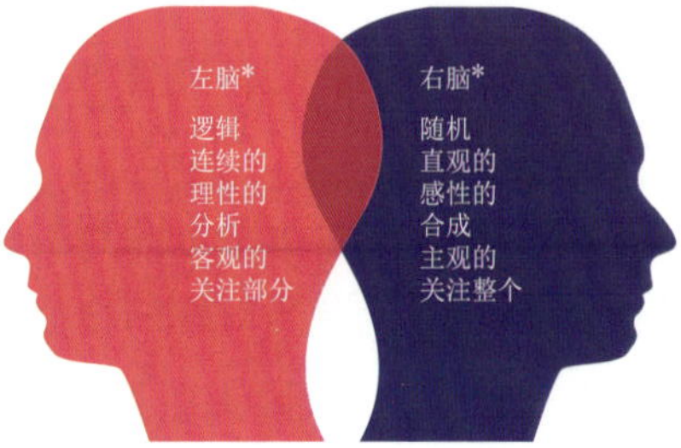

图 3–68

我们可以把将要 IP 化的内容看作是需要营销的产品，解决冲突的方法论就是“触点效应”，而触点就是用户的共鸣点，这个共鸣点就是人的欲望，先找到欲望，再创造内容，能够引起足够的持久的共鸣，才能将内容成功 IP 化。

在这里，我们需要洞察触点而不是创造触点，就像定位理论当中讲的，这个位置一定是已经存在于用户心智当中的，只不过还没被人占领。因此，在讲定位的时候说过一定要把内容的差异化做到极致，而 IP 化就是在定位的基础上通过用户的触点进一步与用户产生更深层次的情感纽带，从而成为用户心目中的第一，甚至是唯一。

当理解了以上内容，我们就可以用一些具体的手段将内容 IP 化——打造 IP 四步曲（见图 3-69）：

第一步，提炼核心价值。这个核心价值就是定位，在这里就不再赘述。

第二步，找到表现形式。这个表现形式也许在定位之初就已经确定下来。

第三步，一遍又一遍地重复。重复同一个表情、动作、开场白、结尾、slogan 等，即强化 IP 的手段。

第四步，在用户头脑中形成一对一的联想。通过这一系列手段，将这种差异化做到极致，成为用户心目中永远的第一甚至是唯一。目的就是持续地与用户保持联系，让他想着你、念着你，期待你的每一次发声，甚至主动搜寻你的踪迹。

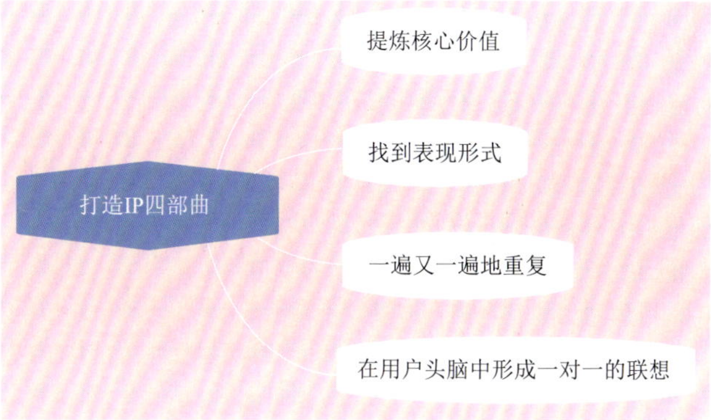

图 3-69

提醒大家，注意关注垂直小众市场，实际上，互联网带给我们生活最大的改变就是改变了信息的不对称性，就互联网而言，已经不存在小众市场了，任何今天的小众都有可能是明天的大众，因此关注小众，抓住红利，是在目前短视频市场中异军突起的捷径。

4. 改进现有 IP 的方法

以下为改进现有 IP 的两个方法：

（1）横向营销策略

叶茂中在《冲突》中这样定义：横向营销就是不要跟别人的思维一样，以非正统、非逻辑的方式，寻求解决问题的方法，用非正统的思维方式打乱市场固有的秩序。这样的策略跟我们的传统定位思想是矛盾的。传统的定位理论就是纵向切割市场，选择细分领域占据第一，如果第一被占据，那么就继续细分，直到找到空位为止。可是该理论的弊端就是在一个足够完善的市场面前，很难找到更为细分的领域，比如娱乐、搞笑、美食。我们在非做不可的情况下怎么办呢？来考虑横向营销策略。纵向营销考虑的是洞察用户本就存在的冲突然后解决它，引起用户共鸣；横向营销是以乱治乱，在混乱中杀出一条“血路”。比如湖南卫视的超级女声大火之后，许多团队为了做出差异化的内容，又出了很多细分领域的选秀，如快男、中国好声音、中国达人秀、欢乐喜剧人。细分完成之后应当如何呢？领域就那么多，再细分，到了虽然足够差异化，但没有市场的地步就悲哀了，因此要考虑横向营销。比如：养成类选秀（见图 3–70）——创造 101、明日之子等节目的诞生，简直就是横向加纵向营销的典范。

图 3–70

如何进行横向营销呢？正如叶茂中所讲：“横向营销的时机就是在空白的冲突点上，创造‘新’——新的需求、新的产品、新的洞察、新的人群、新的观念等。”因为新，所以无从比较，没有竞争，才有机会成为第一甚至唯一。

以短视频领域来讲，“精分”类型的账号很多，这类账号的特点就是同一个人分别饰演多个角色。“精分”类账号的鼻祖是 papi 酱，她的作品借模仿不同的人来讽刺现实，后来还有很多类似的账号，都是在用不同的方式演绎段子，很少有账号以塑造人物为主，后来出现了多余和毛毛姐，但真正在这个领域灵活使用横向营销策略的是“毛光光”和“鹏程哥”，用“精分”来塑造人物、表演剧情、细化生活场景，让更多的人有更深的共鸣。

下面就给大家提供一个现成 IP 改造的方法：

选择一个冲突。比如我们想做一个婆媳号，找到一个热播电视剧，如《双城生活》，这部剧是讲述一个上海男孩和北京大妞的爱情故事，剧里南北方的差异和很多现实问题很容易让人产生共鸣。于是我们在这里选取两个点：一个是地域，另一个是婆媳。这是两个冲突，改造成一个新的 IP，上海婆婆东北媳。

进行横向突破。进行横向突破的关键在于创新，创新的关键在于打破和重塑，这里需要打破的是人们对婆媳不良关系的旧观念，需要重塑的就是新时代的婆媳关系，这是人们的触点，也是人们内心的美好期待。

建立、解决或升级新冲突。如果婆媳关系良好，那么就没有冲突，没有冲突不成戏剧，而且不符合现实生活。所以我们要去除旧观念中的婆媳冲突，建立新的冲突，也就是这个冲突最好转移到儿子身上，这是最合理，也是观众最容易接受的转移。将一系列冲突组合再进行适当的夸张，最后结局进行反转，就足以触动用户的心弦了。

举个例子，婆媳因小事争论，媳妇眼看就要动手，结果一巴掌打在儿子脸上，说你欺负我，我就打你儿子，打在儿身，痛在娘心。结果婆婆也打儿子，说你打我儿子，我就打你老公。就这样你一拳我一掌，两个人发泄完心中的怨气，最后和好了，留下一个受伤的男人和一个反转的结局。

总结起来，就是去除—替代—组合—夸张—反转的过程。

（2）树敌策略

毛主席曾经说过：凡是敌人反对的我们就要拥护，凡是敌人拥护的我们就要反对。这句话教会我们一个道理，如果你能够持久地绑定行业老大作为目标，那么你就有可能成为行业的老大。也就是用树敌的方式制造冲突，借力上位。完美的竞争战略并不是要超越对手成为第一，而是造就自身的与众不同、难以复制。

树敌策略用一句话概括：找到你的敌人，挥舞你的拳头，将他的优势变为劣势，永远比敌人快半步。

话说回来，找到敌人的过程实际上还是自我定位的过程，分析自己、分析环境，当你找到敌人之后就要牢记毛主席的教导，对着敌人勇敢地挥舞拳头。把对方的优势变成劣势。这方面，营销界做得最好的就是真功夫，真功夫从一开始就瞄准麦当劳、肯德基这类型的快餐食品，这类型快餐食品的优势是快捷也好吃，但真功夫打出的市场定位是：营养还是蒸的好。

图 3-71

最后你需要永远比敌人快半步，“你可以不用跑得很快，但要骑上最快的马；你可以不用游得很快，但是要登上最快的船”。

曾几何时，塑造一个 IP，要靠长期的时间、海量的成本。互联网，尤其是移动互联网，大大降低了传播成本，从而降低了试错成本，很多 IP 无疾而终了。翻翻自己的抖音账号，有多少起步迅猛但不久后就消失不见的账号，可能拥有各种让自己坚持不下去的理由。

抖音的用户机制能够很快地筛选出高质量的 IP，迅速让它从一个念头变成庞然大物，用户是 IP 的生产者也是消费者，消费不止于购买一个商品那么简单。

因此，将内容成功地 IP 化对于个人或企业而言，价值不言而喻，它会是未来短视频乃至整个商业的重要变量。

3.4 视频内容创作模板

在账号进行内容定位之后，就要考虑视频的内容制作了。我们在抖音上看到的视频内容，是通过一个个的镜头表现，经过后期剪辑制作呈现给观众的影像画面，那么我们在拍摄之前，需要给拍摄者拍摄和表演者表演提供一个依据，这个依据就是我们要准备的剧本或脚本。

专业的文学剧本和摄影剧本门槛较高，对于短视频内容创作者而言，只要按照模板撰写拍摄者和演员都可以清楚明了的内容就可以了。

3.4.1 主题创作模板

短视频中，单个视频的内容制作要跳出分析和想象层面，进入表达的范畴。怎样在极短的时间表达一个完整的视频内容又同时获得好的反馈，这是最困难的。

1. 主题

为了既达到抖音内容质量要求又能够提高内容创作效率，首先就是要确定视频内容的核心，也就是主题。一段完整的视频，就像我们写文章，哪怕时长再短，也有想要表达的核心思想。比如，影视二剪账号“扬十一”，案例中的主题为“那‘腰’平日里都什么样啊”，它以“妖”为主题，说的是“妖”本身，也是“妖气”，也有“妖娆”，用“腰”来一语双关，就是要在视频中展示“妖”幻化的美人扭摆腰肢的“妩媚”。这就是他要表达的主题。一个视频只有确定了主题之后，才能围绕这个核心去表达和发挥。

这个主题是作品内容的主体和核心，是创作者灵感的来源，是以账号定位为背景，通过镜头语言表达的对现实生活的认识、表达和理想的表现。在短视频制作过程当中，主题有以下特点（见图 3–72）。

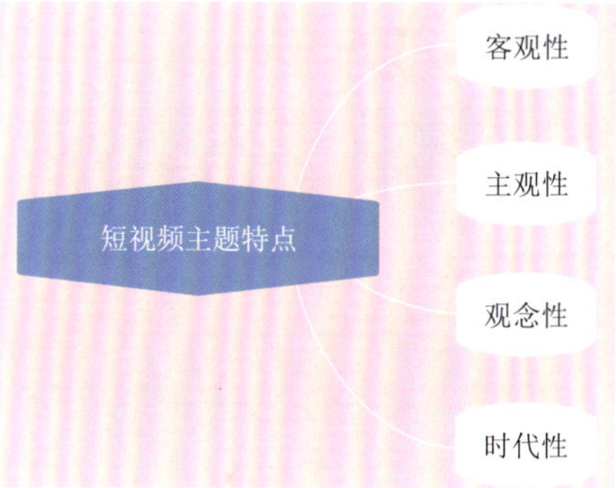

图 3–72

（1）客观性

主题的客观指的是主题的来源客观，是创作者根据观察生活所得。艺术来源于生活，真实的东西最能引起共鸣，这也是 UGC 的作品能够得到大众认可的原因。简单来讲，创作要接地气，不能脱离实际生活，最好是能让用户看到自己生活的缩影。

（2）主观性

主题的主观性就指在创作过程中，作品的主题带有创作者的主观色彩，也就是合理的艺术加工。这就是我们通常说的艺术来源于生活而高于生活。比如“狗眼看人低”系列的作品就是在批判这种以貌取人或这个物化的社会的基础上进行的夸张表现，虽然这类视频多不胜数，但仍是很多创作者非常青睐的题材。根据数据，这种类型的土味作品非常适合下沉用户的口味，对于很大一部分一、二线城市的受众来讲，这种题材看似不符合他们的审美旨趣，但面对这些夸张的表达，沉稳的都市人很容易产生一种文化和审美上的优越感，而这种优越感甚至有助于缓解“社畜”被压迫已久而产生的焦虑。这可以表明这种创造的主观性就是一种“存在即合理”的具体体现。

（3）观念性

在进行主题创作时，我们需要将创作观念形态由感性上升到理性，通过感性引起用户共鸣，再通过理性升华作品的主题，像更高级的表达靠拢。抖音上有个账号名为“我有个朋友”（见图 3–73），他的每个作品都拍得比较有深度，都可以透过感性的表面表述理性的内核。比如，有一个展现情侣对话的视频，大致的意思是，女孩问男孩，我每天打扮这么漂亮来接你，你是不是应该给我开工资。男孩说最多给你 990。女孩生气，觉得给得太少，男孩子说，你每月只给我 1 000 块，女孩还是不满意，为什么还要留 10 块钱，最后一句男孩子的内心独白就是升华主题的关键：“这就是我的女人，一个我不想再纠缠下去的女人，因为再纠缠下去，就会错过蛋糕店的促销，10 块钱买一赠一，她最爱吃的红豆馅蛋糕。”这里有两个细节，第一是这个账号的拍摄风格并不是剧情式的，而是通过场景、人物动作神态配合画外音来演绎，极少有人物对白，即使有也是画外音式的；第二就是男孩在被女孩逼问的时候一脸不耐烦，而且说不想再纠缠下去，这就是我们生活中感性的部分，生活的琐碎和恋爱中的女人撒娇式的胡搅蛮缠，最后的转折清晰地展现了这个男孩对女孩的爱。升华的主题就是，我对你的爱很简单自然，就像我要用最后的 10 块钱买你最爱吃的红豆馅蛋糕，很用心，就像我用 990 来哄你开心，就不用那 10 块钱结束你的胡搅蛮缠，因为那 10 块钱是用来买浪漫的，而且，我就喜欢你的胡搅蛮缠。这样的立意其实可以有更多的想象空间，这就是主题观念性的好处。

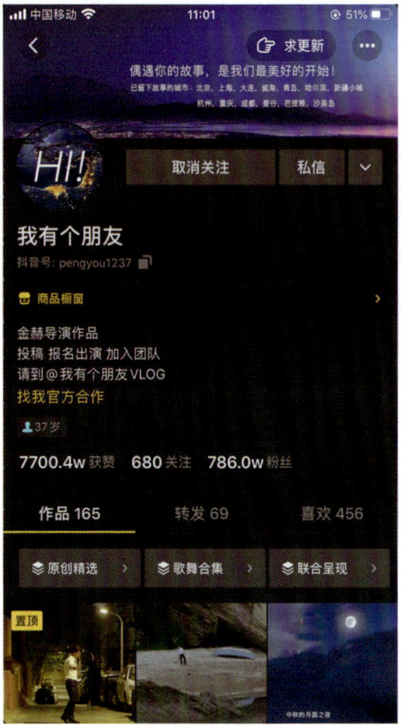

图 3–73

（4）时代性

任何作品都有它所处的历史时期。这里的时代性一是指顺应时代潮流，迎合当代人的趣味；二是在展示不同时代的现状时要强化时代特色带来的强烈代入感；三是挖掘特殊时期的时代特色，比如疫情期间的作品创作，很多都加入了这种特殊的时代感，处在大环境下的用户会有最为强烈的代入感。

主题是一个短视频作品的灵魂，决定视频的质量高低、价值大小、作用强弱，是一个完整作品的统帅。确立主题的要求有：简洁、集中、深刻、新颖。

在前面我们讲过，短视频是在这个传播过度的社会中，伴随着用户对碎片化娱乐的需求而出现的。大家对它声画同步的表现形式并不陌生，从有影像技术以来，从来不缺乏好的视频作品。但它的不同之处在于时长的缩短，正好成为人们对碎片化传播要求的契机。时长缩短的同时又要保证作品的完整度，就是短视频面临的最大挑战。

因此，从主题入手，将传统长视频简化，是第一步。所以，对主题的第一个需求就是简洁。在时长有限的前提下，我们不能妄图表达过多的内容，太多的内容不但存在表达上的困难，同时也会让观看者抓不住重点。所以第二步要求就是集中。集中一点去和用户建立联系，用这一点去赚足用户的“笑果”或眼泪，才有可能更进一步地获得用户的良性反馈。在简短集中的主题当中如果能有更深层次的立意，更加会让整个视频作品更为丰满。比如“朱一旦的快乐生活”里的每一个作品都充满了对社会现实的讽刺。整个短视频领域，需要好的、有深度的内容来充实，我们也要相信，最终，大浪淘沙，只会留下真正的金子。最后一点，就是要在好的立意上力求新颖，人对新生事物的追求是永无止境的，如果有源源不断的创作能力，就是给视频内容锦上添花的资本。

2. 选题

那么我们应该如何进行选题呢？

（1）短视频内容表达的五个核心关键词（见图 3–74）

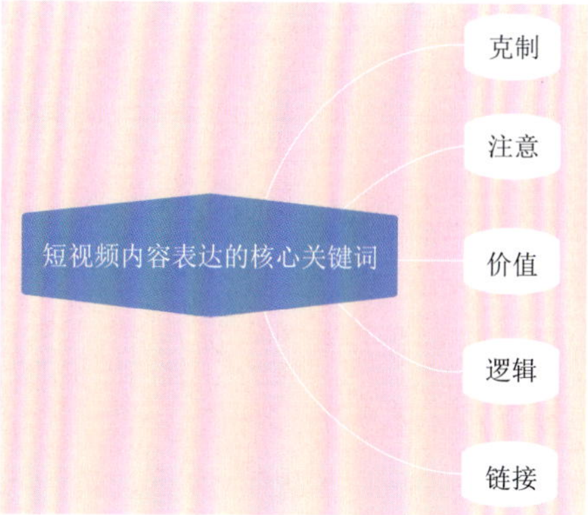

图 3–74

①克制。

我们都听过一句话：喜欢是放肆，爱是克制。对于有时长要求的短视频而言，我们要特别注意分辨哪些内容适合呈现给用户。表达的动机有两种：一是展示自我，二是影响他人。很多视频创作者在拍摄视频的过程中容易自我陶醉和欣赏，很容易忽略用户，在表达的时候一定要有用户思维，考虑用户是谁，他们需要什么，喜欢什么，愿意为什么内容买单。我们做原创内容时往往避免不了被抄袭的命运，除了要学会如何维权之外，更要努力变得强大，不断超越自己，创造更多更好的优质内容才会有更多的人愿意接受你的表达。同时，做内容不要单纯沉浸在自己的世界里，要从寻找用户的共鸣开始，慢慢地释放你的表达欲望。

②注意。

其实，争夺流量的本质就是争夺用户的注意。在碎片化的阅读场景下，人们的注意力很容易被分散，在短时间内，在内容大爆炸的炮火硝烟中，视频要能够迅速抓住人心、直击要害、引发用户好奇心，甚至可以激发用户互动的欲望。从传统媒体到新媒体，从图文阅读到短视频，传播的方式不断变化，用户的心态也在不断适应这样的变化，作为创作者，创作形式要跟得上变化，既要保持快节奏，又要在短时间内谋篇布局，有伏笔、有转折、有高潮。为什么做短视频的时候，都会提到蹭热点呢？因为热点是最容易引起用户注意力的，这就是选题的流量红利，如果能够在热点当中找到较为新颖的角度，就可以借势引爆自己了。

③价值。

一个账号能够可持续发展的第一要义就是能够为用户提供价值，那将成为你在用户心中的价值所在。让用户依赖你、离不开你、舍不得取关你，生怕漏掉你分享的好内容，害怕在茫茫内容之海中失去与你的联系。能够给用户提供价值的前提就是了解用户的需要。这一方面是在定位的时候分析好，另一方面就是在运营的时候重视数据，多看、多分析自身账号粉丝的用户画像。洞悉用户心理，能够为用户提供谈资、为用户表达想法、能够帮助用户解决问题，同时塑造在用户心目中的完美形象。

④逻辑。

什么是逻辑？逻辑就是规律，泛指思维规律和客观规律，是思维过程的抽象。比如男女朋友吵架，男孩大声说："你这样做是不对的，你怎么能跟老人说话那么没礼貌呢？"正常的逻辑应该是女孩解释她为什么这么说或者认错，但是女孩回答："你为什么吼我？"这就叫不合逻辑。有逻辑的内容会让你觉得对方有道理。视频的逻辑就是视频的内容，应符合思维的客观规律。比如，一个视频，片头是婆媳吵架，没有任何缘由地就和好如初，原本想达到一种反差感，但会让用户觉得不合常理而显得无趣。最好的效果就是在看似不合理的情境中有逻辑地表述，既能说服用户，也能起到让人眼前一亮的效果。

举个例子，丈母娘埋怨女婿懒，也不收拾。女婿笑嘻嘻地说，谁让我有个好丈母娘呢，然后亲昵地喊一声妈妈。丈母娘乐颠颠地继续做家务。女儿也有样学样，结果遭到母亲的暴打。这就做到了既合乎逻辑，又有反差的效果。

⑤链接。

链接就是交互，视频与人的交互、人与人的交互、视频与商品的交互、人与商品的交互、有人参与的链接就是社交。一切的商业都是社交，未来商业的核心都在"链接"，链接人、资源、财富、咨询。我们常说的"互联网 +"，就是互联网链接一切。没有链接的内容就不存在传播，没有传播，再好的内容又有什么意义呢？

（2）寻找选题的方向

①做好定位，根据定位选择主题。

②查看历史视频数据，找到流量高、互动高的热门视频，调整策略。

③通过与粉丝互动，或查看同类型内容用户的留言，了解粉丝最喜欢哪些主题。

④抓热点，借势做选题。

⑤看同领域大号、优质号、爆款视频，结合自身定位选题。

⑥像写一部剧一样，围绕一个完整的剧情，写一个系列。

（3）确定主题

内容主题分三个阶段：

第一阶段：以自身为核心。当你不知道你的用户是谁，也不懂如何才能确定用户需要的选题，就把自己当作用户，拍摄能够愉悦自己的视频。比如你喜欢宠物，那么每天拍摄宠物日常，精心制作，看看哪些视频可以感动自己、愉悦自己，成就感最大。

第二阶段：以特定用户为核心。当你开始发布视频的那一刻，你就可以开始关注用户的需求了，当你明确了你的定位之后，就要聚焦三点来选题：用户的痛点、用户的需求、你的方案。这就如同医生开药方，能够药到病除就是好医生。这个时候，用户喜欢、用户感动，你的成就感就最大。

第三阶段：以自己为核心。以自己为圆心、粉丝为半径，向更大的空间辐射能量。我曾提过，当你是"小白"的时候要懂得迎合用户的需求，但实际上，一个账号总是迎合别人，委屈自己，内在的自我能力无法得以激发。我们要想办法通过迎合部分平台的规则不断提升自身的表达技巧，最终完成自我表达的需求。

3.4.2 内容表达模板

短视频剧本是简化版的文学剧本，它通过镜头、场次呈现影像画面，通过对白来展现人物性格和故事情节。因此短视频剧本的模板就包括场次和对白。

1. 场次

在传统视频拍摄时，一个真正的剧本首先要有一个好故事，编剧会根据故事发展的节奏编排剧情，因此，在完整的剧本中，用节拍构建场景，由场景组成序列，再由序列形成幕，一幕幕的跌宕起伏的剧情才能成就一个完美的故事。

为了保证短视频内容能够高效稳定的产出，同时考虑到时长和表达形式的局限，接下来为大家提供一种简化的模板。

首先我们要知道，前面讲的主题就是确定要表达的故事，而场次就是拍摄视频过程中对拍摄情节的计数。我们需要把整个内容根据情节划分为 n 个场次，方便拍摄和演绎。

例：剧本表格《富豪微服私访记》（见表 3–2）。

表 3–2

场次	1	时间	日	场景	内 / 办公室
人物	赵上尊，秘书，王总				

场次	2	时间	夜	场景	内 / 办公室
人物	赵上尊，秘书，王总				

场次	3	时间	日	场景	外 / 海边
人物	赵上尊，秘书，王总				

这里的场次就是根据拍摄场景的不同或其他需求提前划分好的。为了拍摄方便，只要场景、时间发生变化，即使是连续的剧情也要划分成不同的场次。

这里谈到剧本，短视频呈现给大家的影像是通过镜头表现，而一些镜头组合成了场次。镜头从摄影的角度上说是自开始到停止，在胶片上留下的一段影像，也就是从导演说“开拍”到“结束”之间拍摄的场景。由多个镜头组成的场次，则是在时空上保持的连续性。一个剧本可以有许多场次，但每一个场次都是有结构性的。剧本的场次，由多个镜头的连续性而表达，通过镜头的连续性，也把剧本的故事情节连续性。而多个场次的出现，让故事的情节更加曲折，让观众产生更多想象的空间。

在场次划分时，可以根据拍摄者的习惯来，对于新手来讲，为拍摄方便，可以一个镜头划分为一个场次，这样的剧本看起来更加简单明晰。

2. 对白

对白指的是角色之间的对话。在影像作品中，一般情况下，讲述的是一个人的故事或者是一个人和其他人发生的故事，这就决定了故事的发生一般只有一个主角。在账号定位初期，就应该确定这个账号的主角，实际上，对于短视频而言，这不是一定的。有的账号，固定讲述一个人为主角的故事，比如“李子柒”“仙女酵母”“浮生当铺”等。但也有一些以内容形式做 IP 的，诸如“都市奇妙物语”，定位是原创魔幻短视频剧，每一集的主角都不是固定的。我们从单个视频来看，主角是不是一个呢？也不一定。比如精分类型的账号“多余与毛毛姐”等，一人分饰多角；或者展现夫妻、婆媳等类型的账号，如“大狼狗夫妇郑建鹏”，主角是两个人。这就是短视频相对于传统视频的特殊性。每个视频展示的侧重点一般是放在一个人身上的，比如夫妻日常的账号，以老公视角就会重点展示老婆，以老婆视角也可能会重点展示老婆，一般这类账号，女性为主比较常见。总之，确定好主次之后，还要看是否需要有其他角色辅助演出。在撰写剧本时这方面要考虑周全，尽量减少出镜的人物，一方面是在镜头表达上比较麻烦。因为短视频的竖屏拍摄需求，导致人物入画有限，因此人物越多越不好表达。另一方面就是节约成本。

这些角色的对白分以下几类：第一类就是对别人说，也叫两人对话或多人对话；第二类就是对自己说，也就是侵入角色的心理，在思想领域投射内在冲突；第三类就是对观众说，也就是内心独白或者是画外音。无论哪种方式，对白都区别于普通对话，对白要突出角色的个性化，普通对话当中，我们会因对话的对象而采用不同的语气、情态、琐碎程度等。但对白的设计要去除所有普通对话中会干扰角色性格体现或者人物 IP 特征的语言，要既清楚表达剧情又要展现人物的 IP 化特征。同时对白会采用对白言语策略，通过简单的对白就能够表达欲望、意志和行动。

举例：男青年瞧不起外来打工仔，因小事发生口角并羞辱打工仔，赵上尊教育了这个男青年。

……

赵上尊：你记住，拔地而起的大楼，都是建筑工的血汗，干净整洁的街道，剥夺着清洁工的睡眠，外卖小哥、快递员穿梭于大街小巷，把商品送到每个人手上。他们就像筋骨、像血肉，让这座城市活了起来。在这里，有几千个、几万个平凡人的存在，他们做着最脏最累的活，挣着最干净的钱，就算被嘲笑、被排挤，也依然为自己的梦想、为守护家人的幸福而努力，每天不管怎样都咬牙坚持。真正让这个城市顺利运转的，其实正是像他们这样伟大的平凡人……

这个片段的剧情走向挺俗套的，无非是反映社会当中某些自以为是、盲目排外、充满优越感的人群，结局都是充满正能量的。短视频因受时长限制，一般不做过多的内容铺垫，人物性格表述得比较直白。但这句对白当中除了要展现人物的正义感之外，还隐含编剧的另一层深意，对于那些漂泊在外的人，总是与大城市格格不入，觉得自己不属于那里，甚至配不上大城市的一切。其实正是因为有了他们，城市才更加美丽，他们才是城市不可缺少的一部分。编剧希望能够引起所有漂泊的打工人深深的共鸣。这就是利用对白在剧情之外更深层次的表达。

3. 表达

剧本的文学样式是代言体，也就是代人物立言，用人物语言来推动情节发展，第三者的叙述功能被大量弱化。与叙述故事不同，剧本不着重描写人物心理状态和环境特征，强调的是动词，尽量少用形容词和副词，对人物特征、心理等都是通过台词和动作去表达。

如何让你的短视频剧本内容既简洁又完整呢？我们要通过五个方面来表达（见图 3–75）。

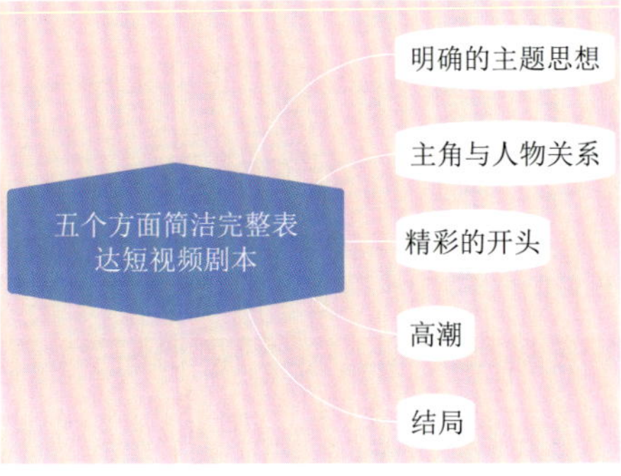

图 3–75

第一，明确的主题思想。也就是我们前面提到的主题，这是整个视频的核心，简称戏核，在这里就不再重复说明了。

第二，主角与人物关系。人物承载着主题，在这里也不重复说明了。

第三，精彩的开头。我在前面讲过，决定一条视频内容是否爆的往往就是视频开头的前 5 秒、3 秒甚至 1 秒，为了让观看者第一时间进入剧情无法自拔，就要抢占视频一开始的用户注意力，尤其是剧情类的，要让视频一开始就出现矛盾冲突，然后就是主角人物闪亮登场，给他完成任务设置障碍。举个例子，一个人骑着自行车走在路上，不小心撞上了路边停着的豪车，豪车司机下车和他起了冲突。在这个情节上就不要展示骑车的过程，视频一开始就是自行车撞上了豪车，为了增加冲突还可以根据自己的条件，对自行车的主人身份进行设计，如设计得更弱势一些，比如孩子、老人、乞丐等，与豪车形成对比，突出矛盾。主角人物出场后，要给他化解矛盾设置障碍，这样才能够引发后面顺理成章的剧情以及吸引用户足够的注意力。

第四，高潮。故事的高潮一定是危机或问题的解决过程，在这里要研究用户心理，想办法引起共鸣，通俗地讲就是要扎心，扎得越深，引爆视频的概率越大。比如，豪车主人为难自行车车主，歧视弱势群体，主角充满正义感地出场引发了更大的冲突，这就是高潮。

第五，结局。结局就是引发用户点赞、评论、转发等一系列动作的关键，所以这里的情节设计尤为重要。比如单纯地解决冲突不足够的时候，可以考虑用抒情的形式升华，最后带上强化账号 IP 的 slogan；或者这里进行剧情反转，原来豪车主人是有苦衷的，插入回忆，或者结尾留下悬疑等待下集揭晓。

剧本构架包括三方面：第一就是大纲，用简单的一句话表现主题，展示戏核。第二就是场景描述，比如人物在对话时正在进行的动作或引起对话的行为等。第三就是分镜，包括时间、地点、具体位置以及人物对白。

如果想把剧情表达得更丰满，还要注意以下几点：

①寻找影视作品中比较经典的梗进行致敬或反转。

②把握剧情的节奏，加强视觉的冲击力。

③适当的设置人物成长弧光，也就是赋予人物成长感，更容易增强粉丝黏性，引起共鸣。

4. 格式

剧本表格：写每一个场次时，都要有这种表格，这是告诉剧组这一场的设定（见表 3-3）。

表 3-3

1	夜	内	水泥管道

这个表格的含义是第一场，故事的发生时间是夜里，内景拍摄，拍摄地点是水泥管道内。表格中时间的设定一共有四种（见表 3-4）。

表 3-4

	日		
	夜		
	清晨		
	黄昏		

内外景的设定有两种（见表 3-5）。

表 3-5

		内	
		外	

所有非露天的环境都成为内景，其余为外景。

场景描述：场景描述的位置在对白前出现，如非必要也可不写。场景描述不要用到镜头无法拍摄的语句，把想写的表达清楚就好，尽量写出画面感，也可以用分镜的写法。

最后需要注意，如果你是新手，写作的时候不要写上拍摄的具体时间，不要写上人物的内心，要注意场次的划分，不要跳戏、不要用到镜头指示，即使你懂镜头语言，看本子的人未必懂。如果需要训练剧本写法的话，可以学习拉片（把现成的影视作品写成剧本）。

剧本示例：《无间道》拉片剧本（见表 3-6）。

表 3-6

1	日	内	警校
人物	黄志诚、陈永仁、教官		

[黄志诚观察着陈永仁]

黄志诚：你觉得我这个人怎么样？

[陈永仁思考了一下]

陈永仁：对不起，教官，不清楚！不过教官今天早上应该很匆忙，因为你穿了不同的袜子！

[黄志诚低头看了一下，将翘着的二郎腿放下，然后看着陈永仁，转头又看向教官，教官捂着嘴笑出了声]

教官：27149，先出去。

陈永仁：是，教官！

[陈永仁戴上警帽，敬了个礼]

5. 剧本制作流程

第一步，剧本构思。

从实际出发，迎合市场，在构思剧本时，每个想法都要记录下来，构思剧本时确定类型、目的、结局这三要素。确定出有效场面，删除无效场面，看下有无剧情冲突。

第二步，制作剧本大纲。

首先是确定主题，然后就是简要介绍剧本主要内容。

第三步，做场景描写。

这里需要注意八点：

①描写不要太多废话；

②不要用到小说字句；

③不要场次不分；

④不要描述内心；

⑤去掉没必要的场面；

⑥场次跳跃不要太严重；

⑦尽量不要写得太细节，除非你想表达画面感；

⑧分镜用不用视情况而定。

第四步，台词。

①台词做到简单、明了、有力，去掉多余的字；

②先精炼台词；

③每天只修改一个角色的台词，避免人物感觉重复；

④感觉尴尬或者幼稚的台词，用动作或表情展示；

⑤自己大声念出台词，去感受；

⑥重要台词最后再讲。

第五步，分镜头脚本。

分镜头脚本是我们创作视频的前期准备。分镜头脚本的作用，就好比建筑大厦的蓝图，是摄影师进行拍摄，剪辑师进行后期制作的依据和蓝图，也是演员和所有创作人员领会导演意图，理解剧本内容，进行再创作的依据。主要任务是根据解说词和电视文学脚本来设计相应画面，配置音乐音响，把握片子的节奏和风格等（见表 3–7）。

表 3–7　分镜头脚本

标题： 简介： 场景： 道具：						
镜号	景别	拍摄方式	画面内容	台词	音效	时间 /s
1	特写	正面拍摄，固定镜头	手机通视频画面	女 1：不要再给我打电话	情绪激烈音乐	4

编写分镜头脚本步骤：

①将文字脚本的画面内容加工成一个个具体形象的，可供拍摄的画面镜头，并按顺序列出镜头的镜号。

②确定每个镜头的景别，如远、全、中、近、特等。

远景的作用主要是强调场面的深远。全景的作用是显示人物相对的动作状态（人物的全身都可见）。中景的作用是符合一般的人物视野，它的场景看起来不远不近（人物膝盖以上）。近景的作用是能看清人物表情（取人物的上半身或其他部分）。特写的作用是放大人物的面部，人体或物体的一个局部（突出局部）。

③排列组成镜头组，并说明镜头组接的技巧。

④用精炼具体的语言描述出要表现的画面内容，必要时借助图形，符号表达。

⑤相应镜头组的解说词。

⑥相应镜头组或段落的音乐与音响效果。

3.4.3 视频制作背景需求

背景需求就是对场景、设备、环境等多方面因素的要求。开拍前要做好各项准备工作，统筹安排，序化工作内容，比如，同一场景的镜头放在一个时间段统一拍摄，即使不是同一个剧本的内容。此外，要准备好道具、灯光、录音的硬件设备，还要在拍摄过程中考虑到后期制作以及如何流畅的转场等问题。这些会在第 4 章拍摄内容里进行详解。

3.5 打造内容生态

1. 什么是生态?

在生物界，生态就是指生物在一定的自然环境下生存和发展的状态，是由无机环境生物的生产者（绿色植物）、消费者（草食动物和肉食动物）以及分解者（腐生微生物）三部分组成的自然系统。自然界中的生态是一个有机的系统，生态链中的任一环断裂，可能都会酿成生态灾难。而在互联网界，生态也同样不可能抛开有机性和整体性。

我们将生态一词延伸开来，意指事物良性可持续发展的一种状态，在某一大环境下，生态中的每一环都有关联，它们互相配合共同发展达到进步，最终形成良性循环的效果。

由此得出，所谓内容生态就是指内容生产平台在运营中做到生态化发展。也就是整个内容从生产、消费到转化再回到生产的循环过程。

2. 为什么要建立内容生态?

我们回归到企业和品牌方：生意的本质是流量。

2020 年，受疫情的影响，所有的企业和品牌将目光聚焦在电商一端，以前企业和品牌一定要做广告的，电商可做可不做，但现在，电商是他们一定要做的，因为流量都集中到了线上。线上流量的主要来源，一是社交，二是内容。在这方面，微信两者兼具，拥有完美社交生态闭环的微信就像掌握了流量阀门的移动互联网时代的江湖盟主。只可惜，世易时移，图文内容的衰落和短视频内容的崛起，无一不在撼动江湖盟主的地位。另一方面，作为中国电商奠基者的阿里巴巴，正在面临流量饥渴，这两年不断地想通过社交和内容加大阿里横向打通能力，改变“万能商品市场”或者说是“万能广告平台”，朝着“超级消费媒体”迈进。

互联网时代，得流量者得天下。如果把内容生态比作一个国家，那么流量就是流通货币，而且是国际通用货币。

我们看到，抖音的流量光环正在照耀着通向“超级消费媒体”的康庄大道上。它天然的媒体属性和爆发性的内容延展性几乎完败所有电商平台，只不过面对腾讯，它缺的就是形成一个自己的内容生态了。

所以，你看到了，抖音正在对淘宝关上大门。

我们可以想见，做内容，建立生态，是最简单的实现流量存蓄平衡的方式，无论未来的“超级消费媒体”花落谁家，都不妨碍我们建立属于自己的内容生态。

什么样的人、机构、品牌需要内容生态？只要你想自给自足。传统媒体在萎缩，这是历史发展的必然性。我受邀给某市广播电视台做转型规划，就做了一个基于广电系统的内容生态。打造内容生态（见图 3-76），有六字真言：源、流、形、调、动、钱。

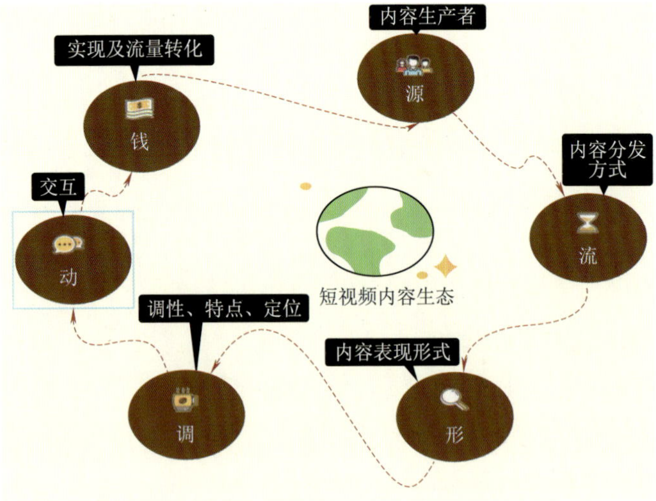

图 3-76

源就是解决内容的来源和源头，也就是内容生产者从何而来。从这个案子里看，广电有着深厚的专业底蕴，正是最好的内容蓄水池，只不过要将原有资源进行整合、原有内容进行改造。另外，就是再添新声，利用广电的社会影响，建立网红学校，招商和招生并举，解决内容生产源头，也填平部分成本的支出。

流就是内容分发方式，也是流量的走向，从哪里来到哪里去，选择好分发平台，深挖线上线下用户，务必使内部外部资源最大化。

形是整个改造最关键的一环，也就是内容表现形式，将原有节目进行短视频化，通过成立娱乐公司为自己造势，打造短视频版现象级的选秀、迷你短剧或其他本地综艺。另外，利用地理优势，建造线上线下一体化的蜂巢直播间。彻底打通用户（线上、线下）、广电工作人员、企业主之间的关系链条，实现良性循环。

调就是调性、特点、定位。务必使得整个广电系统都做到娱乐化、年轻化、时尚化、短视频化。

动就是交互、互动，这是在生态中打通用户与内容、内容与内容之间的桥梁，是内容生态中的灵魂纽带。

钱是我们的初衷也是目标，即实现流量和转化。

总之，建立内容生态是为整个内容创作中的关系链路之间形成强关系的纽带。让内容良性发展，让流量源源不断，更是通过整合各类资源，不断拓展各类渠道，打通全流程的内容产业链条，实现内容价值最大化。

第 4 章
掌握拍摄剪辑，制作快人一步

4.1 拍摄前的准备工作

视频的拍摄制作不会因时长的缩短而降低难度，相反，要在短时间内表达清楚一段完整的内容，这项工作更加困难。比如，如何展现一个故事的起承转合，降低用户的理解成本。想做好这些，首先要在拍摄和制作前，梳理视频整体的内容和流程，也就是做好拍摄制作前的准备工作。

4.1.1 主题设定和脚本撰写

这部分在第 3 章内容制作模板当中已有详细说明，就不再赘述了。

4.1.2 场景设置

拍摄地点和环境的选择非常重要，要根据剧情和拍摄成本来综合考量，选择室内或者室外、摄影棚拍摄或者绿幕抠像。

4.1.3 准备器材

在拍摄的过程中提前将设备准备就绪并进行归类，以免在现场拍摄因找不到设备而手忙脚乱。以下是拍摄过程中可能使用的设备：

拍摄设备：手机、相机及镜头（室内拍摄无须大光圈，手机拍摄根据拍摄需要决定是否配备手机广角镜头）。

灯光设备：面灯、环境灯、柔光灯或柔光箱、打光板。

脚架设备：相机三脚架、独脚架、滑轨、稳定器、灯光架。

收音设备：收音麦克（或后期配音）。

4.2 拍摄

4.2.1 拍摄设备

单反相机：单镜头反光式取景照相机（见图 4–1）。

微单相机：处在卡片式数码相机和单反相机之间，就像笔记本电脑和智能手机之间出现了上网本一样。微单相机使用起来更加轻便，技术更先进，比较适合视频的拍摄，尤其是需要大量移动镜头的视频拍摄（见图 4–2）。

辅助性拍摄设备：三脚架、摄影灯光、收音设备。

1. 三脚架

三脚架主要是用来稳定相机的支撑架，保证相机不抖动（见图 4–3）。

图 4–1

图 4–2

图 4–3

2. 摄影灯光

传统的电影打光方法要求“五光俱全”，即主光、辅光、眼神光、轮廓光和环境光都要涉及。在制作短视频时，只需要“三灯布光”，“三灯”指的是主光、辅光和轮廓光。主光的主要作用是照亮人物，通常位置是在主体的侧前方，与摄像机约为 45° ~ 90° 。辅光的作用是修饰主体留下的阴影，辅光的位置通常位于主体另一侧的前方，也可位于主体与摄像机之间连线 45° ~ 90° 范围内。辅光需要和主光合理搭配使用，通过改变位置实现不同的艺术效果。注意：主光必须要强于辅光。轮廓光通过对主体人物的头发、肩膀等边缘打光，将主体和背景分开，增强画面的层次和纵深感。轮廓光通常位于主体后侧方，与主光位置大致相对，并以略高于主体的高度俯视拍摄主体。

在第 5 章直播间布置当中还会详细讲述，拍摄现场通过灯光美化拍摄效果，比如，大的光度容易产生大景深和清晰物体影像的视觉效果；小的光度则容易产生小景深和模糊的物体运动状态影像的效果等（见图 4–4）。

图 4–4

3. 收音设备

好音质的收音设备能将视频的品质提升至更高层次，特别是在一些比较嘈杂的环境中，更能够凸显出收音设备的优势，如果是室内或比较安静的环境下，单反相机或其他拍摄设备自身带的收音效果也是可以的。如果条件限制无法进行现场收音，采用后期配音的方式亦可。下面给大家介绍几种比较专业的收音设备。

专业影视拍摄比较喜欢采用的收音设备是电容麦克风，包括指向性麦克风、小蜜蜂麦克风、大振膜麦克风等。

图 4–5

指向性麦克风（见图 4–5）在使用时，可以只收录麦克风所指方向的声音，其他方向上的声音会被消减或屏蔽。适合户外场景拍摄，可以极大限度地屏蔽杂音。

小蜜蜂麦克风（见图 4–6）是一种无线麦克风，主要由接收端和收音端两部分组成，收音端挂在衣领上，负责收音；接收端连接在摄像机上即可接收收音端发来的声音信号。一个接收器可配多个收音设备，可以同时录制多个人的声音，收音的时候可以调节敏感度降噪，并且它比较小巧容易隐藏，所以在一些采访的视频中使用较多。

图 4–6

大振膜麦克风（见图 4–7）在电容麦类别里敏感度最高，这种麦克风录制的声音具备极佳的音质，但对录音环境要求较高，通常用于录影棚做声音采集样本和录制歌曲使用，价格昂贵，怕摔怕潮怕风。还有一种小振膜麦克风（见图 4–8）

可以中和大振膜麦克风的优缺点。

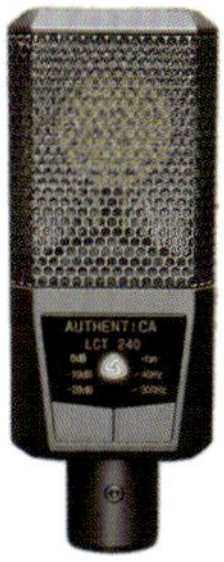

图 4–7

图 4–8

4.2.2　拍摄运镜

1. 向前推进 / 向后拉远

拍摄时按照规划好的路径设置好拍摄的起点和终点，一边拍摄一边向前走或向后退，沿路匀速行走，根据脚本需要，通过改变前方景物或人物的远近来表达视频内容。

2. 左 / 右横移

此手法重点在于必须保持拍摄主体焦距的固定。与第一种“向前推进 / 向后拉远”的拍摄方式相似，将前后匀速移动变成水平向左或向右移动。短视频拍摄时，摄影师如果能尽量匀速移动保持画面的平稳流畅，就能媲美使用模拟滑轨或移动摄影车的效果，轻轻松松地营造大片既视感。除此之外，利用这种手法，以柱子、墙面等遮挡物为参照物，在后期剪辑中完成转场切换到下一个场景画面，可以表达更为丰富的意境。

3. 前 / 后跟随

类似于第一种“向前推进 / 向后拉远”的拍摄手法，只是因为拍摄主体位置的不确定而导致了不同的运动轨迹，如果手持保证不了稳定匀速的话，需要使用稳定器来辅助完成运镜动作。拍摄时根据脚本内容选择主体身后或面对的方式跟拍，拍摄过程中尽量保证机器与人的距离固定。比如，如果拍摄主体面向你跑来，你需与主体保持固定距离的同时快速后退。跟随拍摄的时候，需要保证运动的速度与主体一样快。这里可以使用长焦镜头，拍摄效果更生动，但要注意调焦。

4. 环绕

使用环绕运镜拍摄建议选择广角镜头（如 16 ~ 24 mm），运用这种手法拍摄可以突出画面中主体的高大形象，为了保证镜头的稳定性，也需要配合稳定器来进行拍摄。拍摄时与拍摄主体保持固定的拍摄距离，以主体为画面中心，围绕主体绕圈拍摄，呈现更为生动和炫酷的画面。

5. 低角度拍摄

低角度拍摄是把镜头放低角度，聚焦主体的局部，用以呈现更为抢眼以及震撼的画面效果。比如人物出场时，用慢镜头低角度拍摄腿部行走，渐渐拍摄全身，呈现人物背面全景，配合与主体人物相对的人或人群较为夸张的面部表情，增加主体人物出场的神秘感，在观众看到出场人物的正面之前把观众的期待值和好奇心调动起来。

6. 呈现式拍摄

在拍摄时，从空镜缓慢移动转向拍摄主体的焦点位置，通过先展示相对不重要的场景，再展示想要表述的主要目标，有欲扬先抑的意味。比如，面向拍摄主体，根据脚本要求前进或者退后的同时，拍摄镜头从天空逐渐下移至拍摄主体，然后聚焦，可以表达恍然大悟的感觉。或者从下开始渐渐向上聚焦主体，再或者从左右开始都可以，这种方式可以更好地用镜头描述出立体的画面感。

7. 主体升降拍摄

保持拍摄主体不动，拍摄者通过改变身体重心，配合手臂缓慢平稳地抬升相机，呈现出镜头从拍摄主体的一端缓慢移向另一端的效果。

4.2.3 镜头的运用

镜头运用一般分为：大全景、全景、小全景、中景、近景、特写、大特写。在拍摄中，称之为景别。

大全景：在拍摄过程中，交代大的时代背景、城市街道环境、整个剧情发展的大的环境背景时，适用大全景。目的为了展示人物生活或事件可能发生的整个时间、环境、规模和社会气氛。

全景：通过对主体人物所处的空间、布局结构或环境的拍摄，让观看者对主体人物的整体形象有一个大致的印象，如果这是人物的初次出场，那么一般不是主角。

小全景：从大全景逐渐移到主体人物的膝盖下、脚踝上，通过人物肢体语言，刻画人物形象，使人物形象逐渐清晰。

中景：中景的拍摄范围大概在半身以上，膝盖至头顶部分，常用作采访景别，人物的语言交谈和其他上肢的动态表达，比较集中于人物上半部分的行为表达。

近景：拍摄范围定在人物胸线以上，着力刻画人物的脸部特征、表情和微表情等，比中景展示的镜头更加细致。

特写：作用在人物脸部的细节刻画，用于描摹人物内心动态。

大特写：拍摄范围用于人物身体任何部位的局部特写。

4.2.4 构图

众所周知，短视频开启了竖屏时代，为了适应平台的算法机制，短视频的拍摄画幅大多数都采用 9:16 的构图比例。除此之外，任何视频拍摄首先要掌握的构图技巧就是“黄金分割”。如果将摄像机的镜头当作一个画框，我们可以将画框用想象中的“井”字覆盖。把你所需要拍摄的主体放置于井字字形中含有的四个交叉点中的任意一点上，这四个点都是引人注目的焦点。

下面介绍拍摄环节中常用的构图手法。

1. 九宫格构图

九宫格构图是电影拍摄中常见的构图形式，也是最符合人视觉审美的构图标准。拍摄者用上、下、左、右四条黄金分割线将画面主体进行分割，交点就是画面的黄金分割点，也就是全景中主体的位置。如果是人物特写，黄金分割点就是眼睛所在的位置。拍摄时，除去对画面有特殊要求或人物与背景关系不明显时，应尽量遵守这条规则。

2. 对称构图

对称构图比较简单，在画面中找到对称轴或者对称中心，将拍摄场景形成以该轴线对称或者中心对称的构图。这种构图方式比较中规中矩，可以给观看者以稳定、安逸、平衡的感觉。

3. 引导线构图

该构图是将观看者的目光汇聚到整个画面的主要表达对象上。这种构图的方法一般比较适合大景的呈现，通过在拍摄和剪辑过程中增加背景的线条，让观看者的视线逐渐汇聚到主题表达的内容中来。

4. 框架式构图

将视频中画面重点通过反差较大的明暗交替，使得画面仿佛被一个“框架”框起来一般。这样的构图能够使得观看者的视线聚焦在画框之内，产生只要穿过画框即可进入画面的感受，给人一种窥视的感觉，赋予画面神秘感。这里要特别注意，拍摄过程中有可能出现框内其他景物的曝光过度与视频中边框景物曝光不足的问题。为了解决这个问题，可以在视频拍摄时利用现场的门框、花草树木来搭建拍摄框架，或是延伸出来，借此构建出效果极佳的画面。

5. 中心构图

把视频中的每一个主体或者景物都放在画面的中间或者核心位置，这是最为常用的一种构图方式，既突出了主体位置，又交代了主体细节，取景时，只需把视频中的主体和景物都安排在画面中间即可。

6. 前景遮挡构图

在视频拍摄中，用树叶、墙壁、石头、栏杆等景物做前景，遮挡大部分画面，然后缓缓移动相机拍摄，这样的效果能够大大增强画面的整体运镜感，同时增强拍摄画面的层次感，且使得画面的色彩变化更加丰富。

7. 对比式构图

通过对于增强画面的视觉冲击感，在拍摄前首先需要观察拍摄场景中可对比的元素，比如，动与静的对比，大与小的对比，前景与背景的对比，找到景物之间的对比特点并通过对比突出拍摄内容即可。比如，用浩瀚的大海来衬托在急浪中飘摇的扁舟，用流动的溪水衬托山谷的静谧等。

4.2.5　手机拍摄技巧

前面在讲述拍摄设备的选择时没有单独讲解手机设备的选择，因为现在智能手机的平均像素在千万级以上，在拍摄清晰度上不亚于专业摄影设备，手机拍摄与相机拍摄的区别主要在后期剪辑的处理空间上。对于普通 UGC 而言，使用普通智能手机拍摄出符合 9:16 的比例且画面清晰的视频即可。至于光线、构图和美感可参考相机拍摄部分讲解的内容。这里需要补充一点，苹果手机拍摄画面的还原度更高，也就是更加接近真实的画面，在后期制作的时候可以处理的空间更大，但对光线要求较高；华为手机感光处理非常不错，尤其适合夜景拍摄。

下面讲解通过手机拍摄短视频的运镜和转场技巧。运镜就是指镜头运动，转场即是场景的转换。拍摄过程中做好这两点，距离制作一条优质的短视频就不远了。

1. 转场

转场的关键在于抓住视频内参照物的不变性，以及动作的连贯性。把转场分为静态转场和动态转场。

（1）静态转场

静态转场指的是参照物不变的场景转换。举个例子，我们经常在抖音上看到类似的视频，一个人在视频中随着音乐的节奏瞬间更换服装，为了体现变化前后的效果和反差，整个拍摄过程需要保证除了服装或其他要表现的内容之外，屏幕内其他内容都不变。如果想更换场景，那么就需要以上一个场景的终止动作作为下一个场景的起始动作继续拍摄。比如，手机摄像头对准自己，向摄像头方向伸出右手手掌，保持摄像头不动，让手掌从右向左平移直至挡住摄像头处暂停。接下来，记住自己的位置和刚刚终止前的动作，更换完场景后，从上一场的结束动作和手掌的位置开始继续拍摄，就可以呈现出一个右手一挥背景就变化了的视频场景。

这里需要格外注意的是，短视频由于时长的限制不能在一个视频中表达过多的内容。拿变装来讲，你主要希望大家看到服饰，还是妆容，还是表情，最好只选择一种，变化的内容少、程度高，才能制造出想要的反差效果。

（2）动态转场

动态转场的关键就在于动作的连贯性。连贯性指的是两个场次直接做到无缝衔接。比如，在一个场景中拍摄一个下蹲的动作，蹲到一半的时候暂停，记住位置和动作后切换场景，做好上一场景中暂停时的位置和动作，再次拍摄继续下蹲的动作，最后就会呈现一个人下蹲时穿越到了另一个场景的效果。

动态转场有三种方式：第一种是摄像机不动，主体动作的连贯。第二种是主体不动，摄像机沿连贯的方向拍摄。第三种是主体和摄像机都动，且前后连贯。

第一，摄像机不动，主体动作的连贯。即上面刚刚提到的换装和换背景的例子。这里需要保证的是，除想要改变的内容变化以外，画面中其他元素要尽量保持不变。

第二，主体不动，摄像机沿连贯的方向拍摄。举个例子，打开手机前置摄像头，左手持手机拍摄，镜头放在身体正中的水平线上，面对自己，保持身体其他部位不动，让手机从中间水平移动到左边（左手向左能够移动到的最远位置），按暂停。身体继续保持不动，换右手拿手机，从右边（右手向右能够移动到的最远位置）移回中间水平的位置，最终的视频效果看起来就像是镜头沿身体绕了一圈。

这里需要注意的是，整个运镜过程身体要保持正中不动，手臂运镜要匀速且平稳，整个运动轨迹与地面平行，起点和最后的终点一致，才可以达到最好的效果。

第三，主体和摄像机都动，且前后连贯。这组镜头需要别人配合才能完成。举个例子，拍摄者手持手机，用后置摄像头拍摄，整个拍摄过程要保证匀速并且与被拍摄者之间的距离保持不变，镜头跟随被拍摄者的头部动作同步运动。首先第一个人面对拍摄者，头匀速扭向左边，手机跟拍到第一个人动作终止时立刻暂停。接下来换另一个人在下一个场景中，同样的运镜方式，最后的视频看起来就像是 PPT 换页中的一个效果，后一帧推动前一帧的转场效果。

2. 运镜

我们经常在看到技术流类型的短视频时觉得很神秘，其实原理很简单，学会基础的运镜转场很快就能上手，下面教大家几个实用的运镜技巧：

（1）基础运镜技巧

运镜的原理不难理解和学习，但想要实现最终酷炫的效果需要勤加苦练。运镜靠的就是手臂的稳定和匀速，在运镜的过程中，要像机械臂或者稳定器一样自由、灵活且稳定。基础运镜技巧虽然最简单，但效果最难呈现，因为它就是单纯的镜头的运动，比如从前到后、从左到右、从上到下，但效果能否酷炫要看拍摄者的基本功扎不扎实。这里有一个六字口诀——稳定、拉长、暗示。

稳定指的就是手臂要稳定，用大臂带动小臂，但要灵活不能僵硬。拉长指的是动作不要太快，运镜的时候有一种甩动的感觉，比如镜头由远及近，不要让镜头一下子推过来，而是有弧度地拉一下。暗示的目的是让画面看起来更时尚，比如右手拿着手机用前置摄像头拍摄，镜头由远及近运动的同时左手出现在镜头中做一个向后拉的动作，从而制造一个镜头是由手部动作导致的运动效果的错觉。同样的，镜头向哪个方向运动，都可以同步加入暗示动作。这样练习熟练后，配合酷炫的音乐，就可以完成一个最基础的技术流视频了。

（2）基础运镜转场

这个跟我们前面讲到的动态转场的第二种方式原理是相同的，就是利用运镜技巧制造镜头绕身体转圈的效果。比如，手机前置摄像头打开，镜头从正中位置移动到左边肩膀挡住摄像头，按暂停；换另一只手从右边肩膀挡住摄像头开始移动到中间位置即可。

（3）360° 运镜转场

手机前置摄像头开始录制，一只手顺时针水平旋转手机至你的极限，按暂停，换另一只手拿着手机，继续顺时针旋转到起始点。注意换手的时候可以把手机沿着顺时针的方向旋转一些再继续旋转，防止不好操作，旋转的时候重点是找好轴心，一切操作固定好轴心，稳定旋转。

（4）变东西

抖音上有这样的短视频，一只手伸向镜头再拿开，眼睛上多了一副墨镜，再一转场，嘴里又多了一朵花。这种像戏法一样的运镜技巧是如何实现的呢？首先打开手机前置摄像头开始录制，一只手伸向镜头把镜头盖住，按暂停，接下来戴好墨镜，从刚刚暂停的动作开始，手从镜头挪开即可完成变换。这个时候最好配合基础运镜动作，挪开时给镜头一个暗示动作，会显得更加酷炫。

（5）变换背景

打开手机前置摄像头开始录制，一只手做几个基础运镜动作，然后轻微抖动一下，按暂停，这时保证动作不要发生变化，如果怕记不住动作就给自己拍张照片，接下来就更换背景，从上个位置继续开始，连续操作，直到换完所有你想换的背景。为什么要抖一下呢？抖一下的动作首先是一种心理暗示，跟基础运镜操作里的暗示一样，另外在画面效果上，显得更加酷炫。

（6）画中画技巧

这是这几个运镜技巧当中最复杂的一个，需要两部手机来完成。首先打开手机前置摄像头拍摄，这里可以加入几个前面提到的运镜技巧，选好终止的节点按暂停，这个时候，不要动，直接打开手机拍照，自拍当下的状态。然后将照片发到另一部手机上，打开照片，另一部手机摄像头对准照片，从遮盖摄像头开始向着照片相反的方向拉出来，再继续拍摄自己即可。可连续完成此动作形成画中画的效果。

以上的运镜转场技巧都可以使用抖音自带的拍摄功能完成，因为抖音按钮长按时松手即暂停，节省中间暂停、开始再暂停反复按键导致的时间差，视频看上去更流畅，如果技巧过硬的话甚至不需要进行后期剪辑。

关于剪辑的内容后面会详细说明，但在这里，我还是需要强调一下，抖音视频的后期制作只要是将拍摄的内容根据提前做好的剧情安排进行拼接，配合合适的音乐就完成了。所以视频制作的过程就是拍摄、拼接和搭配音乐的过程。

对不擅长后期剪辑的 UGC 用户而言，我们可以利用选好的音乐录制视频，因此音乐中的节奏在视频中占有相当重要的地位。可以用动作卡节拍，也可以用转场卡节拍。节拍卡得好最后视频的效果都会很好。另外还可以根据音乐加入情节，比如如果音乐中有开枪的声音，你也做出打枪的动作；如果有翻书的声音，你也跟着做翻书的动作；或者和翻书同频率地抖肩。这一部分的关键还是配合音乐、卡好动作。

如果你觉得对着音乐拍摄视频难度太高了，那么，我们现在就来学习更好更高级的方法。

4.3 视频后期剪辑处理

4.3.1 剪辑的含义

剪辑就像是讲故事，把之前拍摄好的视频碎片裁剪拼接到一起，加上属于作品风格的音乐、音效与其他特殊效果，使得影视作品最终得以完整呈现。

4.3.2 剪辑软件的认识

PC 端专业剪辑软件推荐使用 Adobe Premiere Pro 或 Final Cut Pro，手机端剪辑软件可以使用剪映。

Adobe Premiere Pro 简称 PR，是比较流行的视频剪辑软件之一。它可以处理多媒体视频、音频，应用范围非常广泛，功能强大。

Final Cut Pro 是苹果系统中的专业视频剪辑软件，相对 PR 而言，它有许多项目都可以通过具体的参数来设定，这样就可以达到非常精细的调整，比 PR 系统的稳定性高，操作起来更加便捷。

剪映是由抖音官方推出的一款手机视频编辑工具。适用于手机拍摄的简易傻瓜式后期制作工具，它带有非常全面的剪辑功能，支持变速，多样滤镜效果，同时包含丰富的曲库资源。但相对于 Adobe Premiere Pro、Final Cut Pro 而言，功能以及稳定性上没有以上两款软件强大，在制作的细节上也无法和前两者相提并论，在操作上更适合普通 UGC 用户。

4.3.3 剪辑制作前准备

剪辑制作前，第一步先要把思路理清，确定视频的类型，比如，视频是剧情，还是综艺效果，是搞笑还是技术流等；第二步是确定精剪还是粗剪，需要用到什么软件，视频是否出现特效等细节；第三步确定影片的内容结构是正常叙述还是倒叙等；最后一个考虑的是影片长度，这个就需要根据拍摄者所提供的视频素材来决定了。

剪辑过程中，需要准备好记录卡，一条好的片子，有很多情节需要转换，特别是他人拍摄的片子，更是需要认真地观察和记录。比如，哪些素材可能存在重大的拍摄失误导致无法使用等，许多问题都要做好详细记录，免得在剪辑中忘记处理。对于一些重要的事项要提前记录好，一旦搞错，就需返工，直接影响工作进度和效率。

再比如，在拍摄时，演员的一个镜头拍了多次，最后确定的是哪一版本，要记录好，避免后期剪辑的时候找不到素材。

最后，视频素材要提前熟悉，对素材的属性一定要清楚，并且素材的整理和归类也是很重要的，音频的格式是什么样的、素材是否有通道等，准备好这些，后面剪辑的工作就事半功倍了。

4.3.4　剪辑的方法

1. 调整素材顺序

拍摄需要拍摄者在现场环境以及尽量节约时间与人力成本的前提下进行，大多数的情况下都不是按照剧本或脚本的场次、镜头顺序拍摄，因此，拍摄后素材顺序需要调整，调整后的素材才能更好地展现主题。

2. 调整素材的色度

很多情况下由于拍摄者自身技术水平的原因、现场环境的原因、设备的原因，使得素材的偏色现象严重，后期制作需要调整亮度、对比度、环境的亮度、局部的亮度等。在制作的过程中，一是利用软件自身的特效进行调整，比如 Adobe Premiere Pro 中的三路色彩校正、亮度对比度曲线都可以很好地调整；Adobe Premiere Pro 中可以增加 sa color. nesse 等类似的插件，关于 Adobe Premiere Pro 的调色插件读者可自行上网搜索资源下载安装。

3. 素材的移动和删除

多个素材一起移动和删除，需要用到【Ctrl】键或鼠标左键框选，然后删除或移动。关于 Adobe Premiere Pro 中的运用技巧以及按钮等下文会详细介绍。

4. 在素材之间添加转场效果

找到转场效果直接添加到视频与视频之间的位置即可。

5. 在素材上添加特效

这也是难度最大、技巧最多的，是视频二次创作的精髓之一。

6. 为视频添加字幕

短视频中添加字幕是非常必要的，与长视频不同，短视频的碎片化阅读场景决定了视频的音量大小不能随心所欲，有了字幕，即使有些场合视频音量不足，也不妨碍用户看懂视频，同时，字幕可以提高视频用户的沉浸式体验感，更好地提高完播率。

7. 添加背景音乐

选择一些热门音乐，注意选择无版权的音乐，但需要搭配视频的情节和情绪以及节奏。这是整个视频剪辑最为精华也是最有难度的部分。

4.3.5 剪辑软件界面认识

下面我们以常用的 Adobe Premiere Pro 软件为例进行介绍。

安装完 Adobe Premiere Pro 以后，启动 Adobe Premiere Pro，等待启动画面完成启动任务后，出现 Adobe Premiere Pro 的欢迎界面（见图 4–9）。

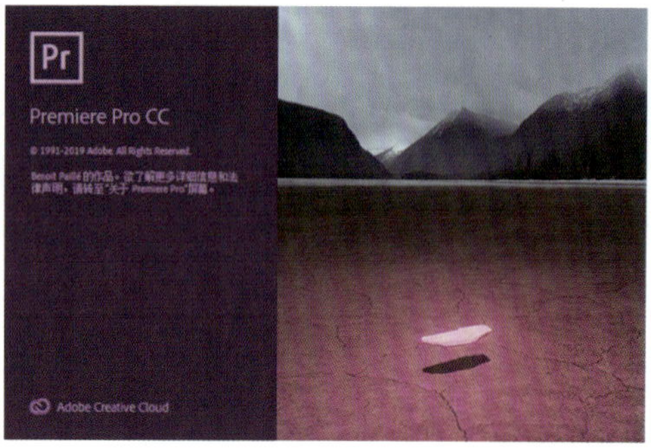

图 4–9

在没有选择欢迎界面中的任何选项前，软件的其他菜单命令（如文件、编辑、项目、素材等）不可用。单击“新建项目”按钮，可以创建一个新的工程文件，如图 4–10 所示。

“新建项目”建立好后，需要再建立一个序列。单击“确定”按钮完成序列的建立，如图 4–11 所示。建立新的项目文件以后，就可以看到 Adobe Premiere Pro 的全新界面，如图 4–12 所示。

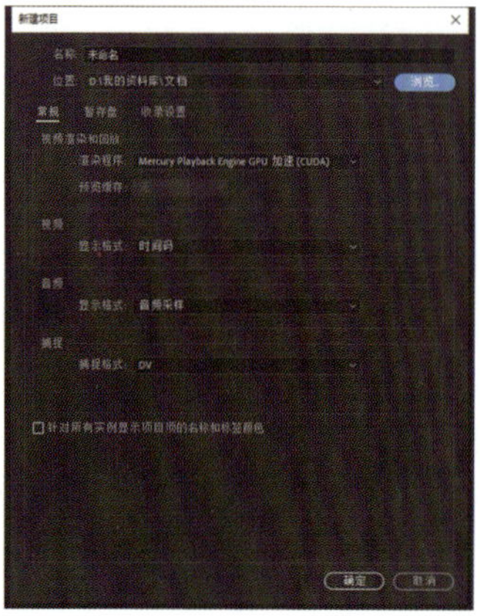

图 4–10

图 4–11

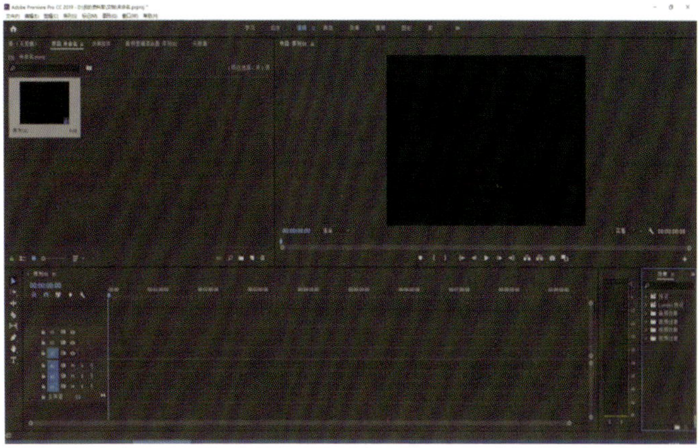

图 4–12

1. 菜单部分

在界面的最上方为软件的菜单部分，主要包括文件、编辑、剪辑、序列、标记、图形、窗口和帮助。

2. 项目面板

在界面左侧上方为软件的“项目”面板，如图 4–13 所示。在项目面板中可以存储当前项目所需要的所有素材文件，包括视频、音频和图形文件等。如果选中了一段视频或音频，单击面板中预览图左侧的“播放”按钮可以预览效果，同时在右侧会显示文件的详细信息。

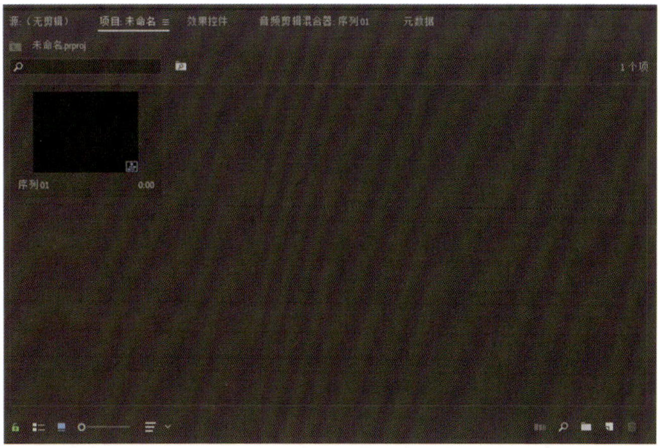

图 4–13

3. 效果、历史记录和信息

在软件界面的左侧下方为效果、历史记录和信息组合面板，如图 4–14 所示。单击面板上的标签可以在三个面板之间切换。在信息面板中显示当前选中对象的详细信息，在历史记录面板中显示从打开文件以后所进行的每一步操作记录。

在特效面板中则显示 Adobe Premiere Pro 预置的五类特效：预设、音频效果、音频过渡、视频效果和视频过渡。

4. 来源、特效控制和调音台面板

在软件界面上部的中间部分为来源、特效控制和调音台面板，如图 4–15 所示。

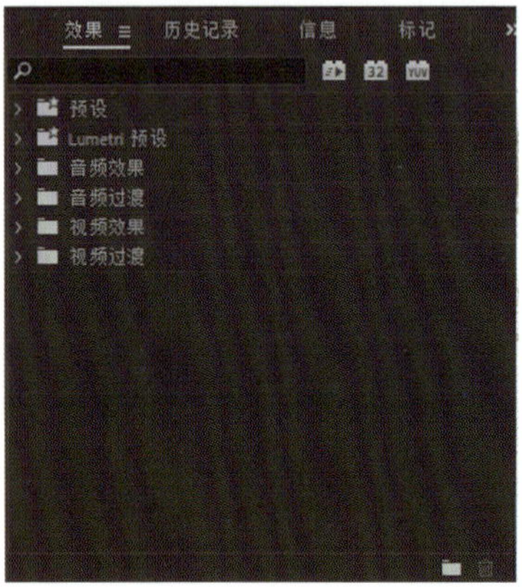

图 4–14

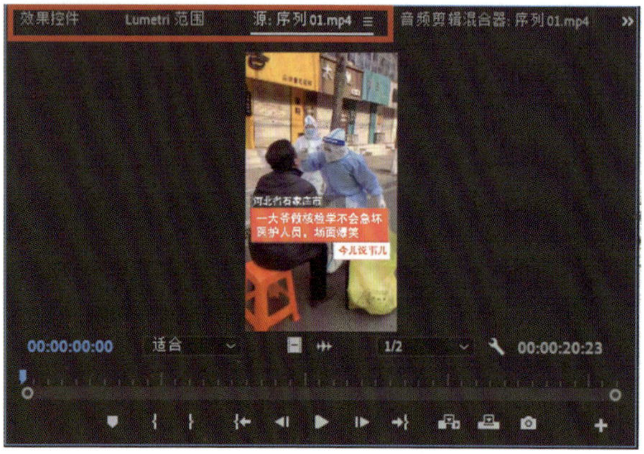

图 4–15

拖动项目面板中的某个素材到来源面板中，可以预览显示该素材。在面板的下方为控制台，可以对相关素材进行播放，设定入点和出点等操作。单击面板中的“特效控制”标签，可以打开“特效控制”面板。在没有为素材添加特效之前，此面板中不会显示任何内容，只有为素材添加特效之后，才会在此面板中显示特效的相关控制参数，如图 4–16 所示。单击面板中的“调音台”标签，可以打开调音台控制面板，如图 4–17 所示。在此面板中，可以调节时间线中的音频音量和其他参数。

5. 节目监视器面板

在软件界面的右上角为节目监视器面板，如图 4–18 所示。在此面板中可以预览显示时间线中的视频节目。

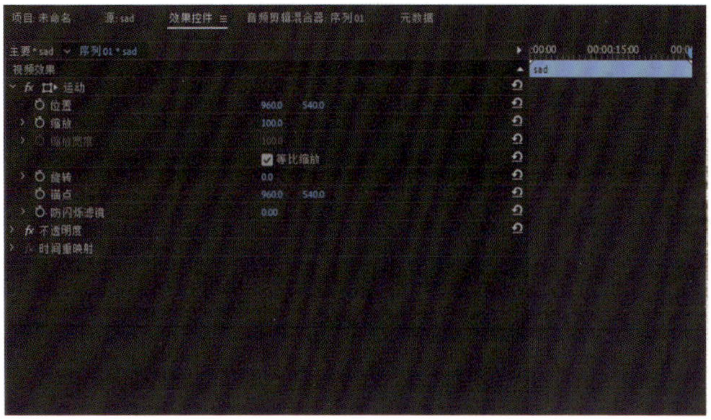

图 4-16

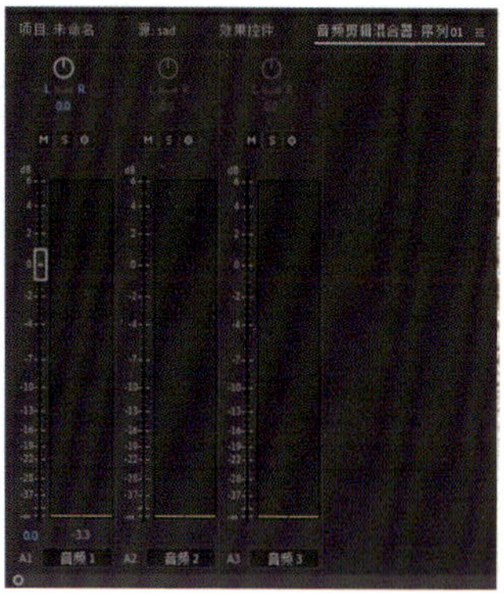

图 4-17

图 4-18

6. 时间线面板及工具面板

在软件界面的下方中央部分为时间线面板，如图 4-19 所示。用 Adobe Premiere Pro 处理视频的过程中，经常会用到此面板，可以说它是 Adobe Premiere Pro 的核心面板，使用它把视频、音频和图片合成到一起的过程就是视频后期合成的过程。

工具面板如图 4-19 中最左侧一栏，其中包括了选择工具、剃刀工具、钢笔工具等经常用到的工具，这些工具也是编辑视频过程中的主要工具。

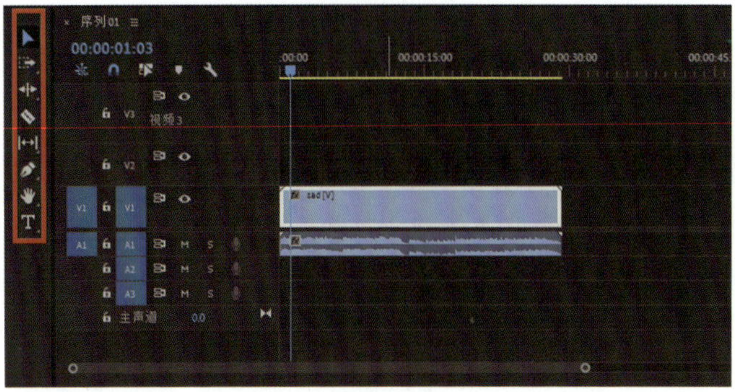

图 4–19

4.3.6　剪辑视频操作步骤

准备剪辑素材，将准备好的视频、音频、音效、图片、矢量图等按照属性进行归类放在统一的文件夹，并标注好，方便后期剪辑查找文件，避免因误删素材造成脱机状态。接下来，以 Adobe Premiere Pro 版本为例，讲解剪辑的完整操作。

步骤一：打开软件新建项目，进入软件界面，单击菜单栏“文件”按钮，单击“新建序列”（快捷键【Ctrl+N】）。

步骤二：序列设置，右击新建好的序列，选择“序列设置”，将“编辑模式”修改为“自定义”，将“帧大小”修改为竖屏 1080：1920 或者横屏 1920：1080（见图 4–20）。“帧大小”的设置要根据实际的拍摄以及剪辑视频的情况而定。

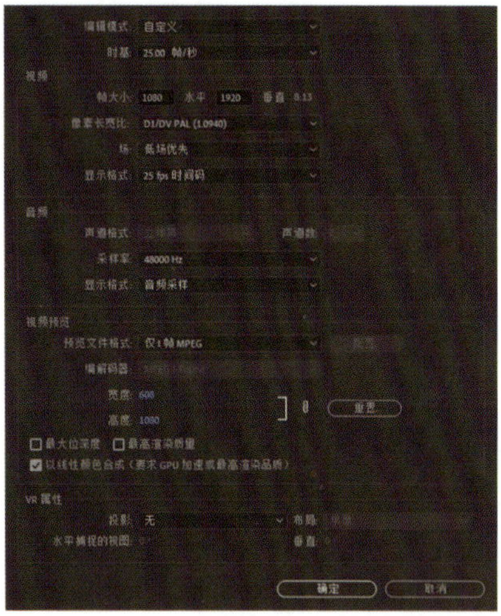

图 4–20

步骤三：导入素材，将鼠标移动到项目面板中，双击添加素材（快捷键【Ctrl+I】），进行导入。

步骤四：把项目中的视频素材拖动到时间线上开始剪辑（见图 4–21）。

步骤五：选择时间线上的剃刀工具，在时间线上将需要删除的部分使用剃刀工进行剪切，并按【Delete】键删除（见图 4–22）。

步骤六：添加文字，单击工具栏中的文字工具，在视频预览窗口的视频中任意位置单击添加文本内容（见图 4–23 和图 4–24）。

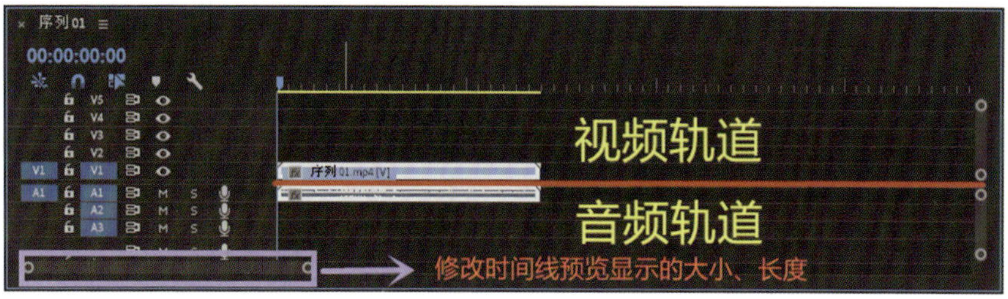

图 4–21

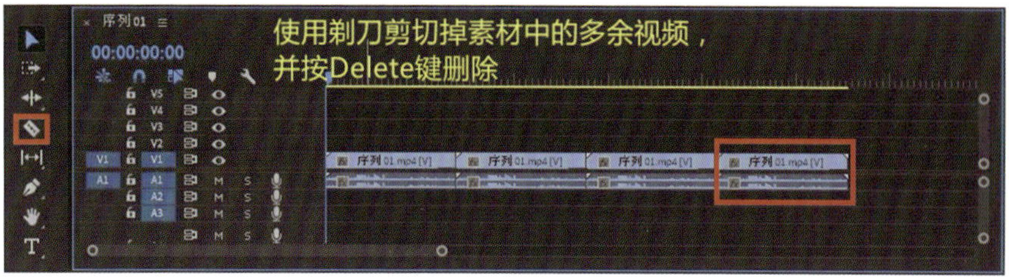

图 4–22

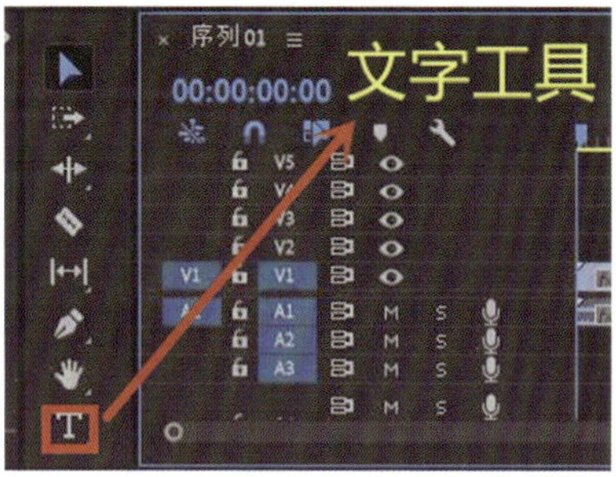

图 4–23

图 4–24

步骤七：剪辑好视频后，单击“文件”→“导出”命令（快捷键【Ctrl+M】），进行导出。导出格式选择 H.264（见图 4–25）。

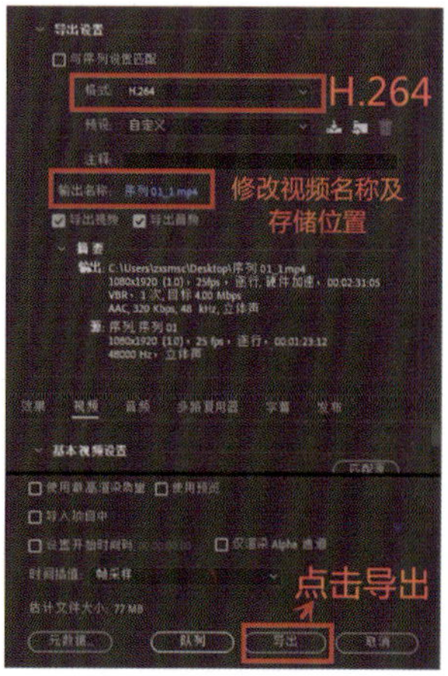

图 4–25

4.3.7　手机剪辑

下面我们以剪映这款软件进行介绍。

打开剪映软件，我们可以看到这样的界面，中间是“开始创作”按钮，可以添加准备好的素材以及音频等。下面菜单栏分别是“剪辑”“剪同款”“创作学院”“消息”“我的”五个选项。“剪辑”按钮是开始准备剪辑，添加素材选项。“剪同款”是抖音上热门的剪辑视频所提供的剪辑模板，包括近期流行的多种热门模板，每一个模板下面都会有相对应的用户拍摄视频案例，可以随时点开学习参考；同时，还提供了免费的教程以及详细的操作步骤流程。

1. 简单认识剪映界面

①打开剪映，点击“开始创作”按钮。

②选择拍摄好的视频或者图片点击选中，添加到项目，即可成功导入。

③进入编辑界面后，我们可以看到上面是视频的预览区域，中间是时间轴线，下面是工具栏区域。在预览区域，显示的时间则为此视频的时间总时长，点击中间的“播放”按钮，可以预览视频。右边则是“撤回”按钮。

④中间的区域是时间线，在时间线上任意滑动视频，可以看到视频轨道、音频轨道，直接在时间线上添加文本轨道即可添加字幕。

⑤最下面的是工具栏，首先可以看到一级工具栏，分别有“剪辑、音频、文本、贴纸，画中画、特效、滤镜”等功能，点击一级工具栏可进入到二级工具栏（见图 4–26 ~ 图 4–29）。

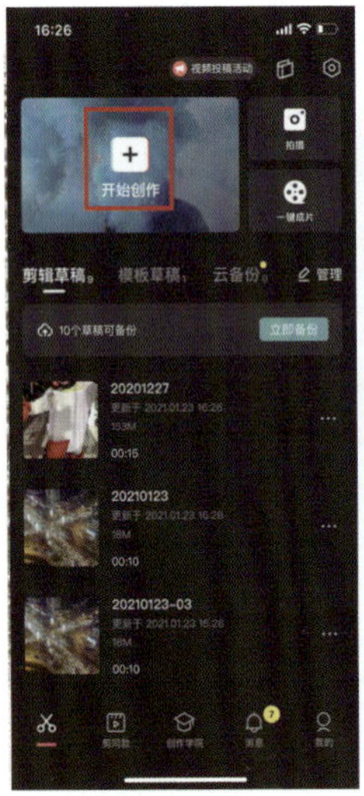

图 4–26

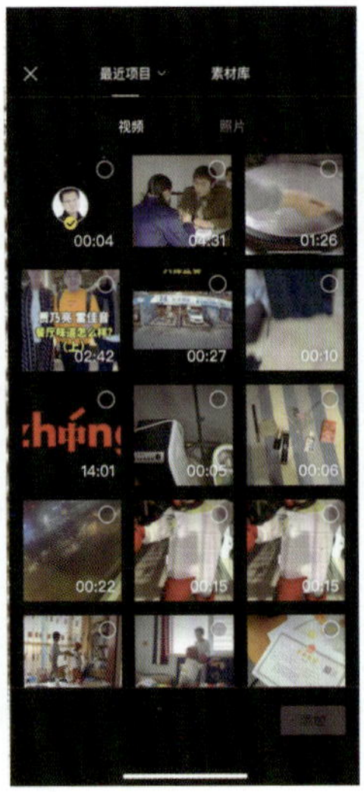

图 4–27

图 4–28

图 4–29

2. 调整视频素材时长

①进入视频编辑界面后，点击视频轴，拖动尾部，即可缩短或拉长视频时长，

同理，拖动开头也可以调整。

② 点击音乐轴，拖动音乐轨道开头或者尾部，可调整音乐时长，文字 / 贴纸 / 特效等素材也可以通过此方式进行时长调整（见图 4–30）。

3. 分割素材

进入视频编辑界面后，点击视频下方出现二级工具栏，拖动视频，将想要分割的位置对准其时间刻度，选择工具栏的分割工具，这样，视频就按照想剪切的时间长度被分成两个片段（见图 4–31）。

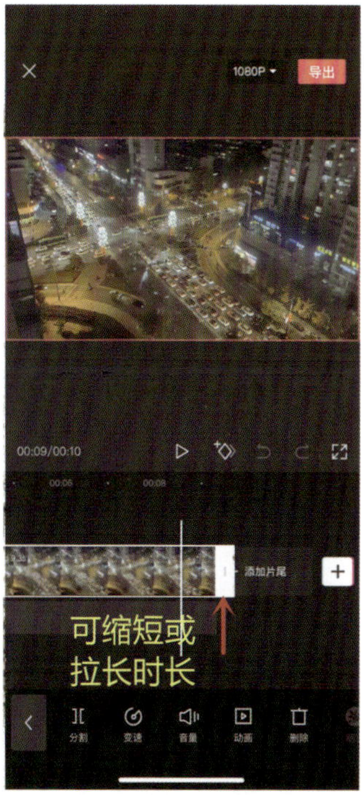

图 4–30

图 4–31

4. 添加背景音乐

在剪映软件中，添加背景音乐有四种方法，分别是使用软件推荐的背景音乐、抖音收藏背景音乐、外部链接音乐以及快速提取视频的音乐，下面来详细介绍这四种不同的操作步骤。

方法一：进入视频编辑界面后，点击下面菜单栏音频工具后，进入二级工具栏，选择音乐，进入音乐库，根据自己喜欢的音乐类别选择音乐，常见的音乐类型有抖音、Vlog、流行、旅行、卡点、秋日限定，以及下方推荐的音乐，点击“使用”按钮即可。

方法二：进入视频编辑界面后，点击下面菜单栏音频工具后，进入二级工具栏，进入音乐库，点击“抖音收藏”按钮，进入抖音的收藏音乐。此方法适用于日常浏览抖音时收藏的音乐；找到合适的音乐，点击“使用”按钮，即可使用。

方法三：进入视频编辑界面后，点击下面菜单栏音频工具后，进入二级工具栏，进入音乐库，点击“导入音乐”按钮，可以复制其他音乐平台，比如网易云音乐、抖音等外部链接，直接粘贴音乐地址链接，粘贴后导入即可使用。

方法四：进入视频编辑界面后，点击下面菜单栏音频工具后，进入二级工具栏，进入音乐库，点击“导入音乐”按钮，可以看到“提取音乐”按钮。比如在抖音上或者其他形式的视频当中，喜欢某一段的背景音乐，但不知道这段背景音乐是什么，这个“提取音乐”的功能便可以解决烦恼，直接将视频上传后，即可提取音乐（见图 4–32 ~ 图 4–35）。

图 4–32

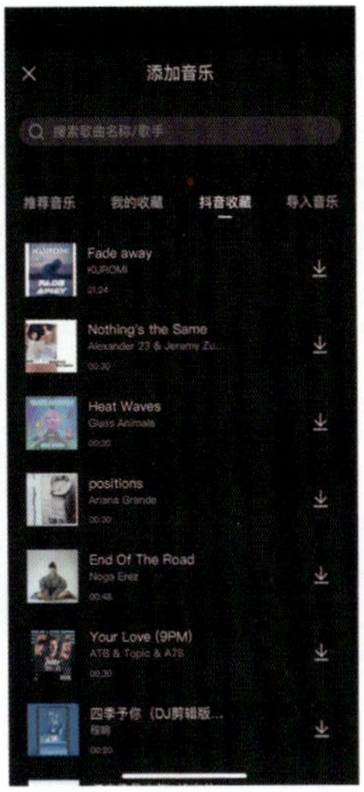

图 4–33

图 4–34

图 4–35

5. 视频动画添加

点击视频，下方出现二级工具栏，拖动并选中视频，选择工具栏的动画工具，添加向右甩入动画，根据需要调节动画时长，这样，整个视频就添加上动画。同时也可以根据每段视频的不同情况来依次添加动画（见图 4–36）。

6. 添加文本字幕

进入视频编辑界面后，点击下方工具栏“文字”按钮，进入二级工具栏，单击新建文本，即可在屏幕上添加需要的字。剪映软件中，提供了很多的样式、花字、气泡以及字体的小动画，选择适合的直接一键添加。添加好文字后，会自动回到视频编辑界面，调整字幕的时长即可（见图 4–37 和图 4–38）。

7. 导出视频

全部剪辑完成后，在视频编辑界面的右上角有红色的“导出”按钮，单击即可，分辨率选择 1080P，帧率正常 30，根据情况而定，点击“导出”按钮，即可全部完成（如图 4–39）。

图 4–36

图 4–37

图 4–38

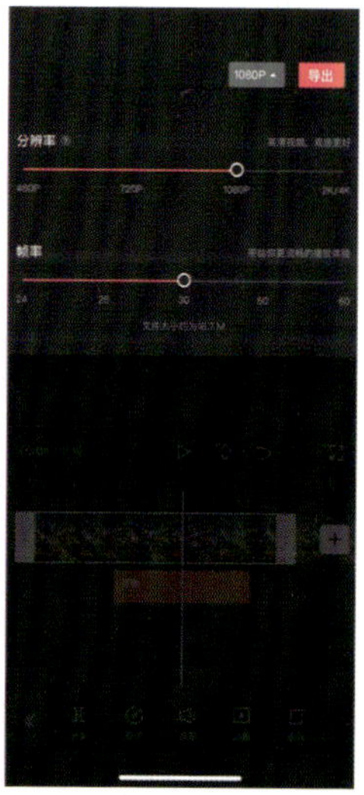

图 4–39

第5章
做好运营维护，变现快人一步

Muyang 5.1 抖音直播及商品分享

随着短视频日趋火爆，平台、品牌和MCN各出奇招为其添砖加瓦。他们时刻保持迭代的警觉，欲在瞬息万变的市场中占有一席之地。就连看热闹的也加入进来，试图抓住这互联网下半场全面展开前白手起家的最后机会。玩家八方涌入，汇入这场短视频游戏，在各方跑马圈地的大背景下，赛道早已错综复杂且人满为患。“带货很火，我要不要做?”“他家一年花这么多钱做推广，我跟不跟?”谁融资了，哪个品类新出了补贴，谁家又爆了一个红人，谁带货到脱销……太多信息敲打着内容人脆弱的神经。我们究竟应该关注什么？如何变现？接下来，我就为大家捋出一条条变现的赛道，帮助大家顺利地走向这场游戏的下半程。

5.1.1 直播历史及规范

我们看下面这些数据:“排位赛成交破12亿元；1亿用户直播下单；单场观看人次破千万；单场直播破1 000万笔，订单3.3亿元成交额；超200位主播月入百万元；罗永浩直播首秀，直播时长3小时总共卖了907 485件，销售额1.7亿元。”一个个明晃晃的数据跳跃着提醒我们，直播电商时代来临了。

1. 直播历史及现状

百度百科上参照传播学及电视现场直播的概念给网络直播如此定义：在现场随着事件的发生、发展进程同步制作和发布信息，具有双向流通过程的信息网络发布方式。

最早的互联网直播出现在2000年，拨号上网与宽带上网刚刚兴起的时候，网速普遍较慢，上网以聊天、看新闻、逛论坛为主，那一时期的直播形式仅支持文字或图片，网民通过论坛追帖、即时聊天工具分享等形式，了解某个事件的最新进展。2005 年开始的秀场直播兴起于 PC 端，以美女直播为核心，早期的表现内容主要是唱歌跳舞，以 YY、六间房为首的直播平台开始发展 PC 端聊天室，视频直播出现了，受计算机运行速度及内存容量限制，网民无法同时打开多款软件，仅支持利用网页或客户端观看秀场直播。2008 年游戏直播兴起，主要表现形式为观看主播玩游戏或者观看主播实时解说赛事。此时，网民已经可以打开计算机进行多线操作。2015 年开始，移动直播网站和 App 开始兴起，包括全民移动直播和垂直领域直播，由此，泛娱乐直播时代开启。

2016 年是业内公认的电商直播元年，这一年，国内接连出现了 300 多家网络直播平台，直播用户数量也快速增长。恰逢电商平台遭遇流量瓶颈，各大平台积极寻求变革，尝试一种电商内容化、电商社区化的模式，直播平台的出现让这种尝试得以落实。淘宝、京东、蘑菇街、唯品会等电商平台纷纷推出直播功能，开启直播导购模式；快手、斗鱼等直播平台则与电商平台或品牌商合作、布局直播电商业务。目前，越来越多的电商平台、视频直播平台、MCN 机构、品牌厂商参与到直播电商行业，直播电商产业链基本成型，行业进入高速发展期，如表 5-1 和 5-2 所示。

表 5-1

直播电商发展历程				
2016 年	2017 年	2018 年	2019 年	2020 年
3 月，蘑菇街上线直播功能； 5 月，淘宝开通直播平台； 9 月，京东上线直播功能	7 月，女装小程序加入蘑菇街直播功能；组建商家联盟解决供应链问题； 12 月，淘宝推出超级 IP 入淘计划	3 月，抖音推出购物车功能，开启直播带货； 6 月，快手推出“快手小店”	1 月，淘宝上线直播独立 App； 6 月，网易考拉推出“考拉 ONE 物全网招募计划”； 7 月，腾讯直播开始内测，并内嵌微信小程序； 11 月，拼多多直播首秀； 12 月，斗鱼重启直播电商项目	县长坐镇拼多多直播卖农货； 3 月，罗永浩入驻抖音，首次直播带货成交额超 1.7 亿元

（数据来源：前瞻研究院）

表5-2

直播电商平台主要发展历程		
类　型	平　台	发展历程
电商平台	蘑菇街	2016年3月，上线直播功能，打造直播+内容+电商；2020财年二季度财报显示，在整体GMV中，直播业务GMV所占比重达到39.1%，为16.29亿元人民币，同比增长了115.2%
	淘宝	2016年5月，直播功能开通，2019年淘宝直播引导成交额超过2 000亿元，连续3年增速达150%以上
	京东	2016年9月，上线直播功能，2018年8月召开达人大会，宣布内容达人专属扶持计划——京星计划；2019年7月，京东宣布计划至少投入10亿资源，孵化多名红人
	网易考拉	2019年8月，上线直播功能；2019年6月推出“考拉ONE物全网招募计划”，目前已有10 000+达人
	拼多多	2019年11月27日直播首秀；2020年以来，拼多多已在浙江、广东、山东、河北等地联手推进了“市县长产业带直播”活动，共同扶持产业带转型
直播平台	快手	2016年初上线直播功能；2018年6月，快手联合有赞，发布“短视频电商导购”解决方案，快手App的每个主播的个人主页将新增“快手小店”，每个主播均可开启自己的小店
	抖音	2017年11月上线直播功能；2019年2月发布主播招募计划；2020年3月，抖音签约罗永浩
	斗鱼	早在2016年11月，斗鱼就联合淘宝、京东等平台，在众多直播间嵌入购物链接；之后又进行多次直播电商尝试，但都不了了之；2020年4月17—20日，斗鱼直播在湖北省发改委等多部门支持下，旭旭宝宝、YYF、一条小团团等26位顶级流量主播为湖北农产品带货
	微信	2019年3月，腾讯直播开启内测；2019年5月，腾讯针对微信公众号推出了直播工具；2019年7月，腾讯直播开始内测电商直播功能，同时微信小程序内嵌腾讯直播H5页面

（数据来源：前瞻研究院）

直播电商的产业链分为三个维度：供应端、平台端和消费者。厂商、品牌商、经销商等品牌供应方一方面对接电商平台提供货源，另一方面对接MCN机构或主播等内容创作方，确定直播内容方案，再将内容引入诸如抖音、快手、淘宝直播等直播平台进行输出，从而引导消费者在淘宝、京东、拼多多、蘑菇街、短视频等平台消费。电商平台、直播平台、MCN、主播为主要受益者，其收益一般来自按成交额的一定比例收取的佣金，如表5-3所示。

表 5-3

直播电商平台抽佣情况			
内容平台	合作电商平台	电商平台抽佣情况	直播平台抽佣情况
抖音	小品商店 / 网易考拉 / 唯品会	无	扣除佣金 10%
	京东	扣除佣金的 0%~10%（依据商品品类 / 会员等级不同确定）	京东抽佣后扣除佣金 10%
	抖音小店	无	非中性化流量订单和精选联盟订单抽取 1% 成交额的技术服务费，广告服务订单 0.6%，中心化流量订单按类目不同在 2%~10%
	淘宝	成交额的 6%+ 剩余佣金（佣金—成交额的 6%）的 10%	无
快手	拼多多	扣除佣金的 0%~20%（视多多客等级而定，通常为 10%）	扣除成交额的 5%
	京东	扣除佣金 10%	政策不详
	有赞	扣除佣金 10%	有赞抽佣后扣除佣金的 50%，并增加收费上限，技术服务费不超过成交额的 5%
	快手商品 / 魔筷星选	无	扣除成交额的 5%
淘宝直播	淘宝	成交额的 6%+ 剩余佣金（佣金—成交额的 6%）的 10%	剩余佣金（佣金—成交金额的 6%）的 45%
	淘宝	技术服务费，佣金的 10%	MCN 机构：佣金的 20%；独立主播：佣金的 30%

（数据来源：前瞻研究院）

根据淘宝 2019 年 6 月发布的规则，淘宝联盟、淘宝直播等阿里体系外直播平台对接淘宝，每笔交易额外收取成交额的 6% 作为佣金，称之为内容场景专项服务费，剩余佣金再按流程，由电商平台、直播平台及 MCN 或主播进行分成。

直播电商有许多优势，比如，用户通过实时观看获得更多的真实感和现场感，同时还可以现场针对产品信息与主播进行交流；自带流量的网红、明星等可以为商家迅速积累人气；另外，直播电商减少了传统电商模式中的广告投放环节，缩短了商品成交时间；最后就是可以为用户提供深度、丰富的商品展示和实时的用户体验，如表 5-4 所示。

表 5-4

直播电商主要带货模式			
模　式		内　容	优　劣
主流模式	达人模式	在某个领域积累专业知识，成为消费 KOL，如李佳琦	能够贡献大量 GMV（成交额）
	秒杀模式	主播凭流量优势获得对品牌商的议价能力，低价回馈粉丝	
	店铺模式	主播对店铺在售产品逐一介绍，依靠商品引起观众互动	
特定地点	基地走播	供应链构建直播基地，主播去基地开直播	受限于特定地理位置
	产地直播	农产品为主，主播到产地直播，高性价比	
	海外代购	主播在海外给粉丝导购，商品随镜头变化	
垂直类型	砍价模式	主播向卖家砍价、协商一致后粉丝购买	适用于特定商品类型
	博彩模式	直播赌石、珍珠开蚌，内容趣味性强	
	专家门诊	获取稳定流量难，但转化率比较高	

（数据来源：前瞻研究院）

我们前面提到过，作为国内电商产业的奠基者——淘宝，正在面临流量饥渴，开启直播的初衷是为了打破自身“超级商品市场”这样一个中间状态。早在 2016 年，阿里就指出淘宝未来的发展方向是从万能的商品市场走向超级消费媒体，然而一头缺社交、一头缺内容，淘宝在由“市场”走向“媒体”的路途上举步维艰。天然具有媒体属性的超高流量的抖音正在崛起。4 亿日活平台用户的购买欲望被激发出来是很可怕的。从罗永浩 2020 年 4 月 1 日抖音直播带货开始，抖音直播带货开始变得激进，而带货红人的崛起，使得名人效应加速了平台商业化的进化速度。以前品牌的钱是花在广告上，现在是花在给网红赋能上。电商行业左手要流量，右手要供应链，显然，现阶段的市场格局下，流量正在逐渐反噬供应链，而抖音通过服务商正在向品牌方传达，在抖音做电商也是可以赚到钱的，抖音不缺流量。

因此，目前的抖音直播是流量主、企业以及品牌变现的大好机会。

2. 直播注册流程及审核规范

（1）用户注册

《互联网直播服务管理规定》第十二条规定：互联网直播服务提供者应当按照“后台实名、前台自愿”的原则，对互联网直播用户进行基于移动电话号码等方式的真实身份信息认证。

注册流程分三步：第一步，实名认证，认证身份信息；第二步，芝麻认证，签署主播协议，确保主播是否为身份证黑名单用户；第三步，人脸识别，确定人证合一。平台禁止三类资质的用户进行直播：第一类是不满十八周岁的未成年人；第二类是港澳台、外籍人士（需向监管部门报备同意）；第三类是曾被列入身份证黑名单的用户，如图 5-1 所示。

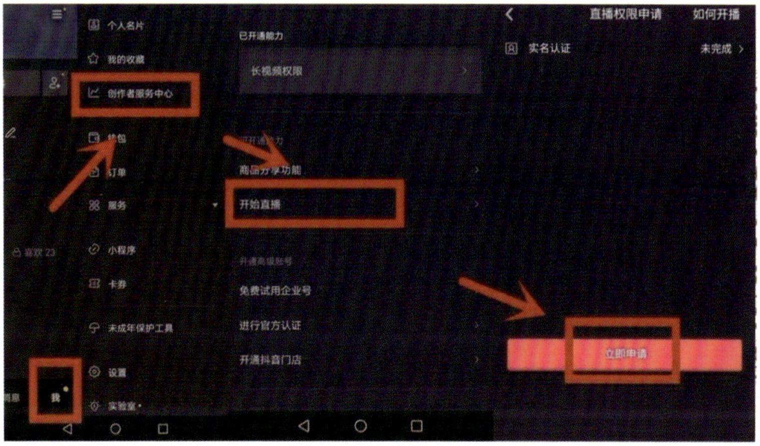

图 5-1

（2）直播审核

直播内容一直都是直播行业风险的主要载体，头条系将人工智能技术广泛应用在了直播审核工作中，通过神经网络视频理解模型、语音识别、智能关键词等技术，"机器"帮助审核人员第一时间发现和锁定违规直播内容，对于机器发现的疑似违规直播间，审核人员会进行逐个细致审核。而针对机器模型认定不违规的直播画面，直播平台也有"机器兜底策略"：由人工复审团队抽检机器放出的直播间是否违规。抖音凭借先进的算法并不断升级的直播平台审核技术，优化审核策略并收到了良好的效果。经过长期治理，2019 年的直播间违规率已同比下降了 58%。因此，作为主播，切忌钻平台空子或抱有侥幸心理，为了快速爆火而走捷径，一旦出现违禁行为，就会被平台严厉处罚，得不偿失。

直播内容审核范围不但包括用户在直播或观看直播过程中的行为，也包括个人资料等。包括但不限于以下内容：主播行为（个人昵称、头像、直播间封面、直播间背景、直播间标题、直播间贴纸、直播间行为）和用户行为（个人昵称、头像、直播间评论）。

内容审核流程如图 5-2 所示。

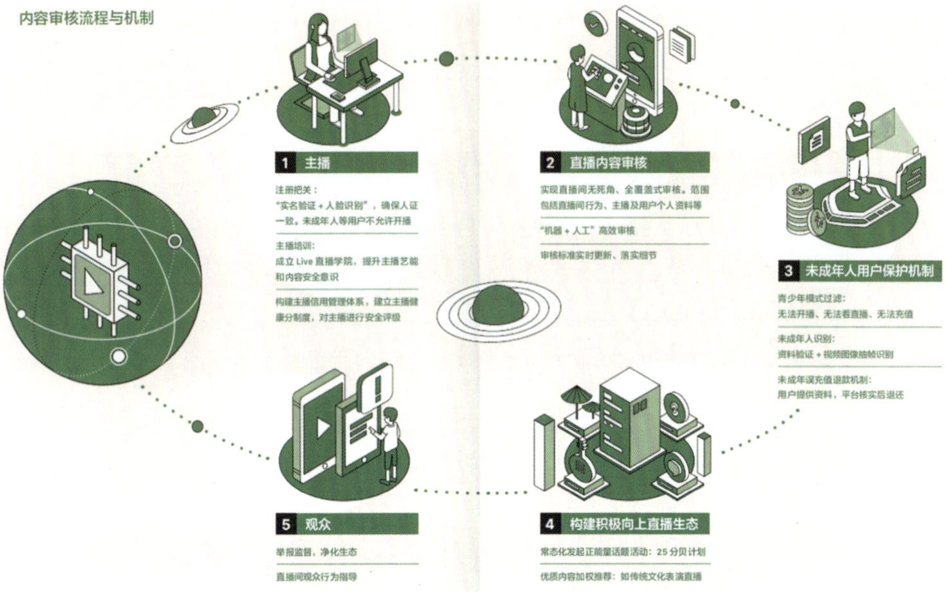

图 5-2

另外，平台除了加大机器审核的技术投入，还有 7 天 24 小时无休息的人工审核团队，更是提供多种社会举报渠道，主动接受用户、社会公众的监督。数据显示，98% 的举报将在 12 小时内受理核实，直播平台会定期将一些自查结果公示，如表 5-5 ~ 表 5-7 所示。

表 5-5

平台严格予以封禁的内容	
违法涉政	包括但不限于直播反党反政府或带有侮辱诋毁党和国家的行为、直播违反国家法律法规的内容等
衣着不当	包括但不限于裸露上身、穿着露乳沟的上装、大面积裸露纹身等
色情低俗	包括但不限于一切色情、大尺度、带有性暗示直播内容，其他低俗、违反公序良俗的行为等
辱骂挑衅	包括但不限于各种破坏社区氛围的言行等
违规广告	包括但不限于出售假冒伪劣和违禁商品、使用一些违反广告法的夸张和绝对化用语推销、以任何形式引导用户私下交易等
封建迷信	包括但不限于宣传封建迷信思想、直播迷信活动等

（续表）

平台严格予以封禁的内容	
侵权行为	包括但不限于直播没有转播权的现场活动、录屏直播没有版权的视听内容等
有害未成年人	包括但不限于未成年人进行单独直播、未成年人进行消费或充值等
其他	直播车祸、矿难等事故场景，精神疾病患者等无完全民事行为能力的人单独直播等

（内容来源：字节跳动——《平台直播自律白皮书》）

表 5-6

<table>
<tr><th colspan="4">直播着装要求</th></tr>
<tr><td rowspan="10">着装尺度</td><td rowspan="6">上装</td><td>严禁裸露上身</td><td rowspan="10">男性严禁裸露上身，游泳馆、健身房等特殊场合除外；女性严禁只穿丝袜进行直播，舞蹈教室等特殊场合除外</td></tr>
<tr><td>严禁穿着露乳沟的上装</td></tr>
<tr><td>严禁穿着可看到乳晕或乳房形状的上装</td></tr>
<tr><td>严禁穿着最下边缘接近下胸线的上装</td></tr>
<tr><td>严禁穿着隐约露内衣的服装</td></tr>
<tr><td>严禁大面积裸露文身</td></tr>
<tr><td rowspan="4">下装</td><td>严禁裸露下半身</td></tr>
<tr><td>下装严禁高于裆部最低点</td></tr>
<tr><td>女性短裙长度不能高于膝盖</td></tr>
<tr><td>严禁只穿丝袜进行直播</td></tr>
<tr><td rowspan="5">服装类型要求</td><td colspan="3">中华人民共和国（包含港澳台）国家公职人员制服，包括但不限于公安制服</td></tr>
<tr><td colspan="3">敏感涉政制服，包括但不限于：仿造的红军服、绿军装</td></tr>
<tr><td colspan="3">过于暴露的服装，包括但不限于：泳装、浴巾、内衣、情趣制服、情趣内衣、透视装、肉色紧身衣、内衣外穿、半截抹胸、渔网袜、吊带袜</td></tr>
<tr><td colspan="3">有不适宜图案的服装，包括但不限于：如上衣胸部有夸张突出的图案</td></tr>
<tr><td colspan="3">着衣物但由于姿势原因看着像未着衣物：如抱腿直播，画面中无法识别是否穿衣</td></tr>
</table>

（内容来源：字节跳动——《平台直播自律白皮书》）

表 5-7

直播平台违禁示例	
ASMR	ASMR（Autonomous Sensory Meridian Response，自发性知觉经络反应）是指通过对视觉、听觉、触觉、嗅觉或者感知上的刺激而使人在颅内、头皮、背部或身体其他范围内产生一种独特的、令人愉悦的刺激感。近年 ASMR 的直播有色情化倾向，主播会以强烈的性暗示、舔耳、吮吸、喘息等方式博取观众的注意，是直播平台打击的重点。该倾向出现后，今日头条、抖音短视频、西瓜视频和火山小视频中 ASMR 相关直播间已及时关闭和封禁

（续表）

直播平台违禁示例	
AI换脸	换脸技术指的是深度伪造技术、人脸识别定位技术和生物识别技术。利用换脸技术“深度伪造”他人的肖像、声音，不仅侵害自然人的人格权益，严重的还可能造成恶劣的社会影响，危害国家安全和社会公共利益。该类内容目前也已被平台封禁
史莱姆水晶泥	“史莱姆”，取其英文“Slime”的谐音，意指黏液、黏土、软泥。水晶泥“史莱姆”中的原材料含有有毒物质硼砂。如果人体大量接触或误食的话，会造成损伤甚至致命。在全球多个国家被禁用为食品添加物。英国曼彻斯特曾有未成年人因为玩水晶泥出现皮肤红肿、严重脱皮的症状
大胃王吃播	近年来有许多主播打着“大胃王”的旗号，在各大平台上直播吃东西，饭量惊人。有些主播在吃东西时会有很不雅行为，还有的主播已经体态肥胖，但仍不顾一切地进行吃播，加剧身体负担，给社会带来了不良的示范效应。目前内容不适宜播出的吃播内容（如暴饮暴食、饮食过度油腻）已被四大直播平台禁止
恶意直播营销	近年来，“直播＋销售”俨然成为一种新型商品销售模式。越来越多的商家通过直播展示商品，吸引消费者。然而，直播电商存在很多乱象，如虚假宣传、售卖违禁用品、通过线上宣传为线下非法交易导流。对此，今日头条、抖音短视频、西瓜视频和火山小视频出台了一系列电商直播规则，严禁虚假广告等违规行为，同时制作了详细的禁售商品清单，如珠宝玉石、药品、三无产品等

（内容来源：字节跳动——《平台直播自律白皮书》）

附录：《直播行为规范》——抖音官方平台发布

为加强直播内容的管理，抖音及抖音火山版（以下合称“平台”，分别指代时称“各平台”或“抖音”“抖音火山版”）运营者北京微播视界科技有限公司（以下简称“公司”）特制定《直播行为规范》（以下简称《规范》）对主播在直播中的行为进行规范，给平台用户提供一个绿色、健康、文明、积极向上的直播及互动环境。主播开展直播活动除应遵守相关法律法规、部门规章制度的规定以及《“抖音”用户服务协议》《“抖音火山版”用户服务协议》《直播主播入驻协议》的约定外，还应当遵守《规范》及平台已发布及未来不时发布的其他相关规则，本《规范》为《直播主播签约协议》的有效组成部分。

一、总则

主播开展直播活动必须遵守《规范》，如主播发生违规行为，平台有权视情节严重程度，根据本《规范》列明的违规行为及其相应违规等级对主播实施相应的处罚。若主播使用了平台的账号升级服务、同一账号可同时在抖音、抖音火山版开播的，则公司基于主播在其中任一平台的违规行为所实施的处罚均将同时在另一平台生效。

二、规范要求以及相应处罚

平台依据主播违规行为严重程度，将其违规行为划分为三个等级，并对应三个级别的处罚措施：

一级（严重违规）：

1. 反对宪法所规定的基本原则的。

2. 危害国家安全，泄露国家秘密，颠覆国家政权，破坏国家统一的、出现涉军事秘密和军警制服类信息，或穿着国家公职人员制服直播的。

3. 损害国家荣誉和利益的，或调侃革命英烈、革命历史的。

4. 煽动民族仇恨、民族歧视，破坏民族团结的。

5. 破坏国家宗教政策，宣扬邪教和封建迷信的。

6. 散布谣言，扰乱社会秩序，破坏社会稳定的、妄议国家大政方针、炒作社会敏感话题的。

7. 散布淫秽、色情、赌博、暴力、凶杀、恐怖或教唆犯罪的，包括但不限于：

（1）血腥暴力内容，虐待小动物等，捕杀国家保护动物。

（2）与赌博或涉嫌赌博有关的任何活动，以及宣传赌博网站。

（3）危害自己或他人安全，包括：血腥自虐、自残、自杀、殴打他人、威胁他人生命安全。

（4）展示管制刀具、枪支（包括仿真枪）、毒品等违禁物品，表演或介绍吸毒过程、违禁物品制作过程与方法。

8. 侮辱或诽谤他人，侵害他人合法权益的。

9. 含有法律、行政法规禁止的其他内容的，组织、宣传、诱导用户加入传销（或有传销嫌疑）机构的。

10. 未成年人直播、冒充官方、非本人实名认证开播的。

对于发生一级违规的主播，平台将永久封禁主播账号或永久封禁开播，并保存相关违法违规资料。

二级（中等违规）：

1. 直播内容带有性暗示、性挑逗、低俗趣味的行为，包括但不限于：

（1）刻意抖胸、挤胸、抚摸敏感部位、下蹲抚摸大腿、模仿性交姿势等低俗诱惑动作。

（2）展示或使用类似性器官物体进行低俗互动。

（3）涉及敏感部位的低俗游戏类游戏，如隔空取罩、高山流水、背人上楼等。

（4）口述色情行为、模拟色情声音、传播低俗段子。

（5）镜头长时间聚焦敏感部位。

（6）演唱、播放带有色情、性暗示的音乐及伴奏。

2. 直播内容荒诞惊悚、影响社会和谐，包括但不限于：

（1）制造、传播鬼怪等灵异猎奇行为，如开棺、盗墓、墓地探险等。

（2）生吃活物、腐肉、吞异物等惊悚表演。

（3）直播斗殴等影响社会和谐的内容。

3. 直播中公开募捐，或直播私下慈善行为。

4. 展示千术、赌术。

5. 展示行医行为、销售药品等任何关于医疗的直播。

6. 直播未经授权的、未备案或含有低俗暴力内容的影视剧、电视节目、电台节目、游戏。

7. 直播宣扬伪科学、违反公序良俗的内容。

8. 直播中进行侵害或涉嫌侵害他人合法权益的行为，包括但不限于：

（1）泄露他人隐私或个人资料，转播给他人造成损害的不实报道。

（2）讨论他人是非或鼓动用户讨论他人是非、挑起事端。

（3）诋毁、谩骂他人等攻击性行为。

对于发生二级违规的主播，平台将根据违规情节给予警告、断流或封禁开播权限（1 天到永久不等）等处罚。

三级（一般违规）：

1. 着装暴露低俗、妆容不雅、语言低俗包括但不限于：

（1）男性赤裸上身直播。

（2）女性胸部、背部、大腿裸露过多，或穿着诱惑性制服、透视装、不雅服饰等，或裹浴巾直播。

（3）衣衫不整、裸露内衣裤、内衣肩带等。

（4）在身体各部位画低俗图像、写低俗色情文字，大面积裸露文身。

2. 在直播中进行开车、抽烟、喝酒等危害生命健康的行为。

3. 恶意发布广告，展示联系方式或以任何形式导流用户私下交易。

4. 直播攀岩、跳伞、口吞宝剑等危险行为。

5. 直播间图片、文字、昵称、头像、背景等含有违规内容，包括但不限于：

（1）低俗色情、血腥暴力内容。

（2）侵犯版权、广告等其他违规内容。

6. 投资类直播，如讲解或引导投资房地产、股票、基金等。

7. 直播中存在长期静态挂机、播放个人或他人直播视频回放等行为。

对于发生三级违规的主播，平台将根据违规情节给予警告、断流或封禁开播权限（1 天到一周不等）等处罚。

三、附则

1. 除非《规范》另有约定,《规范》中用语与《直播主播签约协议》具有相同含义；

2. 用户同意，在具体违规行为对应的处罚区间内，平台有权视违规具体情形及平台管理需要确定具体处罚结果；如用户二次（含二次）以上违规的，构成加重处罚情形，平台有权提高违规级别、按照更高级违规处罚方式进行处罚。

3. 平台有权在必要时单方修改《规范》内容，相关内容变更后，如果主播继续开展直播行为，即视为主播已接受修改后的相关内容。如果主播不接受修改后的相关内容，应当停止直播行为。

（3）直播推荐机制

基于同一套算法模型，抖音平台针对直播内容质量以及用户喜爱程度会给予主播不同流量的推荐。与视频内容推荐不同的是，平台在长期的数据积累中，形成了一套针对账号质量的评级方法（见表 5-8）。账号的评定结果将直接作用于平台的内容推荐策略，平台为每个主播动态计算出直播安全程度，并进一步分级。在向用户推荐时，平台将只推荐安全级别高、内容质量优的主播。

表 5-8

直播内容健康分变动规则	
有效开播 1 天	+0.25
封面标题违规	–0.25
内容警告	–0.25
中断	–0.5
封禁一天	–2
封禁三天	–3
封禁七天	–6
封禁三十天	–12
永久封禁	–12

（内容来源：字节跳动——《平台直播自律白皮书》）

主播安全分级制度是基于以下一些数据进行综合评判的：主播违规次数、用户喜好程度、直播间画风、直播话题敏感度、主播类型、开播时长以及是否有用户举报记录等。其中用户喜好程度主要取决于单次直播在线总人数、用户平均停留直播间时长以及评论、点赞、礼物数量、加入粉丝团数量、进入购物车次数以及分享直播间等互动数据决定的。因此在合规开播的基础上注重内容表现以及粉丝维护是获得高质量评分的关键。

与此同时，平台针对主播建立了信用等级管理体系，对主播的信用进行评分，称为直播健康分。当月直播健康分累积扣分达到处罚等级就会触发相应的流量处罚，处罚会在主播直播结束后自动生效，而处罚期间，主播将损失用户关注度和打赏收入。

5.1.2 直播前准备

我培训过一个网红小姐姐，她非常抵触直播，因为她觉得直播有点像网络乞讨。实际上，网络主播付出了劳动，为什么不能得到应有的报酬和尊重呢？我想大多数人质疑的原因是认为这行赚钱太容易了。其实不尽然，“口红一哥”李佳琦一年 365 天直播 389 场。一个职业的主播一场带货直播必须要持续 4 ～ 6 小时，其间不能中断，因为哪怕离开一会儿，直播间都有可能因为主播的离开而人气下滑，导致不能完成广告主的直播任务。做一个职业主播，非常不容易。一场疫情，各行各业萧条，经济衰落，各地政府领导都开始帮助农民带货，而面对影视业的萧条，明星也纷纷加入直播行列。

我把直播分三类，目前最常见的是两类：一类是秀场直播；另一类是电商带货式直播。秀场直播类别里又可以分为才艺类、游戏类、知识类、陪聊类等。那么第三类可能就是未来直播要精做内容的一类，它是秀场直播的升级版——栏目式。有点像我们看电视节目的现场直播，不过会更加真实。也有可能某个 IP 会像演话剧一样提前预告某期视频内容现场直播。这一类有可能未来会变成付费直播，提高用户的消费门槛。

我总结了以下一些非常实用的技巧，主要针对第一和第二类直播内容，供大家实践练习。

1. 直播间装扮

无论电商直播还是娱乐直播都离不开三个方面：人、货、场，直播准备主要是场的准备。

（1）布光

不同的直播间通过使用不同色温的灯光来营造不同的氛围。暖色往往给人炽热、兴奋、热情、温和的感觉，冷色则给人镇静、凉爽、开阔、通透的感觉。这是冷暖色给人心理学上的感受。在实际应用中，服饰类和美妆类的直播间适合使用白光，白光属于中性光，比较接近自然光，可以展示护肤品等产品的真实状态，减少颜色误差，同时白光会有高级感，但是纯白光源会显得寒冷、严峻，那么可以在白光为基调的基础上增加较暖的灯条、壁灯或小射灯，这样可以使主播面部看起来更柔和（见图 5–3）。美食类和家居类的直播间更适合暖光，暖色会给人一种富足、快乐和幸福的感觉，用暖光可以把食物衬托得更加美味，把环境烘托得更加温馨有爱（见图 5–4）。

图 5–3

图 5–4

那么在光源选择上首先要明确主光源、环境光和辅助光源。主光源是映射主播和产品外貌形态的主要光线，承担着主要的照明作用，使用合理的情况下可以直接代替美白磨皮功能，主光源可以使用显色度 96% 以上的球形灯。环境光主要作为背景照明，布满直播间顶部，要尽量简单。辅助光主要是用来增加立体感的，突出侧面轮廓，光度不能强于主光，通常使用射灯、壁灯等（见图 5–5）。

（2）背景

背景就是主播直播时给用户的第一印象，就像你进入一个房间，如果房间脏乱差，你就没有想进去的欲望。直播间也是一样，直播间的背景不需要非常复杂，因为房间的主体是主播本人，但整体的感觉要让人很舒适，能够起到衬托主播、烘托气氛、表达主题等作用。直播间背景包含两方面：一是背景墙的设计，二是房间布置。直播间的背景墙可以选择窗帘或壁纸，颜色要尽量选择单色，不能给人杂乱的感受，建议选用灰色系，比如深灰、浅灰、冷淡灰等。除此之外还可以用虚拟的背景图增加直播间的纵深感，比如白天或夜晚城市的大全景。房间布置主要体现在物品摆放上，整个房间要看起来简洁大方，如果带货的话可以选用陈列货架或者货柜，但要摆放整齐，不能胡乱堆放在一起。除此之外，直播间可以采用主题风格的装修，比如，开学季、圣诞节等。这里需要注意的是：第一，尽量不要选择白色背景，可以用浅色系加品牌 Logo 代替，简洁大方；第二，对于有陈列模特要求的直播间，模特数量不要超过两个；第三，地面颜色要尽量选择浅色，如图 5–6 所示。

图 5–5

图 5–6

（3）直播间布局

这个布局指的是整体布局，不是前面提到的房间内物品摆放，是人物、表现主体等在镜头中的结构布局，类似于摄影时的构图，增加画面协调性、美感度和舒适度。直播中的构图，主播占比不要超过 70%，也不要占比太小，要有适当的留白。美妆类和美食类的主播站位是固定的，服装类的主播就要注意找好一个定点，主播离镜头不能太远也不能太近，要占据一个适当的位置，否则容易看不清货物。

这里还需要提示大家，直播间要选择大小适中的房间，一般 8 ~ 15 平方米为最佳，主播一般可以选择站在房间的对角线上，这样可以使画面更加突出主题，如果想让画面有自己的风格，可以在背景中适当添加一些小物件，比如代表粉色少女心的柔软羽毛或毛绒玩具，代表二次元的贴画或手办等。

2. 设备选择

首先是声音设备，如果你对声音没有特殊要求，只需要准备一个领夹麦克风（见图 5–7）即可，不用像耳机一样太过限制你的使用距离，也避免外放收音效果不好，环境音过多影响用户体验。如果希望自己的声音更纯净立体，又想节约成本，可选择防喷麦的麦克风（见图 5–8）。如果对声音要求较高，又希望直播间有活跃气氛的各种声效，可以购买一套声卡设备（见图 5–9），不但自带特效装置，而且自带防喷麦话筒，音质更加清晰干脆。此外，还需要准备一个耳机监听自己的声音效果（见图 5–10）。

图 5–7

图 5–8

图 5–9

图 5–10

第二就是手机，除自己用来直播的手机外，还需准备至少两部手机，一部用来播放音乐烘托气氛，另一部观看留言及互动内容。当然，也可以把直播手机连到大的屏幕上，所有信息就可以更清晰地看到了，如图 5–11 ~ 图 5–13 所示。

图 5–11

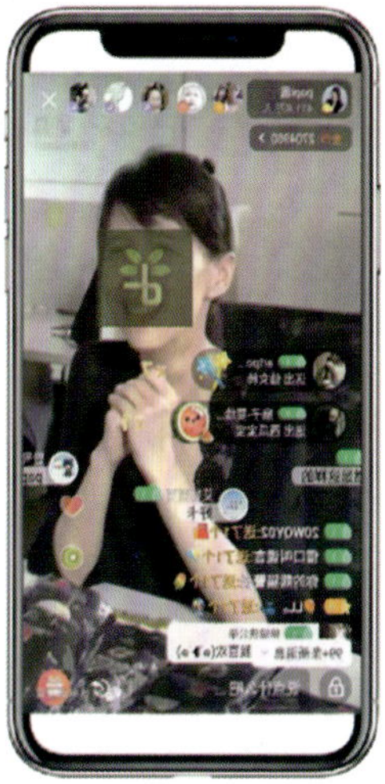
图 5–12

图 5–13

第三是手机支架和美颜灯（见图 5–14），手机支架是用来固定手机的，具体型号视手机摆放的高度而定，比如放在地上还是放在桌子上需要提前考量好。材质要选择实用且结实的。美颜灯是用来给面部补光的，尤其是主播上妆后，合理的光线角度可以把主播的脸塑造得更立体和白皙，甚至可以替代美白磨皮的效果。

图 5–14

第四是直播伴侣软件（见图 5–15），每一个直播平台都有对应的直播伴侣软件，抖音平台的叫作抖音直播伴侣，拥有投屏手机直播等功能，方便人气高的直播间，主播忙不过来的时候，助理或管理人员进行后台操作。

图 5–15

3. 直播封面标题

直播封面标题非常重要，抖音、快手都有专门的直播入口，进入之后大数据会根据你的喜好为你推荐，点击“更多直播”就可以看到同一时段的其他直播间入口，这个时候封面和标题就是用户选择点击观看的第一理由。封面建议选用本人真实的高清形象照，一则可以增加路人信任感，二则可以吸引精准用户；如果你对自己的形象缺乏信心，可以提前拍摄艺术照，增加美感，并按官方尺寸比例上传，免得被压缩后照片变形。另外，照片形象要符合自己的人设定位，比如定位是提供专业领域的知识分享，那么外形要偏职业，符合专业人士的特征，同时可以增加信任感，如图 5–16 和 5–17 所示。

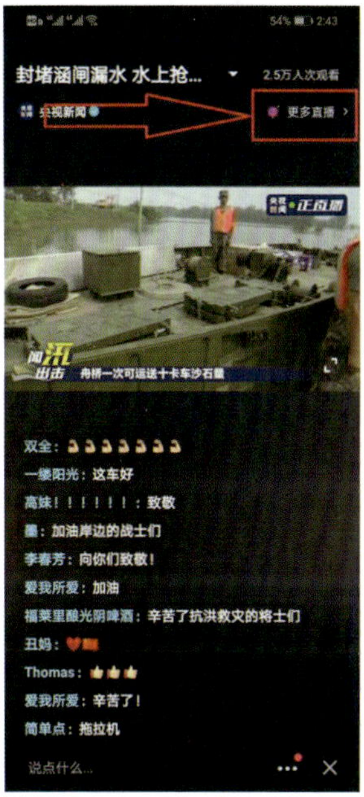

图 5–16

图 5–17

标题要有差异化，能够吸睛，言简意赅，不要超过 10 个字。这里有 5 个直播标题命名法供大家参考：

利益驱动法：这种方法就是要抓住大多数人都喜欢贪小便宜的心理，通过把本场直播可以为用户带来的利益直接表述出来吸引用户。以带货直播为例，简要描述活动详情，把最有力度的活动内容放在标题中，比如进入直播间免费抽手机，或直播间一元秒杀新品等（见图 5–18）。

个性展示法：个性展示法突出的是你的直播与众不同，把差异化或最吸引人的部分展示出来，而且语言组织要有鲜明的个性，如图 5–19 所示，如这该死的漂亮女孩，或者全抖音第二美等。

价值输出法：通过价值观来吸引志同道合的人，价值观相同的人聚在一起容易有共同的话题，这样可以增加直播间的互动，从而获得更多的推荐（见图 5–20）。

另外，通过另类的价值观也可以吸收一批想要围观的人，好奇是人类的天性。比如，只和有钱人交朋友。

图 5-18

图 5-19

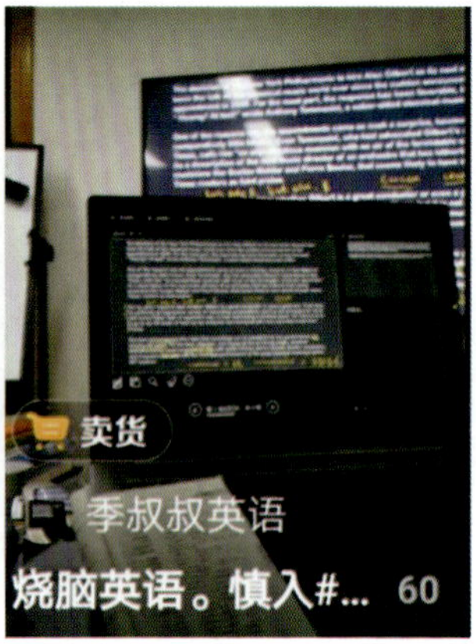

图 5-20

直奔主题法：标题寥寥几个字，没办法表达更多的内容，况且路人路过看到标题，也就是扫一眼的工夫，要在短短几秒内抓住用户的眼球，千万不要含蓄，直接用你最想表达的主题来命名，比如，某某品牌促销专场，如图 5-21 所示。

制造悬念法：刚刚提到，好奇是人类的天性，通过制造悬念来引起他人的关注，如图 5-22 所示，比如，0 粉丝也能上热门。

图 5-21

图 5-22

5.1.3　直播脚本撰写

俗话说，不打无把握之仗，一个合格的主播不可能事先毫无准备就开播，娱乐直播两小时，哪怕只是表演才艺也得准备节目单；如果是电商直播，一场直播 4~6 个小时，其间为了不使人气下滑，主播无极特殊情况不得离场。那么如何把时间合理安排，维护直播间的人气不要下滑，留住直播间的用户不要离开，如何暖场，如何活跃气氛，如何维护管理，这些都要提前写在脚本当中。

对于娱乐直播，只要准备好话题、流程以及节目单或者游戏玩法即可，对于电商带货直播，就有比较科学的方法。下面主要以带货直播为例讲解直播脚本是如何撰写的。

1. 直播脚本要点

（1）一周一脚本

一般情况下以一个星期为单位撰写直播脚本，一来可以对工作时间做很好的分割和计划，二来也可以减少运营策划的工作量，同时方便团队一周进行一次有针对性的总结，如表 5-9 所示。

表 5-9

×× 直播间			
时间	详情		
星期一			
星期二			
星期三			
星期四			
星期五			
星期六			

（2）周期性活动

跟泛娱乐直播不同的是，电商直播不适合过度展示个人才艺，要让进来的用户目光集中到产品上，如果电商主播又唱又跳，则会影响目标用户购买的欲望和订单成交率。活动要根据商家的目标进行制定，比如每周一整点 1 元秒杀，每周六零点新品五折等。电商直播与娱乐直播还有非常不同的一点就是讲究团队作战，这是一个重度运营的项目。比如，在某一环节的商品的销量超出预期，那么后方的运营团队一方面要想办法调整后续直播的节奏，另一方面要想办法持续增加直播间的人数，也就是要增加一些投入，例如 DOU+、秒杀、红包等，越出爆品的时候越要多投，这是非常有策略的。总体来说，每周固定的活动可以让消费者记住你，这比他认同你的产品更容易操作一些。

（3）产品要点

专业电商直播团队，需要将重要产品整理成册，尤其是有固定货源或者自己就是商家的，整理成册后还要不断补充新品，当有新主播接手的时候，第一时间让他熟悉产品手册上的内容，不但要了解产品，而且要熟记在心，这样在进行直播的时候才不容易卡壳。很多明星直播的时候会找职业主播陪跑，明星他负责控场和聚人气，主播负责介绍货品，运营团队在后方整体调配，整个过程看起来特别像早期的电视购物，大多数也是采用饥饿营销的套路。当然，这是一个庞大的工程，需要团队配合完成。

2. 直播脚本写法

（1）整场脚本

整场脚本是对整场直播的逻辑和玩法进行节奏的把控和分配，直播 4~6 个小时，中途不能休息。它的流程大体如下：

① 开播第一分钟先进入直播状态，跟粉丝打招呼，进行签到，要在开播第一时间跟粉丝互动起来，这对后续流量的推荐非常重要。

② 第 1~5 分钟，一般采用近景直播，要尽量互动，一方面留住进入直播间的顾客，另一方面吸引更多的粉丝进入，这个时候就需要一面预告今天最热门或者最有吸引力的活动，一面通过活动来暖场。

③ 第 5~10 分钟，剧透今日新款和主推款，其间要多次提到优惠活动。

④ 第 10~20 分钟，快速推荐今日直播所有款式，除爆款外不做过多停留，助理配合展示商品，整个过程不互动，按自己的节奏快速通过。

⑤ 开播半小时后正式进入产品逐一推荐，每个产品的直播时间在预期范围之内，根据粉丝需求进一步调整。

⑥ 直播中，场控根据同时在线人数和每个商品的点击转化销售数据，引导主播进行重点演绎的调整。

⑦ 最后 1 小时，做返场，按粉丝留言互动及后台销售数据。

⑧ 最后 10 分钟，预告明日新款，并回复粉丝留言。

⑨ 最后 1 分钟，引导关注，并再次预告下次开播时间和福利。

具体直播安排如表 5–10 所示。

表 5–10

四小时直播安排							
×× 直播间（首次关注主播领取 10 元无门槛优惠券）							
直播时间 15:50—18:00；19:00—21:00							
主题《护肤小课堂让你拥有冻龄皮肤》							
时间段	主讲	内容	目的	商品介绍	时段销售指标	时段在线人数	备注
15:50–15:55	××	预告今天主要讲解内容及优惠活动	热场	全部	0	0	
15: 55–16:05	××	无门槛当天使用券抽取 2 名	活跃气氛	无	0	100	
16:05–16:20	××	补水小窍门讲解	引入产品	××× 套盒	0	200	
16: 20–16:50	××	代入补水产品进行讲解	讲解产品	××× 套盒	500	400	
16:50–17:00	××	直播奖品抽取并引导转发	裂变	无	0	600	
17:00–17:15	××	控油小窍门讲解	引入产品	YY 套盒	0	600	
17:15–17:45	××	代入控油产品进行讲解	讲解产品	YY 套盒	500	800	
17:45–18:00	××	预告晚上直播内容	铺垫	全部产品	1 000	1 000	用晚上活动促销
晚上							
19:00–19:05	××	预告今晚主要讲解内容及优惠活动	热场子	剩余产品	0	200	
19:05–19:15	××	无门槛当天使用优惠券抽取 2 名	活跃气氛	无	0	400	买的朋友可以抽奖
19:15–19:30	××	敏感肌小知识讲解	引入产品	××× 套盒	0	600	
19: 30–20:00	××	敏感肌产品讲解	讲解产品	××× 套盒	500	800	
20:00–20:10	××	直播奖品抽取并引导转发	裂变	无	0	1 000	
20:10–20: 25	××	祛痘小知识讲解	引入产品	YY 套盒	0	1 200	
20:25–20:55	××	祛痘产品介绍	讲解产品	YY 套盒	800	1 400	
20:55–21: 00	××	免单抽奖或明日预告	促单	无	1 000	1 400	

（2）单品脚本

单品脚本相对来说比较容易，就是把单个产品的直播套路进行一个规划和安排，把卖点和利益点清晰地体现出来，重点进行品牌介绍、商品功能、使用方法、如何引导用户购买等。一个完整的脚本就是由单品脚本及其他规划聚合在一起的过程。

下面就给大家展示 ×× 化妆品整场直播脚本（见表 5-11）。

表 5-11

××店铺直播		
具体信息		
时间	×年×月×日 20:00	
地点	××直播间	
主题	××品牌打造冬季高颜值必买单品	
主播	老鼠	
预告文案	直播间爆款星品，超值买赠不能错过，教你打造冬季高颜值，点击开播提醒，×年×月×日 20:00 来直播间，还有爆款星品×××和×××相送哦。	
注意事项	直播间互动玩法：下单即送××× 下单备注：×××，送××× 讲解节奏：单品讲解＋粉丝问题回复＋实时互动 产品讲解比例：70%××品+30%××系列	
直播流程		
具体信息		
预热	直播预热： 【主播自我介绍】 ——Hi 大家好，欢迎大家来到××直播间，我是今天的主播老鼠，非常开心今天能够来和大家一起分享××品牌的彩妆护肤产品。 【预热引入】 ——品牌背景 一句话介绍一下产品定位、创始人、品牌文化，然后交代今天的主题，顺便带些福利和直播内容出来。 ——优惠信息 关注成为会员，下单正装即送×× 下单备注正装：×××，送××× ——排位赛助力前五名加赠 第一名奖品： 第二/三名奖品： 第四/五名奖品： ——整点活动玩法 21点、23点大体抽奖，送限定款××，共×份 ——点赞玩法 点赞 2w、4w、6w、8w，送××，共×份 ——特定节日预售优惠（比如，双十二预售优惠） 双 12 单笔实付满×××，送×××；双 12 单笔实付满×××，送×××	5 分钟

（续表）

直播流程		
具体信息		
产品讲解（眉眼）	引出话题： 话题一：“眉形对气场的影响” 关于画好眉毛的重要性讲解 修眉 4 步曲 1. 修眉工具：眉夹或剃眉刀放在眉尾的外眼角与鼻翼的延长线上；眉毛上缘一定要清晰才能最大可能地修饰脸型，眉毛下缘则要晕染渐淡 2. 眉形设计：根据自己的脸型或者喜欢的眉形来修眉成形；修饰眉形 3. 用眉粉、眉笔来画眉，以眉笔将眉峰的弧度勾勒出来，让眉形的曲线更立体 4. 最后用眉刷、化妆棒来定妆 ——分享第一次画眉和眼线的失败经历 ——眉毛在妆容中的重要性 ——热门野生眉怎么画 产品讲解： × × 款眉笔，定价 200 元 一、优势 1 1. 活动，比如联名款限量发售 2. 介绍外观 3. 介绍色号 二、优势 2，适合新手的眉笔 1. 形状 2. 配方 3. 硬度 三、优势 3，适合彩妆达人 1. 画法多样 2. 男女通用 四、一笔成型画眉法 1. 眉形定制 2. 眉毛定型 3. 眉毛上色 五、专柜提供服务 1. 免费削眉 2. 购买另一款自动 × × × 眉笔 六、色号 色号妆容试色 七、购买活动 （一共四款产品，分别写好） 粉丝互动问答	20 分钟

（续表）

直播流程		
具体信息		
产品讲解 （底妆）	引出话题： 话题二：好想拥有自然小清新的底妆 ——底妆的重要性（详情） ——遮瑕第一步，从底妆开始（详情） ——主观使用感受（详情） 产品讲解： ××粉底液，价格 一、功能（详情） 二、功能及色号介绍（详情） 三、活动介绍（详情） ××无痕刷，价格 一、上妆快 介绍产品外观 二、精准尖头，无刷痕 产品使用过程 三、不吃粉 工艺 四、立体握柄 手感 五、搭配 六、活动安排 实验： 上妆工具横向对比实验 手指——美妆蛋——××无痕刷 使用手法： 1. 取粉底液涂开于手背 2. 用粉底刷少量多次蘸取，多层次叠加 清洗教程： 1. 日常清洁 2. 彻底清洁 3. 深层清洁 4. 使用时长 泡沫隔离，价格 一、产品介绍 二、色号介绍 三、活动 粉丝互动问答	20 分钟

（续表）

直播流程		
具体信息		
产品讲解（口红）	引出话题： 话题三：大合照里的口袋“小心机” 口红对女人多重要，从化妆台就可以看出，不同种类的口红摆满柜台，女人可以素颜，但不可以素唇，再懒的女人，对口红也有很执着的追求，想在合照里被摄影师聚焦捕捉，要挑选适合的口红。 偏黄肤色 红润肤色 白皙肤色 偏黑肤色 产品总概况： 详情 产品讲解： 六款产品介绍（写详情）并试色 × × 卸唇啫喱，价格 陈述优势，写详细 活动说明 使用方法： 粉丝互动问答	30 分钟
产品讲解（洁颜油）	引出话题 话题四：洁面养肤二合一 科普 卸妆不完全的危害 卸妆油的作用 什么是乳化 正确用法 产品总概况 产品讲解 × × 洁颜油，价格 功能一 功能二 其他四款分别列出： 活动说明： 使用方法： 实验： 粉丝互动问答	20 分钟

（续表）

<table>
<tr><th colspan="3">直播流程</th></tr>
<tr><th colspan="3">具体信息</th></tr>
<tr><td>产品讲解（限量礼盒）</td><td>引出话题
话题五：一盒满足少女心和童年回忆
详情
——礼盒展示
——怎么一次满足多个愿望

产品讲解
× × 唇盒，价格
一、某限定版定制套盒
1. 限量 × 件，售完为止
2. 高级奢想，独一无二
二、一次满足你五个愿望
1. 热门显白色，一次 ALL IN
2. 五种色号简介
三、规格小，小巧易携带
精致便携，玩转唇色魔力
四、活动
× × 洁颜油套装，价格
1. 限定版
2. 4 种规格
3. 小巧易携带
4. 活动

× × 眼影盘，价格
1. 限量定制
2. 12 款颜色
3. 活动

眼影试色：
——× × 妆（色号）
——× × 妆（色号）
——× × 妆（色号）
粉丝互动问答 & 整点点赞</td><td>25 分钟</td></tr>
<tr><td>引导下次关注</td><td>结束 + 预告
引导关注，预告下一次直播时间
“感谢大家收看 × × 的直播，记得点击左上角的关注按钮，下次直播我们定在 × × 时间，活动是 × ×，优惠是 × ×，下次再见，晚安”</td><td>3 分钟</td></tr>
</table>

5.1.4 主播必备技能

主播是一场直播当中的最核心要素，就像一部剧的演员。直播也是如此，好的主播在赢得用户喜欢的同时还能让用户产生信任感，这种信任的背后往往就是通向 IP 化的捷径了。

成为一名合格的主播，要经过以下几个方面的准备：

1. 心理建设

当主播需要有一颗强大的心脏来面临方方面面的压力，比如来自与粉丝交流互动时的不同声音或者带有恶意的反馈，来自直播效果不好坚持不下去时的消极情绪等。因为这种反馈来得非常直接，需要很强大的情绪管理能力和突发事件处理能力，因此做好心理建设，是成为一名优秀主播的首要素质。

开播前的心理建设总结起来就两点：一是勇气，二是坚持。

勇气指的是面对镜头的勇气、面对失败的勇气以及面对评价的勇气。

很多不常面对镜头的人都会说，我晕镜头，只要镜头一拍我就紧张或者头脑一片空白，也有的人会说，面对镜头的时候不知道该讲什么。那么这里，我给大家提供两个非常实用的方法。第一个方法叫作想象对话法，锻炼自己与空气对话的能力。你想象自己对面坐着一个粉丝，你需要回答他的问题，把问题提前想好，尝试着对着空气解答，在这种无压力的状态下每天坚持练习。第二种方法为镜头分享法，把摄像头对准自己，对着镜头去表达。分享的内容可以提前准备好，比如前期可以分享一本自己喜爱的书，对着镜头念诵你喜欢的章节或者是自己的心得，然后观看自己录的视频。熟练之后可以选择一个主题，把要分享的内容写成手稿的形式，对着镜头读出来。最后就是可以写导图或提纲，然后有规划地进行分享和延展。

我曾经就是一个拒绝面对镜头的人。我非常擅长线下讲课，很多人找我做线上课程我都拒绝了，但在疫情期间有高校请我给学生讲课，无奈之下强迫自己上课，录课加直播持续了一个月的时间，其间也无数次焦虑到崩溃，终于“治好”了我的“镜头恐惧症”。大多数新手主播不敢面对镜头还有另外的原因，就是害怕负面或恶意的评价，比如会有人嘲笑你歌唱得难听，直播间人数太少，聊天尴尬，甚至是针对本人相貌等方面的恶意评价。隔着互联网，彼此隐藏了身份，敞开的就是善与恶互相掺半，面对恶意评价更需要勇敢，以及很强烈的心理暗示。比如，给自己设计一句“咒语”，只要在直播过程中遇到坚持不下去的突发状况，就对自己默念，比如：管他的，豁出去。而作为一个新手主播还有一个很棘手的问题，就是刚刚开播的时候，直播间可能没什么人气，而且进入直播间的也是静静地看着你，就是不互动。面对着星星点点的围观者，总是感觉空气中弥漫着尴尬。这个时候你就要想想之前练习的想象对话法，先说给自己听，或者假想有很多观众。这就涉及开播前的第二重心理建设——坚持。直播是需要坚持的，一则通过直播审核推荐机制，我们可以看出，中断直播，健康分会受到影响，从而影响推荐权重；二则在直播的过程中，无论观看人数多少，对于新手主播来说，这是个成长的过程。新手主播面对镜头会越来越自然，心理越来越强大，应对突发状况越来越自如。直播的过程还是学习的过程，总结优缺点，不断优化自己的直播内容，要坚信，只要你的内容有用户喜欢，坚持下去就一定可以获得成功。

2. 个人规划

任何事情都不是头脑一热就可以做好的，有计划、有目的地去完成，才能达到事半功倍的效果。同样，做直播，需要做好规划。

在做规划之前，要进行用户画像和同行分析。所谓知己知彼百战百胜，进行规划首先就是了解自己和别人。关于用户画像，前边的内容部分讲了很多了，这里针对直播再补充几点。首先要读懂用户需求。了解用户的真实需求，努力抓住更为忠诚的粉丝。了解用户需求，在直播内容上进行有效的调整，在互动上更容易让用户产生共鸣和共情。那么如何了解用户需求呢，就是要把用户信息标签化，如用户的年龄、性别、地域、爱好，通过后台数据以及交流互动的时候都可以进行了解和收集。

其次要了解并分析自己的同行，对直播而言，同行分直接同行和间接同行。同一类型的内容就是直接同行，内容领域有偏差的就是间接同行。无论直接同行还是间接同行，都不提倡恶意竞争，而是要学习、借鉴、广交朋友。要关注他们的作品和活动，及时了解他们的数据和直播节奏，学习他们的直播话术和技巧，学习干货和经验，也可以通过留言互动来蹭取热度和结交好友。

接下来就可以开始做定位规划了。与内容定位相比，直播定位更容易一些。因为直播是一个可以直接转化的内容，当然了，如果一开始就可以精准定位甚至 IP 化是最理想的，如果不能的话，那么就可以简单做下定位，在直播带来收益的过程中还可以不断调整适合你的领域，同时，配合短视频的发布，增加流量关注，尽可能朝着 IP 化的方向迈进。直播定位规划只要做好“三个看”就可以了，即“看目标、看自己、看别人”。看目标就是你的目标是做一个什么类型的主播，首先划分是做电商主播还是泛娱乐主播；然后看自己的优势和劣势，找适合自己的领域去做；最后，在自己选择的方向上选几个大号，定期看他们的直播，以模仿开始，渐渐形成自己的风格。

其次，个人规划还包括形象规划。直播镜头中，主播本人要占 70% 左右的空间，因此，主播的个人形象是影响用户喜爱度非常关键的因素。总体来讲，主播的形象要从三方面来规划：合适的妆容、整洁的形象和最佳的精神面貌（见图 5-23）。从前面的直播间的布局设计来看，整个直播的过程中，直播间有很多盏灯，布光的目的是使画面看起来更有层次感，而且可以通过布光把主播的皮肤映衬得更好看，但是如果不上妆的情况下脸会因为灯光而显得惨白。虽然现在的直播软件都自带美颜功能，但是为了呈现更好的效果还是建议主播对面部进行适当的妆容修饰。修饰的主要原则就是精致而不脏浊，适合自己的才是最好的。在化妆的时候需要注意的问题有：一是眼线不要过浓，尤其是上下眼线不要一样浓。化妆其实和画画的原理是一样的，线条、色彩和阴影，浓淡相宜，最后呈现的是一个立体的人物。二是下眼睫毛不要刷睫毛膏，容易显得妆面很脏，而且凸显黑眼圈。三是底妆不要过厚。四是粉底不要过白。五是需要化唇线，美颜相机会使得镜头锐化不明显，给人吃了东西不补妆的感觉。六是不要用超闪的眼影和过浓的腮红。总体来讲，整体妆面要力求清新自然，让观众觉得舒适。除此之外，发型和服饰要符合自己的定位，并且要严格按照直播规范，不可走捷径、穿过于暴露或引人不适的装扮。

图 5-23

最后，个人规划还包括主播的专业度规划。主播的职业跟主持人有很多共通的地方，只不过主持的内容与形式不同而已，如果具备职业主持的素养再结合直播的套路和接地气的互动方式，就是一个非常合格的主播了。专业度包括主播基本功和开播前准备。

主播基本功包括形象、吐字、发声、综合以及才艺等五方面。形象除了外形之外，还包括动作、肢体语言，肢体语言的表达往往更加直观。吐字和发声就要求主播日常进行一些语音、语调、字音、词的轻重格式等训练以及呼吸方法、气息练习方法等训练。至于综合素质，就是指主播的备稿、语言表达和即兴临场发挥的才能了。这部分当然有天赋的原因，但更多的是在实践中成长所得。

3. 时间掌控

直播过程的时间分配非常重要，首先我们要了解直播的几个黄金时段，直播拥有最高在线人数的时间段叫作直播黄金时间段，黄金时间又分三段两天。三段指的是三个时间段：中午 11∶30 到 2∶30；下午 4∶30 到 6∶30；晚上 9∶00 到 11∶00 点。两天是指周六、日两天周末的时间。大多数主播会选择黄金时间段进行直播，但也有主播会选择人流量比较少的早上 9 点前或者上午的时间。因为这个时间段头部主播较少，是可以争取到新用户关注的好时机。

对于直播过程中的时间分配，我们前面就电商带货直播给大家进行了讲解，也教了一些撰写脚本的方法。

直播过程中还有一个非常重要的环节，就是预热。根据测算数据，经过预热的直播间与没经过预热的直播间人气差出至少两倍。首先预热的形式有三种：文字预热、视频预热和直播预热。文字预热指的是账号在昵称或个性签名带上的直播时间，特别说明要大家保持关注；视频预热是指发布视频在结尾处发布你要直播的时间和主题；直播预热是在下播前告知大家下次直播时间。一般有直播活动时，提前一周就要通过发布视频作品开始预热，在开播前三天再次发布作品进行预热，在活动开播的前一天直播时进行重点预热，提醒明天会有活动，直播时间并引导关注。最后一次预热就是开播刚开始的半个小时，这在我们前面的脚本当中已经详细阐述过了。举个例子，某品牌新款推荐活动将在某天直播，提前一周在发布的作品里预埋，假设是一段该新品在车间流水线的视频，在视频最后告诉大家直播时间，在前三天的时候再次发一个视频，透露更多新款的信息，比如将为大家带来多少福利以及直播时间。接下来在开播前一天直播的时候继续预热。同时发一段新品的视频告诉大家，“我们在直播间等你哟”。最后一次预热就是在刚开播前半小时，边准备边跟大家介绍今天的主题，以及告诉大家什么时段给大家准备了小惊喜。

4. 素材收集方法

直播的时候最怕冷场，尤其是以聊天为主的主播，那么如何有效寻找话题呢？这就涉及素材收集了。这里，我为大家提供三种方法。第一种方法是留意热点事件，热点事件一般是大多数人关注的事件聚焦点，很容易引起用户的注意和互动，用户更愿意在他们喜闻乐见的话题上耗费时间讨论和互动。我们可以通过抖音热搜、新浪微博热搜、腾讯新闻客户端等多端进行搜集热点事件。第二种方法就是培养自身幽默感。幽默感是一种潜移默化的能力，并没有一种程式化的方式能够迅速提升，我们能做的就是大量积累，就好像我们小时候背唐诗的时候经常听到这样一句话：熟读唐诗三百首，不会作诗也会吟。因此，我们要搜集幽默段子，并多多背诵，在很多冷场的时候就能够发挥作用了。搜集幽默段子可以去皮皮虾、百度、喜马拉雅等音频平台。第三种方法就是关注垂直内容以及深挖评论区，评论区隐藏着很多段子手，其精彩程度不亚于视频内容本身，多看多学多积累，职业主播就是这样养成的（见图 5–24 ~ 图 5–29）。

图 5–24

图 5–25

图 5–26

图 5–27

图 5–28

图 5–29

5. 直播话术等技巧

大家知道，每个行业都有它自己的表达模式，有一些固定下来形成了约定俗成的标签，比如老铁文化，还有一些就是表达技巧，是根据很多同行的经验凝练而成。我们把这些固定的表达技巧叫作话术。

（1）打招呼话术

进入直播间第一件事就是跟粉丝打招呼，在直播的过程中还要不定时地跟新进入直播间的粉丝打招呼，一来可以增加互动以及活跃直播间的气氛，二来可以防止冷场。打招呼的方式有很多，最常见的就是念出进入直播间的粉丝的昵称，欢迎 ×××，在念出昵称的同时，每间隔一段时间就要传达本场直播的主要内容，让所有新进来的用户可以知道直播间的价值，另外如果有优惠或者活动，比如抽奖等环节，还可以起到留住直播间用户的作用。在念粉丝昵称的时候，为了增加互动，还可以解读粉丝的昵称含义，比如，昵称为“爱唱歌的大白”进入直播间，主播可以先打招呼：“欢迎‘爱唱歌的大白’，这个名字很有意思，我也爱唱歌，虽然我唱歌跑调，你都喜欢唱什么歌？叫大白你一定是个很暖的人吧”。无形之中可能增加很多的互动数据。如果昵称跟最近的热点事件有关，就可以顺便抛出话题引起大家讨论。在打招呼的时候还可以找与粉丝的共同点，比如，“我也是山东的呀，你是山东哪的?”那么下面粉丝中如果有老乡就可能互动一下，顺便也可以抛出话题，问问大家都来自哪，引发互动。另外就是要捧高等级的粉丝，比如，“哇，欢迎大佬光临直播间，蓬荜生辉呀。”

（2）引导话术

前文提过直播间用户互动数据对于平台对直播间的流量推荐是有重要意义的。因此，作为主播，不仅要想办法留住用户，还要想办法让直播间的用户活跃起来，他们的互动越多，后台会认为直播内容受欢迎的程度越强烈，因此，引导话术最关键的作用就是引导用户进行评论。想让大家互动就要在直播的过程中多多提问，找人们关心的点来求解答，同时也可以采用发指令的方式，比如，“想听我唱歌的请扣 1”。发指令的时候一定要找大家比较容易使用的方式，比如评论数字，或者点赞等，让粉丝不至于因为操作烦琐而不愿意互动。另外，可以采用示弱的方式，比如求帮助，“我是新手主播，请大家支持，帮我点点关注”，或者让大家多提意见，提意见的时候尽量给大家选项让大家自己选择，比如“同意的扣 1，不同意的扣 2”等。还可以在直播间与大家聊热点话题，热点话题最容易引起共鸣和共情，但要注意直播规则。

（3）感谢话术

在直播中，对待粉丝要时刻怀有一颗感恩之心，真诚的感谢，粉丝可以感受得到。那么从技巧上，在打赏较少的时候，要逐一感谢，感谢偶尔打赏，比如，“感谢 ×× 送出的小心心，爱你哟”。有较大金额的打赏要感谢，比如，“感谢 ×× 的游艇，大佬终于出手了，我对你的敬仰犹如滔滔江水，绵延不绝”。当然，每个主播都有自己的风格，感谢的话也跟个人风格有关，并不要求千篇一律，如果你的感谢格外幽默个性，也会形成自己的特殊风格。还有就是感谢榜一，榜一指的是本场直播刷礼物金额最高的用户，一般榜一有可能是铁粉，也有可能是为了博关注，对这样的用户要给予“特殊”关注，比如号召粉丝“给榜一点点关注”。另外就是要引导用户关注自己，比如引导大家加入粉丝团，设计一句引导语，类似“感谢加入粉丝团，喜欢的朋友点点关注，加粉丝团，不迷路”。最后，就是快下播时感谢所有直播间的朋友，所有送礼物的朋友等，然后预告下次开播时间。

上文介绍的多是泛娱乐主播的感谢话术，对于电商主播而言，在带货场景下，一开播就要直入主题，直播过程中还要多次提优惠活动。

（4）带货的四个细节

前面曾讲过带货脚本的撰写，对于带货主播的话术而言，需要注意以下几点：第一就是掌握每个单品的介绍时间，这一点就是写在脚本上的，但是有很多突发情况，比如这一个单品上架之后效果非常出人意料，爆单了，那么这个时候就要适当地增加这个单品展示的时长，所以电商带货直播是个重度运营的活儿，特别讲究团队协作，主播面对整场直播是很难考虑到方方面面的，那么团队的任务就是帮主播做好场控。第二就是介绍产品的时候要充分展示产品的细节，尤其是那些能够引起粉丝好感而且能够为之买单的细节。第三就是要强调商品的特点和卖点，比如材质、款式、质量、性价比等，也就是说要给用户下单的理由。最后不需要回复所有的问题，只需要回复重点的问题，带货直播粉丝答疑的时间基本是集中在某个时间段，但管理员可以在评论区着重回答一些共性的问题。

（5）直播连线

直播连线是直播过程中主播直接互动的一种形式，有的就是两个主播直接聊聊天，有的是以 PK 的形式引发粉丝关注和互动，一般情况在 PK 前，两个主播商量好输赢的惩罚方式，比如，在规定时间之内，哪边的粉丝刷的礼物多，哪边就赢了，输的一方就要接受原来定好的惩罚，比如跳舞、贴纸条等。直播 PK 是能够活跃直播间气氛并很自然地引导观众刷礼物的有效手段，某头部主播，通过直播连线，三周内直播间打赏流水就达到了 3 000 万元。直播连线的过程中也是有很多技巧的，一般情况下，直播连线，尤其是大主播，都是两个人提前商量好的，连麦的时候也需要定主题，比如是闲聊还是 PK，面对粉丝的时候，两个人可以是认识的关系，也可以不认识，在直播的时候故意制造冲突，引导粉丝围观、互动或打赏。如果是随机连麦，对方又不太擅长说话，那么你可以主动挑起话题或提问，这里注意，千万不要采用查户口式的提问方法，容易引起反感，而且会让粉丝觉得内容无趣无聊。还可以主动要求玩游戏，比如谁逗笑谁就算赢了等。在直播中故意制造一些反差，是会引起很多人的围观的。也可以采用一些手段，比如逗笑主播就发红包，屏幕上不能打 666，否则禁言等（见图 5-30）。

图 5-30

（6）简单好玩的互动游戏

针对泛娱乐直播而言，真正和粉丝玩起来，光靠一个人的疯狂输出是不行的，下面就给大家介绍几个适合直播互动的小游戏。

猜歌曲名：直播间放某首歌曲的伴奏，或者前奏，让大家猜是什么歌，谁唱的，稍微简单一点可以带上原唱，粉丝比赛，最快猜到的粉丝就可以获得礼品。

说绕口令：主播应粉丝要求说绕口令，可以让粉丝把绕口令打在屏幕上，然后挑选一个去说。提前定好规矩，主播赢了粉丝刷礼物，主播输了就给大家表演节目等。

成语接龙：如果你的成语储备足够的话，可以在直播间玩成语接龙，也可以化身裁判，让粉丝自发接龙，选出优胜者。

你演他猜：这个游戏我们经常在综艺节目里看到，一个人对着另一个人不出声地表演刚刚看到的词汇，然后让对方猜这个词是什么。主播通过表演，让粉丝猜是什么词，从而引起粉丝互动。

看词编句：让粉丝在屏幕上打字或词，主播随机挑选几个造句。比如，男朋友，笑话，池塘，举手。造句举例，男朋友在池塘里举手讲笑话。这个比较考验主播的临场应变能力，选择有趣的词语，造句的效果如果特别搞笑，会让进来的用户印象深刻。还可以设置与粉丝之间的暗语，增强粉丝黏性。这样类似的小游戏有很多，平时多积累一些，在直播尬聊不下去的时候跟粉丝玩起来，不但活跃气氛，而且可以引导评论，从而增加直播间的热度获得更多的流量推荐。

（7）常见设置

做直播之前一定要熟悉直播的所有功能，这里为大家介绍一些常用的直播功能设置。

屏蔽功能：网络环境下，有很多人隐藏在屏幕后面作恶，用键盘进行人身攻击，遇到不良言论，可以直接点击用户头像举报并拉黑。那么很多时候在直播的过程中，如果没有其他人帮你，可能会导致恶意刷屏，那么我们可以利用设置屏蔽词功能，把一些诸如色情类、侮辱类以及其他自己不想看到的特殊词汇设置。千万不要小看网络暴力，虽然我们要以一个平和的心态去面对，但是在直播间，有些言论可能来自竞争对手的恶意刷屏或带节奏，有些言论过于敏感可能会导致直播间被封禁，因此作为主播有责任维护自己直播间的纯净。

发红包功能：发红包是留住用户的方法之一，可以根据人数来发，只要直播间每增加一定量的人数，就可以发一次红包来烘托直播间气氛，领取时间限制、红包个数和金额都可自行设定。如果直播间人气较高，主播没有时间的情况下可以由助理或管理员按提前定好的规则发红包。

管理功能：刚刚提到，直播间人气很高的时候，主播一人很难兼顾到方方面面，因此需要管理员来帮忙烘托气氛、现场管理或拉黑禁言一些黑粉等。可以选择三个管理员，可以是团队本身的人，也可以从粉丝中随机抽取，作为荣誉，会成为活跃直播间的手段之一。

（8）无法真人出镜

目前，平台大力推崇真人出镜，比如很多图文形式的视频都会限制流量并且不允许挂购物车，对直播间而言也是如此，从某种意义上来讲，直播是实名制的，那么如果你不能真人出镜的话，又如何保证你是实名认证本人呢？因此这样不出镜的直播形式本身对于平台来讲就存在着风险，所以很可能会减少推荐。如果你实在不愿意露脸的话，可以选择声音直播，但是声音直播给人的信任感没有那么强烈。如果真的不能真人露脸的话，可以利用平台直播虚拟道具，比如熊孩子添越，借助比较适合自己的道具，进行了释放天性的表演，每场直播收益都能达到万元以上（见图 5–31）。

图 5–31

（9）解决突发事件

突发事件分两种：一种就是黑粉，另一种就是直播过程中的故障。

对于黑粉，首先是摆正心态，主播和公众人物一样，在镜头面前，接受无数人的围观和评价，有反对的声音是很正常的。要记住一句话：有争议才有传播、才有价值，任何人都不可能赢得所有人的认同，尽量降低自己感知外界的敏感度，放低对他人的期待，不要把努力寄托在他人的认可上。可以通过高级自黑、态度谦和、更加努力使得黑粉无话可说，甚至是路人转粉。另外，遇到恶意评价时也要看清是否有人通过此种手段恶意竞争，可以让管理员用问答和抽奖快速调动粉丝刷屏，把黑粉的恶意评价顶出评论区。但是遇到原则性的问题，也可以选择正面回应，记住，真诚是解决一切问题的法宝，它会让所有套路失灵。如果遇到黑粉真的严重影响直播间的氛围和主播情绪的话也可以第一时间举报拉黑，踢出直播间。

对于直播时突发的故障，我们需要提前制定解决方案，以免影响直播效果，比如直播中断就会瞬间造成用户的大量流失，最终影响流量的推荐。直播过程中出现的故障大体上有以下几种情况。

①直播卡顿。

当直播间有粉丝大量涌入的时候，可能会因为手机配置、网络等原因导致直播卡顿，可以快速退出 App，两分钟内点开直播则不会造成中断的效果。

②听不到声音。

直播时经常会有粉丝反映听不到声音，这个时候要确定是否所有人都听不到，前面讲过要准备至少两部手机，用另一部手机查看是否能够听到，千万不要盲目退出后台，因为一旦退出，粉丝的直播界面会显示直播中断或主播暂时离开，会导致粉丝离开而影响后续推荐。

③网络中断。

直播时遇到网络中断时立即关闭 Wi-Fi 开关，手机都有快捷键，不要退出，迅速用 4G 网络，不要中断直播。

④停电。

直播前做好突发事件的准备，提前备好充电宝，停电时如果手机电量不足应立刻启用充电宝。

⑤身体不适。

前面多次提过，直播过程中断导致的后果，那么主播中途离开也是一样，因此，对于一场大型的直播，对主播的心理和生理都是较大的考验，要提前做好准备，注意饮食和休息，提高自身免疫力和体能。如果中途突发状况非要离开直播间不可的情况下，那么跟粉丝解释一下，并找人代替直播一段时间，迅速调整。

⑥意外露点

直播过程中如突发衣服破损或其他导致露点的状况，一定要第一时间挡住敏感部位，千万不要为了人气而将错就错。

⑦其他人为因素

常言道，木秀于林风必摧之。树大招风就是这个道理，直播过程有可能遭遇黑粉和同行的恶意竞争，要防患于未然，做好应对措施准备。

（10）主播必懂心理学

我们做任何与人打交道的工作都要了解对方的心理需求，主播这个行业尤其必要，运用一些简单的心理学技巧，去捕捉用户的痛点，让用户更容易产生共鸣。从心理学角度赢得更多的认可。

①锚定效应。锚定效应指的是当人们面对一个不熟悉的事物时，容易受第一印象或第一信息支配，就像在深海沉锚一样。也就是我们通常所说的先入为主的思维定式。就像我们面试的时候都会精心准备力求给考官一个好的第一印象。那么作为主播就要在刚开播的时候多多展示自己的优势，给用户抛“锚”，提升陌生人对主播的第一印象。在提问的时候，尽量给出问题的两个选项让大家选择，用户会因为聚焦选择而给出答案，不然的话对于问题大家很难聚焦回答。

②可获性层叠。可获性层叠指的是对一件事物越讨论越真实的状态，也就是通常说的“三人成虎”。应用在直播领域，面对负面言论的时候，如果一味纠缠在对错上，那么用户也会在这个问题上持续缠绕，甚至有可能就某个不真实的环节持续讨论放大，也就是我们通常讲的“越描越黑”。如果这个时候公布另一个细节更丰富的事实，然后不停地进行重复传播，让公众自发讨论，就会让别人推翻原本不实的言论。记住，大众喜欢反转和打脸，但不是来源当事人的描述。在提升热度方面，要暗示自己是热门，优质主播或其他的标签。心理学上讲，要不断锤炼自我效能，也就是进行自我催眠，要相信自己可以成为这样的人，你就会逐渐向这样的人靠拢。

③啦啦队效应。啦啦队效应指的是不断和优秀的人抱团。所谓近朱者赤，就是这个道理，当你身处团队之中，那么你会不自觉地向团队的平均水平靠拢。那么如果团队当中其他人的水平都远超你的话，你就有很大机会被淘汰掉。直播界，连麦就是其中一种，连麦互动时，个人优势会被放大，你也会因本能而更想表现自己。

④对比效应。这个不难理解，关键是找对参照物。如果你是声音主播，就不要跟大牌声咖去对比，反而要找到其他声音主播不擅长的领域，比如声优的形象一般，那么如果你样貌有优势就可以拿出来对比。这也是演艺圈常见的上位手法，比如演艺圈的明星普遍文化课水平一般，因此高学历人设就十分讨喜，不过这种人设如果是虚假人设，在“翻车”的时候反而更严重。

⑤面额效应。在经济学上，人们对于价格最为敏感，但是却很健忘，总会感觉不知不觉花完了自己的钱，却回想不起来究竟花哪儿了，那是因为商家多是使用小额多次的方式掏空我们的口袋。直播中，一次性大面额的打赏毕竟是少数人的行为，小额多次打赏才是主播的主要收入来源。无论是直播还是其他的变现方式，都是短视频的流量变现，我们之所以把战场挪到线上，就是因为线上巨大的流量。那么凡

是线上的操作，我们首要考虑的就是多数流量涌进来的时候如何让他们留下点什么，而不是目光只定在“吃大户”上。在直播过程中，就像商家线下店面的活动似的，准备好各种活动吸引用户，小额多频地支付。

⑥难易效应。人们通常都会高估自己认为困难的事情，低估自己认为简单的事情。所以就导致了很多人简单的事情做不好，困难的事情又不敢尝试。所有成功的人当中一定有天才，但大多数人都是普通人，这个时代就是一个普通人也可以成就自己品牌的时代，任何天赋都抵不过勤奋和努力。这对于直播界，尤为重要。作为才艺主播，根据算法，只要你每天坚持直播 4 小时以上，那么在 15 天后就一定每天有千人以上在你的直播间流动。作为电商主播，你要知道，这就跟街边摆摊一样，只要你的东西有用又价格合适，路过的人看见，总会有成交，搬到线上的好处就是，没有摊位费，也没有城管。

⑦宜家效应。有很多人都认为宜家的东西性价比高，品质一流。其实在心理学上，人会对自己参与的东西给予较高的评价，这就是宜家效应。宜家家具的最核心部分不就是顾客体验自己安装的过程吗？你可能认为是因为成本或者是便捷，但实际上当你亲手将七零八落的东西拼装完好之后，你对它的满意度一定超过你的期望值，这就是为什么朋友圈那些晒娃的人认为自家的娃哪里都好。因此，提升用户的参与感非常重要。粉丝如果能够认为这个主播是他们一手捧起来的，就会格外珍惜。

⑧幸存者偏差。这个理论是说，沉默者是大多数，而这少数发声的人却会影响你最后的评判。在直播过程中一定会有恶意攻击或刷屏的人，可能来自黑粉、键盘侠或其他竞争对手，但最关键的是，他们不代表大多数人。因此在直播的过程中，如果有人提出节目不好看，不要轻易更改，因为沉默的大多数之所以沉默，是因为正沉浸在节目中，没有时间评论和互动，这个时候不要为了少数人而流失掉大部分的用户。

⑨沉没成本。指人们在做出决定时，会非常看重过去投入的成本。对于主播而言，重视沉没成本就是一个及时止损的过程，这样才能做出更加准确的判断。而针对粉丝而言，挽回要流失的粉丝时，通过回忆和盘点，提醒粉丝曾经的付出和耗费的成本，就是一个很好的方法。

11. 其他技巧

（1）如何提升直播权重

提到提升直播权重，我们就不得不再次总结判断直播权重的依据了。主要有三个方面：在线人数、停留时长和互动数据。在线人数指的是直播在线总人数的累积，停留时长则是指用户进入直播间停留的平均时长，互动数据就包含了用户进入直播间的评论数、点赞数、礼物数、加入粉丝团数量、进入购物车次数以及分享直播间的次数等。想要提升直播权重首先要懂得“避雷”，前面在讲直播审核规范的时候讲过很多直播违规处罚的措施，这里有四个方面是要绝对注意的。第一是违禁歌曲不能用；第二是低俗色情绝对不可以；第三是涉政宗教要绝对规避；第四是恶意营销不可以，这里的恶意营销是指引流到私域流量的行为或者是恶意夸大产品质量和其他违法广告法的行为等。针对这些，我给大家提供五种方法。

①增加基础人气。基础人气是决定整场直播流量推荐的关键，因此很多大主播一进直播间就用各种红包、福利、活动疯狂轰炸，就是为了把直播间的人留住，一般进入直播间 3 分钟还不走的用户基本上会被本场直播锁定，轻易不会退出直播间。如果对于新手主播而言，担心没有流量又没有互动的情况下，首场直播可以找些熟人帮着暖场子，增加流量的同时还能够避免无人互动的尴尬。

②小号协助。直播通常要准备两部手机，可以随时查看你看不到的互动状态，但更多时候能够帮你起到控场的作用。

③热门作品。当你发布的视频流量走高的过程中直播开启，就会有很多自然流量涌进直播间。

④开启同城定位，吸引精准客户。

⑤付费推广。付费推广有两种：一种是做活动，前面提到的所有留住用户的活动都需要花费一些成本，这就需要在开播前做好准备和计划，不要赔本赚吆喝。另外一种就是 DOU+，抖音官方可以花钱在后台为你推荐各种精准的流量。

（2）如何调动直播间氛围

①播放背景音乐。播放背景音乐是一个很好的调节直播间氛围的方法，是整个直播主题的陪衬，就像我们在餐厅就餐，给顾客一个期待中的氛围。同时，也可以缓解直播过程中无人互动或主播卡壳的尴尬。比如凌晨档的主播，可以放一些舒缓的音乐，夜晚的人群总是感性的，感性的背后隐藏着强大的购买力和依赖性。

②舒适的视觉体验。视频直播的优势就是声画同步，但劣势也是声画同步，你的任何短板都可能拉低用户对你的整体认可度，因此，我们必须在力所能及的范围内做到完美。将直播间布置得简洁、舒适、大方，整体色调和灯光搭配合理，这些在前面的直播间装扮中都有详细陈述。

③主动和来到直播间的人打招呼，让进来的每一个用户都感受到“被关注”。

就像我们走进商店，一定会有店员主动搭讪，搭讪的方式和时机都有讲究，那么对于主播而言，尤其是新手主播，留住用户的第一步就是让他感受到“被关注”。

④合理划分直播时间段。

⑤向同类型大主播学习，记住一些常用的套路。

⑥踩节奏多做活动。

⑦竞拍秒杀炒氛围。

（3）如何引导粉丝打赏

在流量变现里，打赏的变现链条最短，同时，打赏是尾部网红的主要收入来源，有数据统计，在打赏月入过万的主播里，粉丝不到一万的占比近 30%。

这里，为大家介绍五个简单易操作的小技巧。

①随机截屏抽奖：提示粉丝，刷礼物截屏抽奖，可以增加粉丝与主播的互动，同时引导粉丝打赏。

②打赏多次露脸：给打赏者多次露脸的机会，也相当于给粉丝花钱买曝光的机会。

③榜三引导关注：对于给主播打榜的前三甲而言，刷礼物相当于拿到了直播间的黄金广告位，所以多为打榜前三的粉丝增加曝光，可以激发大家争夺榜三。

④建粉丝交流群：粉丝交流群是跟主播更近距离互动的机会，可以在群内为粉丝提供更多的价值，可以以大家在直播间消费的金额来设置进群门槛。比如，要先加粉丝团，然后查看等级，满几级的粉丝才有机会进入粉丝交流群。同时，这样的交流群可以增加粉丝黏性。

⑤授权管理员资格：大主播都需要场控和运营，这些管理员有的是一个团队的工作人员，还可以是从粉丝中抽取的。作为铁粉，为偶像服务，是非常高的荣誉。可以把直播间最踊跃或者某时间段用刷礼物的方式竞争上岗的方式选取管理员。

（4）培养超级粉丝

有句话说得好，千万人撩你，不如一人懂你。在线上，如果能够服务好 1 000 个超级粉丝就足以养活自己了。那么我们在广撒网的同时，也要注意培养这种超级粉丝。

①坚持固定直播。每天固定直播不但对提升权重有好处，还可以让粉丝对你形成情感依赖，这个平台，粉丝的注意力非常容易被分散，因此要时刻保持与粉丝的联系，才能牢牢抓住他们。

②保持积极热情。经营与粉丝之间的关系，有点像经营一段感情，要令这段感情保鲜，还是需要投入很多的。

③持续提升自己。推陈出新，把最美好的一面展示给粉丝，同时要寻找更多的卖点，避免粉丝审美疲劳，最好的方法就是 IP 化。

④建立粉丝群。建立粉丝群是一个很好的保持黏性的做法，抖音平台的社交属性不强，因其偏公域的流量导致粉丝黏性很弱。在管理方法上可以由管理员做好群的运营和维护，既不能毫无限制地讨论与群无关的内容避免弱化该群对粉丝的价值，也不能变成没有互动的死群。对于超级粉丝，主播可以私聊粉丝，或者记住超级粉丝的特殊日子给予关注，等等。

5.1.5　商品分享

抖音的商品分享功能是抖音的主要变现模式之一，又称抖音电商功能。抖音电商分为三个等级：第一级是将商品挂在个人主页的商品橱窗里，用户打开主页会看到账号拥有者分享的所有商品（见图 5-32）；第二级是将商品挂在视频的购物车里，当用户在推荐页刷到视频时，点击左下角的小黄车就可以看到视频中展示的商品了（见图 5-33）；第三级是直播购物车，也就是我们通常在直播间看到的小黄车，用户在直播间边观看直播边购买，有点像卖场的线上版（见图 5-34）。

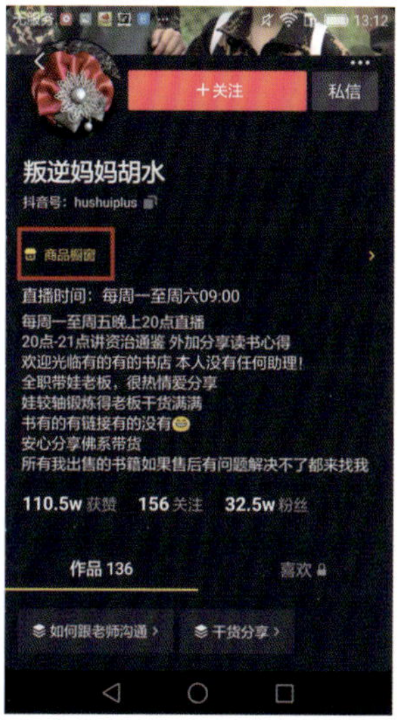

图 5-32

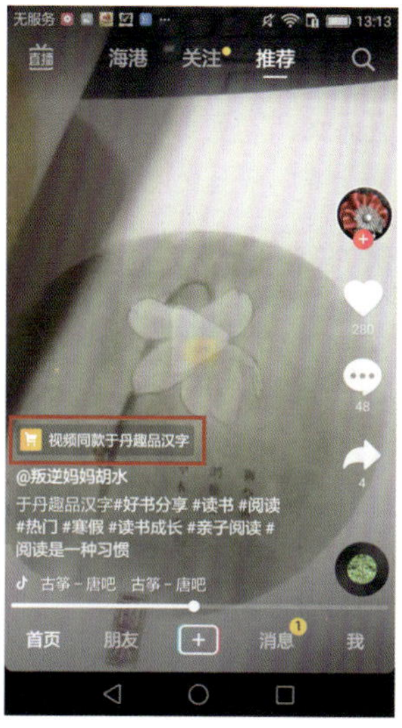

图 5-33

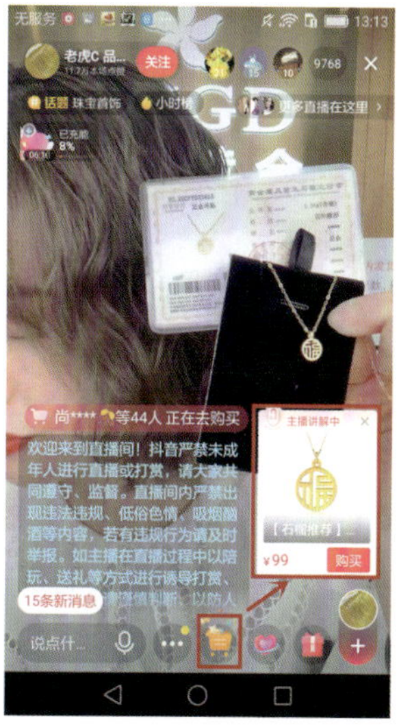

图 5-34

这三级商品分享形式的转化率直播购物最高，其次是视频购物，转化最低的是第一级。只有极少数的用户专门点击主页的购物橱窗完成购买行为。而直播购物和视频购物也有很大的区别。

与直播购物相比，视频购物的互动性较弱，视频购物比较注重结合各类场景，比如产品的使用场景、交易场景、体验场景和情绪场景等。除了可以更好地展示产品的卖点、功用之外，这也是为了适应平台对视频内容不得过度营销做出的应对策略。在抖音公域流量的强大助推下，视频购物的种草价值、曝光价值远远大于其转化价值。短视频购物更容易转化的是两类产品：一类是刚需，也就是高认知度且价格绝对优惠的产品。另一类是新奇，也就是极少在其他平台上看到且价格相对不敏感的产品，原因很容易理解，主要来自用户的购物习惯。线上用户的购物习惯一般是看到任何产品先去淘宝搜同款。微信朋友圈带货是例外，这是由微信的自有生态闭环的高信任度导致的。对于抖音而言，大家不习惯用平台的软件进行社交，加之平台对交易敏感词的限制，容易降低用户购物时的安全感。然而来自大品牌的信任背书，加上全平台的绝对优惠价格，就会让用户抵挡不住诱惑而冲动消费。因此视频购物比直播购物更不理性。这也就能解释当用户看到新奇又花费不高的商品时的冲动消费行为了。除此之外，视频作者的视频内容与产品的相关性，账号的定位，粉丝的忠诚度和精准程度都会影响视频购物的转化。比如，种草类的大号对视频作者推荐的相关产品更容易让粉丝产生购买行为。因为这类账号在账号建立之初吸引的就是精准粉丝。

早在 2016 年的时候，天猫总裁就曾提出未来线上购物的设想，他认为未来人们的线上购物形式可以与场景化结合，就好像我们看电视的时候，看到电视当中人物穿的衣服或拿的东西非常喜欢，就可以第一时间下单。没想到几年时间就在短视频领域实现了。疫情的出现无疑加速了消费场景及消费习惯的改变，对于线上这类场景化的消费模式也将逐渐迎来更理性的思考。随着对这类消费模式的习惯，未来，以短视频场景化的消费模式会迎来更多理性消费的顾客，使得这种购物模式变得更加稳定，因此，做好视频内容，等待视频购物高转化的未来，可期。

1. 商品分享功能申请条件

首先要进行实名认证，认证人必须是中华人民共和国年满 18 周岁且有行为能力的成年人。其次是需要公开发布十条以上通过审核的视频。最后粉丝数量不得少于 1 000。

2. 商品橱窗开通操作步骤

①进入抖音应用，点击最下面一行菜单栏中的“我”进入个人主页（见图 5–35）。

②点击右上角的图标进入账号设置菜单栏，并点击“创作者服务中心”（见图 5–36）。

③点击进入“商品橱窗”，再继续点击“商品分享权限”，这个时候会出现商品分享功能申请页面，上面陈列了上述需要满足的条件，这个时候继续点击“立刻申请”，然后等待审核通过即可（见图 5–37）。

图 5–35

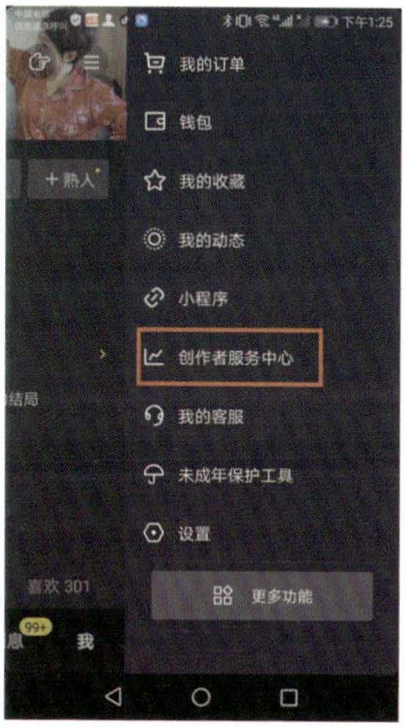

图 5–36

图 5–37

当你收到商品分享功能开通通知后，你就拥有了自己的商品橱窗，商品橱窗会出现在你的账号主页中，也可以进入创作者服务中心进行详情查看。这个时候，就可以在商品橱窗中添加各种产品了。

3. 添加商品方法

添加方法也很简单，点开“商品橱窗”就可以找到“添加商品”按钮（见图 5–38），点击进入后，可以通过三种方式进行添加。

①在下方的“精选联盟”当中挑选头条旗下电商平台（比如抖音小店）的产品，或者点击下方淘宝、京东、考拉海购、唯品会、苏宁易购中任一平台进行选择。

②在搜索栏中搜索你需要的商品，在出现的链接中挑选价格和分佣更合理的商品。

③粘贴淘口令或商品链接。首先在淘宝、京东、考拉海购、唯品会、苏宁易购、洋码头、网易严选这些平台选择你要推广的商品，在 PC 端地址栏复制链接或在手机端商品详情页右上角点击“分享”→“复制链接”，然后将符合以上网址规则的淘口令或其他平台商品链接粘贴到“商品链接添加”页面的搜索栏内，点击“查找”，即可搜索出对应商品，如图 5-39 所示。

图 5-38

图 5-39

视频分享营销中达成的每一笔交易，一般都需要经过视频创作者、短视频平台、电商平台的层层抽佣。以导流至淘宝成交的短视频营销为例，与淘宝合作的品牌方从成交额中划出的佣金，需先后经过淘宝联盟、短视频平台抽成，余额才是视频创作者的每单所得。不同的平台或不同的店家分佣都有所不同，对于有一定粉丝基础的视频创作者可以主动跟某个符合抖音平台带货要求的商家谈判，要求在既定分佣的基础上增加分成。对于活跃度和权重高的账号而言，很多商家会主动联系视频创作者并邮寄样品，开出较高的分佣来吸引视频创作者为其拍摄视频带货。

如何进行视频带货呢？收到“商品分享功能”开通的通知后，在 15 天内完成新手任务，就能解锁“视频购物车”权限了。

4. 视频购物车开通步骤

视频购物车开通要求是，在商品分享功能开通后的 15 天内发布两个带商品（已添加进商品橱窗内的商品）的视频。

这里需要注意：

①商品橱窗中的商品要在视频中出现。

②发布的视频不能违规，如带有强烈广告和营销性质的视频。

③如解锁失败后需要 15 天重新解锁。

5. 直播购物车开通步骤

完成以上 2、3 两项的功能申请就可以开通直播购物车了。所有已添加进商品橱窗内的产品都可以在直播间的小黄车中看到，最多不能超过 20 个。

6. 商品橱窗添加商品注意事项

目前抖音橱窗支持添加淘宝、京东、考拉海购、唯品会、苏宁易购以及抖音精选联盟（如抖音小店或头条小店）等平台商品，但需要一定的门槛。

添加商品大体上分两种：

①对于无店无货源的创作者而言，可以选择通过将淘宝联盟或精选联盟中的货源添加到商品橱窗中赚取佣金。淘宝联盟是针对淘宝的第三方抽佣平台，精选联盟则是抖音平台的。

②如果你已经拥有一家淘宝店铺，并且有自己的货源，那么就首先需要使用抖音账号绑定淘宝账号，然后开通淘宝客（淘宝客功能指的是淘宝上的商品满足并加入阿里妈妈平台的精选联盟）功能给商品设置佣金。24 小时佣金生效后即可通过淘口令添加商品进入抖音的商品橱窗了。具体步骤如下：

- 将抖音号与淘宝账号绑定，注意，淘宝店铺需等级在一钻及以上、店铺评分不低于 4.7 分或行业平均分（添加时会有提醒）；
- 将商品加入淘宝联盟“内容商品库”并复制商品淘口令；
- 通过抖音“橱窗管理”功能粘贴淘口令，添加商品完成信息编辑即可成功添加淘宝商品，如图 5-40 和图 5-41 所示。

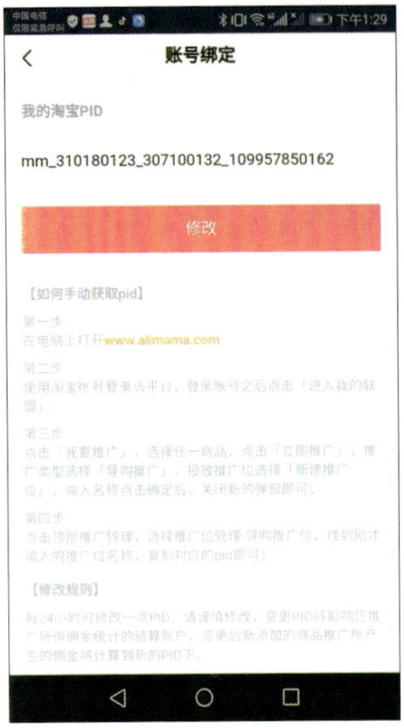

图 5-40

图 5-41

5.1.6 广告

广告是抖音平台创作者变现的最重要方式之一，主要通过抖音旗下的星图平台完成。

星图平台是商业娱乐内容的交易与管理平台，它是负责连接品牌主、达人、MCN 机构的媒介，它可以帮助品牌主找到合适的达人发布商品推广视频，也可以帮助达人找到合适的品牌主通过创作推广视频把自己的流量转化成钱。这个平台的存在，一是保证交易的高效和安全性，二是防止大量劣质营销类型的广告视频影响用户体验，三是防范许多风险。

入驻星图平台有两种方式：一种是与抖音认证的 MCN 签约，入驻星图开通账号即可接单，MCN 还可以提供更多服务；另一种是与抖音官方签约，进行内容合作，入驻星图开通账号即可接单。入驻星图的最低门槛是粉丝数 10 万。

搜索 star.toutiao.com 即抖音商业内容智能交易 & 管理平台，选择达人登录，登录后同意用户使用协议后，点击开启星图之旅，就可以进入星图后台管理页面，左侧菜单栏包含“我的任务”“财务管理”“账号管理”“服务管理”“经营助手”“权益中心”几部分，如图 5-42 所示。打开“我的任务”列表就可以看到一个任务筛选器，通过任务筛选器进行任务定向筛选，如果发现感兴趣的任务，就可以点击任务后的详情按钮进入单个任务详情页查看。如果收到品牌客户指定的广告任务，就需要进入相应页面选择拒绝或接受任务，如果对任务感兴趣选择接受任务，那么任务流程就正式开始了。接下来就是要根据客户需要为推广的品牌或产品提供创意并上传视频脚本，客户会自行审核，审核通过后就可以进行视频创作了。视频制作完成后要经过客户确认，确认完成后就可以发布作品了，作品要发布在本人的抖音账号上面，一定要注意绑定星图任务，否则不仅无效还会影响创作者的信用分。在星图这端视频发布环节还需把作品链接粘贴进入指定位置，即可等待作品验收。视频上线 7 天后，如果没有商家投诉（一定要将作品一直处于公开状态），那么就算完成了一项广告任务。完成视频后，就可以进入提现页面提取佣金了。首次提现需要通过手机号绑定、个人身份证绑定和支付宝绑定三个步骤完成实名验证。由于目前星图平台品牌主付费方式只支持支付宝，因此绑定之前要准备好接收佣金的支付宝账号。

图 5-42

目前，星图平台主要是由客户指定达人接单的模式，因此入驻星图平台后可能会因为自身账号的粉丝量和权重面临无单可接的状况，那么除了提升自身账号粉丝量与视频质量外，还可以考虑参与星图平台的投稿任务，如图 5-43 所示。

投稿任务是一种一对多的任务模式，由客户发起一个话题 / 任务，对应多位达人参与的新玩法。达人根据客户在平台发布任务要求和奖励规则选择是否参与并制作视频进行投稿，等待任务周期结束，进入获奖名单的达人，将获得任务奖励。客户在发布任务后，系统会根据客户需要圈定达人范围，所圈定的达人只要开通接单权限就会自动收到客户下发的任务。打开抖音个人主页的“创作者服务中心”，找到“我的星图”进入平台达人界面，点击导航栏服务管理进入任务类型界面，选择抖音投稿任务申请开通即可开启接单权限。随后，达人需要在任务大厅选择“我可投稿”，然后选定任务参与投稿。参与投稿的时候注意一定要保证视频发布时绑定平台任务 ID，如果忘记绑定，在客户没有选稿前，可再次上传并绑定，每个达人可投稿三次。

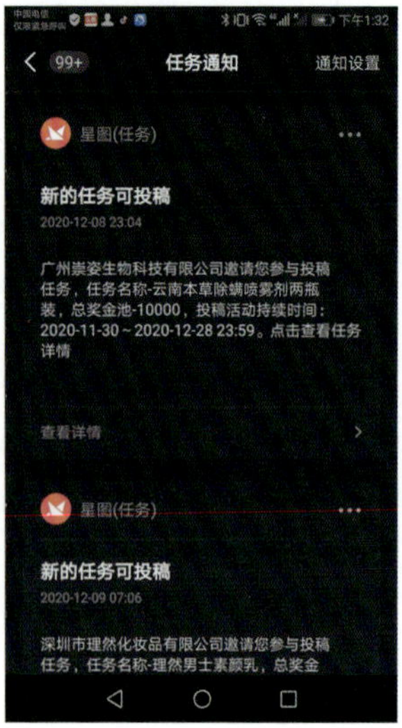

图 5-43

最后注意以下几点：

①如果客户发布任务 24 小时内达人没有接受任务，则任务自动取消。

②如果达人档期已满，需要达人登录系统，依如下次序“服务管理→抖音服务管理→已开通任务”，找到“接单中”开关并关闭即可，如图 5-44 所示。

图 5-44

③如果客户在发布任务时选择“其他投放方式”选项，则客户可在视频发布 60 天内，将该视频作为硬广素材在头条系所有渠道内使用。

④达人在发布任务视频时，不可用接单账号外的其他账号事先发布任务。

⑤上传视频前要与客户进行内容确认，不要放过任何一个细节，比如标题。因为如果客户验收之前对视频不满意，无法修改发布视频，只能删除发布，但视频重新发布时有可能出现关联不了星图任务的情况。

5.1.7　其他

抖音由于没有形成自己的生态闭环，因此通过自身平台的变现方式有限，只有商品分享（包括视频、直播）、直播打赏、广告这三种方式，但如果能够成功导流到其他平台，就有了第四种变现方式，我们统称为二次转化。

大多数的二次转化都是通过导粉到微信账号中，通过社群或朋友圈为粉丝提供价值和服务来赚取费用。比如提供知识（抖音课程培训等）、提供服务（心理咨询等）、抖音账号出售等。如果导流粉丝足够的情况下，微信上的转化是比较高的，这是由微信的强社交属性以及用户的使用习惯决定的。所以很多淘宝商家都是通过抖音导粉到微信，再导粉到淘宝，虽然曲折，但转化更高，而且不用经过平台抽佣。

粉丝低于 5 万的用户不建议在账号主页挂微信号。当然，如果你不在乎账号是否涨粉或者被限流，则可以随时用技巧导流，很多账号虽然不涨粉，但是转化很高，就是用视频让用户觉得你对他有用，这很重要。

Muyang 5.2 账号运营及维护

运营是抖音账号可持续发展必不可少的环节，内容包括账号的创建、定位、养号、视频发布、标题命名、回复粉丝留言私信、话题挑战参与、广告投放、商品分享、直播等各个方面。由于抖音的社交属性稍弱、媒体属性较强的特殊性，导致平台对内容创作方面属轻运营，但电商带货方面属重运营。

举个例子，对于一个不考虑转化、只靠发布优质视频及涨粉的创作者而言，什么时间发布、用什么标题、回不回复粉丝留言从某种意义上讲没有什么分别，因为平台的算法决定流量的关键因素永远是视频质量和用户喜爱度。在几乎绝对公域的流量池内，粉丝的黏性不是优先考虑因素，快速爆粉才是。但对于电商就不一样了，以直播行业为例，4~6 个小时的带货直播，主播除了按照脚本持续输出之外，剩下的工作全由运营团队来完成，他们需要不间断地盯着屏幕看数据，决定哪些货品要重新上架、什么时候投放 DOU+ 为直播间加热等。

这并不是说做内容创作的运营不重要，大部分的内容创作者需要熟悉一些技巧，为自己爆粉多寻觅一些捷径或者是锦上添花。

5.2.1 运营维护操作指南

1. 视频发布

（1）发布时间和频率

视频发布的时间跟视频的热度有一定的联系。大多数人理解的发布时间是用户都有空看视频的时间，实际上，视频发布推送有一个冷启动的过程，就像冷天或热天空调室外机的冷启动，比如想要中午 11 点左右有更多的人看到视频，就要提前一个小时左右将视频发布。经过测算，上午 9∶30 发布视频，全天的视频热度相对高一些。因为上午发布的视频，会有 3 个人流量密集的时段推送，尤其是节假日最佳。工作日的下午 4∶30 和节假日的下午 2∶30 也都是黄金时间段。

想保持账号活跃度最好每日更新，若做不到日更，那么每周发布不要少于 3 条视频，尽量有规律地发布，每周一或节假日后的第一个工作日不发。每天发布视频不要超过 3 条。

如遇长假期，可提前制作视频并选择定时发布，最多可提前预约十天。

（2）发布标题及话题添加

标题是和视频同步呈现在用户眼前的内容，很多时候能够起到画龙点睛的作用，甚至是视频能够引爆的关键因素。抖音标题不能超过 40 字，包括标点符号和话题等。

比如“不要惹一个妈妈，她会拼命”，这样的标题会让很多人有强烈的共鸣，如果视频内容又能切中用户要点，足够催泪，那么就很可能上热门。

标题也是视频文案的一部分，所有自媒体在标题命名的时候都需要很多技巧，下面就为大家介绍一些实用的标题技巧。

①技巧一：蹭热度。

蹭热度也就是“攀龙附凤”，俗称抱大腿，因为这些“大腿”都是自带流量和内容含金量的，可以为视频提供更多曝光的机会。一是从用户角度而言，看到热度相关的内容会停留脚步；二是从推荐角度，有热度的内容会有更高的推荐权重。热度主要有：热点人物、热门事件、热门话题、官方发布、抖音风潮等。

抖音会定期发布一些官方的挑战和话题，在标题当中添加即可。添加方法如下，首先查看官方最新话题和热度，在标题栏输入 #，输入话题就可以在弹出的菜单当中选择相应热度最高的话题。

像抖音平台会在某一时段流行同样的段子、BGM 或热门特效一样，文案也有类似的流行风潮。比如用一段特效，配文案：39 岁了，看着就像 18。这样的文案比较容易引起争议，从而引发讨论，但需要创作者有一颗强大的心脏去面对争议。

②技巧二：巧用数字。

文案中使用数字有三个特点：辨识度高（在一堆文案中插入数字，能迅速锁定用户的注意力）；基本预期（数字能给人基本预期，加速用户判断时间）；直观具体（数字表达更具体直观）。如“100 斤莲藕只产出 7~8 斤的藕粉”。

在利用数字的时候可以从几个角度构思，比如年龄，利用年龄来找寻反差感，如“比我大 8 岁的媳妇”。还可以从时间的角度，用时间长短来突出目的或反差，如“拍了 12 个小时呈现给你们的画面”，或者跟钱有关的数字，如工资、身价等。

在利用数字的时候需要注意，抖音不允许在视频或标题当中提到产品的定价，因此视频当中但凡出现数字都用大写或其他方式替换，我们在标题当中也要注意不要被机器误判为与营销相关的视频，从而影响流量。尤其是需要带货的视频，标题当中尽量避免出现任何数字。

③技巧三：增加代入感。

代入感就是让他人感同身受，这样的标题会让用户第一时间感觉“与我有关”，从而视线停留。标题在这里就起到了第一时间抓住用户注意力的作用。

第一，增加代入感首先可以从身份标签入手，互联网上的人都喜欢站队伍、贴标签、聚圈子，通过蛛丝马迹来维护社交。如“喜欢天蝎男的请举手”或“这人肯定是处女座”。

第二，可以从情感共鸣上增加代入感，这样的视频更容易引起用户的评论互动，以此来表达自我。如“最可怕的是那些富二代比你还努力啊”或“柴米油盐酱醋茶才是最高级的浪漫”。

第三，通过承诺利益来增加代入感，让用户看完觉得有收获，可以缓解焦虑，分享出去还能帮助别人。如“如何在 40 岁前获得财务自由”或“学会这 10 个动作就能轻松拥有马甲线”。

第四，通过描绘场景来增加代入感，让用户看到标题就立刻在脑中形成画面感，从而对视频内容产生期待，给用户一个看完视频的动机。如“女朋友漂亮身材好是什么体验?”

④技巧四：利用人性弱点。

弱点是共性的，每个人终其一生都在与自己或他人的弱点做斗争。人性弱点是最容易引起共鸣的。人有哪些弱点呢？如傲慢、贪婪、懒惰、妒忌、骄傲、愤怒。

第一，傲慢。傲慢的本质是优越感，包括自恋、虚荣、炫耀、成就等。如“作为女人自己有车有房，年收百万，40 岁单身怎么了?”

第二，妒忌。妒忌的本质是希望成为对方，包括不满、吐槽、攀比、虚荣。如“我 36 岁生俩娃，长得年轻就算了吧，还漂亮，身材还好，你说气人不?”

第三，愤怒。网络上人人都是正义的，很多愤怒都因为隔着互联网才能淋漓尽致的发泄，因此能够引发愤怒的标题也是非常高明的。如“结婚十年不孕，婆婆逼我跟老公离婚”。

第四，懒惰。懒惰不是不劳而获而是少干多得。如“五分钟看完 90 万字《三体》”。

第五，贪婪。人的物欲是无止境的，总希望占有更多。如“看完这一条视频保证你抖音视频上热门”。

⑤技巧五：画龙点睛。

标题写好后，给标题开头或结尾加前缀或后缀可起到画龙点睛的作用，给平淡标题增色。如“天蝎座必看”“职场新人必看”“单身狗看哭”等。

⑥技巧六，优化标题。

同一个词不能在标题中出现两次；调整句式，把最精彩的放前面；删掉不痛不痒的字、词、句和标点；把陈述句改成疑问句。

下面给大家介绍标题的五个爆点法则：

爆点人物：将视频中的爆点人物和爆点话题提前，在题目中呈现更具杀伤力的名字，这里需要看人物知名度覆盖的范围以及人物当下的热度。

共鸣话题：标题中加上爆点话题，能够大大提升视频的热度。

痛点字词：越接近人性的痛点字词越接近传播本质。

时下热词：比如《隐秘的角落》火了之后，爬山就成为热词，要时刻了解热词，对热词有敏感度。

颠覆认知点：这个就比较考验对互联网语境的敏感度了，一是颠覆已认知的事实，二是跟自身生活经验相反，这也就是我们说的反差。如“两年前，路遇流氓欺负女孩，我硬着头皮打跑了他们，后来她成了我老婆，婚后我才发现她是拳击教练”。

在撰写标题的时候要注意将爆点结合，交叉重叠使用。最后，还有关于标题的 5 个补充技巧：一眼看不懂的标题不用；多用你、我二字；给用户留下悬念或想象空间；要兼顾点赞、评论和分享；前 10 个标题可能都是废的（撰写文案不能偷懒，好的标题需要时间打磨）。

2. 评论

评论是和粉丝互动最直接的窗口，可以增加粉丝黏性，提高互动频率，同时，频繁地互动对增加视频热度有非常大的好处。除了跟自己视频中的用户互动外，也要经常去相同或类似定位下的大号发布的视频评论区去抢占热评，这样同样可以把用户引流到自己的账号当中。在评论和私信的时候不要违规，比如回复联系方式或者商品价格等。

3. 数据

做短视频要学会看数据，目的是知己知彼，很多时候，我们对自己的认知和对他人的认知都会有偏差，相比之下，数据更加客观也更加直观。想知道自己内容好不好、权重高不高、粉丝喜不喜欢、具备多大的商业价值都可以通过数据看出来。

（1）看自己的数据

通过手机端进入自己主页的创作者服务中心，单击数据分析就可以查看自己的数据。或者在 PC 端登录抖音官方网站，单击最上面菜单栏的数据管理，进入创作者服务平台即可查看。每天更新 24 小时前的数据。

①视频总览数据。

播放数据：可查看 7 天、15 天、30 天内的视频播放量及数据曲线，如图 5-45 所示。

互动数据：可查看 7 天、15 天、30 天内的主页访问数、视频点赞数、视频评论数及视频分享数，如图 5-46 所示。

粉丝数据：可查看 7 天、15 天、30 天内的总粉丝数和净增粉丝数，如图 5–47 所示。

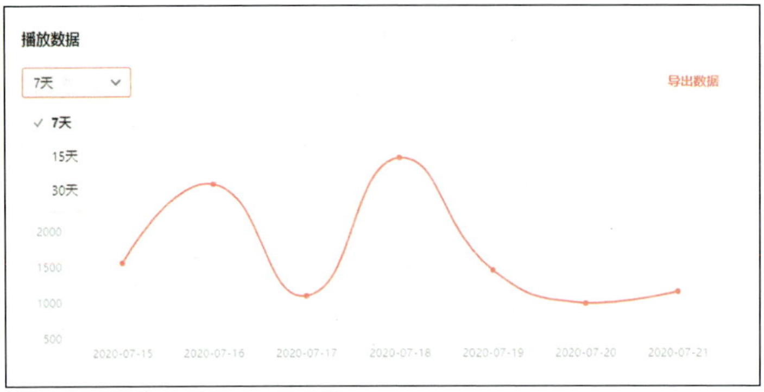

图 5–45

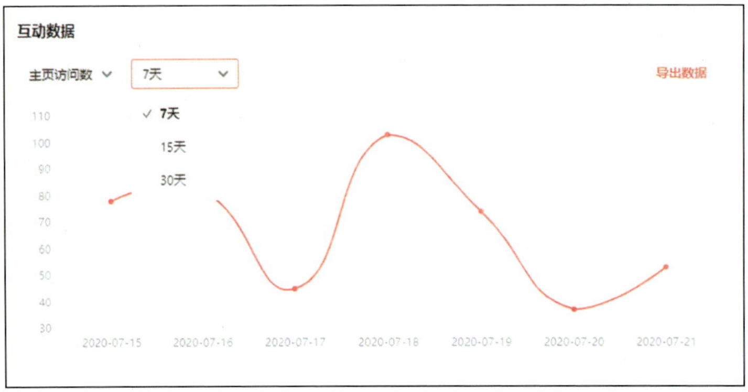

图 5–46

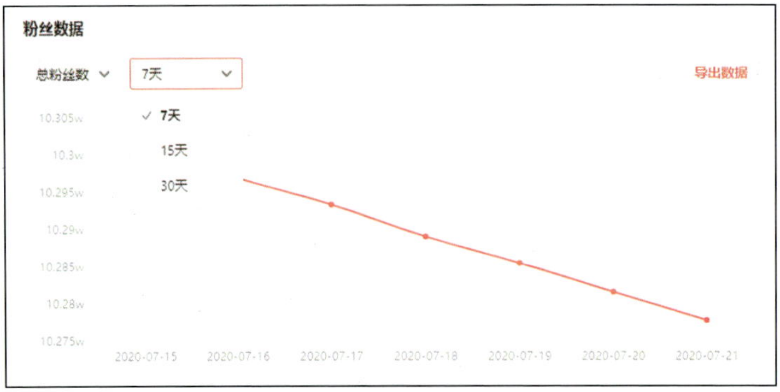

图 5–47

收益数据：昨日关键数据和累计收益。

②作品数据。

播放数据：可查看 7 天、15 天、30 天内单个视频的播放总量、完播率和平均播放时长，如图 5-48 所示。

图 5-48

互动数据：可查看 7 天、15 天、30 天内单个视频的视频点赞数、评论数和视频分享数，如图 5-49 所示。

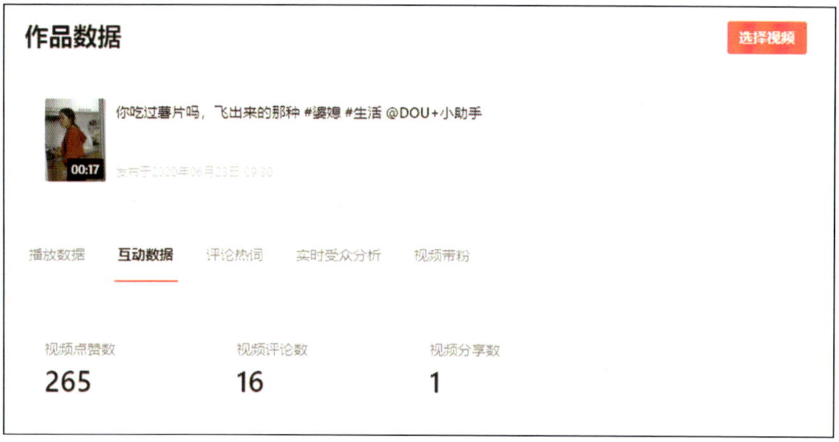

图 5-49

③评论热词。

实时受众分析：可查看看过这条视频的用户的性别分布、年龄分布、地域分布、设备分布、受众兴趣分布、受众关注热词、新增受众关注热词以及活跃分布（即静默用户、轻度活跃用户、中度活跃用户、重度活跃用户的分布比例），如图 5-50 所示。

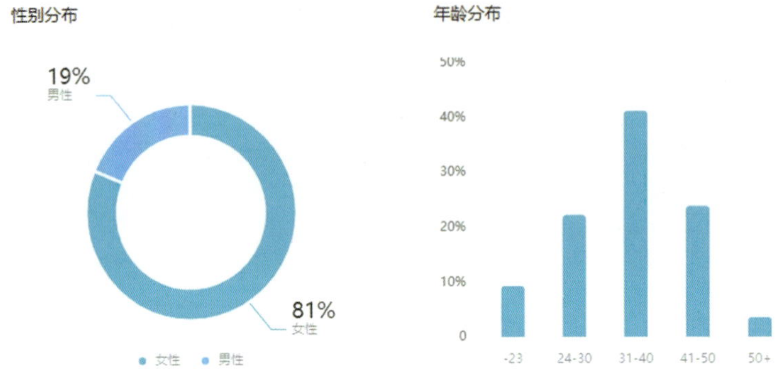

图 5-50

视频带粉：可查看 7 天、15 天、30 天内因单个视频涨粉数量，如图 5-51 所示。

图 5-51

粉丝画像：可查看粉丝的性别分布、年龄分布、地域分布、设备分布、粉丝兴趣分布、粉丝关注热词、新增粉丝关注热词以及活跃分布（即静默用户、轻度活跃用户、中度活跃用户、重度活跃用户的分布比例），如图 5-52 所示。

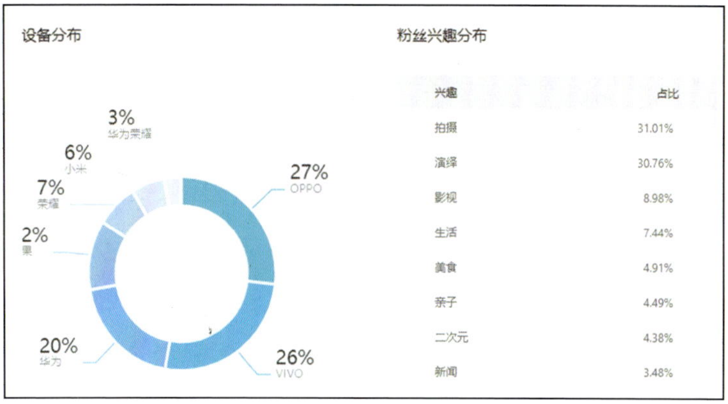

图 5-52

④直播数据。

数据总览：可查看 7 天、15 天、30 天内直播的基础数据、观看数据、互动数据及收益数据。

单场直播：可查看 7 天、15 天、30 天内单场直播数据的开播时长、时间、观看人次、观众人数、在线人数峰值、评论人数、新增粉丝、付费人数、收获音浪、直播收益及更多数据（受众分布和购物车数据）。

这些数据可以看出作品的质量和需要改进的方向，能够帮助创作者迅速查漏补缺。

（2）看别人的数据

可以很多数据平台查看其他达人的数据，比如卡思数据、抖查查、抖大大等，这些数据平台可以查看各种达人榜单，可以帮助创作者迅速找到自己和别人的差距，如图 5-53 所示。

① DOU+。

DOU+ 是一款视频加热工具，购买并使用后，可实现将视频推荐给更多兴趣用户，高效提升视频的播放量与互动量。

根据算法，当视频达不到再次推荐要求后，视频的热度会逐渐下降，推荐量逐渐停滞，这个时候购买 DOU+，抖音官方会匹配适合的流量，也就等同于付费给抖音官方购买推荐量。

图 5–53

举个例子，在某个想要加热的视频播放界面点击视频转发键，找到下一级菜单中的 DOU+ 按键，花费 98 元可获得 4 900 个以上的推荐量。抖音根据你的选择可以采用系统智能推荐、自定义定向推荐和达人相似粉丝推荐，在付费获得的基础推荐量之外（如 98 元预计可获得 4 900 个以上的播放量），如果还想获得更高的推荐量就取决于 DOU+ 之后的用户互动数据，这和算法是一样的。

在给视频投放 DOU+ 的时候，如果定位非常精准，就可以在投放的时候选择达人相似粉丝推荐，有目的地“蹭粉”，这种投放往往能够起到事半功倍的效果。

在给直播投放 DOU+ 的时候，可以选用自定义投放，比如你卖的是专门针对 25 岁左右的女性用户的连衣裙，你就可以根据投放相似的用户，利用人流涌进直播间的间隙做活动留存人群。

那么，什么样的视频可以购买 DOU+ ？答案是只有能通过抖音内容审核且进入抖音推荐流的视频才有资格。首先必须是原创视频且视频内容完整度好，时长不得少于 7 秒；其次，视频不能有其他平台水印、非抖音站内贴纸或特效拍摄；最后，要符合抖音内容审核标准，如视频优质、有趣等。

常见的无法通过 DOU+ 审核的原因如表 5–14 所示。

表 5–14

审 核 结 果	审核结果描述
搬运 / 非原创视频	含有其他平台水印，视频 ID 与上传 ID 不符，明显盗录
低质量视频	内容无故事性，完整度差、视频模糊
广告营销	明显的广告营销类信息
隐性风险	出现标题党、危险动作、引人不适元素等高危内容
未授权明星 / 影视 / 赛事类视频	视频内容涉及侵权
不符合抖音调性	低质量情景剧等

下面再给大家一些详细的 DOU+ 投放策略。

增粉。如果以增粉为目的，选择“系统智能投放 + 粉丝增长”效果要比选择“系统智能投放 + 视频互动量”要好得多。

播放量。以提高播放量为目，选择智能投放，抖音会直接把内容投给看视频点赞的用户，播放量会提升，但互动和粉丝增长较少。

养号。一个老账号已经形成了自己的标签，比如之前发的都是女装类型的视频，后续如果发布不相关的内容，推荐量会大大减少，因为系统会根据账号以往发布的内容和日常的活跃行为决定账号属性，当发布的内容跟标签不匹配，系统会分发一个新的流量池，这叫作冷启动。为了缩短养号时间，可以尝试用 DOU+ 更改账号标签，DOU+ 时选择“达人相似粉丝”投放，如果内容符合用户心理预期，这样账号的质量就会快速提高，等于花钱买时间。

带货。

测爆品：发布带货视频，投 100 块 DOU+ 测试选择的产品是否存在爆款潜质，数据好的视频就可以开始卖货了。如果效果不好，就重新选品。

阶段性投放：每个视频做一个 DOU+ 预算，拿 300 元为例，1 个小时投 100 元，总共投 3 轮。如果数据下滑，就只投 100 元，这是小成本阶段性投放。

另外就是自己通过卖货挣的钱投入 DOU+，原则上如果 100 元的 DOU+ 能转化 200 元的货品，那么这次投放就是成功的（产生盈利）。可以阶段性地投也可以批量投，只要看好数据即可，因为 DOU+ 投放也是有上限的，只要坚持不产生利润就不投的原则，始终不消耗额外的成本投放 DOU+，最终一定可以获得一个粉丝量级不错的出货账号。

实际上，这就是 DOU+ 带货的底层逻辑。

②直播。

带货视频一旦流量持续走高，尤其是上热门了，就立刻开直播，并且投 DOU+，注意后台转化，这样直播带货的效果非常不错。

5.2.2 视频限流等违规情况处理

抖音平台对内容审核非常严格，在这方面，几乎是所有平台的标杆，针对用户视频内容的违规程度，平台给予降权、限流以及封号等不同程度的惩处，最常见的是限流。

官方的限流会有相关的消息推送给创作者，比如，你的视频涉嫌 ××，限制分享等，或直接删除视频。如果发布时就涉及违规，视频审核不通过，视频会在主页显示播放为 0；如果视频发布后被举报，那么视频就会被强制下架。对于官方限流的情况，要注意及时追踪，如果确定视频不存在问题一定要选择申诉，通常官方通知界面就有申诉入口，也可以将申诉情节发至邮箱 jubao@douyin.com，2~7 个工作日内即可收到答复。

最麻烦的情况就是隐性限流的情况。创作者要有警惕性，发布视频的一段时间内，如果播放量的增长数量极低，点赞量、评论量与播放量的比例明显不匹配或者单条视频的总播放量远低于平均播放量，这个时候就要引起警觉了。首先在视频发布后要在其他手机上查看是否发布出来了，如果没有要第一时间去主页查看有没有收到官方限制分享的通知，以便及时申诉或调整。另外，如果视频半小时内发出的流量涨幅低于平均水平太多，那么就考虑第一时间删除视频半小时后再次发布的做法，如果流量正常，就说明恢复了，如果仍不正常可以等待 24 小时推荐完成后查看效果。如果仍觉得有问题可以跟官方反馈，说明情况。前面讲过，10 万粉丝的创作者后台开通了专门对接的客服，可以把视频链接发给客服，让客服来确认。

下面介绍几种抖音限流的原因，方便大家自查。

1. 原生性限流

原生性限流指的是从新号发布的第一个视频起流量就很低的账号，这就是为什么在养号的时候说前五个视频非常重要了。如果在一段时间内，尤其是新号账号表现不好的话，就会被平台标记为不具备优质视频创作能力的普通用户，会随着时间和视频表现推荐流量越来越少。

2. 被标记为营销号

账号信息、留言、视频、标题、关键字频繁出现营销信息，或每天发布视频过于频繁，都有可能会被标记为营销号，一旦被标记后平台会陆续减少推荐。

3. 有过违规操作

如曾经在非官方渠道买流量、粉丝，大规模地互赞互关，用模拟器登录账号，或者同一 Wi-Fi 下多账号操作等。

4. 搬运视频

频繁搬运他人视频被官方警告的。

5. 发布广告

发布具有强烈营销意味的内容，尤其是涉及留其他平台联系方式的暴力引流手段等。

6. 后天性限流

视频涉及敏感词或被举报，也有可能来源于平台误判，这种情况要及时申诉反馈。

7. 近期发布了违规视频

近期发布的违规视频受到过处罚，即使属于误判被撤销处罚的，也会在一周之内流量减少。

5.3 MCN 与工会

在抖音平台上，MCN 和工会是两个职能不同的机构。

从字面意思来看，MCN 是 Multi-Channel Network 的缩写，意思是网络频道整合，它的模式源于国外成熟的网红经济运作，它是把很多 PGC 的内容整合到一起，用有力的资本推动，一方面完成持续的高质量内容输出，另一方面保证能够使这些 PGC 的 Channel（频道、节目）可以有稳定的商业收入。在抖音平台上，MCN 更像是一个大型的中介机构，连接网络达人和各种资源的机构，也可以理解为培养和孵化网络红人的经纪公司。工会，过去是指同行业的企业联合形成的行业组织，在抖音平台，单指直播开放平台，是专门为达人对接直播资源的中介。

MCN 和工会有什么区别呢？从功能上讲，MCN 负责孵化红人和实现红人商业化的全产业链操作；工会只针对达人的直播。从收益上来讲，MCN 的收益来自达人入驻时签署协议中规定的所有相关收益，如广告、带货、直播等；工会的收益只能来自达人的直播音浪收益。从优势来讲，MCN 可以给达人对接各种资源，从包装到视频制作再到商业化，很多大的 MCN 对红人的包装不亚于明星艺人公司对职业艺人的投入，同时大的 MCN 在抖音平台有一定的话语权，比如申请对旗下达人进行流量扶持或者帮助达人账号解封，等等；工会主要针对直播而言，会有一定的直播流量扶持，比如直播人气卡等。达人签订机构时也要擦亮眼睛，避免签署霸王条款。

如何开通工会呢？首先准备好注册人的名字、密码、手机号、营业执照和法人手持身份证照片以及机构名称，然后根据目前运营的平台、主播数量和相关业务写一段机构介绍，计划好入驻后一个月内开播主播的数量规划。输入网址 union.bytedance.com/open/ 或进入抖音官网，单击直播机构入驻，选择免费申请提交资料，然后签订在线合同，工会申请就完成了（见图 5–54）。

图 5–54

MCN 申请也很简单，首先要满足三个条件：第一是登录账号状态正常且已绑定手机号；第二是达人数量至少有 5 个并与 MCN 签订盖章合同；第三，MCN 过往无违规行为，旗下达人总粉丝量不小于 1 万，并且同一营业执照下，只允许一个 MCN 主体入驻。登录抖音官网，单击合作入驻的下一级菜单 MCN 入驻，单击申请入驻填写相关信息，再邀约达人，等待达人接受后 MCN 入驻成功，如图 5–55 和图 5–56 所示。

至于达人如何入驻，一般是等待相关机构邀请即可。

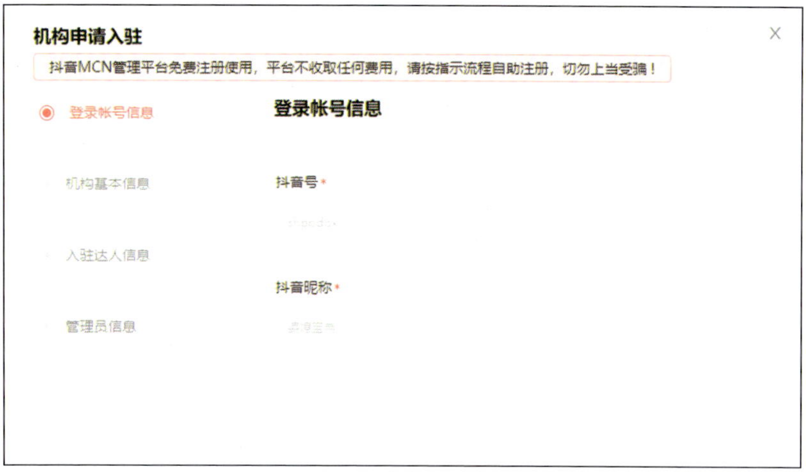
机构申请入驻
抖音MCN管理平台免费注册使用，平台不收取任何费用，请按指示流程自助注册，切勿上当受骗！
登录帐号信息
登录帐号信息
机构基本信息
抖音号*
入驻达人信息
抖音昵称*
管理员信息

图 5-55

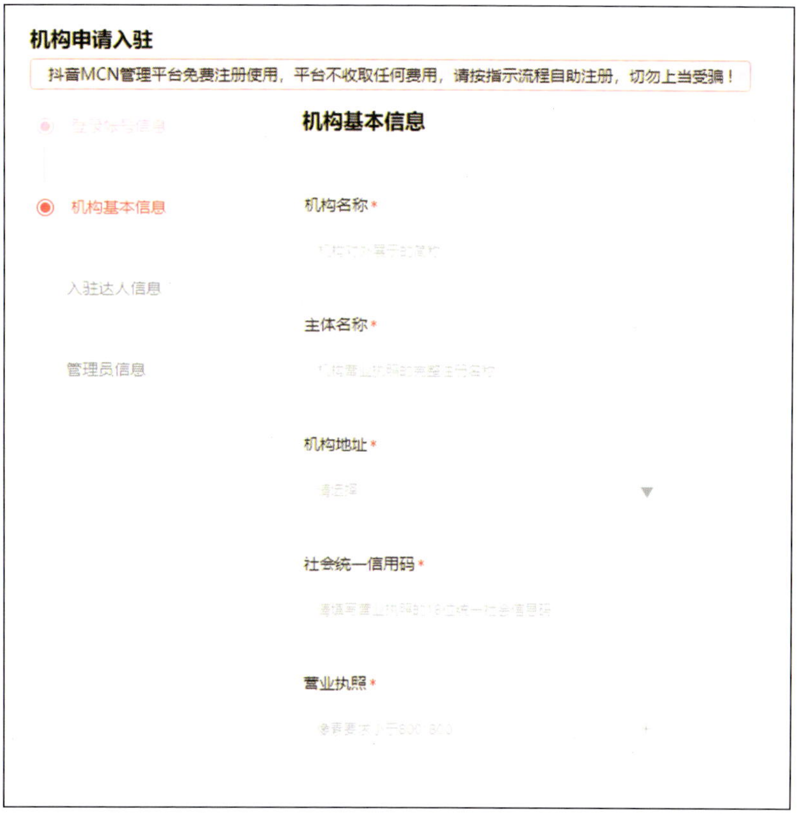
机构申请入驻
抖音MCN管理平台免费注册使用，平台不收取任何费用，请按指示流程自助注册，切勿上当受骗！
机构基本信息
机构基本信息
机构名称*
入驻达人信息
主体名称*
管理员信息
机构地址*
社会统一信用码*
营业执照*

图 5-56

5.4 关于版权

自 2021 年年初开始，很多创作者在视频发布的时候都收到类似的限制视频分享的通知，理由是视频所用音乐未经版权所有者授权，甚至有很多已发布的视频因音乐问题而强制下架。这里的版权应当是音乐版权所有者并未授权给抖音平台，因此这是平台与音乐创作者之间的版权纠纷。但作为视频创作者，我们在创作的每一个环节，使用素材时都应当注意保护原创者的知识产权。

短视频平台涉及文字、图片、视频及音乐。文字和图片引起的版权纠纷目前比较少见，就不赘述了。而使用他人视频一旦出现侵权，被平台视为搬运，会视情节轻重而进行处罚。

这里重点说音乐，音乐侵权有两种：一种就是上文提到的平台未经授权，可能是音乐卖给其他某平台做独家，或平台价格未谈拢等其他纠纷；另一种就是平台本身没有限制，但视频创作者随意使用他人音乐进行商业行为，这就会被版权所有者追究法律责任了。

在视频制作过程中，所有需要用到的音乐都需要获得相应授权。如何查找音乐的归属权呢？可以在中国音乐著作权协会网站查询或联系该音乐作品的权利人及音乐制作单位。

那么你可能要问，难道配个 BGM 还需要这么多道工序吗？具体操作的时候，一旦你熟悉了账号定位相关的视频制作，很多可以使用的音乐就慢慢积累下来了。同时可以使用平台上现有的热门音乐，不仅安全，而且还可以增加视频热度。除此之外，运用网易云音乐等主流音乐平台搜索相关音乐都是不错的选择。

第 6 章
玩转营销套路，行业领先一步

6.1 小众垂直品类的套路玩法

不难发现，在抖音平台上，涌现出越来越多细分领域的内容，而且“小众”垂直账号的数量不在少数，比如家装、心理咨询、钓鱼等（见图 6-1）。

图 6-1

这类型的账号拥有更为强劲的吸粉能力且具备非常高的变现价值。在娱乐遍地开花的时代，这类内容仿佛一股清流，能够给用户耳目一新的感觉；而疫情影响之下消费场景的转换，为这类型的内容提供了更好的土壤。

做短视频最重要的是什么？是定位！而在定位方面，小众垂直品类的账号有先天的优势，这类账号能够吸引到有直接需求和潜在需求的用户，很容易把粉丝的关注行为转化为购买行为，也就是我们通常说的转化高或者是粉丝变现价值高。而这种现象的背后，折射出的是短视频内容用户消费需求的不断升级。因此，对于目前的短视频内容市场而言，垂直小众的领域前景无限。

但是，精准定位背后，仍然面临着很多创作与运营的门槛，这里就给大家介绍一种简单的方法。

1. 引流

从字面理解，引流是一种传送的行为，比如把流动的液体通过管子从一个容器传送到另一个容器。我们可以把流量看作一种流动的液体，从一个平台流向另一个平台，或者说通过某种行为，把公域的流量引入私域的流量池中。什么是公域、私域呢？我们可以简单理解为，公域的流量就是公共的，私域的流量就是属于你自己的。越私域的流量就越容易转化，比如微信，纯私域流量；或者快手，偏私域流量；抖音就属于偏公域的流量，流量属于平台本身。所以之前我们讲算法的时候讲过，抖音扮演了上帝之手的角色。因为流量归平台所有，由平台来分配。你可能要问，既然转化这么低，还去抖音干吗？这就回归了我们第 1 章开篇讲的内容，因为它的流量基数更大，这样，即使转化的效率低，整体算下来也是非常可观的。何况抖音的流量也不是全部都用来做转化的，即使单纯曝光也比广告成本低多了。

那么，所谓引流就是把流量吸引到自己这里来，引流的方法就是那根管子。过去有句话“酒香不怕巷子深”，意思是只要你的产品好，就不愁卖不出去。但放在今天，这句话就要改成酒香也怕巷子深。因为过去的传播成本太高，因此多数产品靠的就是口口相传，本身传播的时间空间都非常有限。但今天，移动互联网让信息随时随地就超越时空，单靠口口相传，流量太少了。如果产品足够好，绝对能够卖出去，但卖多少就看引流。

引流的主要平台就是抖音。以英语教学为例，首先我们要做定位。参考我们前面的定位方法，推荐采用环境分析定位法和以人为本定位法相结合的方法，很显然垂直领域具有天然优势，英语教学本身就是一个非常垂直的定位了，你只需要分析环境再结合本人的特点稍微做出一些差异化即可。比如你擅长唱英文歌，或者你特别擅长用中文标注的方式矫正英语读音等。做好定位之后就要进行账号申请、养号、设置等一系列内容了。

拍摄方式就是一部手机，不用设计得非常复杂，一定要本人出镜，选择一个舒服美观的方式面对观众，再用手机软件简单处理视频就可以了。

在有一定粉丝基础后，开始直播，每周有针对性地播两到三次、持续引流。

另外，全平台分发视频，再将视频内容文字化在今日头条和微信公众号发布。

今日头条文字版注意除了文章之外还要有专栏，比如有针对性的录制课程。

大体上的引流工作就完成了，后续持续跟进即可，一定要坚持发，初期可能流量达不到预期，但一定要坚持，这类型的内容坚持是最重要的。流量一定会有，只不过是多少的问题。

2. 导粉

抖音主页用前面提到的方式挂微信，将粉丝主要导流进微信，其他平台亦如是（见图 6–2）。微信端需要准备一个个人号和一个公众号。在个人号这端，需要与导流进来的粉丝私信沟通，通过朋友圈每日两到三条有目的的打造人设，多发一些小知识、小贴士、小感悟、小案例，总之要让用户觉得加了你太有用了，简直物超所值。这就是提高用户黏性和打造人设的最佳时机。

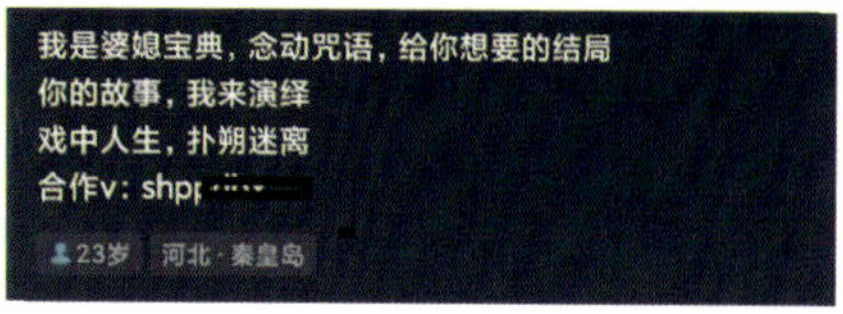

图 6–2

当微信好友到一定数量后，朋友圈发文上免费公开课，群内分享。免费群是有生命力的，后期转化主要卖千聊的课程，有疑问可以私信。

在公众号这一端呢，建议使用服务号，与今日头条内容相同，但要保证今日头条是首发。公众号的文章会提供一个微信群的基础流量池，方便之后的转化。

3. 转化

有了流量之后就要考虑到如何把流量转化为钱。这里就要严肃认真地说一下产品了。这样的方法有效的前提就是有好的、过硬的产品，如果产品一般，那最后就成了“割韭菜”，只能赚一时，无法形成规模。所以在决定导流之前就要把过硬的产品准备好。还以英语培训为例，首先你是真正的英语培训教师，而且有过很多拿得出手的成功案例，有很多优质的教学经验。一句话总结：有干货是前提。

准备好产品，接下来就是转化了。录的各种类型的课程可以直接发布到今日头条上通过抖音视频直接转化，当然，这样的转化效率比较低，但是也不能放过。剩下的都交给二次转化，除了微信朋友圈、群推之外，还可以考虑高端的一对一辅导，这样的用户是用基础的小课一轮接一轮沉淀下来的。这样的课程收费相对就可以高一些。可参考线下课程一对一的市场价，然后定价自己的课程，给用户一种物超所值的感受。

6.2 企业号如何运营

第 1 章曾介绍过企业蓝 V 的申请方式及特权，这里就讲一下企业号是如何从 0 开始运营的。

内容规划：蓝 V 用户规划自身内容可以分别从追随平台热点、打造连续性的主题标签、在关键营销节点发布广告内容动向三个方面入手。热点型的内容可以根据热点实时生产相关内容，机动灵活；标签型的内容是整体账号定位方向和架构，也是账号的主导人设，要按时间段制定内容规划，稳定平均发布数量；广告型内容要配合品牌关键营销节点集中投放，期待品牌影响力爆发式增长。比如，“古阿新”这个账号就属于热点型的，但同时也和标签型与广告型相结合，通过一些热门的玩法或段子结合自己的产品和特色制造内容（见图 6–3）；而 UU 跑腿就属于标签型的，对账号的主导人设鲜明，内容也更贴合平台调性，比较容易增加品牌影响力（见图 6–4）；像小米手机这样的账号是大多数大品牌采用的模式，内容与产品贴合更近，营销意味更强（见图 6–5）。

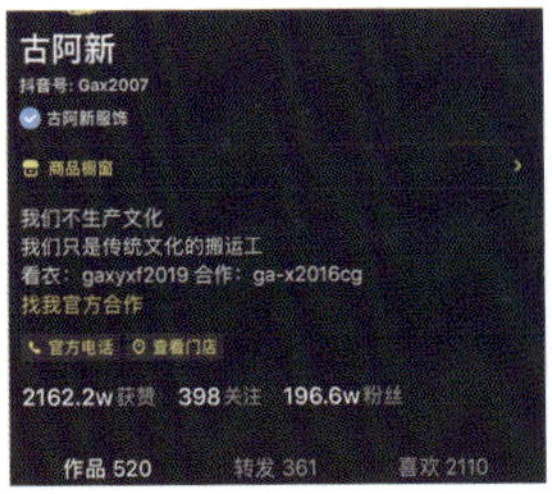

图 6–3

图 6–4

图 6–5

内容呈现：紧贴抖音平台主流内容创作展示，坚持竖屏分发，贴合平台调性的段子或 BGM 的使用，因势利导或主动造势。

内容主体：参与蓝 V 的内容主体有明星达人、企业 IP 和纯素人。明星达人更容易制造曝光，比如 Adidasneo 经常使用明星达人出镜（见图 6–6），视频平均播放量高于粉丝数 TOP50 的蓝 V 账号 8 倍以上。企业 IP 主要指的是老百姓耳熟能详的 IP（见图 6–7），比如雷军、董明珠等，这类视频更容易拉近品牌与消费者之间的距离。纯素人拍摄成本、难易度都比较均衡，容易引发消费者参与。

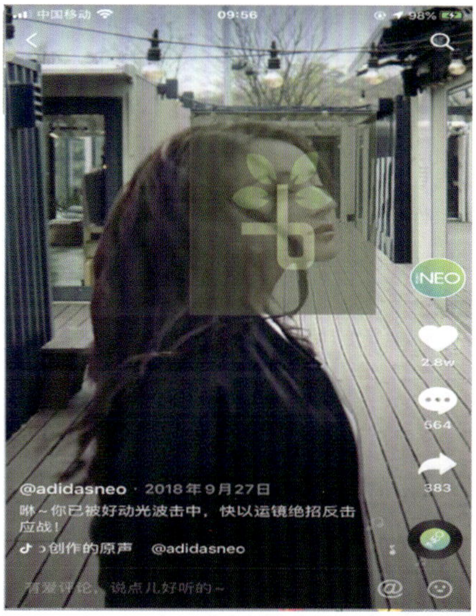

图 6–6

图 6–7

内容技巧：不要试图用短视频呈现完整的品牌故事，一定要利用 15 ~ 60 秒的时间迅速将突出的信息呈现出来，内容更贴近大众生活，易于理解，同时提高用户参与度。比如屈臣氏曾发起的关注兔唇儿童做的公益合拍视频 # 一起把小兔子带走 #（见图 6–8）。

内容引爆：主要分为两种。第一种是制作精良，充分传达品牌理念的内容，这种内容由于制作成本高，且难易度不适合普通用户参与，因此只能以内容为中心向外放射状传播，传播效果有限，类似于普通的广告。另一种是用户易于参与，制作成本低，部分用户会使用同款视频内容或同款音频内容进行二次创作，视频传播呈网状，但在传播过程中由于用户的创作与参与，大大提升传播效率，但在过程中品牌主张会减弱。

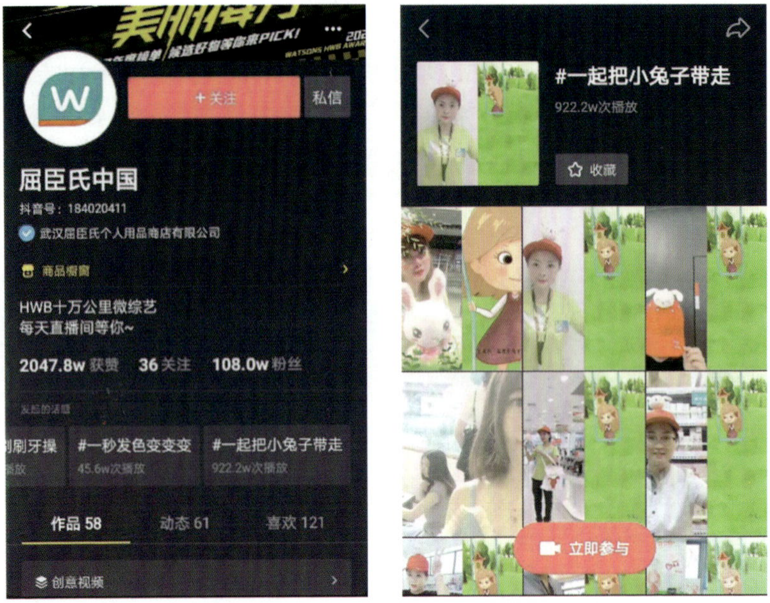

图 6-8

6.3 未来

前面提到，短视频的出现和爆发力源于流量分发技术的革新，在这种算法的加持下，短视频行业的生命力会越来越旺盛。

从内容发展趋势上看，互联网内容视频化以及短视频化的趋势将日益显著，短视频天然的媒体属性和流量优势会吸引更多专业的内容创作者入驻，丰富短视频的内容生态。在这方面，抖音仍旧占据一枝独秀的位置。

从商业化的角度来看，未来短视频的商业化应以电商为主，疫情导致人们的活动半径由原来的“物理世界”转移到“数字世界”，而短视频平台的丰富内容解决了早期直播平台的内容单一，互联网拼的就是用户留存和使用时间，因此短视频借疫情之手引爆直播，让直播迅速变为电商转化的第一梯队，从而引发“全民直播”风潮。从大众对内容的需求度来看，未来的秀场直播会在一定时间内遭遇瓶颈，或可被更专业更丰富的节目内容逐渐稀释甚至取代（见图 6–9）。

从行业发展角度来看，疫情期间，短视频和直播全面破圈，尤其因物理隔离对交流有刚需的教育及线上办公等行业，其他行业诸如健身、旅游等垂直行业被迫开始发展短视频和直播，通过线上流量转化维持生存。

如果有一天短视频的生命走向终结，那么极有可能是因技术变革取代玩法变革导致的。因此，在新技术未来临之前，各行业逐渐短视频化，并且通过短视频获取流量从而实现商业转化的未来，近在眼前。

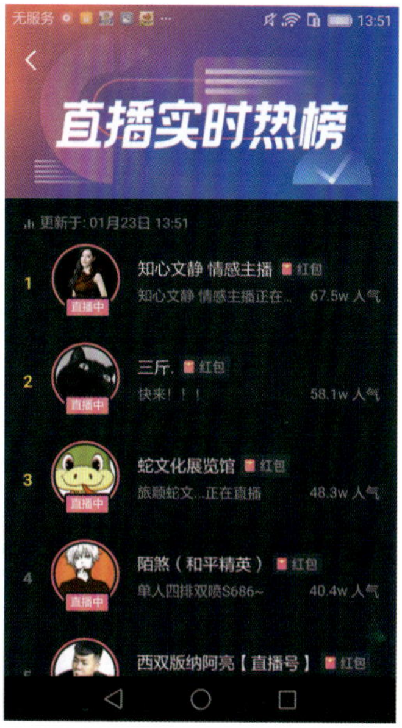

图 6–9

正说中国史

奠基华夏的上古西周

史海渔夫◎著

中国铁道出版社有限公司
CHINA RAILWAY PUBLISHING HOUSE CO., LTD.

图书在版编目（CIP）数据

奠基华夏的上古西周 / 史海渔夫著 . — 北京：中国铁道出版社，2021.3
（正说中国史）
ISBN 978-7-113-24989-2

Ⅰ. ①奠…　Ⅱ. ①史…　Ⅲ. ①中国历史—上古史—通俗读物②中国历史—三代时期—通俗读物　Ⅳ. ① K210.9 ② K221.09

中国版本图书馆 CIP 数据核字（2018）第 221721 号

书　　名：奠基华夏的上古西周
　　　　　DIANJI HUAXIA DE SHANGGU XIZHOU
作　　者：史海渔夫

策划编辑：田　军　　　　电　　话：（010）51873038
责任编辑：乔建华
编辑助理：杜思齐
封面设计：闰江文化
责任校对：王　杰
责任印制：赵星辰

出版发行：中国铁道出版社有限公司 (100054，北京市西城区右安门西街 8 号)
印　　刷：北京铭成印刷有限公司
版　　次：2021 年 3 月第 1 版　2021 年 3 月第 1 次印刷
开　　本：710 mm×1 000 mm　1/16　印张：11.5　字数：159 千
书　　号：ISBN 978-7-113-24989-2
定　　价：46.00 元

前言

英国著名历史学家阿诺德·约瑟夫·汤因比曾经说过：“一个人如果对历史有深切的感悟，他就一定能从中获得真知，因为历史的经验是最为丰富的一座智慧之库。”

中国是一个有着上下五千年历史的文明古国，在这源远流长的岁月长河中，历史忠实地记录了中国人的成功与失败、兴盛与衰退、辉煌与悲怆、交替与更新，也昭示着中华民族的未来。

古人云：“鉴前世之兴衰，考当今之得失”。学习和了解历史，往大了说，正如古希腊历史学家波里比阿所言，“历史之特殊功用在于能使人明白某种政策或政见的成败原因”，“使我们更谨慎、更大胆地面对现实”。往小了讲，可以让我们通过这面镜子，“察为人之道，悟处世之法”。

——这就是本书的写作初衷。

本书讲述的是中华文明的奠基之篇，全面记叙了从中华文明的诞生到西周结束这一阶段的历史。内容涵盖女娲造人等上古传说，和尧、舜、禹等圣君治世，以及夏、商、西周三朝的繁荣与衰败。其间，有人物故事，有征战，有颠覆，还有灭亡……

历史是严肃的，但绝不是无聊的史料堆砌，更不是索然寡味的大事年表。因此，本书从新颖的视角切入，大处着眼，细节着手，在历史真实的基础上，深入挖掘历史事件背后的玄机，深度剖析历史人物的情感和内心世界，从而给您不一样的阅读感受。

虽然本书的写作说不上有多少“技术”或“理念”的创新，语言也谈不上有多么的优美或犀利，但其真情实感犹如带着露珠的瓜果，从乡间田地采摘而来，清香扑鼻，能让你在开卷阅读或掩卷沉思时，给您一丝味道独特的启示……

衷心感谢您对本书的关注，希望本书能对您有所裨益。

目录

第四章　永受景仰的轩辕黄帝

第五章　“禅”来“禅”去，迷雾重重

第六章　舍小家为大家

第七章　“家天下”开始了

第八章　暴君的荒唐岁月

第一章 故事从这里讲起

我们“来路不明”

考古学家发现，人类在地球上已经存在了数百万年。那么，最早的人类究竟是怎么来的呢……

据科学家推算，地球已存在了大约四十六亿年。早期的地球和现在不一样，大气中充满了氮气和甲烷等，但没有氧气。

到了大约三十八亿年前，地球已经变成了一个蓝色的星球，表面覆盖着蔚蓝色的大海，海面上遍布着岩石裸露的岛屿。在陆地表面和海洋的底部，高密度的黑色玄武岩和富含铁镁的硅酸岩组成了厚厚的地壳，较轻的花岗岩等物质分布其上，这些物质是由浅色的，富含钾、钙、钠、铝的硅酸岩组成。天空变明亮了，大气逐渐变薄，气候也慢慢凉了下来。但是，此时的地球仍然是个“死球”，陆地和海洋中仍然没有植物和动物。

那么，地球上的生命是什么时候才开始出现的呢？

这是一个无论在什么时候都让人感兴趣、也是最易引起争论的问题。

根据史书记载，古希腊智者亚里士多德可能是生命起源之谜最早的探索者。他在公元前300多年前曾说：“有些鱼由淤泥及沙砾发育而成。”即生物可以随时由无生命的普通物质转化而成，或者由另一些完全不同的物质产生，这就是著名的“生命自生论”。

17世纪中叶，意大利医生雷迪用实验的方法，发现了苍蝇等生物并不是自然发生的，而是由亲代产卵所生，从而否定了自生论，建立了生源论，认为一切生物皆来自同类生物。

近年来，随着人类对地球认识的增多，多数科学家的观点是，在宇宙裂变中，雨水把大气中的无机生成物植入了海洋。这些无机物的“胚胎”在海洋的母体中，经过了漫长的孕育、演变，诞生了原始生命！

科学家们从生物进化论出发，推断出当初原始大气层里，含有的甲烷、乙炔（quē）等无机物，在太阳能、电能、热能等作用下，生成了一些具有高度反应的活性分子。当这些生成物随着雨水漂到海洋，海洋就成了生命化学演化的中心，成了孕育生命的“胚胎”的母体。

漂到海洋中的活性生成物，在化学的作用下，渐渐形成了一种类似蛋白质的有机物质，经过长期的演化和孕育，它们慢慢形成了最原始的生命体。到了大约距今六亿年前，即地质史上的元古生代，海水里的生命活动明显地加强了，除单细胞生物外，已有藻类、海绵类等多细胞生物出现。到了距今约六亿至两亿五千万年前的古生代，海水里已经出现了许多的动物，如三叶虫、珊瑚等。到古生代中期，出现了脊椎动物——鱼。鱼逐渐演化成两栖类动物，并且逐渐从海洋向陆地发展，直至进化到今天的规模。

那么，万物之灵的人类又是以什么样的形式演变而来的呢？

回答这个问题之前，我们先来看下面一个故事。

从前，在一片茂密的森林里，居住着一群猿猴，由于他们的眉毛是白色的，手臂又很长，所以被称作白眉长臂猿。

领头的是白眉老猿。在他的带领下，猿猴们除了吃、睡，就是玩。他们整天无忧无虑地在林木间游荡。由于手臂很长，力量很大，他们可以轻易地从这一棵树跳跃到另一棵树上，有时甚至能抓着藤蔓从山顶沿着陡峭的悬崖下到山腰。

白眉老猿有个孙子，它的与众不同之处，是屁股很红，个性顽劣，尤其喜欢搞恶作剧，常常弄得大家哭笑不得。

它们当然不能像我们今天的人类这样说话，互相之间要表达点什么，只能靠不同的手势和声调来交流。

有一次，红屁股小猿做错了一件大事，遭到了全家的怒骂，白眉老猿甚至忍不住扇了他一巴掌。

红屁股小猿有点想不通——做错了事，至于打我吗？“猿非圣贤，孰能无过？”你们为什么就不能原谅我一回呢？

它又一想：世界这么大，我得去看看。于是，它带上部分弟弟妹妹，“离家出走”，闯荡江湖去了。

不知走了多久，他们来到了一个平原上。这里树林很少，但田野上有摘不完的香蕉、草莓、蜜桃……味道好极了；河里还有捉不完的鱼和虾，时不时地还能开开荤；环境也很宜居，至少不用天天翻山越岭，还能一抬头就看见蓝天、白云……

唯一不爽的是，这里还有凶禽猛兽。

两害相权取其轻，两利相衡取其重。经一番思虑后，红屁股小猿最终还是和弟弟妹妹们在这里安营扎寨下来。

由于平原上没有可供攀爬的树木，为了躲避强敌，一开始他们只能拼命地奔跑。随着时间的推移，他们用四肢攀高跃低的本领渐渐退化了，学会了直立行走。再后来，他们面对敌人不再一味逃避，学会了用树枝、竹竿等来驱赶和捶打，也学会了用石头敲击坚果，以食其壳内之肉，他们甚至还能制造一些简陋的工具……

一年又一年，一代又一代。

留在原地的白眉老猿那一族，顺其自然地自生自灭，一直到今天，他们依然还是猿；而当初远走他乡的红屁股小猿一族，则因主动适应新的生活环境，进化成了人类——他们，就是我们人类的祖先。

这一段从猿到人的故事，虽然很简单，但它符合达尔文的“生物进化”理论，所以被许多人认为是可信的，是符合历史发展规律的。

支持生物进化论的依据：无论是来自化石的直接证据，还是来自遗传学、分子生物学等研究的间接证据，都表明人类来源于猿类。

近些年，更有人提出，人类不但来源于猿类，而且还来源于“海猿”。

最先提出这个说法的，是英国人类学家阿利斯特·哈代爵士。他的观点经发表，很快就轰动了史学界。

哈代当然不是空口无凭，而是根据对地质史多年的研究和推断而提出了这种观点。他认为，在四百万至八百万年前，非洲东北部大片陆地受到海水侵入，浩瀚的海水迫使生活在这里的古猿不得不下海谋生，慢慢进化成海猿。

为了验证哈代的新学说能否经得起推敲，1983 年，英国科学家戈顿和爱尔默来到非洲阿玛塔等地考察，研究了和直立猿人化石一起出土的古代贝类，发现这些贝类都生长在海洋深处。他们认为，如果当时生活在这里的猿人不具备屏息潜水本领，那么他们就不可能得到这些贝类食物。

澳大利亚生物学家彼立克·丹通教授，在对人类和其他哺乳动物控制体内盐分平衡的生理机制进行研究后，也得出一个惊人的发现：人类跟陆生哺乳动物不同，而与水兽相似。陆生哺乳动物对自身食盐的需求量有精确的感觉，而人类对盐分的需求量感觉不大，摄入量往往高于身体需求，有些国家的人，竟超过人体需求量的十五至二十倍。丹通教授这一发现，又进一步证明“海猿说”的科学性。

最有说服力的，还是 1974 年一具名为“露茜”的南猿化石的发现。科学家们经过对此化石的研究，发现生活在三百万年前的“露茜”的肩关节灵活，上臂可以向上伸直。传统进化论认为，这种现象是抓攀树枝的证据。而如果真是那样的话，用手抓攀的手臂就应该强健有力，臂骨和指骨也应该相当长。然而，令人意外的是，“露茜”的手臂细弱，臂骨和手指骨短小，下肢骨也较短小纤细，根本适应不了攀爬树木的需要。

因此，科学家们认为，“露茜”的骨架应该是生活在水中的“海猿”的骨架。因为水的浮力，海猿四肢无须像陆地上其他灵长类那样强健有力，其脚趾细长而弯曲，则是为了适应在海底泥沙上行走的需要，其髋、膝、踝关节转动灵活，为的是在游泳潜水时掌握方向，控制速度。

“露茜”化石的发现，无疑进一步证明哈代“海猿说”的可能性。

此外，人类生理上的许多特征，似乎也可以用来证明人类是从海洋动物进化而来的。

其一，人的胚胎发育过程，同样也离不开“海洋”，这就是母体子宫里的羊水。人的胚胎漂浮在羊水上，犹如原始生命漂浮在海水中。胎儿从受精卵开始到离开母体前，一直是在子宫的“海洋”中游泳。这是生命源于海洋的标志。

其二，人的胚胎在发育过程中，还有类似鱼类的“鳃裂”。人的胚胎在发育一个月的时候，在颈部的两侧也长着许多鳃裂。这是偶然现象吗？不，许多科学家认为，这是人类跟鱼类有亲缘关系的证明。它说明人类与鱼类一样也是起源于水中，人类老祖先也曾有过鳃，虽然后来退化了，但仍在人的胚胎早期，留下鳃的痕迹。科学家还证明，凡是一种动物进化到某一种新动物时，在这种新动物的身上，都会留下原有动物的某些痕迹。人类和其他哺乳类动物的远祖是在海洋里演化的，海洋孕育了生命，鳃裂是在海洋中留下的印记。

然而遗憾的是，由于迄今为止并没有发现任何直接的证据——比如海猿化石，可以证明人类是起源于海猿。当然，无论哈代等人提出的“海猿说”是真还是假，毕竟海猿也是猿，因此这并不影响人们对进化论的推崇。

可是，我们人类真的是这样来的吗？我们的祖先真的是猿猴吗？

其实，作为地球上的高级动物，关于我们人类的起源，自古就存在许多观点，而且各抒己见长达数千年。因此，无论达尔文的进化论是多么深得人心，仍然有人对此持怀疑态度。

这并不奇怪。“进化论”虽然能在一定程度上解释人和其他生物的起源和进化问题，但这个学说本身也是疑点重重。特别是随着现代科学技术的飞速发展，对此持怀疑态度的人越来越多。

比如，下列问题是进化论无法解释的。

（一）既然人是由古猿进化来的，那为什么有的古猿能进化成人，有的不能呢？

（二）人类早期的祖先应当是有尾巴的，那么按照进化论的观点，从古猿进化到人应当有许多中间环节（例如尾巴逐渐缩短直至消失），这些环节都应当有相应的化石给予验证。但事实上，一百多年来，考古发现的几百万块各种各样的化石，都没有证实这些中间环节的存在。

（三）科学家用血浆蛋白分子差异程度的定量测定发现，人类与现在的大猿、黑猿最为接近，大约在四千万年以前，人与大猿、黑猿“分手”。可奇怪的是，经过四千万年漫长的岁月，大猿和黑猿几乎没有什么明显的变化，它们永远属于灵长类哺乳动物，照目前的进化程度看，它们再经过四千万年也不会进化成智人和现代人。如果进化论是生物界的普遍规律，那么这个规律应该适合所有生物的进化，既然已经有一只猿进化为人，那么我们为什么没有发现正在进化的其他猿呢？或者说我们为什么至今没有发现其他猿进化成人的趋势？为什么地球上只有人类的进化竟有如此快的速度？

（四）既然“物竞天择、适者生存”是进化论的核心。那么，古猿之所以进化成人，最重要的是为了更好地生存，而自然界里（尤其是远古自然界里）更好生存的前提条件是什么呢？跑得快，使你可以有更多机会捕捉到食物，逃避攻击；身子灵巧，可以使你巧妙逃避天敌的进攻；目光敏锐，可以更早发现食物或前来进攻的对手；力气大，可以轻易打败对手，保护自己；爪牙锋利，可以有效撕碎食物，或者成为致命的进攻武器。可我们人类是向这些条件进化的吗？不是。进化没有给我们人类飞快的速度、灵巧的身躯、鹰一般的目光、牛一样的力气、猛虎一样的利爪……那么，人类为什么要如此进化呢？这种进化又有什么合理性呢？

对进化论的置疑还有很多。

近年来，又有人提出一个惊世骇俗的观点：人类的祖先是海豚！

提出这个观点的人是一位法国的医学家，名叫米高尔·奥登。他认为，人类和海豚的亲缘关系超过猿猴。

作为这一论点的依据，奥登列举了人与海豚的相同点以及与猿猴的许多不同点。比如，奥登认为，人与海豚都是哺乳动物；人能以含有盐分的泪液表达感情，海豚也会流泪；人的本性亲水、猿猴厌恶水；人的脊柱可以弯曲，适宜水中运动，而猿猴的脊柱是不能后伸的；人喜欢吃鱼、虾与海藻，猿猴却不喜欢。

当然，还有一条不得不提，越来越多的科学研究证实：海豚无论在“智商”还是“情商”上，都是地球上仅次于人的动物。它们不但聪明，而且具有洞悉他人想法的能力。这点是猴、猿等难以望其项背的。

澳大利亚的科学家曾做过这样一个实验：他们对多个“部落”海豚进行连续三年跟踪观察,发现在一个海豚大团体中,往往又有好几个“小山头”，在大部分时间里，它们都能为了共同利益做到“求大同而存小异”。但有时如果几个“小山头”难以达成“共识”，一个“小山头”的海豚还会通过讨好、挑拨离间等方式促使其他“小山头”里的一些强悍勇猛的雄海豚“背叛”，并重组成新的更为强大的“联合舰队”，用以对付或制服其他各霸一方的“小山头”。

海豚不但与同类的如此，与别的海洋动物也能如此。有时候，为了能更有效地合力围捕鲭（qīng）鱼群，海豚还会与金枪鱼结成临时的“互助组”，然而一旦不需要这种合作，合作关系也就自行结束。这就意味着海豚是“实用主义者”，每一头海豚随时随地都在琢磨着谁是盟军、谁是敌人。

更进一步的研究证实，海豚可能具有“自我意识”。这项实验是由美国纽约州州立大学的动物心理学家进行的。他们设计了一种别具一格的“标志测试”法。具体做法：用一种涂料涂抹在受实验动物身上，然后让其照镜子。如在看到镜子里的形象后有意审视自己身上留有的颜色标志，就被认定为表现出了“自我意识”。

接受“标志测试”的大部分动物，如鸡、猫、狗、猪、乌鸦、老虎、狼等对镜子里的自身形象置之不理，或误把它当作另一同类而与之搏斗（如公鸡），只有猩猩等灵长类动物才会利用镜子来检查自己的身体，从而通过了“标志测试”。

除了灵长类动物外,只有身体被打上标记的海豚会反复游到镜子前，不断地翻动身体，并且通过镜子察看自己身体上的染色标志，显示出有“自我意识”的迹象。

要知道，“自我意识”代表的是智力的高度发达，是人类有别于其他动物的重要标志之一。海豚的做法不得不让人惊叹。

更让科学家迷惑的是，灵长类动物的大脑和海豚的大脑在大约六百万年前经历的是不同的演化途径，但海豚达到甚至超过了灵长类动物的智力水平。因为研究发现，海豚的大脑体积与人类的相近，它们大脑的工作效率仅次于人类，而且它们还有人类没有的、令海军声呐系统也黯然失色的高超声呐系统。同时，海豚还知道如何使用工具，而且还会把这项技能传授给下一代；海豚之间还能互相称呼，它们在混沌水域或作长途漫游时，可通过类似人类名字的独特叫声来保持相互之间的联系。

让人吃惊的事情还远不止这些。许多活生生的事例告诉我们，海豚似乎对人类充满了爱和信任。例如，那就是海豚会把快要淹死的人托出水面，使之获救，或者形成防御队形把他们围起来，使他们免受鲨鱼的伤害。

关于海豚救人的故事和传说有很多，可谓不胜枚举。

海豚为什么要救人呢？有人认为，海豚救人与它的固有行为有关。幼海豚生下来后，母海豚会将它托出水面，有时甚至可达几小时或数天之久。海豚之间也常常互助，尤其是帮助某个生病或负伤的同伴。海豚生性喜欢游戏，经常推动海面的漂浮物体来做游戏，而且它们对人很友好，甚至会主动找人玩耍。因为海豚具有这些固有行为，所以当它们遇到一个失去知觉的人时，会误把他当作一个漂浮物体，本能地将其托起，并推上岸去，从而使人获救，这很可能出于好奇。

真是这样吗？有人并不认同。因为真实的事例同样存在：1992 年，一艘印尼货轮正在大西洋航行，有两名船员不小心掉入海中。这时一群海豚赶来，它们围成一个圆圈，把落水的一人托出水面，直到他被救起为止。另一名船员正在水中挣扎，突然感到腰间被撞了一下，原来也是一只海豚。这只海豚一直陪伴着他，与他并肩游泳，直到船员游到船边为止。

在这个真实的海豚救人的故事中，海豚所救的人并不像一个失去知觉的漂浮物体，也没有被海豚推上岸去。然而他们终究还是在海豚的帮助下脱险了。因此，说海豚救人与它的固有行为有关或者是出于好奇心，并不能让人完全信服。

因此，有人认为，海豚救人的真实原因，其实是缘于它们与人类的天然亲近感。

这点，似乎为海豚是人类的祖先提供了另一个可能的佐证。

总之，这一切都表明，人类与海豚之间比与猿猴的关系似乎更为亲近。然而，又没有直接的证据，一切都不过是假设而已。

看来，要说清楚人是怎么来的问题并不容易，我们人类从某种程度上说，还真算得上是“来路不明”！

打开童年的记忆

中国人总爱说自己是“龙的传人”，那么这种说法从何而来呢？这就需要从我们民族的童年记忆说起……

中国疆域辽阔，人口众多。中华文明上下五千年，虽历经沧桑，饱受磨难，却绵延不绝，历久弥新，是世界四大古文明中唯一延续至今的文明。

那么，为悠久历史而自豪的中国人又是怎么来的呢？

其实，虽然今天的科学并不能解释清楚人的来源，但并不代表我们的先人们不知道。因为他们早就告诉了我们关于中国人起源的“答案”，而且还是美丽的“答案”——我们都是“龙的传人”！

这不，许多人都会唱这首歌：

古老的东方有一条龙，

它的名字就叫中国。

古老的东方有一群人，

他们全都是龙的传人。

巨龙脚底下我成长，

长成以后是龙的传人。

黑眼睛黑头发黄皮肤，

永永远远是龙的传人。

……

那么，中国人真是龙的传人吗？“龙”又是从何而来的呢？

我们知道，在中国人的传统观念里，是有深深的“龙情结”的。

中国人特别爱用的吉祥词，有“龙腾神州”“龙凤呈祥”“龙飞凤舞”“龙马精神”等；逢年过节，中国人总是喜欢扎龙灯、赛龙舟；人们还习惯把各种美德和优秀的品质都集中到龙的身上，常把世间的杰出人物称为“人中之龙”……

可以说，上下数千年，龙成为华夏民族的代表和象征。

那么，龙到底是什么样的呢？

其实，在我国古代的各种著述中，与龙有关的内容层出不穷。距今两千三百多年的《管子·水地篇》里就对龙的习性、特点作了详细介绍，说龙诞生在水里，体表可以变化出五种色彩，它能大能小，上能腾云驾雾，下能潜入深渊，所以给人的感觉非常神秘致。

最早的、也最具考据色彩的关于龙的论述出现在距今约一千九百多年前的东汉时期许慎所著的《说文解字》里面，该书云：“（龙）鳞虫之长，能幽，能明，能细能巨，能短能长，春分而登天，秋分而潜渊……”

东汉王充所著的《论衡》一书则说：“龙之像，马首蛇尾。”

……

可是，人们既没有从考古资料（比如化石）中发现过龙的存在（恐龙倒是有），也从未提供过相关照片或视频，更别说龙的实物了。

然而，实践证明，在自然界，龙是根本不存在的，是中国的古人想象出来的一种神兽，而且这种神兽还是由多种动物某身体的一部分共同组合而成的新物种。

那么，中国古人的想象力为什么这么丰富，能想象出龙这么一个稀奇古怪的东西，而且千百年来一直将其奉为神明呢？这就必须上溯到遥远的远古时代。

为什么说那个遥远的时代是“传说”呢？这就要说到人的历史观。

众人所知，今人了解历史主要有两种途径：一种是文字记载，像《尚书》《史记》《春秋》之类的史书；一种是流传下来的，或者出土的文物，比如几千年前的青铜器、瓷器、几百年前的古字画等。

如果文字的记载和文物可以相互印证的话，这一段历史就是可信的历史，简称“信史”。如果只有文字记载而无文物佐证的话，这段历史的可信度就要大打折扣。

迄今为止，在殷墟遗址发现的甲骨文是今人所能辨认出的最古老的文字。商朝之前的文字，要么还埋在地下未被发现，要么被发现了却无法辨认，所以商朝通常被视为中国信史之开端。

由于没有实物佐证，所以传说不一定可信。然而传说却是我们民族弥足珍贵的童年记忆，是我们民族对自己“从何处来”的一种探索和假设。虽然这些传说（包括神话）无不笼罩着一层神秘的色彩，但透过它们，我们能打开迷宫，依稀看见一些真实的东西。

所以，我们的故事就从中国最古老的人类传说开始。

大地就这样布满了人类

女娲“抟土造人”的传说，在中国可谓家喻户晓，妇孺皆知。那么，女娲是人，还是神呢……

如果要在中国的古老传说中评选出头号主角的话，盘古自然是当仁不让的第一人选。原因很简单，是他开辟了天和地。

相传很久以前，当天和地还没有出现的时候，整个宇宙是黑漆漆的一片，就像一个大鸡蛋。

大鸡蛋里睡着一个人，这个人就是盘古。盘古堪称有史以来第一个“睡仙”，因为他一睡就是一万八千年。醒来后，他发现四周黑糊糊的，什么也看不见，气恼之余，便顺手抓起一把大板斧狠狠地用力一砍，只听得山崩地裂的一声——大鸡蛋忽然破裂开来。其中有一些轻巧而青色的东西，冉冉上升，变成了天；另外有些沉重而浑浊的东西，慢慢下降，变成了地。

又过了一万八千年，天已极高，地也极厚了。而这时的盘古耗尽了精力，再也撑不住了，他慢慢地倒下去了。

盘古倒下后，他的身体发生了巨大的变化。他呼出的气息，变成了四季的风和飘动的云；他发出的声音，化作了隆隆的雷声；他的双眼变成了太阳和月亮；他的四肢，变成了大地上的东、西、南、北四极；他的肌肤，变成了辽阔的大地；他的血液，变成了奔流不息的江河；他的汗，变成了滋润万物的雨露……

盘古虽然死了，但天地间从此有了美丽的世界，盘古也从此成为中华民族世世代代敬仰的英雄。

因为盘古把身躯都奉献给了天地，没有留下自己的血脉，所以从血缘上讲，中国人不是盘古的后代。中国人要追根溯源，还得从三皇五帝算起。

先说三皇。

“三皇”指的都是谁呢？从古至今，人们为此争论数千年，却也没有吵出个统一的结果。较为主流的看法：有的人认为是指伏羲、女娲和神农氏，有的人认为是指伏羲、燧人氏和神农氏，还有的人认为是指伏羲、神农氏和黄帝。

对这种“公说公有理，婆说婆有理”的事，恐怕再争论千年也没个定论。现在，我们还是先从女娲说起。

女娲在中国可谓家喻户晓。我国的先秦文献古籍《史籀篇》《楚辞》《礼记》《山海经》和秦汉以来的《汉书》《史记》《淮南子》等史料中都有记载，在中国的各民族中也口口相传着关于她的美丽故事，其中最为人熟知的当然还是她的“造人”。

故事是这样的：自从盘古开辟天地以后，大地上荒无人烟，没有一丝生气。这景象使得另一位天神——女娲感到非常孤独，她总觉得缺少了一些什么。

一天，女娲找到一处清澈的水池，她在池边蹲下，拿起黄泥，按照自己的模样，抟了一个泥娃娃。当她把这个泥娃娃放到地面上时，泥娃娃居然蹦蹦跳跳地活了过来，而且对着女娲喊“妈妈、妈妈”。

看着自己亲手创造的小生命如此可爱，女娲心里高兴极了，更加不知疲倦地抟着小人。

小人多了，女娲就不再孤独了。但是她觉得这个世界毕竟太大了，抟成的小人如同大海里的一滴水。她想造更多的人，可一时想不出什么更好的办法。

在她左顾右盼思索着更好的造人方法时，忽然看到山崖上垂下的长长的藤蔓。她灵机一动，折了一条藤蔓，然后把藤蔓伸到水里，再拿上来伸到河边上的泥潭里，搅浑了浑黄的泥浆，然后用力一甩，只见无数个泥点飞落到地上，立刻变成了无数个小娃娃。

女娲兴奋得不得了，又拽下几条藤蔓，一起甩到泥潭里。她用力抡起藤蔓，泥点像暴雨一样飞溅到岸边，成千上万个新生命就这样诞生了。

女娲看着周围的小生命，对他们说：“我创造了你们，给了你们生命，你们要繁衍生息，使生命永存。同时，你们是人，是世间万物之灵长，你们要用力量和智慧创造这个新世界。”

不久大地上就布满了人类。从此，大人们一块儿劳动，一块儿生活，繁衍着子孙后代；小孩们先是嘻嘻哈哈地打闹玩耍，后来都慢慢地长大成人，也做了父母，繁衍着子孙后代。

就这样，女娲成功地创造了人类，人类也按照她的嘱托开拓了这个新世界。由此，女娲在我国被尊称为人类始祖之一。

有人认为，“女娲造人”的传说，反映了早期人类社会的生活状况。当时人类处于母系氏族社会时期，妇女在生产和生活中居于重要地位，子女只知道自己的母亲，不知道谁是自己的父亲。“女娲造人”的传说正是对当时社会形态的体现，它真实地反映了远古时期人类对母性的崇拜。

对此，有人提出疑问并认为，既然女娲是按照自己的形象造的人，那么也就是说女娲是有身体的，正如屈原在《楚辞·天问》中所表达的疑惑：“女娲有体，孰制匠之？”女娲既然有身体，那么又是谁创造了她呢？

这个问题很难回答，也许我们只能姑且把女娲当成“天外来客”。

再说女娲造人后，大地上虽然充满了各式各样的生命，他们繁衍生息，好不热闹。但是条件依然十分艰苦，比如人们经常填不饱肚子，也没有东西可以遮风挡雨，在黑漆漆的夜晚只能蜷缩在一起相互取暖，无时无刻不担惊受怕。

活得“悲催”的先人一遍又一遍地在心里呼喊着：救救人类吧！

吃、住是个大问题

人的一生离不开的是什么？是吃和住。那么，我们的祖先又是如何解决这个最基本的问题呢？

虽然盘古创造了世界，女娲创造了人类，但先祖的生存条件是极为恶劣的。

按照达尔文的进化论，人类是从古猿进化来的，当祖先刚从树上下到地上生活的时候，恐怕是没什么竞争力的——牙齿没老虎锋利，体形没大象壮硕，速度赶不上豹子，上树比不过猴子，所以只能以一种非常原始的状态生活。石头、木棒就是工具。男人打猎，女人采果子，维持基本的生存需求。

那个时候，人们随时处于危险状态中。人们常常一觉醒来，发现自己的同伴被野兽咬死了，使人胆战心惊。

后来，为了躲避野兽攻击，人们居住在山洞里。可是，洞穴往往比较阴湿，长期居住在里面容易得病；洞穴里是一片黑暗，时不时地就会碰壁。人们就这样痛苦地生活着，可又找不到更好的居住地。

这时，有个聪明的小伙子发现了鸟在树上筑巢的益处：地上的野兽很少能爬到树上攻击鸟儿；在树叶的遮蔽下，雨水也淋不到鸟儿。

想到这里，这个聪明的小伙子便动手找来一些树枝、藤条和泥土等，在高大的树干上建造房屋，房屋的四壁和屋顶都用树枝遮挡得严严实实，既能遮风避雨，又可以防止禽兽的攻击。从此，他便每天住在树上的巢里，过得既安全又舒服。

小伙子是个热心人，他毫不吝啬地指导着其他人也在树上筑巢。人们从此不用再过担惊受怕的日子了。

这个小伙子的发明让大家感激万分，于是人们推选他为当地的部落首领，服从他的指挥。那时候的人都没有名字，人们就根据他的贡献尊称他为“有巢氏”。

当时，有巢氏的这个发明很实用，很快就传遍了其他部落。他的名声也越来越大，各部落的人干脆推选他为部落联盟的首领，尊称他为“巢皇”。

后来，随着人们会使用的工具越来越多，逐渐掌握了把巢建在地上的方法，这就是我们今天房屋的雏形。

当然，历史上的“巢居”肯定不是一个人发明的。实际上，有巢氏的发明代表着人类发展的一个阶段，表明人类已经从原始的居住山洞，发展到了建造房屋的阶段，是人类进步的一个标志。

自从有巢氏发明了巢居之后，人们居住的问题算是解决了。可是，另一个大问题——吃饭，却还没有解决。

那时候，人们吃什么都是生的。

有一天，雷电引发了森林大火，熊熊的大火不仅烧掉了参天大树，而且那些来不及逃跑的动物也葬身火海。

幸免于难的人们出来找东西吃时，发现那些被烧死了的野兔比较好吃。

不仅如此，几天后人们还发现，这些烧过的东西，吃下去易消化。从此，人们开始重视火的作用。

火不仅可以烤熟食物，还能够用来照明、取暖，甚至可以吓退前来攻击的野兽，是远古人最大的帮手。

但是问题很快就来了，那就是如何生火。

许多年后，一天晚上，有个远行的年轻人坐在一棵叫“燧木”的大树下休息。突然，他觉得眼前有一闪一闪的亮光，把周围照得明亮。年轻人立刻站起来，四处寻找光源。忽然，他发现在这棵燧木树上，有几只大鸟正在用它们又短又硬的喙啄树上的虫子。只要它们一啄，树上就会闪出明亮的火花。

年轻人想了想，立刻折了一些燧木的树枝，像大鸟一样用它们去钻树干，树干上果然闪出火花，却着不起来。

年轻人没有灰心，他找来各种树枝，反复地钻。终于树干上冒烟了，然后着火了。年轻人高兴地流下了眼泪。

年轻人马不停蹄地回到了家乡，把“钻木取火”的方法告诉了大家。从此人们再也不用生活在寒冷和恐惧中了。

人们都非常佩服这个年轻人的勇气和智慧，便推举他做首领，并称他为“燧人”，也就是取火者的意思。

发现、利用火和发明钻木取火，无疑是人类的巨大进步。人类掌握了取火的本领，自然就不再食用生的食物，结束了生吞活剥的时代，这也是人类文明的最初体现。此外，人类还利用火取暖御寒、抵抗野兽的袭击。由于食物结构和生存环境的改变，人类对自然界的适应能力、生存能力也大大增强了。

虽然有巢氏建造房屋和燧人氏钻木取火的故事只是传说，但有专家考证后认为，这些传说已非常接近历史事实，可能发生在石器时代。

第二章

一对神奇的夫妻

不可思议的一“踩”

如果你是一位女性，千万不要在野外随意踩那些硕大的脚印。因为，这很可能有“危险”……

伏羲是中国很多民族共同认可的人文初祖，位于“三皇”之首。

传说很久以前，在中国西北的渭河流域，有一个国家叫华胥国。那里的人们都安居乐业，不受统治和压迫。

生活在那里的人，没有超出必需的欲望，也没有不良嗜好。他们日出而作，日落而息，毫无压力，每个人都很长寿。

传说在这片以长寿著称的国土上，有一个漂亮的姑娘叫华胥氏。她活泼聪慧，机灵异常。

有一天，华胥氏偷偷溜到皇宫外，无意间走到了风景秀丽的雷泽。

突然，她看到一个硕大的脚印，好奇心使她禁不住把脚伸出来，想比比这脚印究竟有多大。

不料，她刚把脚放到脚印上，就听到一声巨雷轰隆，只见空中出现了一个怪异的巨人，对她笑了一笑，便立即消失了。而她也有了一种被蛇缠身的奇怪的感觉。她吃了一惊，大叫一声跑回家了。

可是从这天起，她便怀了身孕。更加怪异的是，她一怀就是十二年。最后，她终于生下了一个聪明伶俐而又力大无穷的男孩，取名伏羲。

古籍记载：“伏羲龙身，女娲蛇躯。”最早的伏羲画像出现于东汉，那时人们画的伏羲像都是人面龙身的，或者人面蛇身的。

人们之所以热衷于编造这种神奇传说，是告诉大家，他们不同于“凡人”，他们是神撒落在人间的种子。

神话传说中的伏羲就是这样诞生的。那么，脱去传说的华丽外衣，伏羲又是怎样降生于世呢?

学者经过考证，认为伏羲的母亲是当时一个叫华胥氏的部落女首领。

大约距今两万两千年至一万两千年,地球进入了第四纪冰期的末期，在中、高纬及高山区形成大面积的冰川。由于大陆冰川不断扩大增厚，引起海平面大幅度下降。天气干冷。

此时，伏羲的先祖从昆仑山北迁，搬到了祁连山一带的河西走廊，过起了游牧生活。

大约距今一万一千年到一万年，河西走廊一带发生了洪水。伏羲的先祖饱受水灾之苦，便又开始东迁。

多年以后，华胥氏和她的部落来到了一个叫雷泽的地方。情窦初开、浑身散发着青春少女气息的华胥氏结识了英武俊朗的年轻雷泽部落首领。

后来，华胥氏怀孕了并生下一个男婴，该男孩就是伏羲。

伏羲的降生让族人很激动，为了纪念这个伟大的日子，他们把生活的地方称作纪。纪就是今天的甘肃天水，所以天水历来都被称为“羲皇故里”。

伏羲在母亲的部落里慢慢长大。华胥氏很重视对他的教育，后来还把他送到相邻部落去学习。

由于伏羲天资聪慧，学习勤奋，善于与人相处，相邻部落的首领们都很喜欢他，把祖传知识毫不保留地传授给了他。

“大家整天都没闲着，累得半死不活，日子怎么还过得这么悲惨呢?”渐渐长大的伏羲很茫然。

为了弄清其中的缘由，他每天抽出一段时间盘坐于卦台山（今甘肃天水），冥思苦想，风雨无阻。在这期间，他当上了部落首领。

“精诚所至，金石为开”，一天，正当伏羲又如往常在山巅冥想时，竟然睡着了。

他梦到自己来到了渭河边，举目四望，只见河水混浊，滔滔不绝。

伏羲不禁感慨万千：“大河奔腾不息，人的生命流逝不止。不知道大河流向哪里，也不知道人的生命归向何处？”

此时，河水突然暴涨，巨浪冲出一个怪兽，只见它龙头马身，全身火红，背上长着三道连在一起的白色条纹，正是传说中的龙马！

龙马飞奔上岸，跃上一块大石头。龙马身上的斑纹与石头互相配合，形成一个奇妙的太极图案。

伏羲看呆了，他急忙走过去，想看清楚，却见龙马一个转身，又消失在水里。

伏羲一着急，突然醒了过来，这才明白自己只是做了一个梦而已。想着梦中的情景，伏羲百思不得其解，不一会儿又迷迷糊糊地睡着了。

恍惚中，伏羲向南来到了泾水。只见这里的水与渭水截然不同，河水清澈，水声潺潺。伏羲又吃了一惊，心想：“天底下竟然有如此不同的景象。”

在他感叹着大千世界的千变万化时，只见从远处的河中游过来一个黑糊糊的东西。等那东西游得近了，伏羲才发现，那是一只白龟。

白龟游到伏羲面前，两眼直勾勾地盯着他，突然向他点了三下头，随后头往龟壳里一缩，便卧在水边不动了。

这是什么意思？伏羲觉得奇怪，便上前观察白龟的龟壳。只见龟壳中间也有三条斑纹，但这些斑纹没有连在一起，而是从中间断开了。这只白龟在伏羲面前停留了一会儿，又慢慢游向水中。伏羲心中一急，醒了过来，这才发现自己又做了一个梦。

想想梦中的情景，伏羲突然顿悟，原来天地万物的变化规律如此简单——唯一阴一阳而已。

于是，他用一横表示阳，两个断开的横表示阴，三道为一组进行组合，画出了八种不同图案，即八卦图。

后人将伏羲创造的八卦称为“先天八卦”，并将其命名为乾、坤、坎、离、震、艮（gèn）、兑、巽（xùn），分别象征天、地、水、火、雷、山、泽、风。

伏羲创立八卦，在当时影响很大。由此，他的名声很快流传开来。

总之，当伏羲的事迹被人们知晓后，许多年轻姑娘都想嫁给这个聪明的帅小伙。

一个说：“我的部落人多势众，咱俩结合就是强强联合，以后我的部落都听你的。你说抓野猪，我们决不去逮松鼠！”

另一个说：“人多有什么用？听话有什么用？我的部落虽然小，但我有天使的面孔、魔鬼的身材。咱俩才是天造的一对，地设的一双。”

……

其实，这些姑娘都是自作多情，因为伏羲压根儿就没看上她们。他的心中早就有了意中人，这个人就是女娲。

夫妻同心定规矩

今天的年轻人在结婚前，通常会向男方要彩礼，且数目大得惊人。可你知道这种风俗从何而来吗……

在民间传说中，人们赋予了女娲许多身份。一种说法是前文所述的抟土造人的神；另一种说法是女娲和伏羲面对一场突如其来的洪水，爬到一截漂浮于水中的朽木上才得以活命。

洪水过后，女娲和伏羲便商议结婚以繁衍后代。

在一个阳光灿烂的日子里，新郎官伏羲穿戴一新，然后手里拎着聘礼。当他喜滋滋地来到女娲部落时，新娘子早已美滋滋地等候多时。总之，婚礼结束后，伏羲就留在了女娲的部落，成了一位“上门女婿”。这也没有什么好奇怪的，因为当时正处于母系氏族社会，“男嫁女娶”很正常。

婚后的小两口恩爱有加，生儿育女，小日子过得有滋有味，一家人也其乐融融。

再说伏羲“嫁”到女娲部落后，虽然只是一个上门女婿，但他毕竟不是一般人，让他天天待在家里“相妻教子”是不可能的，所以他也分管了女娲部落的部分权力。

此后，随着伏羲的实力不断增强，很多部落慕名而来，他们希望组成以伏羲为首的部落联盟。就这样，伏羲成了第一任部落联盟的首领，女娲成为部落联盟的“第一夫人”。

成了“第一夫人”的女娲也没有闲着，她做了许多有益于后世的工作。比如，对婚丧嫁娶的改进。

在母系氏族社会，男女之间在恋爱婚姻方面是极其自由的。但是，随着社会的发展，先祖意识到，男女相好就意味着会生孩子，可生下的孩子算谁的？那会儿也没有DNA技术可以鉴定孩子的生父。因此，当时孩子的母亲全是“单亲妈妈”。男的呢？“无娃一身轻”。

女娲把这些情况看在眼里，记在心头。“男女相好之后就应该结为夫妻，同住一个屋檐下，同担一份责任，相濡以沫地过日子。”

因此，女娲决定以后男女结合了，女方要到男方家过日子，也就是“女嫁男娶”。

后来，随着弓箭的发明，情况又有了变化。有了它，猎人既可以潜伏在远处射杀猎物，又能避免被猎物伤害。

如此一来，猎杀的动物多了，大家不仅能吃饱，而且还能吃好，男人的地位得到了提升。

人的地位一变，心思也会变。女娲和伏羲意识到了这一点，他们想：“既然保护家人的重担落在了男子的肩上，那些富有营养的食物也是由男人辛苦猎回来的，那么女子再像从前那样在感情上过于奔放就不太合适了。这不但会伤害男人那颗敏感的心，搞不好还会影响部落的稳定。”因此，他们决定制定一项嫁娶制度，来规范这些事。

制度的第一条是“正姓氏”。

随着女娲和伏羲部落的逐渐壮大，人口也越来越多。人多了，根本无法区别，更无法管理。因此，伏羲想："我姓风，别人也可以有自己的姓。"于是，中国人从此有了姓氏。

光有姓还不行。当时人们大多在同一部落或临近部落通婚，时间一长，难免因为遗忘或分辨不清而出现近亲婚配的情况。女娲和伏羲也认识到会有这种问题，于是规定，孩子生下来要随父亲姓，这样就能知道谁和谁是父子关系、兄弟姐妹关系。如此一来，只要两个人同姓，说明这两人或多或少有血缘关系，是不能结为夫妻的。

制度的第二条是"通媒妁"。

当时女娲看到，男女之间的结合就像"一场游戏一场梦"，结得快，分得也快，与今天的"闪婚闪离"相似。她觉得这种做法太不严肃了，得让婚姻严肃起来。于是提出，结婚的事只让两个当事人决定不行，因为年轻人就算结合在一起，也容易随着时间的流逝而感情变得冷淡，进而两相厌恶导致分手。

因此，女娲决定，男女结婚之前必须通过媒人牵线，再由男女双方的父母把关，看看双方相貌、性情等是否般配，通过审核之后，男女双方才能谈婚论嫁。

制度的第三条是男方要"下聘礼"。

"为什么呢？"当女娲做出这个决定后，伏羲也曾不解地问道。

女娲的解释是，既然我们要求女方住到男方家，服从男方，那男方就得拿出点诚意来，保证自己不变心，而聘礼的作用就相当于保证金。

"那得拿多少聘礼合适呢？"伏羲又问。

女娲的回答是，就以你当年娶我的聘礼为标准。

由于女娲制定了嫁娶制度，提倡媒人的作用，所以她成了媒婆行业的祖师爷，被后人尊为"婚姻之神"。

"女嫁男娶"制度的制定，说明男子在社会生活中已开始趋于主导地位，我国远古人类也逐渐由母系氏族社会进入了父系氏族社会。

了不起的伏羲

为了推进原始社会的发展，伏羲充分利用自己的聪明才智，打开了早期人类文化宝库的大门……

在伏羲和女娲夫妻俩的精心经营下，他们所在的部落日益强大。后来，数百个部落，一致推举伏羲担任首领。伏羲凭借着过人的智慧，成为部落联盟的首领。

职位越高，意味着责任越大。伏羲深深地明白这一点。

前已述及，原始人的生活主要靠女子采集和男子狩猎来维持。但无论是采集还是狩猎，都很难保证人们不饿肚子。因此，挨饿的事时常发生。作为部落联盟的首领，伏羲整天为此忧心如焚。

有一天，伏羲来到河边，看到水中成群的鱼虾在嬉戏，心想："如果能把鱼捕到，不是又有了一种食物来源吗？"可是鱼在水里很灵活，根本捕不到鱼。这让伏羲犯了难。

不久，伏羲见到一只蜘蛛在精心结网，就悄悄地守在蜘蛛旁边。一会儿，一只昆虫飞来，一头撞到网上被黏住了。伏羲灵机一动，就开始借鉴蜘蛛结网的技法，编起了网。

很快，一张细密而坚韧的网在他的手中诞生了。他把网撒到水中，怀着急切而又充满期待的心情等了几分钟，才谨慎地把网拉上来。结果让他激动不已——网里面真的有几条鱼！

伏羲立刻大力推广结网捕鱼的方法，后来又把这个方法灵活地运用到捕鸟上面。

随着捕获量的大增，有时猎物一时半会儿吃不完，但又不能宰，因为那时候没有冰箱，怎么办呢？那就养着吧。由此，畜牧业诞生了。所以，一直到近代，渔猎行业还把伏羲当作祖师爷。

接下来，伏羲还要解决人们记事的问题。

原始人因为没有文字，所以生产生活中的许多事情全凭记忆，时间久了，遗忘便不能避免。

对此，伏羲要造书契。他将特定的符号刻在物件上，比如陶器上，这样就比结绳记事清晰多了。现在考古发掘出当时的陶器，很多都刻着符号。虽然难以证明这些符号是文字的前身，但至少能证明那个时代已经有了简单的思想符号。

伏羲的贡献还远远不止这些。据说他除了让人们拥有不同的姓氏之外，还把人们分成不同的氏族，并划分地盘，分别治理，任用官员去管理整顿，使后代治理国家有例可循；传说伏羲“味百药而制九针”，因而千百年来，医学界尊奉伏羲为医药学、针灸学的鼻祖。

此外，作为那个时代最耀眼的明星，伏羲还富有音乐细胞，据说他发明了琴瑟，并谱写出乐曲，目的是用于礼仪、宗教、占卜、巫术等活动，帮人们“修身养性，返璞归真”。

总之，伏羲采取了诸多措施，打开了早期人类文化宝库的大门，使人们从原始愚昧走向文明。

永远的女娲娘娘

“女娲补天”和“女娲造人”一样，是中国家喻户晓的神话传说。那么，这个故事又有什么样的含义呢……

伏羲死后，女娲成了部落联盟的首领。

这时，先祖已经步入父系氏族社会了。女娲，一个女人当了首领，自然就有男人不服气。

不服气的人叫共工。古籍记载，他是个部落首领，但在神话传说中，共工生得人面、蛇身、头发通红。共工掌管着江河湖海的十分之七的地盘，因此被后世人称为“水神”。

共工部落的实力非常强。伏羲死了，没想到部落联盟的首领竟是女娲。

对此，共工越想越生气，领着自己部落杀向了女娲的地盘。

虽说女娲只是个女流之辈，坐上盟主的位置也没几天，但她在嫁给伏羲之前，是一个部落首领。何况在嫁给伏羲之后，又当了“第一夫人”，哪里是等闲之辈！

因此，当她听到共工造反的消息后，只是冷冷一笑。一面组织迎战，一面给向来与共工不和的祝融送信，准备夹攻共工。

当共工听说祝融要和女娲联手对付自己时，怒火中烧，立刻率领士兵攻打祝融居住的光明宫，把光明宫四周长年不熄的神火弄灭了。大地顿时一片漆黑。

祝融也不甘示弱，他驾着全身冒着烈焰的火龙出来迎战。所到之处，云清雾淡，雨水齐收；黑暗悄悄地退去，大地重现光明。

共工见状，恼羞成怒，把海水汲上来，往祝融他们那里倾去。刹那间，浊浪翻腾，神火又被浇熄了。

然而水往低处流，大水很快退去了，神火又燃了起来。加上祝融请来风神帮忙，火借风势，风助火威，热辣辣地直扑共工。

只见火焰长蛇般席卷而来，共工和他的手下被烧得焦头烂额，东倒西歪。只好一路狂奔，逃回自己的老根据地大海。

共工满以为祝融遇到大水，肯定会知难而退。哪知祝融根本不怕。大火所到之处，海水纷纷向两边翻转，让开一条大路。

共工只好率领残部硬着头皮迎战，但他们斗志全无，哪里是祝融的对手！

共工一直逃到不周山。这时，他身旁只剩下十三位兵将。

共工放眼望去，只见不周山悬崖峭壁，高耸入云，拦住了去路。这时，他回头一看，追兵已到。

共工又羞又气，一头向山腰撞去。刹那间，一声巨响震耳欲聋，共工竟将不周山拦腰撞断。

不周山本是一根撑天的巨柱，它一断折，天和地没了支撑，可怕的情景随即出现了。只见天河的水奔涌着从裂缝中冲向人间，顿时大雨滂沱，日夜不停。随即，山洪暴发，河水猛涨，无数生命被洪流吞噬。整个人间陷入了一场空前的浩劫之中。

人们害怕极了，纷纷逃到女娲部落，恳求她的帮助。

这时本为部落联盟首领的她，又被人们幻化为抟土造人的女娲娘娘。她怎么忍心看着自己的子孙后代遭受如此大的劫难呢？于是决心把共工撞裂的天补好。

但是女娲知道，只有找到那些具有神奇力量的五彩石子，并将它们炼成五彩巨石，才能将天上的裂缝补好。可是，五彩石子并不容易找。

可是，任何艰难险阻都不能阻挡女娲拯救人类、拯救世界的决心。她走遍千山万水，战胜一切困难，终于找到了所有的五彩石子。

然后，女娲在大荒山下燃起风吹不灭、雨浇不熄的天火，将那些五彩石子投进烈火中，一连烧了九天九夜，终于将它们炼成了一块块五彩巨石。

随后，女娲举起五彩巨石迎着狂风暴雨向天的裂缝处飞去。尽管暴雨打伤了她的身体，但是，女娲咬紧牙关，忍着疼痛，终于将五彩巨石一块块嵌入破裂的天空。

眼看天空中的裂缝越来越少，只剩下最后一道了。人们沉浸于喜悦中时，五彩巨石都用完了，那天空中最后一道裂缝该怎么办呢？

此时，女娲想到了自己具有神奇力量的身体。为了拯救自己的人类子孙，她毅然用自己的身躯填补了最后一道裂缝！

当所有的裂缝都被补上后，天空中的乌云散尽，阳光闪耀，变得明朗而蔚蓝，仿佛从不曾崩裂过。但是，美丽、善良、聪明而伟大的女娲再也没有回到人间。

女娲一死，部落联盟首领的位置又出现了空缺。那么，谁会成为新的部落联盟首领呢？

第三章

炎帝神农的不平凡人生

天才少年"降临"人世

传说，第一代炎帝也被称为神农。他是继伏羲、女娲之后，对中华民族的生存和发展做出重要贡献的始祖之一。那么，他又是怎样的一尊神呢……

三十年河东，三十年河西。随着社会的发展，女娲原来的部落渐渐衰落了。随后，炎帝部落取而代之。

渭水是黄河最大的支流。而渭水的一条支流叫姜水。炎帝就诞生于姜水之畔。

炎帝的父亲是姜水流域少典部落的首领。有一天，这位年轻的帅小伙偶然与邻近部落的姑娘女登（一说叫任姒）一见钟情。小伙子依照伏羲、女娲定下的规矩，隆重地将女登娶过了门。

有一天，女登到姜水岸边游玩，当时，天色已近黄昏，残阳如血，夕阳洒在水面上，反射出道道金光，十分美丽。

女登很开心，她沿着姜水边走边玩，就在这时，随着一道红光，一条赤须神龙从水中腾空而起，双目发出两道神光，与女登的目光相接。她使劲儿擦了擦眼睛，想看个仔细，可映入眼帘的除了滔滔的江水，什么也没有。女登觉得有些害怕，急忙回去了。谁知，回去后不久，女登就怀孕了。随后，在烈山的一个石室，女登生下一个红球。红球在田地里滚了几滚，裂为两半，中间坐着一个胖乎乎的长着人的体形的男婴，但头上长着一对角，脸上有一对大鼻孔，这分明是一张牛脸。

可能是由于孩子的长相过于奇特，也可能是为了认祖归宗，年轻的部落首领便给他起了个名字叫神龙。又由于神龙的母亲是从姜水回来后怀孕的，神龙便以姜为姓。

传说，神龙出生后，三天就能说话，五天就会走路，九天便长齐了牙齿。

神龙随父母一起居住在秦岭脚下的一个小村子里。从小他就向父亲和其他前辈虚心学习各种生存技能，很快就成了当地一名神猎手。

在神龙二十岁的时候，他的父亲不幸去世，但神龙凭借自己响亮的名气，被推选为部落首领。后来，他的名字就演变成了我们今天熟知的神农。

为什么由“神龙”变为“神农”呢？可能与他的贡献有关。

成为“五谷之神”

无论你喜欢吃大米、玉米，还是馒头，你不应该忘记一个人。这个人是“五谷之神”……

据说，神龙生活的年代，距今约有五千五百年至六千年，是新石器时代的中晚期。

当时，人们仍然靠打猎和采集野果等为生。虽然伏羲教会人们结网捕鱼和养鸡等生活技能，但这并不能保证人们过上温饱的日子。因此，挨饿时常发生。遇上洪水、猛兽，不仅填不饱肚子，就连性命也难保。如果到了天寒地冻的时节，要找吃的就更困难。因此，人们过得特别苦。

为此，神龙整日坐卧不安。他下定决心，一定要让大家过上丰衣足食的生活。

一天，神龙信步来到一座山坡，一丛嫩绿的小苗映入了他的眼帘。这种小苗很常见，但神龙以前也没注意。但今天，不知为什么，他突然来了兴趣。

于是，神龙弯下身子，轻轻扒开小苗周围的土，他发现，在每棵小苗的根部都有一块还没有腐烂的果皮。

对此，神龙觉得非常好奇，便又沿着山坡观察其他的小苗。无一例外，每棵小苗的根部都有一些果皮，有的小苗“头”上还顶着一块果皮。

看到这儿，神龙心中暗想：“这些小苗一定是那些果实变成的！如果采集这些果实，然后将它们埋入地下，等它们生根、发芽、开花、结果之后，就能收获更多的果实了。到时候，吃的问题不就解决了吗？”

恰在这时，一只通身火红的鸟从天上飞来，而且在飞过神龙的头顶时，将口中衔着的一棵五彩九穗谷掉落在地。

神龙心中大喜，立刻捡起地上的五彩九穗谷埋在了地里。经过一段时间，土地上果然长出一片谷子。神龙将谷穗揉搓后，尝了一下里面的种子，不仅无毒，而且还能解饿，味道也不错。于是他砍掉周围的树木，割掉附近的野草，在这里种起了谷子。

只有这么一种谷子，神龙觉得品种太单一，于是经过长期的筛选，最后选定了稻、黍、稷、麦、菽（shū），也就是后来所谓的“五谷”。

可是，虽然懂得了五谷的种植方法，但没有相应的种植工具，人们一年也收不了多少粮食。神农觉得这样既浪费力气，又耽误时间，便发挥聪明才智，发明了两种农具：耒（lěi）和耜（sì）。

有了农具，农业生产效率得到了提高。从此，人类结束了渔猎生活，进入了农耕时代。人们感念神龙的恩德，将他尊称为“神农”，即农业之神。从此，“神龙”就成了“神农”。

不久，神农又发现了问题：在有些土地上，无论你怎样耕种，作物的产量都不高。怎么解决这个问题呢？神农一时也想不出好办法。

有一年，山上发生了森林大火，烧光了树木、野草。大火过后，神农觉得这片山易于耕种，便在山上种植了五谷。让他没有想到的是，这里的五谷长得极为茂盛。神农由此受到了启发：将草木灰作为肥料，以使农作物增长、增产。

正是由于神农开创了原始农业的初级阶段——刀耕火种，使社会生产力得到了极大的提高，因此人们又尊称他为“炎帝”。《说文解字》曰：

“（炎）火光上也。从重火。”用炎来命名这位“农业之神”，反映了火对于原始农业的巨大作用。

化身“小白鼠”

为了区分哪些草能救人性命，炎帝把自己变成了一只实验“小白鼠”……

炎帝虽然教会了人们耕田种粮食，使人们的生活有了一定程度的保障，但他仍然没有停歇。因为在那个时候还没有医学常识，人们经常因为乱吃东西而得病，或者因打猎和采集而受伤，但对此，人们束手无策

先民的疾苦，炎帝看在眼里，疼在心头，愁得整夜睡不着觉。他苦思冥想了三天三夜，决定亲尝百草，找出其中能治病疗伤的植物。

第二天，炎帝带着一些能吃苦耐劳的人往西北方向走去。他们走了七七四十九天，来到了一个地方。只见这里一座高山连着一座高山，一条峡谷接着一条峡谷，山上长满奇花异草，并散发出一阵阵香气。

炎帝高兴得几乎跳起来了，急忙向峡谷走去，就在这时，峡谷中突然蹿出来一群野兽，把他们团团围住。

炎帝一面让大家集中起来，一面挥动着手里的鞭子，朝野兽打去。这时，随从们有些害怕了，纷纷劝炎帝回去。炎帝摇摇头，坚定地说：“不能回！人们饿了没吃的，病了没医的，我们怎么能回去呢？”说着继续朝前走去。

这一天，他们来到一座大山脚下，只见这座山直插云霄，四面都是陡峭的山崖。炎帝琢磨着如何才能上山，但琢磨了半天，皆不得要领。突然，他瞥见一只猴子在山壁前顺着藤蔓攀援而上，便心生一计。

他让随从割下藤蔓，沿着岩壁搭架子，一直搭到山顶。炎帝率领随从，攀着架子登到了山顶。山顶上，百花盛开，遍地是琪花瑶草，五彩缤纷。炎帝喜出望外，令随从栽下一排排冷杉，用来抵挡野兽的袭击，他自己则在冷杉丛林中结庐而居。此后，人们便把炎帝居住之地称为“木城”。

接下来，炎帝准备亲口品尝百草。事先，他准备了两个袋子背在肩上，美味的草便放到左边的袋中当食物，不好吃但功效神奇的，则放入右边的口袋作草药。

他先拿起甘草品尝，觉得味甘、性平能解毒泻火；他又咬了口乌梅，齿酸、生津且涩肠敛肺；嚼了几粒花椒，觉得可以驱寒、止痛；吃了几口辣椒，满面泪流，腹中犹如火烤……

总之，哪些是苦的，哪些是热的，哪些是凉的，哪些能充饥，哪些能医病……他都记得一清二楚。

据说，茶叶的发现者就是炎帝。一天，他拿起一片鲜嫩的小绿叶品尝，绿叶一到胃里，便令人痛快酣畅！由于小绿叶在腹中来回运转，仿佛来回巡查，炎帝便称其为“查”。他认为“查”对身体有益，便放入左边的袋子。后来人们传来传去，“查”就成了“茶”。

有一次，炎帝拿起一棵不起眼的小草，放到嘴里一尝，还没嚼两口就感觉天旋地转，一头栽倒在地上。

随从赶紧扶起他。他清楚自己身中剧毒，说不出来一句话，只好挣扎着用最后一丝力气，指指自己的嘴巴，又指指眼前一株红灿灿的小草。随从急忙将那株小草嚼碎后，喂到他口中。

炎帝服下后不久，剧毒立解，也能说话了。后来炎帝觉得这草既然这么灵，那就叫它灵芝草吧。

炎帝虽然靠灵芝草捡回了一条性命，但把随从吓了个半死，大家心有余悸地劝他说：“您可真行，甭管什么玩意儿，都敢往嘴里放。今天是恰好有棵灵芝草，您没事儿。可幸运女神又不能被您揣在兜里，万一下次再碰上……”说完，随从居然汪汪大哭起来。

炎帝微微一笑，也不答话，继续往前走。

炎帝尝遍这座山的花草，又去尝另一座山的花草，尝完一山又一山，一连尝了七七四十九座山。据说被他尝过的花、草、根、叶有三十九万八千余种。他从中认识了许多药物，并用它们给人治病，挽救了不少人的性命。

炎帝在采集草药的过程中，几乎每天都会尝到毒草，曾在一天中毒七十次，幸好都被他用灵芝草解救了。

有一次，炎帝不幸尝到了一朵黄色的小花，名叫“断肠草”。“断肠草”毒性很大，然而炎帝身边已没有了灵芝草。他就这样被毒死了，临死前还紧紧抱着那两口袋草药。

炎帝为了拯救人类而牺牲了生命，人们非常感激他，把他奉为药王神，并建药王庙来祭祀他。

炎帝的故事虽然只是个传说，但它反映了远古时期人类生产和生活的发展过程，从中也可以看到中华民族物质文明发展的由来。

功绩照耀古今

炎帝是“三皇”之一。既然被封为“皇”，那他干的事儿肯定不止发明农业和找到草药这两件事……

在女娲和伏羲的时代，人们穿的所谓的衣服，不过是在腰间围几圈树叶。

仔细一想，原始人就算有制衣技术，那也是极其低级的。人们穿的衣服，夏不遮阳，冬不挡风。

炎帝觉得这么下去不行，必须想办法。经过探索，他发现麻、桑可以织成布。布不仅轻巧，还比较舒服。因此，炎帝教会人们织布，并把布做成衣服。这又是他的一大贡献。

水果可以生吃，但粮食不行。粮食跟肉类也不一样。肉用火一烤，不但可以吃，而且吃起来还很香，但是高粱、大米、小麦既不能生吃，也不能生烤——烤熟了就全是炭了。

炎帝想办法来解决这个问题。一天，他尝试着先拿黄土捏个碗、罐什么的，然后将粮食放在里面蒸煮。没想到，经火一蒸煮，泥碗居然变成了陶器。就这样，陶器也被炎帝发明出来了。它不仅可以用来蒸煮食物，还可以用来贮存物品等。

陶器的使用对人类产生了深远的影响。直到今天，它依然在人们的生活中发挥着重要的作用。

后来，炎帝发现，农作物这个东西，不是随便把种子往土里一撒就完事了。比如在寒冬腊月栽水稻，它永远也长不出来。必须按春生、夏长、秋收、冬藏顺序来。为此，炎帝还制定了历法，以促使人们按季节栽培农作物。

炎帝还发现，农业的发展使得人们有了富余，于是他便设立集市，让大家把吃不完的食物,拿到集市上去交换。这就是后来“赶集”的由来。

据说，炎帝还对婚姻制度进行了改革。他认为，族内婚姻不利于部落的发展壮大，为此规定：同一部落内不准通婚，本部落的男子只能迎娶其他部落的女子，本部落女子也只能嫁给其他部落的男子。

由此可见，炎帝确实具有非凡的治理能力，而且在他的治理下，部落日渐壮大，所以百姓无不拥戴他。

当然，炎帝虽然功劳不小，而且制定的制度影响深远，但这些事情不可能是他凭一己之力所能完成的。

然而，不管怎么说，后人对先祖炎帝（包括女娲、伏羲以及后来的黄帝等人）的神化，既从一个侧面折射了人们对先祖的敬仰，对他们的丰功伟绩的颂扬，也确凿无疑地说明了一个真理：有功于人民的人，人们会永远记住他。

“老子英雄女好汉”

炎帝为中华文明的早期发展做出了巨大的贡献，所以历代人们都非常敬仰他。其实，岂止是他，连他的女儿也非常了得……

传说，炎帝有个小女儿，名叫女娃。她聪明、漂亮、乖巧，深得炎帝的喜爱。

女娃性情活泼，喜欢四处游玩。有一天，她来到东海边，看到海面上波平浪静，没有一丝涟漪，心里十分欢喜，忍不住跳进水中，准备畅游一下东海。

温暖的阳光静静地照着海面，女娃在碧水蓝天间，欢快地游动着。

不久，天渐渐阴沉下来，太阳躲到了乌云背后。转眼间，狂风骤起，平静的海面仿佛受到了巨大的惊吓而剧烈地翻腾起来。女娃立刻惊恐地向岸边游去，但已经太迟了。巨大的海浪将她抛到空中，又重重地拍向海底……

她年轻而宝贵的生命被东海无情地吞掉了！

几天后，一只小鸟在女娃沉没的地方破浪而出，只见它长着白白的长喙、纤细的脚爪，身披黑色羽毛，头上还有一顶漂亮的红色羽冠。小鸟时常在东海上空盘旋，发出“精卫、精卫”的悲鸣。于是人们把它叫作精卫。

据说，精卫是女娃的灵魂变的。它痛恨东海夺走了自己的生命，发誓要填平东海。

从此，精卫就住在了布满荆棘的发鸠山上。每天天不亮，精卫就会衔着小石子或小树枝，飞到东海上空，把石子或树枝投下去。

最初，大海对精卫的行为嗤之以鼻，心想：“你这不是蚍蜉撼大树，可笑不自量吗？”

但是岁月悠悠，它终于暴躁了，狂怒地向精卫叫道：“得了吧，可悲的小鸟！凭你微不足道的力量，你就是耗上千年万年，又能奈我何？”

“我一定要填平你！你曾经淹死了我，以后还要让无数的人丧生！就是耗费数万年，填到世界末日，我也要填平你！”精卫不甘示弱，正气浩然地驳斥了骄横的大海，仍然不停地填海。

后来，一只海燕飞过东海上空时无意间看见了精卫，他对她的行为困惑不解，但了解了事情的起因之后，海燕为精卫大无畏的精神所打动，就与她结成了夫妻。他们生下一群的儿女，儿女又生出许许多多的儿女。儿子像海燕，女儿像精卫，他们三五成群，浩浩荡荡地随着精卫和海燕，衔石填海，从未停息。

大海看到自己的确面临着被填平的危险，便急忙采取对策，它通过潮汐把海中的泥沙推到岸边，泥沙在海边不停地积淀，就形成了海涂。海涂规模变大，就被人们围起来，改造成良田。这就是我们今天所说的“沧海变桑田”。

此外，人们对“精卫填海”这个神话传说还有多种不同的解读。

当然，无论如何，精卫锲而不舍的精神，善良的愿望，宏伟的志向，历来受到人们的尊敬。东晋诗人陶渊明在诗中写道：“精卫衔微木，将以填沧海……徒设在昔心，良辰讵可待！”热烈赞扬精卫小鸟敢于向大海抗争的精神。后世的人们也常常以“精卫填海”来比喻志士仁人所从事的艰巨卓越的事业。

第四章

永受景仰的轩辕黄帝

一个只爱“心里美”的男人

也许“丑”女人不太讨男人的喜欢，但有些“丑”女人不但是男人事业的贤内助，还能对国家作出贡献……

炎帝去世后，又历经几百年，也就是大约距今四千五百年，华夏大地上又出现了另外一位英雄——黄帝。

据说，黄帝的父亲叫少典，是一个部落的首领，他的母亲叫附宝。

少典和附宝结婚后，相亲相爱，生活十分幸福。但美中不足的是，两人结婚很长一段时间，一直没有孩子。

这天，夫妻俩携手同出，到河边劳作。附宝一边挖野菜，一边唱着自编的小调：

春天里，百花开，
姑娘河边采野菜，
野菜熬汤大家喝哟，
小妹子心里乐开怀。
秋天里，天凉快，
姑娘上山挖药材。
药材浑身都是宝哟，
小妹子心里美开怀。

少典手持木杈站在河边，他一边听着妻子欢快的歌声，一边平心静气地看着河面，等着河中的鱼儿“抛头露面”。

不久，水中泛出一长串气泡，少典举手猛力甩出木杈。果然，一条大鱼被叉中了！

附宝丢下手中的石铲，高兴地跑到少典面前。她将大鱼高高捧起，然后向天祝福，希望能送给自己一个儿子。

天渐渐黑了下来，夫妻俩准备回去了。但就在这时，天空突然响起了一声闷雷，把附宝吓了一跳。

少典赶紧抱住她，安慰道："不要怕，天要下雨了！"

"我不怕。"附宝紧紧依偎在少典的怀里，凝视着阴沉的天空说道。

突然，又一道闪电划破了夜空。附宝颤动了一下，肚里产生了一种异样的感觉。

不久，附宝怀孕了。

据说，附宝在怀孕期间，一直受到神灵的保佑。

怀孕的第二年，附宝生下了一个大胖小子。

这个大胖小子就是日后有中华民族人文初祖之称的轩辕黄帝。

相传，黄帝出生没多久，便能说话。到了十五岁，已经无所不会了。

由于黄帝既聪明又有才干，待人和善，处理事情也很公平，还特别能够团结大家。所以，在黄帝二十岁出头时，老百姓便推选他当了部落首领。

长大后，黄帝结了婚，成了家。

据说黄帝一生有四个老婆，分别是嫘（léi）祖、方雷氏、彤鱼氏和嫫（mó）母。前三个都貌美如花，只有嫫（mó）母长得极为难看。

根据唐代《琱（diāo）玉集·丑人篇》中的描述，嫫母的尊容是"锤额顣（cù）頞（è），形簏（lù）色黑"。也就是说，她的额头像个纺锤，鼻子皱巴，体型肥胖，皮肤漆黑。

那么，作为部落的首领，一表人才的黄帝，为什么会喜欢嫫母呢？

原来，黄帝做了部落首领后，社会已进入父系氏族时期，部落内部和部落之间经常发生抢婚事件。

人们希望黄帝设法制止抢婚事件的发生。黄帝想了很多办法，但抢婚事件仍不断发生。如果照着这种形势发展下去，矛盾继续激化，很可能导致部落分裂，甚至引起部落之间的战争。

一想起这事来，黄帝就很烦扰。

一天，黄帝决定出去走走，看看散步能不能触发自己的灵感，想出更好的制止抢婚的办法。走着走着，走到一条河边，看到一位女子正在河边打水。黄帝就问她：“你一个人到这里打水，难道不怕有人来抢你吗？”

这位女子并不认识黄帝，头也没抬地回答道：“像我这样又黑又丑，长相难看的，不会有人来抢我。”

黄帝便又问她：“你是哪个部落的，叫什么名字？”

丑女回答说：“我是祁部落的，没有名字，因为长得太丑了，别人都叫我‘丑女’。”

黄帝听后，没再说什么，转身离开了。

回去之后，黄帝就把仓颉、风后、常先、大鸿等得力干将召来。

此时，黄帝环顾了一下众臣，胸有成竹地说：“眼下我有三个夫人，他们各有分工，实在忙不过来，经常都不在我身边，我想再娶一个。你们帮我物色一个合适的女人，但绝不允许抢婚。”其实这个想法，黄帝事先早已和三个夫人商量好了。

黄帝要娶第四个夫人的消息传出后，大家伙都开始忙活起来。几天的工夫，人们就选出了上百位漂亮的女子，供黄帝挑选。然而，黄帝一个也看不中。

这下子大家都纳闷了：“黄帝到底要娶什么样的女人啊？难道是天上的七仙女，那我们可办不到！”

看着大伙疑惑的神情，黄帝说出了自己娶妻的标准：“重色不重德者，非真美也。重德轻色者，才是真贤。”

人们这才明白过来：黄帝选夫人，看重的不是貌美，而是“心里美”。

那黄帝到底看上哪位姑娘了呢？原来就是祁部落的嫫母。

人们对此议论纷纷，很是不解。只有善于造字的仓颉明白黄帝的心思。仓颉连夜给黄帝造了一个“好”字。意思是说，男子和女子不论长相如何，只要情投意合，天长日久，就是“好”。

另外，仓颉灵机一动，依照黄帝和嫫母高兴时的模样，画了两个口字，上下并起来，当即造了个“喜”字。

黄帝不重外表重内心的做法，让人们极为敬佩。

虽说嫫母长得丑，却正如屈原在《楚辞·九章》中歌颂的那样：“妒佳冶之芬芳兮，嫫母姣而自好。”

后世还有“嫫母有所美，西施有所丑”“嫫母有傀，善誉者不能掩其丑”“次妃嫫母，貌恶德充”之说。可见，人们对貌丑的嫫母是极为推崇的。

人们推崇嫫母的另一个重要原因是，她为中华民族的发展作出了重大的贡献。

为了纪念嫫母的功绩，自南北朝以来，历代都设先农坛，尊嫫母为“先织”，加以祭祀。在“黄帝故里”河南省新郑市，就有一座娘娘庙，大殿内塑有一米八高的嫫母金身，殿墙上绘有十二幅壁画，历数嫫母教人们养蚕、缫丝、织布、作衣的业绩。

另外，相传人类使用的第一面镜子也是嫫母发明的。

那时的人们通常都是站在水边映照自己的脸面，梳妆打扮。嫫母觉得自己长得丑，轻易不去河边梳妆打扮自己。整天只知道在黄帝身边干活儿。

有一次，彤鱼氏叫嫫母和她一起上山挖石板，嫫母二话没说，就随彤鱼氏上山去了。嫫母气力大，挖石板比别的女人都快。不到半天就挖了二十多块。这时，太阳正当中午，阳光普射大地。嫫母突然发现石堆里有一块明光闪闪的石片，非常刺眼。嫫母弯腰用手轻轻从地里刨出来，拿在手中一看，不由地吓了一跳。自己丑陋的面孔全照在这块石片上！她悄悄地把这块石片藏在身上，回到住处对任何人也没有提这件事。

从此，嫫母再也不去河边梳妆打扮了。每天早上起来，照着石片，收拾打扮一下自己，再悄悄地藏起来。

有一天，嫫母帮助彤鱼氏在石板上烧肉，因火力过大，石板被烧炸了，飞起一块碎石渣，打破了嫫母的脸，血流不止。

嫫母赶忙回去，拿出石片，照着往脸上贴药。谁知，黄帝轻手轻脚地走到嫫母身后，发现嫫母一手拿着石片照着自己，一手向脸上贴药。嫫母忽然一声惊叫！原来她发现石片上出现了黄帝的面孔。

黄帝问嫫母："你手里拿的是什么？"

嫫母一听黄帝发问，知道不能隐瞒，便一五一十地把发现石片的经过讲述了一遍。

黄帝听罢，拍拍嫫母的肩膀说："这是你的一大发明。你没有错，还立了一大功！"

据说，这就是中国人使用镜子的开始。

除了发明镜子，传说嫫母还是火药的发明者。

一天早上，嫫母来到一个山洞里为黄帝烧饭。她把柴火架在火塘里，把盛了水的陶罐放在柴火上面，从一个小陶罐里取出保存的火种，生着了火。她正在烧火，一个叫广成子的人走了进来。

广成子是一个白胡须老头，专管部落的祭祀仪式。他走进洞后，坐在火塘边，一边与嫫母聊天，一边研磨着祭祀时助燃用的松香，一些松香末掉进了木炭末里。嫫母无意间把木炭末挑到火上，冒起了很多火花。她觉得很奇怪，又挑了几下木炭末，仍冒起同样的火花。嫫母仔细一看，原来木炭末里有松香末。她又挑了几下没有松香的木炭末，心想，松香是助燃的，硫黄也是助燃的，如果把这三种东西混合在一起，岂不是冒更多的火花。她把这个想法告诉广成子，广成子点头表示赞同。

于是，嫫母就从广成子的破陶罐里，取出刚压碎的松香末，又从另一个陶罐里抓了点儿硫黄，把它们和木炭末混合均匀，抓起一点向火里撒。每撒一次，火焰都猛地一爆。

这时，黄帝正好找广成子商议事情，看到这情景，非常高兴。黄帝又亲自做了几次试验，见火爆时的冲击力不但猛而且大，就让嫫母专门制造这种"明火"，也就是后来的火药。

当然，这只是民间的一种传说，尚无确凿史料可以证明是嫫母发明了火药。

总之，嫫母心地善良，品德贤淑，又发明了用蚕丝织布以及镜子、火药等，因此受到人们的尊敬和纪念。

为了和平，一路迁徙

面对炎帝部落咄咄逼人的气势，黄帝选择了忍让。从此，黄帝和他的部落开始了东奔西走的生活……

在黄帝部落蒸蒸日上的时候，炎帝部落经过几百年的发展，已渐渐衰落，不复当初的强盛了。

有一天，炎帝受到了欺负，欺负他的人叫作蚩（chī）尤，是九黎族的首领。此人非常彪悍，非比寻常，一个人打十个八个的不在话下。

不断扩张地盘的蚩尤今天打这个部落，明天打那个部落，打来打去，天长日久的，有一天他忽然发现周围没人可打的部落了，全成自己的地盘了。于是他将眼光放长远了一些，瞄上了炎帝部落。

炎帝部落自然不能白白挨打，于是愤然抵抗，只可惜这时的炎帝部落根本不是蚩尤的对手，只好落荒而逃。

炎帝没有办法，只好带着族人寻找新的地方。他们看中了黄帝的地盘，开始频繁地向黄帝部落发起挑衅。

炎帝部落虽然实力今非昔比，但还是比黄帝部落强大，加之黄帝本人奉行以和为贵，一再退让，准备以和平手段解决问题。然而黄帝的退让却让炎帝误以为黄帝软弱可欺。于是炎帝得寸进尺，一再侵扰。

于是，黄帝带领部落子民向北迁移，开始了游牧生活。

黄帝每到一地，都虚心地向当地人民学习。他发现别的部落发明了臼，可以把谷子舂成米，于是他也教自己的子民使用臼。这样一来，做出的米饭特别好吃，而且又卫生。

除了勤奋好学，黄帝还特别重视人才。有一次，他在海边打鱼，发现了一个叫风后的渔民。黄帝通过与其交谈发现，风后知道很多伏羲时期教民、养民的道理，有安邦治国的才能，所以就决定把风后留在身边，作为参臣。

又有一次，黄帝在狩猎中，发现了一个叫力牧的神箭手。二人一聊天，黄帝发现他很懂兵法，于是让他统领部落的兵马。

黄帝部落的人口一天一天地增加，势力也一天一天地壮大起来。

有一次，黄帝带领部族子民来到了北方的黄土高原。当时这里的森林茂密，地形平坦，很适合长期生存。

他们刚住下不久，有一天，狂风大作，黄帝立刻让大家赶紧寻找藏身之地。他正忙着指挥时，突然一阵狂风来袭，将他头上戴的遮阳的大帽圈给吹跑了。

黄帝也顾不上大帽圈了，急忙抓住身旁的小树，就地蹲下，眼睛却紧盯着被吹跑的大帽圈。他发现这大帽圈被狂风一吹，居然能自己往前滚。

黄帝的心里一动。

大风平息之后，黄帝开始做实验。他砍了一根树枝，扎成圆圈，放在地上，用力往前一推，只见木圈滚了不到一丈远，便倒下了。

黄帝想了想，又扎了两个圆圈，并且还在两个圆圈中间各扎了一个十字架固定。然后，他砍了一根长树枝，把两个圆圈分别扎在它的两头，放在地上，用力往前一推。

这次虽然没倒，但滚了没多远又停了下来。这时，黄帝手下的参臣一起走了过来。黄帝把刚才发生的事儿跟他们一说，足智多谋的风后一听，立刻有了想法。他赶紧剥了一条树皮，把它拴在两个圆圈中间的树枝上，然后用一只手拉着往前走，两个圆圈就一直往前滚动，再也没有倒地。

黄帝大叫一声，一下子醒悟过来。他叫人再扎两个同样的圆圈，用树枝将四个圆圈连在一起，前面有人拉着，这样就能稳稳当当地向前滚，再也不怕倒了。

风后也大叫了一声，马上吩咐人去采石场弄来了两个圆形石盘，中间凿个洞，安上一根木棍，木棍中间绑根草绳，拉着草绳就能滚动了。黄帝一看非常高兴，给这新玩意儿起了个名字叫“车”，然后安排人依照统一规格，批量生产。中华民族第一个陆上运载工具——车轮，就这样诞生了。

后来，黄帝又在这个基础上改装了战车，并把它叫作轩辕。因为黄帝当时没有一个正式的名字,所以轩辕就成了他的正式名字。此后不久，他手下的人又驯化了马当坐骑，所以黄帝部落里就有了中国最早的战马和骑兵。

自从成为部落首领后，黄帝一直没有一个正式的职称。人们先后给他起了很多尊称，他都没有同意。最后，黄帝说：“咱们脚下的土地是黄色的，能生万物，又是咱们生存的唯一靠山，所以就请尊称我为黄地吧。”从此以后，“轩辕黄地”就这么定下来了。

大约到了殷商年间，有人觉得把祖先称为“黄地”太俗了，也很不雅，于是他们借“地”和“帝”是谐音，就把“黄地”改称为“黄帝”。“轩辕黄帝”从此就这样沿用下来了。

这种说法真假难辨，但说明了黄帝在人们心目中的地位。

炎黄部落大联合

黄帝部落打败炎帝部落以后，并没有将其置之死地，而是互相融为一体，共同成为汉民族的始祖……

蚩尤因为侵占了炎帝的地盘，炎帝才去骚扰黄帝部落。然而经过一段时间的发展，黄帝部落强大了，他不再对炎帝客气了，于是双方发生了阪泉大战。

关于这次大战，史书有许多相关的记载，民间也有许多相关的传说，综合起来，当时战争的过程大致是这样的。

首先，参战的双方，是炎帝部落和黄帝部落以及他们各自联合的部落。双方都拥有很强的实力，所以战争的规模应该是相当大的。据汉代贾谊的《新书》记载，这次战争打得“血流漂杵。”

《列子·黄帝》则云:“黄帝与炎帝战于阪泉之野,熊、罴（pí）、狼、豹、貙、虎为前驱，雕、鹰、鸢（yuān）等为旗帜。”由此可以看出，当时两个部落为了取得这次战争胜利，都做了相当充分的准备。他们不仅调动了本部落的全部力量，而且也联合了其他部落作为盟军。在这方面，黄帝表现得要比炎帝出色：黄帝居然调动了熊、罴、狼、豹、虎，以及雕、鹰、鸢等。我们知道，上古时期的先民多有图腾崇拜，而且有不少都是动物的形象。所以，上述这些猛兽飞禽，并非是真的动物，应该是各部落图腾的名称。

这么多的部落都加入了战斗，而且大规模的战役一共有三次，厮杀得非常激烈。

第一战，黄帝以自家部落军队以及“熊、罴、狼、豹、虎”等部落军队为主力，在阪泉之野与炎帝摆开阵势。六部落各持以自己的部落图腾为标志的大旗，黄帝作为六部落统帅也持一面用羽毛做成的巨大旗帜，首先摆开阵势。

炎帝打算趁着黄帝立足未稳之际，先发制人，并以火围攻，使得黄帝营外经常浓烟滚滚，遮天蔽日。黄帝命令管水的应龙将火熄灭。没了火的威势，黄帝率兵将炎帝赶到了阪泉河谷，并嘱托手下士兵只和炎帝斗智，尽量不要伤其性命。

第二战，在阪泉河谷中，黄帝的军队竖起七面大旗，摆开星斗七旗之阵。炎帝火战失利之后，面对星斗七旗之阵更是无计可施，最后一败涂地，只好退回营内不再出战。

如此一来，第三战就有点不好打了，因为炎帝一直坚守不出。黄帝也不敢强攻，只在炎帝营外摆阵练兵，千变万化的阵法层出不穷，让炎帝的士兵看得眼花缭乱。

双方对峙了三年。期间，黄帝各部的战斗力逐渐增强，而炎帝利用崖头作屏障，只能观望阵势。其实，黄帝在三年的时间里想了很多，总不能一直跟炎帝这么耗下去，总要有场决战，不然何时是个了结？于是黄帝命人一边用星斗七旗之阵做掩护，一边派人日夜挖掘地道，一直挖到炎帝营寨的后方。有一天，黄帝的兵将突然从炎帝兵营的后方蹿出，发动奇袭，活捉了炎帝。

黄帝知道炎帝很能干，对他在医药和农耕方面作出的贡献深感敬佩。于是，黄帝释放了炎帝，并将两个部落合而为一，统称为“炎黄”部落。

一场奇怪的战争

有人认为，炎黄部落与蚩尤部落的决战，简直就是一场爆发在地球上的有“天外来客”参加的星际大战。这种说法有道理吗……

黄帝与炎帝部落联手后，接下来的任务自然是共同对抗蚩尤。双方的决战，发生在今天河北的涿鹿。

根据记载，这场战争用天昏地暗、鬼哭神嚎来形容一点儿也不为过。黄帝先以虎、豹、熊、罴作先锋，铺天盖地冲了上去。接着又派应龙，发动滔天洪水以围困蚩尤，准备把蚩尤淹死。而蚩尤毫不畏惧，奋力抗击，并请来了管风雨的神仙风伯和雨师，刮起了狂风，下起了暴雨，阻止黄帝进军。

黄帝看出蚩尤本领非凡，难以取胜，就派来懂兵法的神仙九天玄女和能引起旱灾的怪物旱魃（bá）前来助战。只听旱魃大吼一声：“魃！”

顿时，阳光普照，乌云无影无踪，大雨骤然停止；玄女一敲皮鼓，震天动地，声震五百里，蚩尤被震得魂不守舍，晕头转向。

此时，蚩尤使出自己的杀手锏——作起了弥天大雾，扬起了飞沙走石。黄帝的大军迷失了方向，分不清敌我，自相残杀起来，蚩尤趁机脱身。

蚩尤以为作雾是其取胜的法宝，再次作战时便又作起雾来了。哪想，魔高一尺，道高一丈。黄帝聪明异常，制造了指南车，因此在迷雾中仍能找准方向，并直捣蚩尤的大本营。最后，出其不意地捉住了蚩尤，将他杀死。

从此，黄帝统一了中原。

不过，让人奇怪的是，黄帝既然被后世中国人称为“人文初祖”，受到世世代代中国人的膜拜，那么按常理来说，与之作战并被其杀死的蚩尤理应受到唾弃的。

然而，事实并非如此，蚩尤不但没遭到后世的唾骂，相反却被历代帝王和民间百姓尊奉为“兵主”“战神”而加以祭祀。

根据记载，涿鹿之战后，各部落一致推举黄帝为天下共主。应当说，这是一件众望所归的事。然而事实并非如此，还有一些部落，并不愿意臣服黄帝。

对此，黄帝很快想出了一个聪明的办法。他把蚩尤的图腾插在自己的轩辕车上，给那些远方的部族看。他们都知道蚩尤，蚩尤虽然很强大，但是最终被黄帝打败了。

如此一来，那些怀有不服之心的部落都不敢轻举妄动了，如果妄动，蚩尤就是前车之鉴。

由此可见，在当时人们的心中，蚩尤代表着一种强大的、神秘的、超自然的、不朽的力量。

当然，让人疑惑的是，黄帝到底是如何请到九天玄女、应龙和旱魃的呢？

在确凿的证据未被发现之前，我们只能说，或许这一切都只是个传说而已。

开创远古“盛世”

黄帝在位期间，划野分疆，发展农业生产，始制衣冠、建舟车、制音律、创医学等，为远古“盛世”的出现，作出了极大的贡献……

成为天下共主后，黄帝的地盘相当大了。此后，黄帝开始潜心处理内政。

民以食为天。黄帝特别重视农业，专门安排人指导农业生产。各部落纷纷开始从事耕种，所以各部落疆界的划分成为黄帝的当务之急。

在统筹安排下，黄帝划野分疆，八家为一井，三井为一邻，三邻为一朋，三朋为一里，五里为一邑，十邑为一都，十都为一师，十师为一州，全国共分为九州。《尚书·禹贡》记载，九州分别是冀州、兖州、青州、徐州、扬州、荆州、梁州、雍州和豫州。

黄帝还制定了礼乐，以教化百姓。在黄帝的提倡下，他手下的臣子各尽所能，发明了各种器具物品。如大臣曹胡发明了上衣，伯余发明了下衣，於则发明了鞋子。

黄帝还依据浮萍漂在水面上的道理制作出船，方便了人们在水上航行。

此外，传说黄帝还确定了天下万物的名称，划分星度为十八星宿，还让伶伦发明了乐曲，令杜康造出了酒……

最令人称道的，是黄帝令仓颉发明了文字。

据说，仓颉是黄帝手下的一个小官。他上知天文，下知地理。

虽然仓颉的长相“与众不同”，但黄帝也并没有提拔他，只是分派他专门管理圈里牲口、仓里的食物。仓颉比较聪明，做事又尽心尽力，很快熟悉了所管的牲口和食物，心里都有了谱，一般不会出现差错。可随着牲口、食物的数量逐渐增加、变化，光凭脑袋记不住了。当时又没有文字，更没有纸和笔。那怎么办呢？

一开始，仓颉采用伏羲发明的结绳记事法，然而很快又遇到了麻烦。

有一次，黄帝要和炎帝谈判，他让仓颉整理这几年来炎帝入侵杀死本部落人的数目。于是，仓颉跑到了记史的库房里去寻找材料，但是这里边的东西太多了。他在里面泡了几天，弄得头昏脑涨，耳鸣目眩，最后还是出了差错。

这件事深深地刺痛了仓颉的心，他想：“我一定不能再犯这样的错误了。”

但是，应该怎么办呢？人的大脑记忆的东西毕竟是有限的，而且还容易出差错。最后他决定要搞出一种简单易记的符号，让大家都能用符号来表达思想、传授经验、记载历史。

有一天，仓颉站在一棵大树下冥思苦想，忽然一只凤凰飞过，它嘴中的果实落在了仓颉面前，仓颉捡起来仔细一看，发现上面有一个从来也没见过的图案，十分美丽。这时恰好有一个猎人经过，看到那个图案就告诉他说那是貔（pí）貅（xiū）的蹄印。仓颉心中猛然一喜，既然一种形状的脚印代表一种野兽，我为什么不能用各种东西的形状来编成符号呢？

为了不受外界干扰，他独自躲进村西头的山沟里，日夜忙着创造新的符号。为了叫起来方便，他把那些符号叫做“字”。这些字都是仿照万物的形态造出来的。比如“日”字，是照着太阳红圆的模样勾的；“月”字，是仿着月牙儿的形态描的；“人”字，是端详着人的侧影画的；“爪”字，是观察着鸟兽爪印涂的……仓颉就这样细心观察万事万物，辛辛苦苦地创造着文字。

母亲看到仓颉又黑又瘦的模样很是心疼，劝他在家好好休息。但是仓颉并没有休息，他迫不及待地把他造的这些象形字献给黄帝，黄帝看后非常满意，立即召集各个部落的首领，让仓颉把造字的方法传授给他们，并在各自的部落中大力推行。

“仓颉造字”的传说固然美好，但中国的文字肯定不是仓颉发明的，至少不可能是由他或某一个人发明的。

黄帝在位期间，中原各部落政治安定，经济繁荣，文化进步，有许多发明和创造，堪称远古时代的一个“盛世”。

第五章

『禅』来『禅』去，迷雾重重

以德服人的尧

尧一开始是没有资格做部落联盟的首领，但他在自己的岗位上一直默默工作，机会最终来到了他的面前……

黄帝去世以后，他的孙子颛（zhuān）顼（xū）继承了他的位置，后来传到了帝喾（kù）。

据说颛顼是一个很有才华的音乐家。一天，微风缓缓吹来，有大有小，有紧有慢，发出悦耳的声音，时而如丝管嘤嘤，时而如钟鼓锵锵。颛顼被这美妙的声音陶醉了，高兴得手舞足蹈，于是效仿风的声音，创作了一首乐曲，献给爷爷黄帝，受到了黄帝的称赞。他还铸了一口声音洪亮的大钟叫鼍（tuó），那悠扬的钟声相传可以传到千里之外。

也许黄帝正是看中了孙子的音乐才华，才将天下共主的位置传给了他。颛顼的寿命比较长，活到九十八岁才逝世。他死后，将天下共主的位置传给了帝喾。

帝喾是颛顼的侄子，也是一位音乐行家。据说他发明了鼙（pí）鼓、钟磬（qìng）、笙管等各种乐器。当他敲起鼙鼓，击起钟磬，吹起笙管时，鸾鸟和凤凰都纷纷飞来，伴随着美妙的音乐翩翩起舞。

除了音乐方面的造诣外，帝喾在位七十多年，虽然他“顺天之义，知民之急”，但上比不过黄帝，下比不过尧舜。

不过，帝喾虽然稍显庸碌，但他的儿子们倒是有些“本事”。

相传在帝喾的儿子中，有两个儿子分别叫作阏（yān）伯和实沉。这对兄弟脾气不和，见面便要争斗不休，而且不断滋事，打闹不停。

对这两个儿子，帝喾屡次耐心教导，让他们团结友爱，互相帮助，和睦相处。但是阏伯和实沉听不进父亲的话，仍然本性不改。一旦帝喾不在场，他们便惹是生非，打架闹事，势如水火。

帝喾为此很是头疼，后来，实在是无可奈何，便分开了这对兄弟。

于是，帝喾将阏伯派到商丘，命他负责管理东方的商星，又将实沉派往大夏，负责管理西方的参星。在空中，参星和商星恰好遥相对应，一个若是升起，另一个便会落到地平线下面。从此，兄弟二人一起一落，再也不能够相逢了。

诗圣杜甫有一句名诗："人生不相见，动如参与商"，就恰到好处地运用了这个典故。后来，人们把兄弟不和也称作"参商"，就是源于上面的这个传说。

帝喾的寿命比颛顼还长，活了一百来岁。他死后，天下共主的位置传给了大儿子挚。

上任之后，挚重用自己的亲信，一味地贪图享乐。

挚胡作非为的结果，就是天怒人怨，众叛亲离。老百姓跟着他活不下去了，只好背井离乡，投奔帝喾的小儿子，也就是后来鼎鼎大名的尧。

尧的母亲叫庆都，庆都出嫁后，不知何故，仍在娘家居住。有一年的正月，庆都的父亲伊耆侯和夫人带着庆都乘坐小船外出游玩。正午的时候，突然，一阵狂风呼啸而来，天边卷起一朵红云，形成了龙卷风，在小船上扶摇直上，好像有一条赤龙在旋风中来回飞舞。

等夜幕降临后，庆都躺在床上，正要睡着时，忽然狂风大作，一条赤龙向她扑来，她顷刻间就昏了过去。第二天醒后，庆都发现赤龙在她身边留下一张画，旁边写着："亦受天佑。"她藏起了这幅画，很快便有了身孕。

不久，庆都生下一个男孩。这个男孩长得酷似赤龙留下的画像，他就是后来的尧。

尧从小跟着母亲长大，被父亲安排到地方当了一个小首领。

那一年，该地发生了罕见的旱灾，地里根本长不出庄稼。此时已成为部落联盟首领的挚却依旧不管不问。百姓知道根本指望不上他，于是纷纷逃难到尧的领地去。

尧没有怨天怨地，而是带领着百姓，用树枝和石块在大河里筑起一座大坝，将河水积蓄了下来，之后又通过挖沟渠的方式，将积蓄的河水引至农田。

灾民看到尧这里居然还有一片希望的田野,纷纷拖家携口前来投奔。

挚和尧虽然是亲兄弟，但为人着实天差地别，于是，人们联合起来将挚赶下了台，推举尧做了部落联盟的首领。

“胳膊肘往外拐”

“胳膊肘往里拐”的道理谁都知道，然而尧却压根儿就没想把天下共主的位置传给自己的儿子……

尧上任后，命人在宫门前设了一张谏言之鼓，谁要是对他提什么意见或建议，随时可以击打这面鼓，尧听到鼓声，便会立刻接见，认真听取击鼓人的意见。

他还在交通要道立“诽谤之木”，即在交通要塞竖立木牌，派人在木牌旁看守。民众如果有意见，可以向看守人陈述，倘若来人愿去见他，看守人也会给予指引。

由于能及时听到民众的意见，尧对百姓的疾苦非常了解，故而在施政方面便可以做到有的放矢。

为了指导农业生产,尧命人制定了新的历法。《尚书·尧典》记载说，尧派羲仲观察日出的情况，以昼夜平分的那天作为春分；派羲叔观察太阳由北向南移动的情况，以白昼时间最长的那天为夏至；派和仲观察日落的情况，以昼夜平分的那天作为秋分；派和叔观察太阳由南向北移动的情况，以白昼最短的那天作为冬至。随后，尧决定以三百六十六天为一年，每三年置一闰月，用闰月调整历法和四季的关系，使每年的农时正确，不出差误。由此可见，尧时的历法已与今日的农历非常接近。

据记载，尧有数十位臣子，都是当世的贤人。可是，尧还是唯恐埋没人才，因此常常深入穷乡僻壤，巡察细访，希望能发现更多的贤人帮助自己治理国家。

当时，在汾水北岸的姑射之山有四位贤人：方同、善卷、披衣和许由。尧首先拜访了善卷，希望善卷能辅佐自己。可善卷回答道："我生于宇宙之中，日出而作，日落而息，逍遥于天地之间，心满意足。我要天下干什么？"尧虽然感到很遗憾，但并没有勉强善卷，而是继续去寻找下一位贤人。

紧接着，尧找到了许由。许由亦称巢父，是当时的名士。他崇尚自然无为，不贪求名利富贵。因此，许由得知尧要来找他，便躲开了。后来，尧好不容易找到了许由，希望他能出山辅佐自己。许由听了，说："你治理天下，已经日久升平。既然天下已经治理好了，还需要我干什么？"说罢，许由也离开了。

方同和披衣也以各自不同的理由婉拒了尧的请求。

虽然这些贤人没有为尧所用，但尧求贤若渴的名声传遍了四方，许多人才纷纷赶来投奔他。在这些人的辅佐下，天下大定，百姓安居乐业，一片安定祥和的景象。

尧在部落联盟首领的位置上一干就是几十年。后来，他觉得自己干不动了，想找一个继承人。于是，他把大伙召集起来，一起商量这个事。

在商议的过程中，有人提出，不是说"龙生龙、凤生凤"嘛，既然尧这么出色，他的儿子想必也差不到哪里去，就由他的儿子来继位吧。

尧听后连连摇头，说："知子莫若父"。尧把这个提议否定了。

尧的儿子叫丹朱。根据古籍的记载，丹朱是一个不忠不孝、不仁不义、奢侈腐化、不学无术、饱食终日的人。他暴戾狂横，经常聚众斗殴，惹是生非。

之后，大家又推举了几位候选人，但尧都不满意。最后有人说："您看舜这个小伙子怎么样？"

八十多岁的尧一听到这个名字，就很有兴致地说："我也听说过这个人，你们把他的事迹给我说一下吧。"

经得起考验，才挑得起重担

身处职场，如果你发现领导在对你进行考察和考验，那说明你升职的机会就要来了。不信的话，请看一下舜的经历……

舜姓姚，名重华，号有虞氏，史称虞舜。

舜是一个苦命的孩子。他的父亲叫瞽（gǔ）叟，是个盲人。舜出生后不久，母亲就去世了。后来，瞽叟又娶妻生子。

舜的父亲和继母都宠爱后来生的儿子，百般虐待舜，但舜依然很孝顺他们，也很疼爱弟弟。所以，大家都称赞舜是孝顺贤德之人。但是，舜的家庭还是容不下他，他只得独自到历山下耕种。

所谓"近朱者赤"，舜的良好德行让周围的人深受影响，他们也变得谦恭有礼起来。

人们都很乐意和舜住在一起。于是，在舜耕种的地方，第一年形成了一个村落，第二年变成了一个集镇，第三年就发展成了一个大都会。

尧听到人们诉说舜的事情后，对他很满意。但为了确保继承者能管理好部落联盟，他决定还要进一步考察舜。于是，尧把自己的女儿娥皇和女英嫁给舜，让她们监督舜的一言一行。

成为尧的女婿后，舜的地位虽然提高了，但他还是一如既往地孝顺父母、关爱弟弟。

舜的父母、弟弟觊（jì）觎（yú）舜的财产，想尽办法要谋害舜。一次，他们让舜帮助修理粮仓，当舜爬上仓顶时，他们就撤掉梯子，并在下面放起火来。幸好娥皇和女英事先识破了他们的阴谋，使舜化险为夷。

还有一次，舜的父亲让他帮忙挖井。当舜下到井底的时候，他的弟弟立即将石块填入井中，企图将舜活埋在井下。谁知这井里有个暗道，据说是当年尧留下来的，于是舜就沿着暗道悄悄地爬了出来。

舜的父母和弟弟以为舜死了，准备把舜留下来的财产分了。结果三人一推开舜的房门，却看到舜正在悠然自得地弹琴。

舜也没有解释自己是怎么逃出来的，只是用力地拍了拍弟弟的肩膀，就出去了。

从此，舜的家人终于幡然悔悟，不再加害他，一家人变得和睦起来。

尧对舜的表现了如指掌，非常满意，于是将舜召到身边协助自己工作，以培养他的治国能力。舜一干就是二十年，每一件事都做得很好，深得民心。

尧在传位给舜之前，对他做了最后一次考察。尧让舜独自一人在一个暴雨即将来临的时候走进深山，看看他能否单独走出这座山林。

山中密林高耸，毒蛇猛兽成群出没，虽然舜孤身一人，但他毫不畏惧，毅然走进山里。暴风雨来了，森林里一片黑暗，到处是电闪雷鸣，狂风暴雨，而舜毫不退缩，最后顺利地走出森林，回到部落。

舜的表现让他的岳父非常满意。经过这么一番考验，尧认定了舜是德才兼备的好苗子，于是让他代行首领之职。尧临死前，正式把首领的位置让给了舜。这种让位于贤才的方式，历史上叫作“禅让”。

扑朔迷离的政权交接

数千年来，人们一直都在为“尧舜禅让”拍手叫好。然而有人认为，这背后其实还有一些别样的“故事”……

“尧舜禅让”，是中国历代盛传的佳话。人们每次说起这个故事时，总是把尧舜禅让夸成是权力交接的典范。

然而从古至今，尤其是近现代以来，人们总是对此将信将疑。人们对于它的真实性、准确性，早就提出了怀疑，而且说法不一。

（一）“畏劳”说

有人认为，尧舜禅让，只不过是当政者觉得做帝王太劳累，不想担当这份辛苦的职务罢了。我们可以从《庄子》一书中找到这种说法。

《庄子》里记载的禅让故事说，一开始，如前文所述，尧曾经找许由辅佐自己，但被许由拒绝。后来他又派人告诉许由，说想将天下让给他。但许由不受，逃到箕山之下隐居起来。尧知道后，派人召许由，委任他当“九州岛长”。许由竟觉得这句话很“脏”，于是煞有介事地跑到颍水之滨洗起耳朵来了。

洗着洗着，来了一个叫巢父的人，正准备牵牛喝水。他看见许由的举动奇怪，便问：“老兄，洗什么呀？”

“洗耳朵。”许由回答说。

“为什么要洗耳朵？”巢父觉得闻所未闻。

许由说：“刚才尧派人来请我去当九州岛长，这么脏的话，污染了我的耳朵，所以来洗一洗。”

巢父听了，埋怨他说：“哎呀，老兄，你只顾让你的耳朵干净，却没有想到这么脏的话洗到水里，污染了水，牛怎么能喝呢？”说着，竟把牛牵到远远的上游喝水去了。

韩非子对此有更精辟的见解，他说，尧在位的时候，屋顶的茅草不整齐，房子的椽梁不雕饰，吃的是粗粮，咽的是野菜，冬天裹树皮，夏天披葛布。后来禹在位的时候，亲自背着犁耙版筑，泥里水里，带头干活，大腿上没有成块的肌肉，小腿上没有汗毛。这样的帝王谁愿意当？所以，将帝位让给别人。

谁愿意自己辛劳一生，还把这份辛劳留给自己的子孙后代呢？所以，持“畏劳”说观点的人认为，那时所谓的“禅让”，实际上是“畏劳”的代名词。

（二）“被禅让”说

也有人认为，不是“禅让”，而是“被禅让”。

孟子、荀子等人就持这种观点。《孟子·万章篇》记载，尧死之后，舜为了防备尧之子丹朱的迫害，避于南河之南。但天下的各路诸侯都来朝见他。于是舜就接受了大家的好意，登了帝位。也就是说，不管尧禅让不禅让，诸侯和民众一“拥戴”，天下就是舜的了。到了禹的时候，也照此办理。这种“拥戴”，与几千年后宋太祖赵匡胤陈桥兵变，黄袍加身，有何区别？

（三）“篡夺”说

还有人干脆认为根本就没有“禅让”，有的只是“谋杀”和“篡夺”。《史记》记载，尧当政期间，政局不稳定，他面临两大危机。

一方面是“反对派”的威胁。反对派的成员，就是尧的哥哥挚的后代和他的旧臣。前文已述及，尧其实是“夺”了挚的位。因此，拥戴挚的人内心深处一直痛恨尧，一直伺机夺回天下共主之位。

另一方面，尧即位后，由于洪水泛滥，一直无法做到国富民强。人民不能安居乐业，便开始有了怨言。

因此，内忧外患的尧必须要找一个有能力有实力的人来帮他改变局面，以稳固自己的位置。于是他选择了舜。舜非常能干，而且其部落的祖先是黄帝的次子昌意。因此，舜部落势力也非常强大。这些条件正好符合尧的要求。

然而，尧心里真正合意的接班人并不是舜，而是他最宠爱的长子丹朱。为了更好地利用舜，他把自己的女儿嫁给舜，让自己的九个儿子当舜的助手，以便监视舜。《史记·五帝本纪》对此记载说：“尧乃以二女妻舜以观其内，使九男与处以观其外。”

由此，持“篡夺”说的人认为，事情的真相渐渐清晰——尧一方面是要利用舜部落的实力对付其政敌，另一方面是在舜部落中安插亲信，负责监视舜。

三年之后，舜的势力已经很强大了。此时，尧已经八十九岁高龄，在这种情势下，他不得不禅让舜。随后，舜进行了一系列的改革。首先改变了周围少数民族的风俗，而后制定了严格的刑法。即便如此，尧仍然在寻找传位于儿子丹朱的机会。此时，丹朱招兵买马，笼络人心，等待时机向舜发起攻击。于是，在尧驾崩之前，舜率先将尧囚禁起来，同时镇压了丹朱的勤王部队，把丹朱囚禁在都城西北十五里远的地方。尧直到死，也没再见到他的儿子丹朱。

对此，韩非子在《韩非子·说疑》篇里感慨地说："古之所谓圣君明王者，非长幼弱也，及以次序也；以其构党与，聚巷族，逼上弑君而求其利也。"有人问他为何这么说？他明白地指出："舜逼尧，禹逼舜，汤放夏桀，武王伐纣。"一个"逼"字，正好道出了尧舜禅让的真相。

当然，无论是"畏劳"说、"被禅让"说，还是"篡夺"说，毕竟都没有确凿的证据可以支撑这些观点。但有一点是可以肯定：原始社会时的制度与进入阶级社会的制度是不同的，而用阶级社会的观点看待原始社会的事，出现偏颇在所难免。然而，它毕竟反映了人们对国家管理和政权交接的一个美好愿望和憧憬，这点是弥足珍贵的。

无论怎么样，舜终归还是坐上了天下共主的位置。

舜执政后，采取了一系列的重大政治行动。他重新修订历法，又举行祭祀上天、祭祀天地四时，祭祀山川群神的大典，还把诸侯的信圭（一种可以表示身份和爵位等级的玉圭）收集起来，再择定吉日，召见各地诸侯，举行隆重的典礼，重新颁发信圭。他即位的当年，到各地巡守，祭祀名山，召见诸侯，考察民情，还规定以后五年巡守一次，考察诸侯的政绩，明定赏罚。可见舜注意与地方的联系，加强了对地方的统治。

此外，舜还要求人民"行厚德，远佞人""直而温，宽而栗，刚而毋虐，简而毋傲”，孝敬父母，和睦邻里。在其治理下，政教大行，八方宾服，四海咸颂舜功，因而《史记·五帝本纪》称其为“天下明德皆自虞帝始”。

第六章

舍小家为大家

“堵”水不成反丢了性命

面对滔滔洪水，鲧生搬硬套，一味采取“堵”的办法，结果水没被堵住，反倒把自己的性命给赌没了……

前面在讲伏羲和女娲故事的时候，曾经讲过洪水的传说，到了尧舜时期，洪水依然肆虐。

尧于是把大家召集起来，商量怎样治理洪水。部落首领们商量来商量去，一致同意让鲧（gǔn）去治理洪水。

应当说，既然是“一致同意”，那么说明鲧在大家心目中的地位还是挺高的，至少说明鲧并不是一个庸人，还是有能力的。

而尧的态度有些迟疑。他沉思了一下，说道：“这人倒是有些魄力，就是办事一意孤行，听不进别人的意见，而治水，是关乎黎民百姓的大事，错一步，就会伤及万民。”

看得出来，尧之所以不很赞成由鲧去治水，不是因为鲧缺乏本事，而是由于他恃才傲物。

尧也提不出更好的人选，只好把鲧召来，将治理洪水的任务交给了他。

鲧是个很自信、自傲的人，平时自己只是个小部族的首领，难展宏大抱负，这次有尧的任命，立即把胸脯一拍，慷慨激昂地说：“我保证，一定努力治好洪水。若治不好洪水，我甘受惩罚。”

鲧治水的办法，就是用石头和泥土垒成堤坝把洪水堵住。由于过去鲧的部落住在黄土高原上，“堵”这种治水方法还是挺管用的。

当时，有人劝阻道：“这里是大河的中游地带，水势大、地势低，恐怕不适宜用堵的方法。”

可是，狂傲自负的鲧听不进别人一点点意见，他不屑地说：“你懂什么？我治水的时候，你还没出生呢。”

那人坚持道：“这跟年龄大小没有关系，最好的办法，还是到洪水泛滥的地方看看……”

鲧说道：“看什么看？以前，我在你的上游，若不是我堵住了洪水，你恐怕早就被淹死了。”

那人长叹一声说道：“您这不是在堵水，是在赌命啊。”

鲧不耐烦地说道：“我要是堵不住水，情愿赌上我的老命……”

那人只好摇头而去。

治理下游的水，需把坝筑得高高的，但是洪水总也排不出去，而且总是和堤坝一样同步上涨。鲧见水仍不断上涨，就下令继续加高堤坝。憋在堤坝中的洪水，犹如囚在笼中的猛兽，只要突破一个缺口，便会破笼而出，奔腾咆哮，不可收拾。

这种局面也让鲧发现了，他几乎彻夜难眠，布置助手日夜守堤，务保堤防不失，并下了死命令，谁守防的堤坝决口，谁就要“提头来见”。

有一天晚上，洪水特大，可以说大堤千疮百孔，许多人虽然拼死拼命地堵住破堤处，甚至组成了人墙，但是最终还是决了堤。

结果农田被淹没，房屋被冲毁，人员被淹死。

就这样，鲧治水多年，没有任何成就。非但没把洪水制服，反而给百姓造成了更大的损失。

这时部落联盟的首领已经变成了舜，舜见洪水越治越凶，民怨沸腾，一怒之下就把鲧给砍了头。

此时，洪水依旧凶猛。舜把各部落首领召集到一起，说道：“近些年，连降大雨，江河四溢，人民不能安居，我心不安。现在，请你们给我推荐一个堪当重任的人来治水，使天下百姓安居乐业。”

众首领听后，一致推荐禹担当治水的重任。禹是鲧的儿子，出生在黄土高原，幼年时随父亲鲧东迁，来到中原。

禹的人品不错，为人谦逊有礼，做事认真，生活也非常简朴。

舜也深知禹的为人，并未因为他是鲧的儿子而轻视他，而是很快把治水的任务交给了他。

“爸爸去哪儿了……”

为了治理水患，禹三次经过自己的家门都没有进。一时被传为美谈，至今仍为人们所传颂……

接受治水任务后，禹感到肩上的责任重大，他想了想自己死去的父亲，望了望满眼的生灵涂炭，就奔赴抗洪第一线了。

禹在行动之前，认真总结了父亲的经验和教训，并请了一些老人来共同商讨治水的良策。

一个老人说：“你父亲不是没本事，而是太自信、太固执了。我们早就看出他那种堵水的办法会给百姓造成祸患。可他就是不听，一意孤行，落到今天的下场，怪不得别人。”

另一个老人说：“什么？治水不用堵，难道能让水到处流吗？不堵，那还叫什么治水？”

“自然是要堵，但它不是唯一的办法。鲧在世的时候，用石头和泥土垒成堤坝堵截洪水，刚开始还是有效的，但如果洪水一大，堤坝就不管用了。”

“是的，筑堤坝，垒高墙，把水都围起来，就像把猛兽关到大门里，它能不吃人吗？鲧领着我们堵水堵了多年，虽然是把猛兽暂时管住了，但只要门一开，比原先要凶猛得多。所以，我们不能再去堵了。”

禹一边听，一边问：“那我们能不能想办法让洪水退下去呢？”

“说起来容易，做起来难，这茫茫洪水已经浸到半山腰了，水面上到处是漩涡，就是不见它流走。我看，也许大海早就被水填满了。”

“大海被填满是不可能的，我觉得主要是河道不通畅，洪水流不出去，才导致洪水不退。”

“对！”听到众人的议论，禹禁不住叫了起来，“洪水是赶不走的，只能引，只能疏，只能导！我们要把洪水引入大海！”

说干就干，禹立即行动，开始了摸水情、探水路的漫长征程。当时，禹才刚刚结婚。不过他的妻子涂山氏是一位贤惠的女人，同意丈夫前去为大家谋福利。

禹左手拿着准绳，右手拿着规矩，走到哪里就量到哪里，每发现一个地方需要治理，就到各个部落去发动群众开挖新河。

一天，禹来到今天河南洛阳查看地势。他发现南郊的一座高山挡住了洪水的去路，想绕都绕不开。

经过一番认真的分析和考量后，禹决定开山挖河。

禹率先垂范，和挖河的人们一起吃，一起住，一起睡，挖山掘石，披星戴月，不辞辛苦。

功夫不负有心人，那看似坚不可摧的一座高山，终于被先民们用简陋的工具劈开了，形成两壁对峙之势。滔滔洪水顺着这个通道一泻千里，向下游流去，进入汪洋大海。

为了治水，禹一干就是十三年。在这十三年中，一条又一条河渠被疏通。这期间，禹没回过一次家。

第一次经过家门，刚刚出生的儿子正在呱呱大哭。禹也想回家去看看，但一想前边还有许多事等着他去办，便头也不回地离开了。

第二次经过家门，妻子恰好抱着儿子站在路口盼着他，这时孩子已经会说话了，他可怜巴巴望着眼前这个陌生的男人，嗫嚅着问妈妈：“爸爸去哪儿了……”

第三次经过家门，禹的孩子已经十多岁了。他站在门口，一边使劲把禹往家里拉，一边眼泪汪汪地说：“爸爸，回家吧……”

经过十几年坚持不懈的努力，禹用疏导的办法取得了治水的成功。此后，中原大地成为安居乐业的好地方。

有了一些唯我独尊的感觉

禹治水成功后，人们感念他的功德，尊称他为“大禹”。然而，相比尧舜，做了部落联盟首领的禹，渐渐地走向了专制的道路……

禹治水的成功，大大促进了农业生产的发展，社会生产力也比先前有了极大的提高，禹在部落联盟中的威望也超过了尧和舜。

此时，原始部落联盟的机构逐渐完善，分散的部落为了自身利益甘愿归附禹。禹实际上已经变成了权力高度集中的天子。

在天子之位上的禹，生活还是像以前那样的俭朴，对于治理天下也十分勤恳，非常注意官吏的任用和办事的效率，经常接待有识之士来访，一点也没有天子的架子。

禹胸怀宽广、礼贤下士，四方的民众都愿意为他效劳。有一次，禹在路上看见一个被捆绑的罪人，就拍拍这个人的背哭了起来。在旁的大臣益说：“这个人犯罪，应该如此，您为什么要哭呢？”

禹说：“天下有道，则民不犯罪；天下无道，则罪及善人。我听说一男不耕地，则天下有受其饥饿的；一女不纺织，天下有受其寒苦的。如今，我治理天下，要使民众安居乐业，各得其所。今有民触法犯罪，这是我的道德浅薄、不能教化民众的证明啊！我还听说，尧舜时的人都能以尧舜的心为心。现今我为首领，百姓各自以其心为心，故而有走上犯罪道路的。这反映出我治理天下有弊病啊！因此，我才会悲痛地哭泣。”

站在一旁的大臣和民众听了禹的这番肺腑之言，都感动得流下了泪来。

禹还经常出现在田间地头，观察田地里的水利系统，努力改进农田的灌溉和排涝设施。

几年后的一天，禹借到地方视察工作的机会，又在浙江会稽山召集各部落的首领，共商大事，史称稽山会盟。

说是共商大事，实际上禹是想借机显示一下自己的威风，巩固他对九州的控制。

当时，禹在主位上坐下，用眼巡视了一下高台，手往下按了按，各部首领一齐坐了下来。此时，高台上鸦雀无声，大家静等禹发话。

谁知禹说的第一句话竟令在场众人大吃一惊："怎么？有人到现在还没来？"

众首领互相对视了一眼，又看了看排列好的座位，果然，有一个靠边的椅子上没有人。

"查查，没到的是谁？"

侍从上前道："禀报禹王，是防风氏缺席。"

正说着，台下忽然传来一阵喧哗，只听"噔噔噔"响声不断，一个赤膊裸胸的大汉走上高台，一边走一边高声说道："哎呀，我来迟了，迟了，不想你们已经……"

一看场上气氛不对，他连忙住了口。

他便是防风氏——防风部落的首领。

禹威严的声音响了起来："你知罪吗？"

"罪？我是这里的主人，你们都是我的客人。"防风氏想开开玩笑。

"一派胡言乱语！"禹忽然喊道，"把他拖下去砍了！"

几个持刀士兵上来，一把将跪在地上的防风氏擒住。

防风氏也急了，一边往后站，一边说道："你们还想玩真的呀！"

这次，他虽然事先知道茅山大会的具体时间，但对此并没有在意，只是在大会开始以后，才慢腾腾地步入会场。他做梦也想不到的是，晚来几分钟，却早"走"了几十年。

禹杀了防风氏后，果然威慑住了各部首领。大家见禹仅以延误会期的罪名，就处死了防风氏，无不胆战心惊，从此对这位首领更加唯命是从。

此时，禹虽然名义上还是部落联盟的首领，但他已有了一些专制帝王唯我独尊的感觉了。

第七章

『家天下』开始了

“禅”始未能“禅”终

到了禹的晚年，他没有像尧舜一样将天下共主的位置禅让给有德有才之人，而是交给了自己的儿子。禅让制从此寿终正寝，它标志着原始社会的终结和奴隶社会的开始……

时光飞逝，一晃就到了禹的暮年。按照惯例，他应该考虑自己的接班人问题了。

一开始，禹也仿照尧舜，召开部落首领的会议，推举自己的继承人。他自己虽然有儿子启，但他还是按照大家的举荐，让位给了在舜时就掌管刑法的皋陶。

但是很遗憾，皋陶只干了不到一年，就在禹之前因病去世了。后来，禹又召开会议商议，大家一致推举伯益做禹的继承人。

伯益是皋陶的长子，善于狩猎和畜牧。在长期的狩猎中，伯益积累了丰富的经验，于是，舜便任命他做了虞官，负责治理山泽。伯益尽职尽责，驯服了许多鸟兽。禹继承部落联盟首领之位前，伯益曾辅佐他治理水患，教人们开垦荒地、凿挖水井，为治理水患立下了汗马功劳。另外，伯益在政治上也很有建树。他曾经告诫禹，凡事都要考虑周全，不要过度享乐，更不要违反民意。所以在当时人们的心中，伯益是仅次于禹的一位英雄。

然而，随着王位的巩固，禹越来越觉得自己好不容易得来的王权应该由自己的儿子来接管。可是伯益功劳卓著，威望极高，如何才能让人们离开他而归顺自己的儿子？

为此，禹很是烦心，寝食难安。后来，他突然想到：“我从舜手中接过王位时之所以很顺利，有两点原因：其一，自己当年治水立了功，人们因此对自己十分敬重和拥护；其二，舜将自己定为他的继任者之后，就放手让自己去管理天下大事。不妨我也采用舜的办法，让儿子去履行管理天下的职责，同时不给伯益建功的机会。这样做，既能让启在人们心中树立起自己的威望，又能浑然不觉地将伯益排挤出去。”

就这样，禹按照他的计划让启一步步地参与到国事的处理中来。

几年后，由于启把国事处理得很好，所以他的口碑也越来越好。伯益虽然被定为继承人，但他再未取得新的功绩，他过去所做的好事，也慢慢被人们遗忘了。

看到自己的儿子一天天地成熟起来，禹很高兴，决定去各地巡查。然而在巡查的途中，禹一病不起，驾鹤西去。

禹一死，按照禅让制，伯益自然成为合法继承人。

但是，聪明的伯益在此时却办了一件蠢事。

前文曾述及，尧死后，舜先是让位于尧的儿子丹朱，自己退避到南河之南，后来才在众人的拥戴下继位；舜刚去世的时候，禹也躲到了阳城，想让位给舜的儿子，后来也是在别人的拥戴下继位的。

伯益想：“既然如此，自己为什么不照方抓药呢？”

于是伯益如法炮制。他跑到箕山南麓避居，表示要把王位让给禹的儿子启。

然而伯益没有想到的是，启当仁不让，真的行使起王权来，而多数部落的首领，根本不将伯益当回事，都表示效忠于启，竟把伯益完全撇在了一边。

事情到了这个地步，伯益完全傻眼了，但他并不想就此放弃，心想：“原先禹王选定我来接替他的王位，如今启却不顾羞耻，将王位抢走。这件事违背道义，我一定要征讨他。”

伯益集合自己的部落，领兵向启发起进攻。启早已做好了迎战的准备，而且他的势力早就盖过伯益不知多少倍，二人根本不是一个等量级的。所以，一场厮杀过后，启轻松战胜了伯益。

胜利之后，启在钧台（今河南禹州）举行了盛大的宴会以示庆贺。

启在宴会上公开宣称自己为夏朝第二代君主。

就这样，我国第一个世袭制朝代正式产生，由原始社会进入了奴隶社会。

把王权牢牢地握在手中

为了坐稳王位，启除了起兵征讨那些不服从自己的人，甚至置亲情于不顾……

启废除禅让制，不但“王”成了他们“夏家”的专属品，启还建立了自己的军队，改变了过去临时征集、组合的习惯；刑律、监狱、官僚制度也随之诞生。还有，从前禹要会见诸侯，是千里迢迢跑到涂山或别的什么地方去，现在却要由诸侯自己赶到京城去拜见。

不满启的部落自然不少，其中以有扈氏的反抗最为强烈，势力最为强劲。而且，他们还联合了其他一些反对启的部落，一起发兵攻打启。

有扈氏的起兵反抗，对于刚刚取得领导权的启来说，是一件关系到生死存亡的大事。启清醒地认识到，如果不采取坚决有力的回击，自己的统治地位就有被颠覆的危险。于是，他立即调动军队，西渡黄河，对有扈氏进行反击。

双方随即展开决战。

决战前夕，为了鼓舞士气，启召开了誓师大会。在大会上，启列举有扈氏的罪状时说：“他们蔑视国家大法，对所掌管的政事不闻不问，我执行天的意旨，兴兵剿灭他。”同时又告诫说，“如果战车左边的士兵不努力射箭，战车右边的士兵不用戈矛奋力刺杀，驾车上的士兵不控制好战车，就是不服从我的命令，我就要在先祖的神位面前惩罚你们，贬你们为奴隶。如果你们都英勇作战，我就在先祖的神位面前赏赐你们。”

在启的激励下，三军将士斗志昂扬，在战场上奋勇拼杀。而有扈氏一方，由于都是一些临时召集起来的队伍，毫无战斗力可言，在启的强势进攻下，节节溃败，许多人被俘后做了奴隶。

此后，启又进行了几次征伐，彻底消灭有扈氏，巩固了自己的统治。

为了进一步笼络人心，让各部落首领承认自己世袭王权的合法性，启效仿其父召开涂山大会的办法，在钧台召开了部落大会。大会制定了一项礼仪制度，对各部落向夏朝进行朝聘作出了规定，同时大会还要求各部落首领必须服从夏王的命令。慑于启的强大势力，各部落首领纷纷起誓，愿意为启效命。

随后，启大宴群臣。然而在一片莺歌燕舞中，出现了不和谐的一幕。有一个叫武观的人怎么也打不起精神来，他一会儿打个哈欠，一会儿伸个懒腰，最后干脆趴在桌上睡着了。

众人看见武观的模样，都哈哈大笑起来，但没有人敢去招惹他。因为武观不是普通人，他是禹的第五子，是启同父异母的弟弟。

作为哥俩儿，武观与启的原先身份、地位都是平等的，但现在情况发生了变化。启先是成为部落联盟的首领，后又成为夏王；武观却仍然只是一个部落首领，不仅不能和启平起平坐，而且还要同其他部落首领一样向启朝拜。为此，武观心中的不满是可想而知的，所以才做出了那些可笑的举动。

启觉察到了武观的不满，对他进行了批评教育。可惜武观不但没有接受哥哥的规劝，反而口出怨言。

启觉得武观难于管教，必须给予惩戒，废除了他的部落首领之位，贬封为西河侯。被贬封到西河后，作为夏王弟弟的待遇也没有了，这让武观的心中充满了悲愤。不久，他又接到命令：没有天子的诏书，不准返回都城。否则，从重处罚。

这让武观的心中更加不平，便在西河组织军队，制造兵器，准备以武力来夺取王位。

经过四年的准备，集结了足够的力量后，武观在西河公开举起叛乱的旗帜，与朝廷对抗。

启看到弟弟公然谋反，甚是愤怒，便命令在附近的诸侯彭伯寿前去叛乱。彭伯寿的军队向来以勇猛善战著称，大军一抵达西河，武观所纠集的军队便作鸟兽散，溃不成军。最后，武观成了彭伯寿的俘虏并被带到都城，交给启处置。

最终，启把武观杀了。

镇压了武观的叛乱后，王权已被启牢牢地握在手中。

出来混，迟早都是要还的

出来混，迟早都是要还的。其实这句话用在夏朝诸王的身上，还是比较恰当……

所谓“生于忧患，死于安乐”，饱食终日的启没多久就死了。

启死后，他的五个儿子都想继位，王室内部展开了夺权大战。经过激烈的角逐，最终太康胜出，成为新的统治者。

作为温室里长大的“王二代”，太康从未见祖辈施政的艰辛。他对治国安邦的道理一窍不通。

但是，太康比较喜欢狩猎！

在历史中的后羿与传说中的是有出入的。那时候，黄河下游有个部落叫有穷氏，其首领后羿是个野心勃勃的人，而且是个力大无比的神箭手。后羿见太康昏庸无度，引起了诸侯和百姓们的不满，便觉得有机可乘，想伺机取而代之。

一天，太康带着众亲信去洛水北岸游猎，一去就是一百多天，期间对政事不闻不问。后羿知道这个消息后，暗自高兴，觉得这是个好时机，于是举兵占领了夏的都城，并带军队驻守洛水南岸。

太康玩得尽兴了打算回去，走到洛水岸边时，发现南岸重兵集结，连忙派人去问怎么回事。原来是后羿带着军队以“伐无道”之名来驱逐他。

由于当时各部落首领对太康早就心怀不满，再加上对后羿的军队有所忌惮，因此没人前来帮助他。太康有家归不得，只好停留在洛水北岸过起了流亡生活，这就是历史上的“太康失国”。太康在外流亡多年后，病亡。

后羿占领夏都后，并没有马上称王，而是扶持太康的弟弟仲康为王。但仲康毫无实权，仲康不久便忧郁而终。后羿见时机成熟，便赶走了仲康的儿子相，自己称王。

和历史上的许多君主一样，后羿做了夏王后也很快腐化堕落了，把朝政上的一切事情全都委托给了他信得过的一个叫寒浞（zhuó）的大臣处理。然而让后羿没想到的是，寒浞利用后羿给他的权力，结党营私，发展和壮大自己的势力。有一次他趁后羿打猎回来极度疲惫之时，派人把他杀了，自己做了夏王。

寒浞虽然从后羿手里夺取了王位，但他心里并不踏实。因为被后羿赶走的仲康之子相并没有死——他可是夏朝国君正宗的后裔啊！只要他活着，对寒浞来说就是个祸患。于是，寒浞又派人四处追杀相，并最终把他给杀了。

这时相的妻子已经怀孕，她从墙洞中爬出，逃回娘家有虞氏部落，生下少康。寒浞听说后，又派人前去追杀。少康的母亲带着儿子东躲西藏，好不容易保住了少康的一条小命。

少康在艰苦的环境中长大，十分坚强、能干。成年后，他娶有虞氏部落首领的女儿为妻，并在有虞氏部落的支持下，召集被后羿和寒浞弄得家破人亡的夏朝旧臣，积蓄力量，准备收复旧国。

当时，有个名叫靡的人，原是相的旧臣。寒浞夺取王位后，他逃到有鬲氏的部落，招兵买马，组成军队，实力十分强大。他听说此事后，便率领军队和少康会合，拥戴少康为夏王。

为了确保能顺利地收复旧国，少康先派儿子季杼（zhù）消灭了寒浞的小儿子率领的军队，削弱了寒浞的力量。

一切准备就绪后，在靡与有鬲氏的帮助下，少康很快攻入寒浞的都城穷石，杀死了寒浞。就这样，经历了几十年的战争，少康又重建了夏朝。

由于少康自幼历尽磨难，深知百姓疾苦。因此，复国后，他勤政爱民，把国家治理得井井有条，夏朝再度兴盛起来，史称“少康中兴”。

“少康中兴”是中国历史上首个出现以“中兴”二字命名的时代，可以说，这时的夏朝已到了鼎盛时期。

“玩物”岂止是“丧志”

历史上的孔甲是一个奇特的人，因为别人“玩物丧志”，他却是“玩物丧命”……

少康恢复夏朝后，社会生产有了很快的发展，王朝的统治也得到了加强。然而，少康不幸英年早逝。

少康死后，其子季杼继位。季杼之后，夏朝的发展不温不火。后又历经数代，传到了一个叫孔甲的手里。

其实孔甲本来是当不了夏王的，因为他性格古怪，每天除了四处游猎，迷信鬼神之外，几乎不干正经事。这让他的父亲不降很是担心，怕夏朝毁在他手里。因此，不降想将王位传给自己的弟弟扃（jiōng）。

可是，自从夏朝建立以来，一直都是父子相承。如果自己没有儿子，传位给弟弟倒还在情在理，然而自己有儿子孔甲，怎么能传位给弟弟呢？

为此，年过花甲的不降一直很烦心，可以说是寝食难安。

有一天，他把自己的一个心腹大臣召来，问道：“我年事已高，国家的大事，你看将来交给谁好呢？”

“公子孔甲已经长大成人，自然该由他来继承王位。”这位大臣脱口而出。

“你看他，整日不务正业，国家的重任他能担当吗？”不降说道。

君主问话，又不能不回答。想了半天，他终于鼓起勇气说道：“大王，常言说，不在其位，不谋其政。公子看大王健在，自然不敢过于干政。他将来一旦身居王位，日理万机，就没有玩耍的工夫了。”

“我看孔甲不是个办大事的人才。”不降不无担忧地说，“我甚至认为，夏王朝会败在他的手上。”

“那……”大臣故意小心翼翼地问道：“谁可担当大任呢？”

“我打算让仁厚的弟弟扃继承王位。”

“扃虽仁厚，只怕名不正而言不顺，还请大王三思。”

“你不用劝我了，我主意已定。我找你来，就是想请你帮我想个名正言顺的理由。”

善于揣摩不降的大臣已明白不降说的是真心话，于是改变口风说：“大王所忧虑的，其实也是我们臣子所忧虑的。夏朝传到今天，可真不容易。”

不降点点头，说道：“我也知道臣子的心思，只是不敢直言。今天，我召你来，就是想让你畅所欲言。”

“大王不独亲其亲，能举贤任能，这才是真正继承了先王的美德，也符合臣民意思。古时的尧舜，在世时就举贤让位，所以深得民心，被称为‘尧天舜日’。大王若真有此意，不妨效仿。”

“大王，此事可分两步走。”大臣道，“第一步，先把你的旨意传下去。若是孔甲有所不愿，大王不妨把他分封到江南去。第二步，大王再根据孔甲的表现，再决定下一步棋怎么走……”

见不降没有反对，大臣又接着说道：“当然，若是公子孔甲对此并无怨言，那就不妨让他终日玩乐游荡，这样也不算父亲亏待儿子了。”

二人商量好后，不降第二天就在朝廷上宣布：“鉴于自己年老体衰，自即日起，特将王位传给弟弟扃。”

大家都在等着看孔甲的反应。

孔甲率先鼓起掌来。

看到儿子这般懂事，不降彻底放心了。几年后，不降死了。

可是，事与愿违，继位的扃本事并不大，除了能严格遵循几代先王戒奢侈、重俭朴的优点外，并没有真正的治国之才。

又过了几年，一些诸侯起来反抗。面对动荡的局面，扃急得像热锅上的蚂蚁，年纪轻轻的他竟被活活地气死了。

扃死后，孔甲仍然没有做王的打算，于是按照规定，扃的儿子廑(qín)继了位。

廑不但平庸得要死，而且更短命，居然还没有等到生下儿子就一命呜呼了。

这样一来，再无合适人选了。孔甲被迫接受王位，成为夏朝第十四代君主。

然而，孔甲荒废政务，使整个社会被一种潜伏的危机所包围。他的做法，实际上是给夏朝灭亡埋下了隐患。

孔甲死后，夏朝又迎来了几位新王，但也没有做出泽及后世的作为。

第八章

暴君的荒唐岁月

人，真的不可貌相

历史上的夏桀不但长得英武伟岸，而且文武双全。可惜，他却有一颗荒淫暴虐的心……

公元前 17 世纪中叶，夏朝的王位传到桀的手里。

夏桀是中国历史上第一个亡国之君，他与后世的商纣一样，被当作暴君的典型。

但是，“人之初，性本善。”夏桀也并非是一个天生的纨绔子弟。据说，夏桀身材高大，体格健壮，堂堂一表人才。

此时,夏朝的都城几经搬迁,迁到了安邑（今山西运城）。为了享乐，夏桀大兴土木，在安邑建了一座宫殿，名曰“瑶台”。

瑶台之内，肉堆积如山。在一个足有五平方公里的巨大池塘里，盛满美酒。风一吹过，美酒像湖水一样波浪起伏。

夏桀经常举行盛大宴会，每次宴会都不会少于千人，这在当时幅员还不辽阔的国度里算是一个惊人的数目。千人走到酒池边，像牛群饮水一样齐刷刷从岸上伸下脖子，在震耳欲聋的助兴鼓声中敞开肚皮狂饮。喝醉的人掉到酒池里,被酒活活淹死。夏桀目睹此状,便忍不住放声大笑。

夏桀左拥右抱，龙心大悦，惬意无比。

从此长陷温柔乡

自从有了施妹喜，夏桀便过上了“从此君王不早朝”的日子……

公元前17世纪，夏桀在君主的宝座上已坐了好几十年。当时的施国，由于受不了夏桀的横征暴敛，带头不朝不贡。夏桀不能容忍他们的所作所为，于是出动大军征讨。

施国君臣同心，奋力抵抗，无奈国小民穷，施国的军队很快被强大的夏朝军队打败，夏朝的大将关龙逄（páng）带兵围困了施国的国都。关龙逄向施国国君发出了最后通牒："根据夏王命令，施国要么纳贡称臣。否则。灭了你们。"

对此，施国君臣召开紧急磋商会议。最后，君臣形成一致意见，根据夏桀的嗜好，将施国的公主施妹喜"赠"给夏桀。

一番描眉画腮后，光艳照人的施妹喜泪别施国君臣，走进了夏朝军营。

施妹喜愿意去夏朝国都伺候夏王，但前提条件是：夏朝必须撤军！

从此，夏桀被施妹喜迷得神魂颠倒，对她的要求百依百顺。

为了讨得美人欢心，夏桀下令在一个山谷里修建一个宫殿。为了修建这座宫殿，夏桀搜刮民脂民膏，征调役使百姓。

宫殿建好后，可谓是金碧辉煌、宏伟壮观，夏桀将之命名为"长夜宫"。

从此，夏桀住在"长夜宫"，不理朝政。

没有最残忍，只有更残忍

为了严惩对己不利的人，更为了起到震慑他人的目的，夏桀发明了一种惨无人道的酷刑……

有一天，因为一个偶然的事件，施妹喜发现绸缎被撕裂时会发出一种清脆的声音，她觉得是这世界上最美妙动听的声音。于是，夏桀立即下令把国库里的绸缎搬到皇宫，由宫女们日夜撕绸缎给施妹喜听。

面对由施妹喜带来的“负担”，大臣伊尹出于对国家的前途着想，向夏桀进言道：“我们已遇到危机，大王如再这样下去，灭亡之祸，马上就会到来。”

夏桀却捻须一笑，说道：“你妖言惑众，挑拨朝廷与民众之间的感情。你可知道，上有太阳，犹如人间有君主。太阳灭亡，我才灭亡。”

百姓听到夏桀的狂言后，对着天哀号：“太阳呀，你灭亡吧，我们情愿跟你一块儿灭亡。”百姓内心深处对“太阳”的怨恨程度之深可想而知。

夏桀虽然不管百姓的生死，但他对百姓的“谣言”甚为愤怒。于是，他发明了一种酷刑——“炮烙”。

对炮烙的解释，有很多种说法，有人认为，这是一种中空的铜柱，把囚犯用铁链绑到铜柱上，然后在铜柱中堆满火炭，慢慢把囚犯烤死。也有人认为，这是一种实心的铜柱，用火烧热，强迫囚犯赤足在上面从一端走到另一端。囚犯当然走不到几步便被烫得不能立足，然后跌下来，被活活被烧死。

关于炮烙之刑，西汉史学家司马迁在《史记·殷本纪》中明确写道：“纣乃重刑辟，有炮格之法”。炮格即炮烙。据此，部分学者认为“炮烙”是商纣王所创。

然而，现代著名学者、史学家柏杨先生，在其《中国人史纲》一书中，经过对史实的严谨考订后，在“纪元前十八世纪”一节里，这样写道：

姒履癸把所有的聪明才智都用到暴虐和享乐上，他把皇宫改建得更豪华，用黄金铸成的柱子就有九个。他又发明一种酷刑，称为“炮烙”，在铜柱上涂抹膏油，下面燃烧炭火，叫犯人赤足在铜柱上走过，那是一定要滑下去的，滑下去便恰恰跌到火炭上烧死。姒履癸最喜欢看别人受这种酷刑时挣扎悲号的惨状。

有一天，他一面看，一面问他的大臣关龙逄是不是快乐，关龙逄说：“这种做法，好像春天走在薄冰上，危在眼前。”

妺履癸冷冷地说："你只知道别人危在眼前，却不知道自己危在眼前。"下令把关龙逄炮烙处死。

这里的妺履癸，就是夏桀。

根据这些相关描述，炮烙之刑究竟是夏桀还是商纣王，估计会一直争论下去。

大厦将倾

忠臣有的被不断地送上断头台，有的被逼无奈远走他乡，夏桀的下场已不难想象了……

夏朝末年，著名的大臣当属关龙逄。

关龙逄，姓关龙，名逄。史书记载，关龙逄生性善良，深明大义，从小接受过良好的教育。长大后，关龙逄被夏桀的父亲选为大夫。

夏桀继位后，施行暴政，蹂躏黎民百姓，惹得天怒人怨，朝政日衰。

关龙逄为了减轻人民负担，常常直言进谏，劝夏桀收敛自己的行为，体恤百姓的苦难。夏桀不但不听，还对关龙逄的劝谏行为极其反感，最终以炮烙之刑杀了他。

关于关龙逄之死，根据相关史料的记载，大约有三种说法。

说法一：作为夏朝的贤臣，关龙逄针对夏桀的暴行，多次向夏桀进谏，要他关心百姓与国家，但夏桀根本听不进去。经过深思熟虑后，关龙逄决定以献黄图进谏。

所谓"黄图"，是指古人绘制的宣扬帝王祖先功绩的大幅图画，留给后代帝王为鉴，以不忘祖德，勤于国政。关龙逄捧去的黄图是绘有大禹治水等壮丽场面的图画。关龙逄希望能够借此劝谏夏桀幡然醒悟，效法先王。

关龙逄献了黄图后，见夏桀没有什么反应。便故意立而不去。夏桀心里很不耐烦，恼怒地说："你还有什么话就赶紧说。"

关龙逄怒目而视，一言不发。夏桀大怒之极，一把抓过黄图将其撕毁，并把关龙逄囚禁起来，不久用炮烙之刑将他杀死。

说法二:《韩诗外传》记载，夏桀建造的酒池中可以驶船；堆起的酒糟足有十里长,池中之酒可供三千人饮用。关龙逄就向夏桀进谏说:"一个仁义的君主应该爱民节财，国家才会久安长治。如今您挥霍无度，杀人如麻，若不改变，您定会有不祥的结果。"说毕，久久不肯离去。

夏桀大怒，命人把他囚禁起来，最后用炮烙之刑杀死了关龙逄。

说法三：第三种说法与前文引述柏杨先生在《中国人史纲》中的描述基本一致。

由于关龙逄敢于为民请命，勇于犯上进谏，千百年来一直为人们所拥戴。唐朝时，人们为关龙逄立碑，碑上刻有："夏直谏臣关公之墓。"

清代诗人许鹏扶写诗对其赞颂：

肝胆空披死谏君，黄河曲里有孤坟。
未绵夏祚终余恨，但殒微躯岂足云。
吊古三杯田横酒，诔芳一部屈原文。
慎无说坏夭王圣，知是忠魂不忍闻。

民国诗人初元方亦写下《关龙逄墓》一首：

死谏开先第一人，千秋从此解批鳞。
空言盛世能旌善，坯土何曾表直臣。

在夏桀恣意横行时，黄河下游有个叫商的部落逐渐发展强盛起来。商族的始祖契曾经和大禹一起治过水。到了夏桀的时候，商部落的首领是汤。商汤在关龙逄被害后，继续向夏桀进谏。于是，夏桀下令逮捕了商汤，囚禁在夏台（今河南许昌）。

可是不知何故——或许是夏桀一时大发慈悲，或许是当时商部落的力量已对夏政权构成威胁，使他不敢轻易下手——总之，夏桀在展示了一番朝廷的权威之后，又把商汤给放了。

商汤被释放后，宰相伊尹也随之逃亡。

伊尹果断抛弃了夏朝宰相之尊，投奔新兴的商部落去了，对他个人而言，这是一项明智的抉择；对夏政权而言，则是一个沉重的打击。混乱而垂危的夏政权失去了一根擎天柱，而商部落却如虎添翼。

伊尹弃暗投明后，夏桀一位最亲信的部下费昌，立刻步伊尹的后尘，率领他的宗族，投奔商汤去了。

伊尹的逃亡和费昌的出走引起的震撼可想而知。然而，夏桀一点也不在意，其暴虐较之先前有过之而无不及。

在夏桀沉浸在恣意妄为之时，天下很快就要换新主人了。

第九章

风风雨雨五百年

一个崭新的王朝诞生了

“商汤革命”开创了通过武力改朝换代的先例。从此，这成为中国历代王朝更迭的常态……

商汤被夏桀放了之后，看到夏王朝已众叛亲离，民心怨怒，于是准备伐夏。

商汤在伐夏之前，决定先修德以争取民心。

史书记载，一天，汤到国都外郊游，忽然看见一个人四面张着罗网，跪在地下祈祷说：“天上和地上的猎物，都快快进我的罗网。”

汤听后走到那人的面前，说：“你的意思不就是一网打尽吗？”

那人点头称是，于是汤就命令他重新祈祷，让他说：“想往左的，就往左，想往右的，就往右，不听从命令的，才进入我的罗网。”

汤与捕鸟人的故事很快传开了，人们见他对飞禽都这么善良，都称赞他是仁慈的国君。这就是成语“网开三面”典故的来历。

商汤网开三面的消息传到诸侯耳中，大家都称赞商汤的仁德可以施与禽兽，必能施与诸侯，因此纷纷加盟。

此时的夏桀已成为商汤决定猎取的最大猎物，但夏桀仍沉湎于醉生梦死之中，不知道猎人已张开一张密不透风的大网在等着他。

在完成对夏桀的战略包围后，商汤对最后决战仍持十分慎重的态度。俗话说“百足之虫，死而不僵”。立国近四百年的夏王朝，即便已面临灭亡，但仍具有相当的实力。这时，伊尹给商汤献上一计，要商汤不要向夏进贡，看看夏桀到底会作何反应。

商汤听从了建议。于是，这一年商部落没有像往年一样，向夏进贡大量的物品，夏桀知道此事后，以为商汤要造反，马上调动九夷之师，准备讨伐商汤。商汤则立刻“谢罪请服，复入职贡”，以稳住夏桀，继续积蓄力量，等待时机。不久后传来了夏桀诛杀重臣、众叛亲离的消息。商汤乃再次停止向夏桀的贡奉。这次，各诸侯不听夏桀的指挥，商汤见灭夏的时机已经成熟，于是果断下令起兵。

出兵前，商汤举行了誓师大会，并作了一篇《汤誓》，在大会上宣读:“我率你们去攻打夏桀，并不是发动兵乱，而是因为夏桀的罪太多了，现在上天命令我去惩罚他！”接着还宣布了严格的战场纪律。这番誓师，极大地振奋了士气。

战前誓师后，商汤精选良车七十乘，与精兵六千人，再联合臣服的诸侯的军队，绕道到夏都以西，出其不意，攻其无备，突袭夏都。

此时的夏桀再也顾不上寻欢作乐，连夜调集军队仓促应战，然而多年来夏桀的军队纪律涣散，夏军很快被击溃。夏桀见势不妙，就带着残兵败将逃到了鸣条（今河南洛阳），两军在此展开了决战。

在决战中，商汤军队奋勇作战，一举击败了夏桀的主力部队。

商汤在消灭了夏桀，推翻了夏朝统治之后，定都于亳（今河南偃师），召开了众多诸侯参加的“景亳之命”大会，得到诸侯的拥护，取得了天下共主的地位。

在夏朝的废墟之上，一个新的强盛的王朝，也是中国历史上第二个奴隶制王朝——商朝建立起来了。

商汤革命后，汤总结夏亡的经验教训，以夏桀为反面例子对臣属提出劝诫，不要只顾享受，搜刮百姓，应该“勤于事”“有功于民”。他提出发展生产、轻徭薄赋的建议。除此之外，商汤还向四方发布政令，规定各地贡品只能是各地所出的产品，各地之间不得比较物品的高低贵贱。这些举措减轻了百姓的负担，缓和了社会矛盾，使政治局面很快趋于稳定。

迁都，各有各的盘算

商朝是中国历史上迁都最频繁的朝代。这不是商朝君主热衷于迁都，而大多数是迫于无奈……

起初，商朝以亳为都城，这个地方也没什么不好的，就是老发洪水，因为在黄河边上，人们总是生活得担惊受怕，怕黄河一拐弯就淹到自己家了。于是商汤就不停地换都城，绕着黄河定都。从商汤之后的三百多年里，商朝的都城换了无数次。

商朝的君主如此频繁地换都城，避开黄河是一个原因，另外一个原因是躲避内乱。因为商朝实行的是夏朝那一套子承父业的继承方式。商朝内乱不断，经常发生争夺王位的事情。

朝堂内外，天天打打杀杀，国家的形势无法稳定。其他诸侯也不把商王室放在眼里，甚至与他们分庭抗礼。

幸好，这时候出现了一位能干的君主。

他叫盘庚。

盘庚不仅熟知本国和民族的历史，还有自己的一套治国之道。他可以将前朝有功之臣拉拢过来为己所用，尽管他登上王位的时候年纪轻轻，但已经具备了带领商朝走出困境的能力。

当时因黄河泛滥频繁，致使商朝损失严重，再加上社会矛盾日益激化，所以盘庚决定迁都至土地肥沃的殷地（今河南安阳），以改变当时社会动荡的局面。

迁都一事提出后，商朝的奴隶主贵族都坚决反对。因为他们在旧都的奴隶数量众多、土地广阔，还有不少的房屋，所以一旦迁都，他们必定会损失惨重。此外，还有一些贵族是因为留恋舒适的生活，不愿承受迁都的劳累。他们都希望可以改变盘庚的主意。

于是，一些贵族仗着自己的势力，挑拨平民来抵制迁都，使得人们惶惶不安。

但这些声势浩大的反对浪潮也没能改变盘庚迁都的决心。他将持反对意见的贵族们召集起来，告诉他们说："为了让我们的国家稳定下来，是仿照先王体恤臣民的做法，关心和护佑你们，领着你们去寻找安乐之地。假如你们心怀异心，先王的神灵就会惩罚你们！你们不理解我的良苦用心也就罢了，还到处设置障碍。这是你们该干的事吗？"

贵族听后，面面相觑，不知说什么为好。

盘庚见无人说话，便继续说道："你们都很清楚，殷地不仅有适合农业生产的肥沃土地，而且它的地理位置也十分重要，将国都迁到那里后，老百姓就不能安定地生活了吗？社会就不能够安定了吗？国家就不能强盛了吗？"

接着，他又用斩钉截铁的语气说道："如今，我决心已定。你们想要改变我的主意，这是办不到的。"

由于盘庚坚持迁都的态度坚决，终于说服了反对势力，大约在公元前一千三百年将商朝的都城迁到了殷。

由于盘庚迁都后去奢从俭，根治腐败，盘庚也因此被称为"中兴贤王"，商朝也被称作殷商，或者殷朝。

盘庚的商朝距离我们今天已有三千多年，昔日的国都殷也早已成为一片废墟。到了近现代，人们从安阳小屯村一带发掘出大量古代的遗物，证实此处确实曾经是商朝国都的遗址，因此把它叫作"殷墟"。

"黄金百年"的出现

武丁和他的两个儿子祖庚、祖甲统治时期，商朝的政治、经济、文化得到了空前发展，堪称商朝历史上的"黄金百年"……

盘庚死后，他的弟弟小辛和小乙相继登上王位，但他们都没有什么作为。

小乙死后，其子武丁继位（约公元前1250年）。这位商朝历史上极为“独特”的君主，一开始就与众不同。

据说武丁继位后，他不接待诸侯的朝贡，不访问百姓的疾苦，不上朝听取大臣的汇报，不发布指令。

难道他不但是一位昏庸之君，而且身体机能也有什么毛病吗？

当然不是。

后来，当人们问他为什么在这样长的时间内不说话时，武丁回答说：“情况不明之前，要以我一个人的话来指导四方的工作，我怕言之不当，因此不说。”

其实武丁也没闲着。他除了一直在“默以思道”外，也在默默观察着国内的形势。

武丁的聪明之处还在于，他善于不拘一格使用人才。比如提拔傅说为相。

傅说是我国殷商时期卓越的政治家、军事家、思想家及建筑家。不过，傅说出身卑微——他家世代为奴。然而，奴隶出身的他很有才华。

有一年，一处交通要道被泥石流冲毁，需要大量人力去修补。傅说被安排与其他奴隶一起负责修路，从事打地基、搬石头的活。

傅说在劳动中发明了“版筑术”（以夯土与木框架混合筑路），以此方式筑路堤，效率极高，且坚不可摧。就这样，傅说在修路的队伍里渐渐出了名。

恰好当时的商王武丁觉得要复兴商朝，需要找个像伊尹那样的贤臣来做帮手。于是有人给武丁推荐傅说，说这个奴隶非常聪明。武丁暗中派人前往查访，发现傅说的确是一个人才，很想任用他，但奴隶身份是不能辅佐治理国家的，所以感到很苦恼。

武丁经过仔细斟酌，终于想出了一个“妙招”：他假意梦见先王商汤推荐给自己一位贤人，这个人穿着奴隶的衣服，说自己姓傅名说，正在做苦役。然后武丁将这个梦告诉身边的侍从和百官，但却没有一个人相信。武丁就让人把梦中之人画出来，在全国寻找。

这时候，傅说触犯了奴隶主，正被绳子拴着，由监工押着做苦工。寻找傅说的人看见后，觉得他的身材相貌和武丁说得差不多，便立即请傅说上车，前呼后拥地直奔殷都，把他送进王宫。

武丁叫傅说赶快脱掉奴隶的衣服，然后当众宣布解除他的奴隶身份，让他辅佐治理国家。

傅说真是一个了不起的人，果然有治理国家的才能，他一心一意辅佐武丁，壮大了商朝的国力。

武丁所开创的盛世，一直维持到他的儿子祖甲时期。

公元前 1191 年，武丁去世，其长子祖庚当王，享了十年左右的清福后去世。然后祖庚之弟祖甲继之，又干了三十三年。此时，国家持续强盛，民众安居乐业。武丁至祖甲，大约百年，应该是商朝历史上的黄金时期，文治武功都达至巅峰，完全称得上是中国信史以来的第一个盛世。

爱“武装”胜过爱“红装”

在武丁统治时期，有一位女人不得不提，因为她爱“武装”胜过爱“红装”……

河南安阳的殷墟曾出土了一个世界上最大、最重的青铜器，叫司母戊鼎。据说，这个大方鼎是武丁之子祖庚或祖甲在位时为祭祀其母妇好所制。

妇好是商王武丁的第一任王后。她原本是商朝一个封地首领，嫁给武丁后，并不和武丁住在一起，而是经常待在自己的封地里。

妇好是商朝的主要祭司，经常受命主持祭天、祭先祖等各类祭祀大典。此外，妇好还十分擅长带兵打仗。

在1976年发掘的妇好墓中，考古专家发现了精美的骨刻刀、铜镜、骨笄、玛瑙等许多女性专用的饰品以及大石蝉、小石壶、石垒、石罐等供玩赏的物品，这都说明妇好有女性娇美的一面。但令人称奇的是，除这些小玩意外，陪葬品里还有大量的兵器。其中有两件青铜钺（yuè）是妇好常使用的，二者加起来居然有三十六斤重。能使用如此重的兵器，可见妇好武艺超群，力大过人。

商朝的北部，当时有一个强悍的游牧部族，经常肆意入商朝，掳掠人口和财物，是商朝多年的心腹大患。

有一年夏天，该部族又入侵商朝，双方在商朝北方边境展开了一场殊死的肉搏战。战斗进行得十分残酷，双方死伤过半，依旧难分胜负。当时正在病中的武丁听到前方战报，心中焦急万分，寝食难安。这时一直陪伴在武丁身边照顾他的妇好见状十分焦急，恳请武丁派她带兵增援前方，并且发誓不获全胜绝不收兵！武丁起初没答应，但妇好态度很坚决，在她的再三恳求下，武丁只好答应了她的请求。

妇好率军日夜兼程奔赴前线，悄悄来到该部族后方，展开了强大的攻势。该部族腹背受敌，掉头扑向妇好的军队。妇好身先士卒，使士兵备受鼓舞。该部族大败，商军大获全胜。

妇好在这场战斗中表现出的非凡勇气和谋略，赢得了士兵的尊敬。凯旋之际，武丁亲自出城迎接，为妇好除去盔甲。武丁为此还举行大型庆典，并且当众宣布妇好可以随时调动军队！

此后，妇好东征西讨，打败了周围多个部族。那时作战，出动的兵力都不多，一般也就上千人，但妇好一次带兵就有达上万人，而当时整个商朝的军队也不过三万来人。

虽然妇好常因四处征战和处理封地事宜等原因与武丁不能常在一起，但是夫妻二人感情依旧和睦。不过，令人遗憾的是，妇好只活到三十多岁就去世了。

妇好死后，武丁十分悲痛，把她独葬在一个巨大的墓穴里。后世各代商王在祭祀祖先时，也单独为妇好举行祭祀。直到今天，人们一提起妇好，仍然对她崇敬不已。

“另类”君主遭雷击

在中国历史上，下场悲惨的昏君、暴君有不少，其中一个人的死法最为奇特——他是遭雷击而死的……

武丁于公元前 1191 年去世，此后九十年间，先后出了七位商王。到了公元前 1101 年，商王的宝座传到了武乙的手里。武乙的寿命不详，但他在位的时间不短，共计三十五年。只可惜，武乙不但是个昏君，而且太过“另类”。

武乙继位的时候，商朝的实力已经大不如从前。于是，他决心整顿军队，加强武备，用武力去征服那些叛乱的部落。他曾经用重兵去征伐以旨方为代表的叛乱部落。据发掘出的甲骨文上的卜辞记载，武乙征伐旨方，一次就俘虏了两千余人。

在武乙的大力讨伐下，商朝的统治暂时稳定下来。

看到周围部落又开始向商朝进贡，武乙不知不觉地滋长了骄傲狂妄的情绪，以为自己十分能干。他不但对天神不敬，还将自己的想法付诸实践。有一次，他命令工匠雕刻了一个木偶，称之为“天神”。武乙把这个木偶放在宫廷中，要与它进行投掷游戏的比赛。木偶不会投掷，就请人代替。那代投的人怎敢与商王比高低，只有乱投认输。

武乙得意地说：“天神怎么会输？可见他并不灵验！”于是他命人脱去木偶的衣冠，痛打了一顿。把旁边的巫师、卜师和贵族吓得面如土色，不敢作声。

后来，武乙听说天神住在天上，于是发誓要和天斗一斗。可是天高高在上，如何斗呢？这时，一个大臣上奏说："臣有一个办法，可以一试。"

武乙忙问："什么办法？"

大臣答道："大王可以将皮袋盛满血，挂在高处。然后大王再拿箭射这个皮袋，是为射天。如果天神灵验，必定不会让您射中！"

武乙一听大喜，连忙命工匠缝制了一个皮袋，里面装满牛羊血，然后将皮袋高高挂起，宣布自己要射天，要臣民都来观看。

臣民到了之后，武乙弯弓搭箭，对准皮袋射过去，只听"噗"的一声，皮袋被射破，里面的鲜血喷洒而出。武乙大笑，宣布"射天"成功。

不过，近年来，有人对武乙的"射天"有了另外一种解读，认为是他摆脱巫师干政的策略。

商朝是一个极其重巫的朝代，巫师的权力很大。他们经常假借天意，干涉内政。武乙晚年，看到在自己的征讨下，那些日益强大的诸侯都向自己低头臣服，不禁有些骄傲自满。他觉得，巫师干涉内政，岂能容得。所以，他通过"射天"等行为，使巫权得到削弱，王权得到提升。

恰在这时，前线有捷报传来，西部的诸侯季历击败了鬼戎部落。武乙为此激动不已，带着随从去打猎，以示庆祝。

公元前1113年，他来到了黄河、渭水之间。正当他在山上围猎的时候，忽然狂风大作、电闪雷鸣，下起了雷阵雨。武乙的衣服都被淋湿了，便跑到一棵大树下躲避，结果被一个暴雷击中，当场死亡。

第十章

忠臣亡，丧音起

惹不起，只好躲

微子是纣王的兄长，然而当这位王兄也选择了逃离时，纣王的命运也就不难猜测了……

微子，名启，是商王帝乙的长子，纣王同父异母的哥哥。虽然他年龄比纣王大，但由于其母亲身份卑微，因而他没有继承王位的资格。后来他被册封到都城附近的微地，并被授予子爵，因而被称为微子。

纣王登基后，微子并未因王位之争而对纣王产生成见，反而和比干、箕子尽心尽力去协助纣王治理国家，成为流芳百世的“殷末三贤”之一。

后来，纣王沉溺在酒色之中，不理朝政，追求骄奢淫逸的生活，残暴、嗜杀成性，以致众叛亲离，商朝国力渐渐衰落。一些辅佐过帝乙的老臣，目睹纣王荒废政务的情形，纷纷上书劝诫。纣王非但没有听从这些劝告，还将那些“忠言逆耳”的人投入了大牢，而一些敢于直面批评他的人更是遭到了残杀。

微子目睹了纣王的所作所为后，心中不禁充满了忧虑。为了捍卫商朝政权，他数次上书进言，规劝纣王，但未曾见到纣王的任何反应。微子因此十分郁闷，躲在家中，专心探究礼仪和治国的方法。

一天，纣王喝得醉醺醺的，不知何事召见微子。微子借机劝谏说：“您这么喝酒，容易在酒后做糊涂事。而且我听说西伯侯姬昌实行仁政，国运日隆，已经构成了威胁。你再不悬崖勒马，咱们商朝可就要灭亡了！”

纣王哪里听得进去，大手一挥，说道：“我的性命是上天决定的，又能将我如何呢？”

微子见纣王一意孤行，自己又毫无办法，只好听之任之，找个地方喝酒、聊天，落得一身轻闲。

一天，商容的儿子找上门来。商容本是两朝元老，在帝乙和纣王父子俩执政时期都是主掌礼乐的大臣。帝乙临死前，对继位者的人选产生了犹豫，但商容力主由纣王继位，最终帝乙听从了他的建议。但商容后来因不满纣王的荒唐暴虐，多次进谏而被纣王所杀。

商容的儿子一进门就痛哭流涕地说道："微子先生，当年家父一心辅佐纣王登上王位。现在，悔之晚矣。"

"说'悔'还为时过早，只要我们做臣子的能学你父亲的品德，殷商还是有救的。"微子拉着他的手说道。

"但是，如果纣王不幸仙逝，谁来继承王位呢？"

"大王尚在英年，现在就来考虑这些，是不是有点早？"

其实，商容的儿子是暗示微子，在目前的情况下，由他取代残暴的纣王，是最有利于国家和民族的。但聊了半天，他见微子丝毫没有取代纣王的意思，只好悻悻而去。

但商容的儿子并不死心，之后又陆续派人来做说客，有的甚至明言："微子先生，你若再不挽殷商于危难，救黎民于水火，再任纣王暴虐下去，先祖商汤所创的基业就将毁于一旦了。"

还有人说："微子先生，我们现在已联络了一些人，连黄飞虎大将军也没反对，准备发动宫廷政变，拥立你为商王。"

更有人说："后天，太师将要班师回朝，大王将到宫门外迎接太师，届时，我们伺机杀了大王，立你为王。到时，你微子先生不想称王也不行啦！"

……

微子既不愿意发动宫廷政变，也没去告密。无奈之下，他就只剩一条路可走——逃离京城。

第二天一早，微子简单地收拾了一下，骑着马一路向东，一直跑到微山湖，登上微山湖中的微山岛，从此隐居不出。

后来周武王灭亡商朝后，微子手拿祭器来到周军之中。他赤裸上身，双手缚于背后，并命人携带着茅草，以跪地前行的方式向周武王谢罪。

当时祭祀时，人们常用茅草沾酒。因此，献出茅草就意味着将祭祀权交了出来，以示自己投降了。武王见状，不仅免了微子的罪，还恢复了微子子爵的身份。

武王死后，成王登上王位，随后，周出现了管叔、蔡叔之乱，周公平叛后，对诸侯进行了册封。微子被封于宋地，建立了宋国。

此后，微子在宋国进行经济建设，并建起了都城，他还提出了“仁学”“德治”的倡议。在微子的管理下,宋国成为当时最繁荣的受封国之一。

装疯卖傻，也难逃厄运

纣王的叔叔箕子为了自保，装疯卖傻，然而这仍然没逃过被囚禁的命运……

箕子，原名胥余，是先王帝乙的弟弟，被封于箕地（今山西晋中），故称箕子。

纣王继位不久，命工匠雕琢了一双象牙筷子。在一次宴会上，箕子看见纣王手拿象牙筷子吃饭，便感叹地说：“你现在使用象牙筷子吃饭，那么以后肯定要配上玉杯喝酒。奢侈的生活只要一开始了,就很难刹住。为了追求奢侈的生活，你就会不断四处打仗抢夺，失去民心。”

纣王哪里听得进去。

之后，纣王果真越来越贪，且荒淫无度，微子、箕子等人屡次进谏，纣王却置若罔闻。

有人劝箕子说：“大王昏庸，听不得忠言，你也可以像微子那样离开商朝了。”

箕子说：“作为臣子，如果君主拒绝自己的意见就出走。虽然这可以让自己得到天下百姓的欢迎，但这是不忠诚的行为，我不愿意做。”

然而，箕子终究也是人，他也担心遭到纣王的迫害，于是就扯破衣服，弄乱头发，装疯卖傻。可纣王仍然将他囚禁起来，贬为奴隶。

周朝取代商朝后，箕子被周武王下令放了出来。但箕子不想做周的子民，就带着随从，坐着木筏向东漂流。数天后，他们来到一座岛上，箕子见这里山清水秀，芳草萋萋，景色十分秀丽，从此以后，箕子所率的五千多人就在这里过起了定居生活。他们建屋开荒，养蚕纺织，烧制陶器，编制竹具，建立了箕子王朝。

若干年后，箕子路过故国亳都时，眼见旧时商都一片狼藉，断墙残瓦，毁坏殆尽，突然悲从中来，赋诗一首，是为《麦秀歌》。歌词的大意是：

麦子吐穗，竖起尖尖麦芒；
枝叶光润，庄稼茁壮生长。
哦，那个顽劣的浑小子啊，
不愿意同我友好交往。

这里的“顽劣的浑小子”，自然指的是商纣王。

留在殷都的本地百姓听后，相拥而泣，感慨万千。多年以后，箕子再次回朝拜周，他的老友，已为宋国国君的微子又陪他去殷墟凭吊先人。之后，箕子一病不起，不久便告别人世。

“亘古忠臣”含冤而死

在中国长达几千年的历史中，每个朝代都会有忠臣进谏而招致杀身之祸的事件，而“比干剖心”无疑是其中最惨烈的一个……

比干，子姓，名干，朝歌人，商王帝乙的弟弟，纣王的叔叔。

比干自幼聪慧，勤奋好学，二十岁就以太师高位辅佐帝乙，后来又辅佐纣王。比干主张减轻赋税徭役，鼓励发展农牧业生产，提倡冶炼铸造，富国强兵。

一开始，比干说的话纣王还能听进去，慢慢地，就觉得不耐烦了。一天，比干见纣王做得实在太过分，就对他说：“当年汤王时，天下大灾，饿殍塞途，汤王下车抚尸而哭，自责无德。立即开仓济贫，饥者得食，寒者得衣，天下称颂。你今天的作为与先王的仁政背道而驰，若不悔改，天下就危险了！”

纣王听完，气得拂袖而去，对这位“多事”的叔叔增添了几分讨厌。

后来眼见微子逃隐、箕子被囚，比干非常伤心，又觉得他们未能尽到人臣责任。因为人主有过错而不劝谏，就是不忠；怕死而不敢进谏，就是不勇。于是他以死相争，接连三日劝谏纣王。

纣王被比干批评得无言以对，恼羞成怒地喝问：“你为什么这样坚持？”

比干说：“君有诤臣，父有诤子，士有诤友。我身为大臣，进退自有尚尽之大义！”

纣王又问：“何为大义？”

比干答：“夏桀不行仁政，失了天下。我王若学此无道之君，难道不怕丢了天下？我今日进谏，正是大义所在！”

纣王听到此话，勃然大怒，要杀比干。妲己说：“妾听说圣人的心有七窍，比干自诩为圣人，剖开比干的心，看看如何？”

于是纣王就将比干活活杀死并剖开，看他的心是否真有七窍。

大臣们见纣王对自己的亲人都如此残暴，更加恐惧。于是商朝中两个管理祭祀的乐官——太师疵和少师疆抱了宗庙中祭祀时使用的乐器逃出商都，投奔了周。自此朝廷上忠良的大臣几乎荡然无存。

民间传说，比干在朝歌被纣王挖心以后，面如土色，掩袍不语，愤而跑出朝歌，纵马南行。他知道到了心地（今河南新乡）就会长出新的心来，不料行至牧野遇上由妲己变成的老妇拦路叫卖无心菜，比干问：“菜无心能活，人无心如何？”

老妇答曰：“菜无心能活，人无心该死。”

比干听后，口吐鲜血，坠马身亡。

骤然间，天昏地暗，狂风大作，飞沙走石掩埋了比干的尸体，形成墓冢，故称“天葬墓”。坟墓四周，无心菜圈圈环绕，柏树随着呜呜悲鸣之声，弯了树干、断了树冠，有的还从树干中心裂开变成了“开心柏”。

后来孔子率弟子临墓凭吊，挥剑刻字立石于墓前。孔子把“墓”写成“莫”，意为“借地为土”。

后来，有一个不学无术又好为人师的县令看到这块墓碑，讥笑孔夫子写了错别字，就对着身边的随从们说：“今天我把这个字给改正一下，我就是孔圣人的一字之师了。”

县令把“莫”字下面添了一个土字。谁知刚刚刻好，忽然乌云密布，雷声震天，只听“轰隆”一声，土字又被轰掉了。

商纣王的倒行逆施，残害忠良，使得朝中大臣、贵族、诸侯以及周边部落也都离心离德。

第十一章

掘墓人来了

一脚踩出个神娃

姜嫄“一脚踩出娃”的危险故事告诉我们，好奇，有时候不仅仅害死猫……

正当纣王残暴荒淫、鱼肉百姓时，西边的周迅速强大起来。

相传周的先祖叫弃。关于弃的诞生，有一个美丽的传说。

传说，古代有一个叫“有邰氏”的部落，该部落有个女子叫姜嫄，有一天，她和同伴到野外游玩，看见一个巨人的脚印。

姜嫄出于好奇，把自己的脚踩到这巨人脚印上，想看看这脚印究竟比她自己的脚大多少。不料这一踩，姜嫄身上仿佛受到一股魔力的冲击，腹中产生了怀孕的感觉。经过十月怀胎，姜嫄生下了一个男孩。

姜嫄心中非常害怕，心想：“我没有结婚却有了孩子，这可怎么办才好？”考虑来考虑去，姜嫄决定把婴儿送给他人。

她抱着婴儿来到一个路口，一看周围无人，慌慌张张地把婴儿放到了路中央，然后自己躲在一边看，盼望有人能过来把他捡回家抚养。

过了好长时间，没来一个人，倒是来了一群牛羊。只见它们慢慢悠悠地溜达过来，到了婴儿身旁竟然停了下来，四下张望了一会，然后就跟保护自己的小崽似的，卧在婴儿身旁不动了。

姜嫄一看很无奈，心想：“牛羊这么围着，肯定不会有人把孩子抱走。”于是她只好走过去，抱起婴儿，另作打算。

后来，姜嫄又想出了一个办法：“此时正值寒冬腊月，北风呼啸，把孩子放到冰上，很快就会冻死，一定会有人出手相救的。”

不料，孩子被放在冰上后，天空中许多大鸟飞下来，用翅膀覆盖着孩子，使他不致受冻。

姜嫄见冥冥中似乎有神灵在保护孩子，于心不忍了，就不顾族人的反对，将孩子抱回家，决定要将他抚养长大。孩子是自己丢了几次又捡回来的，她就给孩子取名叫“弃”，意思是要他牢牢记住这段奇特的出生经历。

弃小时候有着异于一般孩子的爱好和志愿。玩游戏的时候，他总爱将野生的稻子、谷子、小麦、高粱收集到一起，并亲手把它们埋入田地里，之后就兴趣盎然地观察种子发芽、生长。

弃长大后，眼见人们过着猎动物、吃野果的迁徙不定的生活，就想：“假如有一个地方可以专门用来提供食物，那就好了。”

在做了细致的观察之后，他汇集起麦子、稻子、大豆、高粱和多种瓜果的种子，将它们种入自己开垦出的一小片田地中，并定时给它们浇水、除草。它们成熟后结出的果实形态丰满，口感也好于野生的。

弃逐渐积聚起了丰富的农业生产经验，他根据地域的不同而采取不同的耕作方法，成了有名的种地能手。

经过多年的观察和实际操作后，弃总结出了一套播种方法：先选取一块肥沃的土地，将它翻松；松到一定程度后，在里面种上优质的种子；为了让长出的小苗更好地生长，还要为小苗浇水、施肥，另外还要将阻碍小苗生长的杂草全部锄掉。因此，他种出的大豆荚子弯而长，小米穗子分量沉，麻子、麦子颗粒饱满，西瓜、冬瓜个大量多。

人们知道弃可以培植出更为优质的农作物后，都来向他请教种植方法。弃将自己所有的农耕知识悉数教给了他们，以帮助他们过上更好的生活。

弃没有辜负人们的期望，他在下大力气开展农业生产的同时，还将自己的生产方法和经验推广开来，使得当时先进的农业技术得到普及，从而有力地推动了农业的发展。

树挪死，人挪活

俗话说："树挪死，人挪活。"为了有更好地发展，周的先祖不厌其烦地迁徙……

大约在夏朝中后期，周人在首领公刘的带领下，终于在豳（bīn）地（今陕西咸阳）定居下来。

由于公刘治理有方，周部落人民的生活越来越好，四周一些部族人非常羡慕，纷纷举家迁来。由此，周部落变得越来越强大。

从公刘开始，又经过九代，古公亶（dǎn）父继位，成为周部落的首领。古公亶父做事讲求德义，为人宽厚善良，得到了族人的一致拥护。在他的领导下，豳地呈现一片安定繁荣的景象。

可是，当时在豳地附近还生活着游牧部落，他们经常侵犯周部落的领地。古公亶父明白，游牧部落的目的是想占领豳地。周部落将士纷纷请缨，请求古公亶父派兵打退这些游牧部落。

古公亶父对前来请战的人说："一方土地由谁治理不重要，重要的是能不能给百姓带来好处。现在游牧部落前来攻打，就是要占领我们的土地和百姓。民众由我治理和由他们治理并没有什么不同，如果百姓为了接受我的治理而与游牧部落开战，肯定会死伤很多人。这是我不愿意看到的。"于是，他决定带着周部落离开豳地，向南迁徙。

为了找到合适的迁徙路线，古公亶父带着自己的妻子翻山越岭，不辞辛劳。

古公亶父的妻子叫太姜。太姜不仅容貌美丽，而且品行端正，性情温顺。后来孟子称赞古公亶父说，正是在太王（后人给古公亶父的尊号）

的影响下，百姓家里没有到了婚龄尚未出嫁的姑娘，也没有该娶媳妇而没有娶到的小伙。

夫妻俩勘探好迁徙路线后，周部落全体南迁。

南迁那天，天空乌云密布，秋风掠过茂密的林梢，发出呜咽般的悲鸣。豳地的百姓成群结队、扶老携幼，带着农具和财物，跟随古公亶父离开了豳地。

经过一路艰辛的跋涉，古公亶父率领周人渡过漆水，攀越梁山，来到周原。周原北倚巍峨的岐山，东临滚滚的渭水，水源丰富、气候宜人、土地肥沃，适于农耕和狩猎。于是，古公亶父便决定在这里定居下来。

随后，古公亶父立即着手营建城邑、宗庙、房屋，测定划分田地疆界，使大家安顿下来。为了加强管理，他又进一步建立了国家机构，设置司徒、司空、司马、司土、司寇五个官职，管理各项事务。

在古公亶父的管理下，周原地区的经济发展迅速，比当时的豳地更为繁荣。周原附近的一些部落得知古公亶父勤政爱民，也纷纷赶来投奔。周部落的实力更加强盛，为后来周的兴起与灭亡商朝奠定了坚实的基础。

勇于牺牲

为了让才华出众的姬昌日后能成为周部落的掌门人，他的大伯、二伯作出了巨大的牺牲……

古公亶父有三个儿子，从大到小依次为太伯、仲雍和季历。

三子季历娶妻太任，生了一个儿子叫姬昌。姬昌从小就才华出众，品质纯洁，因此古公亶父对他极其喜爱，经常在众人面前情不自禁地说："将来能振兴我们周族的人，一定是姬昌！"

太伯、仲雍听了此言，知道古公亶父想把首领之位传给姬昌。可按照周部落的传统，季历排行第三，继位的机会很小，姬昌作为他的儿子，更没有机会继位了。太伯、仲雍知道，三弟聪颖贤良，完全有能力管理好周部落。所以，为了不使父亲为难，能放心地将首领之位传给季历，两人决定放弃继承权。于是，他们趁古公亶父生病之时，以外出为父采药为名，离开了周部落。

两个人从岐山出发,一路长途跋涉,来到了长江下游以南的梅里（今江苏无锡）,被当地人拥戴为首领,国号为“句（gōu）吴”,即后来的吴国。

由于太伯、仲雍二人的相让，季历继承了首领之位。

季历继位后，继承父亲的遗志，广施德政，休养生息，使农业生产得到了飞速发展。但是相比商朝，这时的周部落仍然只是个小邦，因此只能继续臣服于商。为了打消商王对自己的猜疑，季历还娶了商的女子为妻。

取得了商王的信任后，季历对其四周的部族发动了猛烈的进攻，并不停地强化自己的武装力量。《竹书纪年》记载，周“伐西落鬼戎，俘二十翟王”“伐余无之戎，克之”“伐翳徒之戎，捷其三大夫”，“伐燕京之戎，周师大败”。虽然在这个拓展势力的过程中，周也有所损失，但它安定了后方，还增强了自己的实力。

商王武乙末年，作为周部落首领的季历，前往商都朝拜。因他屡次征讨反叛部落有功，武乙赐给他土地三十里、玉十车、马十匹，对他百般安抚。

然而，沉浸在胜利喜悦中的季历却不知危险正在迫近。没过多久，他又高调地对地处山西长治的部落进行征讨，并吞并了它。此时的文丁发现,周的势力越来越强大,出现了尾大不掉的苗头,因此决定加以管理。

不久后，文丁以封赏为名，将季历召唤到殷都，封他为方伯，也就是一方诸侯之长。至此，周部落终于成为一个名正言顺的强大诸侯国。

然而，文丁趁季历没有防备之时，将他打入大牢。过了没多久，文丁干脆直接找了个借口，把季历杀了。

季历一死，他的儿子姬昌继位，他就是日后著名的周文王。

金杯银杯不如百姓口碑

姬昌依靠自己良好的口碑赢得了人们的尊重和拥戴，然而他也意识到，要想推翻商朝，还差点火候……

姬昌长得气宇轩昂，因后来被商纣王封为西伯，所以被人们称为西伯昌。

姬昌继位后，遵守祖先留下的传统，重视发展农业生产，并且严格按照制度管理国家。他特别尊重贤才，正因为如此，在姬昌治理周的时候，各地有才能的人纷纷过来投奔。他们来到周后，都受到了姬昌的热情接待，并得到重用，为周的崛起做出了贡献。

姬昌关心百姓，敬老扶幼，深受人们拥戴。

一年夏天，姬昌不小心得了一场小病，几天后，忽然发生了一次地震。这次地震虽然没有造成人员伤亡和经济损失，但震感强烈，房屋都晃动起来。

地震过后，人心惶惶，群臣都来向姬昌请示。有一个大臣进言说，应征发民众，大兴土木，增高城墙，加固防御工事，以移走地震的根源。姬昌却说天地出现异象，是为了惩罚有罪的人，那有罪的人也许是我。我为什么要连累大家呢？

于是，姬昌面壁思过，茶不思、饭不食。说来也巧，没过几天，姬昌的病居然没治而愈。

又过了几天，姬昌派人打地基，准备盖宫殿。施工过程中，掘出了一具尚未腐烂的尸体。小吏来向他报告此事。

姬昌说："买一口棺材，把尸体下葬到别处去吧。"

小吏说："这不知是谁家的人死后埋在这里的，随便挖个坑埋了得了。"

姬昌接着说："有天下的，就是天下的主人；有一国的，就是一国的主人！现在，我不是他的主人吗？"于是，下令把尸体放入棺材，安葬到附近的一个墓穴中。

人们听说姬昌的做法后，无不赞其贤德。人们说："连无主死尸都会如此处理，更何况对于活着的人呢！"

俗话说："金杯银杯不如百姓口碑。"如此一来，姬昌的名声越来越大，威望越来越高。

姬昌对内勤政爱民，对外则利用一切机会宣扬他的德政。

纣王发明"炮烙之刑"后，姬昌听说这种残酷的刑罚已招致诸侯和百姓的痛恨，他便决定利用这个刑罚来进一步争取民心，提高自己在百姓中的威望。

于是，姬昌派使者到殷都，给纣王献上周在洛河西岸的一块土地，并说明来意，愿以此请求纣王废除"炮烙之刑"。

诸侯和百姓们听说后，都称赞其功德无量。

姬昌生活勤俭，和百姓穿一样的衣服，还经常到田间劳动，兢兢业业治理国家。周在他的治理下，国力蒸蒸日上，而姬昌的威望也越来越高，连诸侯间发生纠纷，也请他来仲裁。

有一次，两个部落发生纠纷，长期得不到解决。于是，他们便想请姬昌来评理。当两个部落首领进入周境内时，发现周民风非常淳朴，人们谦恭有礼、长幼有序。这让两个部落首领感到无地自容，他们羞愧地说："我们所争的，是周人认为耻辱的，我们怎么还好意思去找西伯评理呢？那不是自取其辱吗？"于是他们互相谦让着各自回去了。

诸侯听说了这件事，都说："西伯恐怕就是受命之君吧。"便纷纷向他靠拢。

就这样，拥戴周的诸侯越来越多，姬昌开始踌躇满志起来，决定反抗商朝，为父报仇。

只可惜，"瘦死的骆驼比马大"，几场局部战争下来，周的军队纷纷败下阵来。

姬昌这才明白，当下以周的实力灭商，实力还差点。于是，他一方面继续向商纣王进献贡物，另一方面大力发展生产，继续不断地寻求安邦定国的人才。很快，他就找到了一个才能非凡之人。这个人就是被后世不断神化了的姜太公——姜子牙。正是这位姜子牙，日后和周文王、周武王一起，共同成为商朝的掘墓人。

第十二章

经天纬地姜子牙

英雄常起于落魄中

姜子牙的大半生都在落魄中度过，然而落魄并未消磨掉他的意志，更没有泯灭掉他的理想……

姜子牙，姓姜，名尚，又名望，子牙是其字。因其先祖辅佐大禹治水有功而被封于吕地（今河南南阳），故以吕为姓，也称吕尚。

姜子牙出生时，家境极为贫困。因父母去世尚早，刚刚懂事的姜子牙必须自己学会谋生。为了谋生，他什么都学着干。

姜子牙少年便立志，想成为建邦立国之才，于是便刻苦学习。在闲暇之余，他找来很多的书看，上至天文，下至地理，不知疲倦地学习。

因为把精力主要用在学习上，所以他用于谋生的时间很少，常常穷困潦倒。后来实在走投无路了，他又与人合伙开店卖酒，但是他整天捧着书本看，以致经营惨淡。

虽然穷困，但是酷爱读书的姜子牙随着岁月的积淀，渐渐变成了一位满腹经纶的智者。天文地理、军事谋略、治国之术，他无所不通。

然而，世有千里马，也要有伯乐。姜子牙虽胸怀大志，常常寻求机会施展自己的抱负，但并不遂人意。

有一天，姜子牙到了商朝的国都朝歌之后，毛遂自荐，他在纣王面前把自己的才华充分展示了出来。可惜的是，此时的纣王正宠幸妲己。因此，纣王虽然留下了姜子牙，却并没有重用他，而是天天与妲己在鹿台上饮酒作乐。

他看到商朝被纣王的穷奢极欲弄得乌烟瘴气，便屡次进谏，规劝纣王以国事为重，并指责妲己的行为。妲己为此对他进行了迫害，差点将他置于死地，最后还是得到了比干的庇护，才逃离了朝歌。

纣王的所作所为让姜子牙对商的统治彻底失望，但他相信一定有诸侯国的国君知道纣王的暴政，有取商代之的想法，这样他就可以辅助其成就功名，也可以拯救天下百姓了。于是他开始游历各诸侯国，尽力游说诸侯任用自己以成就一番大业，但是诸侯的态度令他失望。

时光飞逝，转眼间姜子牙已年过六旬了。

一天，他流落到一个叫吴先的朋友处，吴先是姜子牙年轻时一起做生意的朋友。二人一起做生意时，由于吴先家有老母要抚养，因此姜子牙常常多分银两给吴先，吴先对姜子牙的慷慨帮助很是感激，视姜子牙如亲兄弟。

姜子牙来后，吴先热情地接待了他，并把自己一处闲置的庭院让给他住，以便姜子牙在此安心读书。

半年过后，吴先觉得姜子牙单身一人也不是个办法，便将离本村不远的马姓财主家的五十多岁的未婚女儿介绍给姜子牙做妻子。这马家女儿虽然长相不怎么样，但姜子牙毕竟已是六十多岁的人了，于是就同意了这门亲事。

有了妻室后的姜子牙，依然靠着朋友的接济过活，依然每天捧着书看。日子久了，妻子马氏对姜子牙有些怨言了。一天，马氏对姜子牙说道:“老是靠人家的接济也不是办法，我磨了点麦粉，你拿到集市上去卖，换点油和米回来。”

姜子牙吃完早饭后，便挑着两箩筐麦粉来到集市上。他找到一块空地，把两个装满麦粉的箩筐并排摆在面前，然后拿出书来看。不知不觉到了晌午，饥肠辘辘的姜子牙收起了书，可是他的麦粉一点也没卖出去。

恰在这时，一位壮汉赶着一头牛过来，这牛竟然直冲着姜子牙的筐子而来，姜子牙来不及阻挡，装有麦粉的箩筐被撞翻了，两箩筐麦粉洒了一地，无奈的他只好挑着两只空箩筐回家。

妻子马氏得知真相后，气得号啕大哭。她认为，姜子牙这辈子不可能有什么作为，便决然地回了娘家。

当妻子离开后，重返“单身世界”的姜子牙给朋友吴先留书一封，然后带了些简单的行李，继续自己的寻找梦想之旅。

有一种自我营销，叫“姜太公钓鱼”

所谓“良禽择木而栖”，为了让自己有一个真正的用武之地，姜子牙可谓用心良苦……

六十多岁的姜子牙虽然头发都白了，还是没混出个头，但他一点都不灰心，他知道“是金子就会发光的”，坚信自己有一个光明的未来。

有一天，他跑到渭水之滨的一个叫磻（pán）溪（今陕西宝鸡）的地方钓鱼去了。

磻溪在秦岭脚下，当时为周的属地。磻溪水流湍急，浪花飞溅，因其风景优美，令人流连忘返。

鹤发童颜，白须飘飘而又气宇轩昂的姜子牙手持钓竿，在风景如画的磻溪垂钓了九年。

更令人叫绝的是，他的渔钩是直的，没有鱼饵，而且离水面三尺。别人钓鱼都是默不作声，生怕吓跑了鱼儿，而姜子牙在钓鱼时，嘴里一直不停地唱着歌。

很快，姜子牙的故事传遍了城镇的大街小巷，乡村田野，人们都知道了有这样一位“神人”。

姬昌发现姜子牙的过程也很神奇，好像冥冥之中一切都安排好了似的。

一天，姬昌来到渭水之滨打猎，听人们说有一个叫姜子牙的白胡子老头用直钩钓鱼的事，姬昌也觉得此人的行为很怪异。但他对此事没放在心上。

打猎归来，因为实在太累了，姬昌在晚上早早就上床休息了。睡梦中，他忽然见已故的父亲飘然而至，身后跟着一位须发斑白的老人。父亲和颜悦色地对姬昌说道："你的心事，我全知晓，不必着急，我给你推荐一位贤人。他上知天文，下知地理，神通广大，智勇双全，一定能帮你成就大业。这个人现在在渭水之滨。"

梦醒之后，姬昌兴奋不已，立刻想起白天听说的白胡子老头用直钩钓鱼的事。于是，第二天，姬昌派一名士兵去将姜子牙找来。

士兵来到磻溪找到了姜子牙，但姜子牙并不理睬他，只顾自己钓鱼，并自言自语道："钓啊，钓啊，鱼儿不上钩，虾儿来胡闹！"

姬昌听了士兵的禀报后，改派一名官员去请姜子牙。可是姜子牙依然不搭理他，边钓，边说："钓啊，钓啊，大鱼不上钩，小鱼来胡闹！"

姬昌这才意识到，这个钓者必定是位贤才，要亲自去请他。于是姬昌换了衣服，带着厚礼，前往磻溪去请姜子牙。

姬昌来到磻溪后，只见一个老者目不斜视，旁若无人地垂钓，嘴里还念念有词道："世人垂钓以诱饵，老夫泪眼视空钩。王公卿士无人识，面对流水度春秋。"

姬昌走上前去，毕恭毕敬地施礼道："先生可是隐居高士姜太公？"

姜子牙转过头来，缓缓地答道："老朽姜子牙，是个村野匹夫，并非隐居高士。"

姬昌凝神一想，接着说道："别人临溪垂钓，均以诱饵钓于溪水之中。如先生这般钓法，能钓得上溪中的游鱼吗？"

姜子牙见姬昌态度谦和，询问得体，认为这是一个非凡之人，知道自己等待已久的"鱼儿"现身了，但他仍作出一副不动声色的样子说道："君子乐，得其志；小人乐，得其事。今吾渔其有似也，殆非乐之也。"姜子牙的意思是说，君子之乐，在于能实现自己的志向；凡人之乐，在于能做成自己的一点小事。这与我钓鱼的道理一样。

听了姜子牙的话，姬昌对姜子牙产生了敬佩之情，便向他请教治国兴邦的良策。

对此，姜子牙说道："一曰君以举贤为常，二曰官以任贤为常，三曰士以敬贤为常。"意思是，要治国兴邦，必须以贤为本，重视发掘、使用人才。

姬昌听后，高兴地说道："我先君太公（指自己的父亲）预言：'当有圣人至周，周才得以兴盛。'您就是那位圣人吧？我太公望子（盼望先生）久矣！"

说完，姬昌亲自把姜子牙扶上车，并一起回宫。

谁知，月有阴晴圆缺，人有旦夕祸福。在姬昌请回姜子牙之后不久，便出了一件大事……

是金子就要及时发光

当姬昌不幸被商纣王囚禁后，姜子牙这块金子很快便放出了灿烂的光芒……

正当姬昌还沉浸在寻得姜子牙的喜悦中时，他便被商纣王给关了起来。

事情的原委是这样的：

在纣王时期，商朝有"三公"，分别是姬昌（西伯侯）、九侯、鄂侯。其中，九侯雄踞一方，声望甚高，他有一个女儿，长得花容月貌，而且多才多艺。可以说，九侯女是个美貌聪慧的大家闺秀。

纣王听说九侯女是个绝代佳人，便命令她进宫。九侯女虽然不情愿，但王命难违，只得进宫。

看到九侯女气质高雅，国色天香，纣王大喜过望。但是九侯女端庄文静，举止沉稳，厌恶淫乐。对纣王的无礼要求，她誓死不从。对此，纣王暴怒，一气之下杀死了她。此事又迁怒于九侯，九侯领兵反抗，被纣王斩杀。

鄂侯见此惨无人道的暴行，拼死力谏，纣王又把鄂侯杀了。

当时正在商都朝歌觐见纣王的姬昌听说此事后，不由得低声长叹。

不料，纣王手下的大将崇侯虎便面见纣王，教唆道："姬昌行仁义而善计谋，得到许多诸侯的拥护。有这样的人在大王身边，早晚会成为心腹大患。"

于是，纣王授意崇侯虎捏造了一个罪名，将姬昌抓了起来，囚禁在羑（yǒu）里（今河南安阳）的监狱里（史书谓之"羑里之厄"）。

姬昌的长子伯邑考是个极其孝顺之人。他见父亲被抓，便来到朝歌，想以自己作为人质，将父亲交换出来。但是狡猾而又凶狠的纣王不但没放了姬昌，反而把伯邑考也扣留了下来，还命他为自己驾马。

最终，伯邑考不但没有救了父亲，反而把自己的命也丢掉了。在杀伯邑考之前，纣王问他是不是对自投罗网很后悔，伯邑考回答说："为了父亲，我何悔之有？"

纣王不由分说，把伯邑考杀了。

姬昌虽然被囚禁，但是他利用此时完成了一件前无古人后无来者的大事。

原来姬昌将伏羲创设的先天八卦分析拆解，推论出了六十四卦（即后天八卦），并写成卦辞，以供占卜之用。于是，《周易》产生了。这就是有名的"文王拘而演周易"的故事。

后来，周借进贡之际，说服了纣王，放了姬昌。

姬昌脱险归周之后，加紧筹备推翻商朝的事情。他伐犬戎、征密须、败耆国，迅速扩张周的领地。

接着，姬昌挑选了个好日子，将都城从岐山迁到丰邑（今陕西西安），开始了大规模的战略准备。

遗憾的是，在这时，周文王姬昌不幸赍志而终，未能实现灭商的宏愿。

第十三章

城头变幻大王旗

先搞一次实战演习

为了更好地为灭商作准备，周武王在姜子牙的帮助下，于孟津进行了一次成功的实战演习……

周文王姬昌死后，其子姬发继位，是为周武王。武王拜姜子牙为国师，尊称“师尚父”，由其继续辅佐周武王。

一天，周武王问姜子牙：“我欲轻罚而重威，少行赏而劝善多，简其令而能教化民众，何道可行？”

姜子牙答曰：“杀一人而千人惧，杀二人而万人惧，杀三人而三军振者，杀之。赏一人而千人喜，赏二人而万人喜，赏三人而三军喜者，赏之。令一人而千人行者，令之；禁二人而万人止者，禁之；教三人而三军正者，教之。杀一以惩万，赏一而劝众，此明君之威福。”

武王言听计从，时时慎于行赏，力求令行禁止，使周的政治日益清明。

在姜子牙的大力辅佐下，周武王加紧了伐纣灭商的步伐。

一日，姜子牙与周武王商议灭纣事宜。姜子牙对周武王说：“灭商的事，老臣时时刻刻都在准备着。但是，目前的时机尚不成熟。商朝内部的矛盾虽然很大，但未全面爆发。大王您也知道，商朝虽然十分腐败，但它毕竟是个大国，拥有几十万军队。若我们只靠武力去征伐，那付出的代价就太大了。因此，我们要等待商朝内部发生混乱，然后乘虚而入，用较少的代价获得成功。”

接着，姜子牙又为周武王分析了当前形势，并为他出了一个主意：孟津观兵。

姜子牙对此解释说：“采取孟津观兵的办法，一来可以试探一下各诸侯国对我们的态度，做到心中有数；二来可以看看纣王对我们这次行动作何反应，试探商纣的虚实；三来可以利用这次观兵，对我军进行一次战前演练。”

于是，十月初，周武王和姜子牙亲率甲士三万，虎贲三千，战车千乘，离开镐京，出临潼，过渑池，声势浩大地向东进发，队伍首尾长达数十多里。

几日后，三军到达洛邑（今河南洛阳），离孟津已很近了。姜子牙亲自指挥三万大军渡河。一路由大将军南宫适率领，充当左军；一路由将军闳天率领，充当右军；姜子牙和周武王居于中军，大将武吉护驾。在宽阔的河面上，三路舟船，如三条巨龙，由南向北开进，甚是壮观。

此次诸侯会盟，武王发出的请柬不到百个，但闻风前来会盟的却有八百多个诸侯并率十多万士兵。

应当说，八百路诸侯各怀鬼胎。他们当中，有的是进行战略侦察，伺机出击；有的是私下结盟，包藏祸心；有的甚至聚众要挟，一旦在会盟中有可乘之机，就击杀周武王。对此，周武王视而不见，泰然自若。

是夜，周武王在孟津大摆宴席，款待八百诸侯。周武王的部队和诸侯带来的十多万部队驻扎在城外。议定于次日在孟津城西盟誓。

次日一早，各路诸侯带领兵马来到孟津城西大校场。场内场外有十多万兵马，场面甚是壮观。

观兵开始了。周武王宣布，他是受先王之命，为讨伐商纣的统帅。接着，姜子牙宣布了演习的行动计划和纪律，特别强调：“大家必须勇往直前，冲向对岸，后至者斩！”

在隆隆的战鼓声中，周武王的部队开始分批渡河。起初，各路诸侯还窃窃私语，不以为然。后来发现，展现在他们面前的部队，阵容整齐，演练井然有序，显然这是一支战斗力强大的军队。

阅兵完毕，周武王环顾左右片刻之后，举起右手，大声说道：“诸位友邦首领、全体将士们！姬发遵从先王遗命，率师东来，观兵孟津，只为共商灭纣大计。今八百余诸侯，同仇敌忾，可见天命所归，人心所向。”语音刚落，会场立刻爆发出雷鸣般的欢呼声。

周武王接着说：“今商纣淫奢无度，暴虐残忍，穷兵黩武，使百姓处于水深火热之中。如果各位友邦首领认为商纣可伐，请与我一同盟誓！”

周武王语音一落，台下又爆发出一阵欢呼呐喊声。此时，武王和八百诸侯指天盟誓：“吊民伐罪，躬行天讨，齐心灭纣，祸福与共！”

誓毕，八百诸侯和周的文武官员群情激奋，请求趁热打铁，就此杀向朝歌，消灭商纣。

周武王淡淡一笑，示意姜子牙向众人解释。

姜子牙说道：“商纣王昏庸无道，人神共怒，早该天诛地灭了。然而商纣有六百年统治之基，拥有几十万军队。尽管殷商已经腐败，内部矛盾重重，但还没有走到土崩瓦解的地步。因此，我们不可轻举妄动。况且，今日孟津观兵这样宏大的举动，纣王必然有所警惕，定会加强防御。因此，我们要等待有利时机。”

各路诸侯觉得姜子牙言之有理，于是争先恐后地向周武王说：“大王英明，我们都拥护您为盟主，接受您的指挥，讨伐商纣。”

周武王听了，频频点头，然后命令各路诸侯率军返回本部落，听候调动。

孟津观兵，是周武王姬发灭商前夕的一次实战演习，成功检阅了人心、军力，为他对形势的判断提供了有效参考。

吊民伐罪灭殷商

姜子牙被称为中国古代杰出的韬略家、军事家与政治家，确实不是“吹”出来的……

“孟津观兵”的消息传到商都，商朝文武官员无不大惊失色，他们害怕周武王真的会向殷商进攻，因此密谋采取先发制人的战术，灭掉周。随后，众大臣冒死上谏纣王，请求他出兵。

可是，纣王根本不相信周武王有如此大的胆子。特别是他听说周武王在孟津观兵后又回去了，纣王更是洋洋自得，心想："那小子不明摆着是怕我才回去的吗？"因此，他不但没有认真听取众大臣的上谏，反倒迁怒于他们，说他们妖言惑众，动摇民心，下令惩罚了一大批谏臣。

又过了两年，纣王更加昏庸暴虐，杀了比干，囚禁了箕子，逼得微子逃亡他乡，很多大臣如黄飞虎等人，甚至投奔到周来。

这时，周武王觉得时机已经成熟，便派人遍告四方诸侯说："纣王的罪行十分深重，不能不攻伐了。"

周武王率领三百辆战车，三千名虎贲军，四万五千名甲士，总兵力约五万人，沿渭水东下，东出伐商。

在行军途中，周武王还写了一篇《太誓》，对众人宣告："现在纣王只听妲己的话，用残忍的方式杀贤臣、诛无辜，自绝于天。所以，现在我替天去讨伐这人间的罪孽。胜败在此一举！"众人齐声欢呼。

这时武王全军将士众志成城，士气高昂，为他这次东征的胜利奠定了基础。不过，前路仍然充满着艰险。在随后的行军途中，可谓是险象环生。

周武王的大军来到孟津后，八百诸侯率领的约十万人马已在此等候。就在大家会合起来准备渡河时，天空忽然乌云密布，狂风大作，陆地飞沙走石，河上掀起滔天巨浪，无法渡河。

周武王见状，左手拿着青铜大斧钺，右手拿着用牦牛尾装饰的大旗，举头怒目而视，厉声大喝道："我在这里指挥，天下有谁敢危害我的意志！"

武王这么一喝，乌云渐散，风势减弱，河上的波涛也慢慢平息。于是，大军安然渡过黄河。

大队人马到达今河南省温县境内时，又遇上了大水。人马只好涉水而过，艰难行进。

这时，周公在旁命人擂起战鼓，将士们又迅速前进。

数日后的一天凌晨，日夜兼程的十余万大军，突然出现在离商都朝歌七十来里的牧野。

周武王在牧野再次举行誓师大会，逐条列举了纣王的罪状，鼓励全军将士决一死战。此时，十余万大军群情激奋，个个摩拳擦掌，要杀敌立功。

商纣王听闻周武王率领的诸侯联军已到朝歌郊外的牧野，不禁慌了手脚，急召心腹大臣恶来、费仲、尤浑商议退敌之计。然而城中兵士无几，众大臣束手无策。最后还是尤浑献计，将奴隶、囚徒武装起来，前往迎敌。

纣王一夜之间，竟组织起七十五万余人，连夜赶往牧野。

第二天清晨，两军在牧野遭遇。

号角刚刚吹响，姜子牙就率领几百个精兵冲上前去。纣王派出几千人马出阵应战。几个回合后，姜子牙的士兵不敌纣王之兵，他就转身领兵往自家阵中逃去。见状，纣王立即吩咐全军追杀姜子牙。

商军追至一个山谷，突然间，像雷一样的声音从四面八方响起，武王和八百诸侯的兵马一起从山间杀出来——原来，刚才姜才牙是诈退。

中了埋伏的商军，一时间乱了阵脚。

更不妙的是，前队商军突然掉转矛头，朝后面的商军冲去。原来，纣王将那些奴隶、囚徒武装起来，又对他们不放心，便编排在前队打头阵，而这些奴隶、囚徒早就对纣王恨之入骨，怎肯为他卖命呢！一见周军，便不约而同地回身杀过去。

周军趁机长驱直入，杀得商军横尸遍野，血流成河。这就是发生于公元前 1046 年的“牧野之战”。

纣王见全军溃败，大势已去，便只身带着无数珍宝，爬上鹿台，放火自焚了，从而结束了自己的一生。

朝歌城内外的商民，听闻纣王已死的消息后，连夜聚集于郊外，焚香跪拜，迎接周武王进城。

天下重新洗牌

周朝建立后，周武王在姜子牙等人的辅佐下，制定了一系列治国理政的新举措……

牧野决战后第五天，周武王举行开国大典，建都镐京（今陕西西安），正式建立了周朝，史称西周。

随着周地范围不断扩大，如何统治天下，成为一个迫在眉睫的课题。一开始，周武王准备把领地分封给诸侯，但又一想，周本是商的附属国，如今乾坤逆转，商朝遗民会不会服从周的统治呢？

于是，周武王召集姜子牙等大臣商议这些问题。最后，周武王采纳了周公的建议，决定由商纣王的儿子武庚来管理殷地。同时，周武王还将殷地周围的地盘划分为卫、庸、邶（bèi）三个小国，分封给自己的三个弟弟管叔、蔡叔、霍叔，命他们悉心管理，并肩负起监视武庚的重任，号称“三监”。

周武王又下令，释放被纣王关押的百姓，修整商朝忠臣比干的坟墓，释放贤臣箕子等人。打开粮仓，放粮以接济贫困的百姓。自从周武王实施了这些措施后，殷地不久就稳定下来了。

为了更好地治理天下，周武王特意命人将德才兼备的箕子接到镐京，虚心向他请教治国安邦之道，以免重蹈殷商的覆辙。

依据箕子阐述的道理，周武王决定采取新的治国措施。

其具体做法是，按照疆土距京城的远近，依公、侯、伯、子、男五等爵位，把全国划分成若干个诸侯国，由君主分封给在伐商中贡献突出的亲族和有功之臣；允许各诸侯拥有军队，但务必时刻听从周天子的差遣，按期向天子献贡、朝贺；准许诸侯世代世袭，并可以在封国内分封卿、大夫；对各诸侯，天子有奖惩予夺的大权，对封国中分封卿、大夫等事，天子也有权过问。

在诸多诸侯里面，功劳最大的姜子牙被分封在营丘(今山东临淄北)，建立齐国，为齐国国君。

姜子牙治理齐国很有一套。他尊重当地习俗，简化礼仪制度，大力发展工商业，并大力发展海边渔业。

后来，姜子牙协助周公平定“三监之乱”后，又回到封地齐，继续搞大规模的经济建设。首先，他制定了“大农、大工、大商”的政策。他将农人组织起来，聚居一方，互相合作，垦荒种田，发展农业生产，使人民生活逐渐富足；把工匠们组织起来，聚居一方，互相协作，打造各种用具什物，使工业得到发展；将商贩们组织起来，聚居一方，开设集市，互通有无，使经济得以繁荣。农业实行“什一而税”，减轻农人的负担，鼓励农业生产。

姜子牙为齐国的发展奠定了雄厚的政治、经济、军事基础，使之在较长时期内一直迅猛发展，遥遥领先于其他诸侯国。西周时期，齐国是周王朝在东方的最重要支柱，到了春秋中期，周王室衰微，齐国最先崛起，成为纵横中原、左右天下局势的“五霸”之首。直至战国时期“田氏代齐”之后，齐国依然跻身“七雄”行列。

齐国发展壮大了，活了一个多世纪的姜子牙最终功成名就，得以寿终正寝。

史书中没有对姜子牙的去世作详细记载。《史记》中只简单的记录了一句话:“盖太公之卒百有余年。”由此我们可以断定,就在“三监之乱”被平定后不久，姜子牙便去世了。

另一功臣周公被封在曲阜，建立鲁国，为鲁国国君。同时，周天子还特别规定，鲁国有资格祭祀周文王。因此，周公制礼后，鲁国具有全套天子礼乐设备，并在祭祀时使用天子礼乐。这样，周朝的礼乐制度在鲁国得以完整地保存下来，这对以后鲁国文化思想与教育的发展产生了重大的影响。

另外，功臣召公被封于燕，唐叔被封于晋，微子被封于宋……就这样，整个周王朝形成了一个以天子为中心，各路诸侯为辅助的强大、完善的制度体系。

应当说，周朝初年建立起的这种分封制，相对于商朝原始小邦林立的状态，是一个巨大的进步。虽然这种做法不能和秦统一六国后实行的郡县制相提并论，但它顺应了当时历史发展。

第十四章

各有各的追求

宁死不食周粟的震撼

当武王伐纣时，伯夷和叔齐出来阻止武王灭商。后来，两人又以遗臣自居，不食周粟而饿死在首阳山上……

商朝有一个封地，为孤竹国，该国的国君为孤竹君。

商朝末年时，孤竹君深感纣王统治残暴，而孤竹国过于弱小，想要保全自己，必须要有一位贤德的明君。当时，长子伯夷和次子叔齐都是贤才，可担此重任。但是由于伯夷秉性忠厚，不会变通。他与父王一起的时候，常常按照自己的想法进言，有时为了一点小事还和父王争论起来。正因为这样，所以父王不想让伯夷继位，改立了次子叔齐。

叔齐也是个忠厚之人，十分聪明而且懂礼貌，不会为了一点小事和父王争论。他和父亲在一起时，总是先听完父王的意见，有不一致的意见便委婉地提出来，父王如果一再坚持，他就不再和父王理论，因为他不想惹父王生气。另外，叔齐也非常尊敬长兄伯夷，遇到问题总会向哥哥请教。伯夷也很喜欢这个弟弟，尽管自己的位置要让给弟弟，但他一点也不怨恨弟弟，他知道这是父王的意愿。

岁月不饶人。孤竹国的国王一天天老了，得了大病，怎么医治也不见好转。老国王知道自己留在人间的日子已经不多了，就把叔齐叫到身边对他说："我们孤竹国的江山社稷就交给你了！你一定不要辜负我的希望，把孤竹国治理好，让百姓过上好日子。"

其实，叔齐并不想继承王位，他认为哥哥伯夷才是最好的人选。但他看到父王那种期盼的眼神，又想到父王即将离开人世，为了不让父王悲伤，他只好含泪答应了父王的要求。

老国王又把大儿子伯夷叫到床边，对他说："我之所以将你弟弟立为继承人，是为了孤竹国着想。我死之后，你一定要好好辅佐你弟弟。”伯夷看着病重的父王，也是默默地点了点头。

交代完这些事情，老国王就离开了人世。

老国王死后，叔齐不想违背先人立长子为继承人的规矩，便找到哥哥伯夷，想让他来当孤竹国的国君。伯夷虽不想违背父王的遗愿，但在弟弟的再三恳求下，只好勉强答应。

当天晚上，伯夷怎么也睡不着觉，因为他觉得只有弟弟才能治理好这个国家。为了让弟弟当上国王,他便在第二天早上悄悄地离开了王宫。

那天晚上，叔齐同样也睡不着觉，他想：“哥哥如此厚道，一定让他明天继位,以免夜长梦多。”于是,第二天一大早他就去找哥哥,可是,伯夷早已走了。

对此，叔齐十分难过，心想：“哥哥是不想为难自己才离开王宫的。如果我再继位，岂不是被天下人耻笑？我一定要找到哥哥，让他回来继承王位。”于是，叔齐也悄悄地离开了王宫。

叔齐离开家后，在城外四处打听哥哥的下落。漂泊了七天之后，叔齐总算找到了哥哥伯夷。兄弟俩一见面，抱头痛哭，都决定离开孤竹国，找一个安静的地方生活。

可是，伯夷和叔齐跑了好多地方，也没找到一个可以安身立命的地方。

正当二人为此发愁时，一位老者告诉他们说：“周朝国泰民安，政通人和，你们为什么不去那看看呢？”

二人来到周国一看，果真如那位老者所说，于是便在那里安家，开辟了几亩地，靠耕种过活。

几年后的一天，兄弟俩忽然听说周武王要攻打商朝的消息，二人大吃一惊。他们认为，纣王虽然残暴，但毕竟是天子，为臣的怎么能以下犯上呢？于是二人丢下手上的农活，不顾生死地跑到周武王的车前，要求周武王罢兵。

周武王没听他俩的规劝，继续领兵讨伐商纣王。不久，伐纣成功，纣王自杀，天下也成了周朝的天下。

伯夷和叔齐得知此消息后，觉得周武王与纣王没什么区别。他们便离开居住的地方，来到几乎没有人烟的首阳山（位于今河北迁安）定居下来。

到了首阳山后，他们在山里挖野菜、摘野果，发誓只依靠老天赐给的天然食物度日，绝不食周地里长出来的五谷。

当时正值夏秋之交，草木华实，野菜、野果也还丰富。心灵上的安慰掩盖了生活的清苦。但是，秋天过去，冬天到来。野菜被皑皑白雪掩盖，二人没有东西可以吃了。

一位好心的樵夫对二人说道："下雪了，你们不如住到山下去，在山下能找到粮食吃。"

可是，伯夷对樵夫说："不，我们是商之遗民，吃周田地里长出来的粮食，我们心里难受啊！"

樵夫大笑道："现在，普天之下的都是周的，粮食是周田地里长出来的，难道野菜就是天上掉下来的吗？"

伯夷和叔齐一听，无地自容。从此，他俩索性连以前挖来的野菜也不吃了。

没过多久，二人便饿死在首阳山上。

当伯夷、叔齐宁死不食周粟的事传到周武王那里之后，周武王认为，这是自己的罪过，从此更加体谅百姓的疾苦，终于成为一个受人尊敬的好国君。

周公吐哺，天下归心

周公既是创建西周的元勋，又是促使"成康之治"的主要决策人。他自己也是身体力行、勤勉从政……

周公，名为周公旦，是周武王的弟弟。周文王还在世的时候，周公旦作为儿子就非常孝顺他。周武王继位后，周公旦又辅佐周武王处理国家大事，并帮助他取得了讨伐商纣王的胜利。

可惜，周武王灭商建周后，却无福享受，很快驾鹤西去，他的儿子成王继位。

当时成王只有十几岁，于是，周公作为成王的叔叔被推选出来辅佐幼君。

周公尽心尽力辅助成王，管理政事，周朝呈现出一派欣欣向荣的景象。

然而，周公不久就遭到三哥管叔和五弟蔡叔的公开指责，他们在外造谣说周公有野心，想篡夺王位。

这消息被传的沸沸扬扬，引起了大臣和各诸侯国的不安。

前文已述及，武庚是商纣王的儿子，商朝灭亡后，周武王并没杀他，而是让他管理商朝的旧都殷。但为防止武庚叛乱，又让管叔、蔡叔、霍叔三人监督他。周公是周武王的弟弟，监督武庚的管叔、蔡叔、霍叔同样也是周武王的弟弟。三人见周公将他们远封在外地，自己却代成王摄政，对此心存不满。看见这一情况后，武庚心想，要报灭国杀父之仇，此其时矣!

武庚并非等闲之辈，当年周武王让他管理殷地时，他感激涕零，表示要誓死忠于周室。周武王封他的三个弟弟来监视他，他明白周武王对他不放心，因此，他在管、蔡、霍三叔面前毕恭毕敬。每个月都要向三叔请安问好,汇报情况,请求指示,时间一久,三叔觉得此人还挺不错的,对其渐失戒心。后来竟把他看作自己的知心朋友,连心里话也向他诉说。

在几年的接触中，武庚知道管、蔡、霍三叔对周公不满，尤其是管叔，非常憎恨周公。

管叔说，当年周武王分封诸侯时，周公自己不去鲁国，却让他的儿子伯禽代劳，其目的就是要留在朝中，伺机篡夺大权。他还说，周公把他和蔡、霍二叔远封于殷商故地，是由于周公怕他们弟兄三人察觉他的野心。他认为，成王虽未成年，但完全有能力处理朝中大事，周公却以成王缺乏经验为借口，自己摄政称王，这完全违背了文王的遗愿。因此，周室亲族应当遵从文王遗训，共同诛灭周公，还政于成王。

蔡、霍二叔也同意管叔的意见。

武庚把管叔的这些话迅速传给他的亲信，又让他们迅速把这些话传播到东方各诸侯国。据说，姜子牙刚一听说后，也对周公产生了怀疑。

管、蔡、霍三叔看到各诸侯国人心浮动，大家都在咒骂周公，心中十分得意。而武庚此时乘机加紧联络殷商旧部，假言要协助三叔“清君侧”，终于发动了叛乱。

管、蔡、霍三叔以为武庚是自己的知心朋友，会帮助自己讨伐周公，因此，便与他相互勾结，撑腰打气，这也大大助长了武庚叛乱的气焰。武庚又事先派人到东方各诸侯国进行了大量的活动，因此，响应武庚叛乱的诸侯竟多达十几个。一时间，周室朝野震动，人心惶惶。

在有朝廷重臣参加的紧急会议上，周公力主武力平定叛乱，但王室内的朝臣们意见不一。他们认为不如派人去安抚一下，维持现状算了。有的说周国刚刚建立，财力、物力、人力不充足，劳师远征恐怕会招致失败。还有一些人听信了谣言，怀疑周公是想借东征来扩充自己的实力，为篡夺大权进行准备。

周公明白，局面再持续下去将一发不可收拾。于是，他立即给远在山东的姜子牙写了一封密信，命心腹火速送往齐国。他在信中说：“我之所以不顾个人得失而承担摄政重任，是怕天下不稳。如果江山不稳，生灵涂炭，我怎么能对得起列祖列宗和周武王对我的重托呢？”

姜子牙看罢周公的秘信，被周公大义凛然、光明磊落、忠心报国的精神深深地感动了。同时也意识到自己以前对周公的怀疑是错误的。在这危急关头，他当机立断，迅速出兵平乱。

在姜子牙的协助下，周公经过整整三年时间的艰苦征战，终于彻底平复了这场声势浩大的叛乱。经过这次战争，周朝的统治得以巩固，疆域进一步扩大。

东征胜利后，为了稳定东方的局势，巩固新的江山朝政，周公授命建设东都洛邑（今河南洛阳）。

扫平叛乱，营建东都之后，周公又开始思考一个新问题——怎样区分尊卑贵贱，怎样明确继承关系。

周公之所以考虑这个问题，是为了维护周朝的长治久安。以前没有严密的继承制，其他人为了争夺王位而背叛周室。周公经过反复考虑，又和众大臣进行多次商议，最终改变商朝兄终弟继的惯例，制定出嫡长子继承制和余子分封制。

按照周公制定的制度，天子正妻所生的长子，称嫡长子，不计长幼，也不计其贤愚，是天子的自然继承人，其余诸子只能封为诸侯。

在诸侯国内，只有诸侯的嫡长子有资格成为下一代的诸侯，其余诸子只能被封为卿、大夫。

依此类推，卿的嫡长子仍为卿，其余诸子为大夫。大夫的嫡长子仍为大夫，其余诸子为士，士的嫡长子仍为士，其余诸子就为庶人了。

各级嫡长子为本级的大宗，有资格祭祀宗庙；其余诸子均为本级的小宗，不仅没有祭祀的特权，而且需受大宗的支配和约束。

这样，奴隶主贵族内部就形成了天子、诸侯、卿、大夫、士这种阶梯式的等级关系。

周公辅助成王执政了七年，他为了巩固周朝的统治，可谓废寝忘食，兢兢业业。到周成王满二十岁的时候，周公把政权交还给成王。后来周成王死后，他的儿子康王继位。成王和康王父子二人都按照周公制定的典章制度治理国家，使周朝的国力进一步增强，人民更加安居乐业。这段时间前后持续约五十年，史称“成康之治”。

“甘棠遗爱”古今赞

一个国家官员怎样才能提升威望，赢得百姓的爱戴呢？召公对此作出了解答……

《诗经》里有一首名为《甘棠》的诗，诗云：

蔽芾（fèi）甘棠，勿翦勿伐，召伯所茇（bá）。
蔽芾甘棠，勿翦勿败，召伯所憩。
蔽芾甘棠，勿翦勿拜，召伯所说。

用今天的话来说，就是：

甘棠枝繁叶又茂，不要修剪，不要砍伐，召伯在这里住宿过。
甘棠枝繁叶又茂，不要修剪，不要毁坏，召伯在这里休息过。
甘棠枝繁叶又茂，不要修剪，不要折断，召伯在这里停歇过。

很显然，这首诗是人们为纪念召公而作的。

召公，名奭（shì），是周文王的庶子，周武王、周公同父异母的弟弟。因其采邑在召（今陕西宝鸡），故称“召公”，又称“召伯”，也称“召康公”。

周初发生的几件重要事情，召公不但都参与了，并且还发挥了关键作用。在军事、外交和行政事务等领域，召公皆有过人的能力。所以，在周武王伐商时，召公能“日辟国百里”。

周武王灭商建周后，封召公于燕（今河北省北部和辽宁省西部），建都于蓟（今北京市）。他和周公一样，派儿子前去管理封国，自己留在京师辅佐周武王。

当时，有一个部落，慑服于周的威势，派使者前来朝贡，献给周武王一只大犬叫獒。这獒不同于普通的狗，长得十分雄壮，满身都是卷毛，周人看了都觉得十分稀奇。周武王很高兴，觉得这是周朝声威远播的证明，就让召公写一篇文章，以作纪念。

召公写成《旅獒》(保存在《尚书》中）一文，内容却和周武王希望的不太一样。《旅獒》中说："君主道德高尚，四夷之人都来进贡，贡品里有不少是声色犬马之物。但声色犬马无益于人，君主切不可玩物丧志啊！"

周武王看后顿时悔悟，对獒也就没什么兴趣了。

周武王去世，继位的成王年幼，由周公摄政，召公任太保。当时，朝廷里流传着周公要取天子而代之的流言，就连召公都开始怀疑起周公来了。

周公找到召公，对他说："别人不理解我，怎么你也不理解我呢？"

召公嗫嚅地说道："不是我不相信你。你以臣子的身份，却干天子的事情。这在君臣名分上，实在是说不通啊！"

周公说："怎么会！这种事过去是有先例的。遥想当年成汤的时候有伊尹；太戊的时候，有伊陟；祖乙的时候，有巫贤；武丁的时候，有甘般……事实证明，这些大臣，为了殷商的江山，都曾以臣子身份摄行政事，他们都是公而忘私，不顾个人名誉的良臣。难道你认为我做不到吗？"

召公恍然大悟，为自己曾怀疑周公而惭愧不已，立刻与周公站到了同一战线上。

周公感到很高兴，自己终于多了一个肝胆相照的帮手。于是，他俩分陕而治天下。陕以西归召公管理，陕以东由周公管理。

召公治理陕以西的时候，喜欢深入各地现场了解民情。有一次，召公到他的分封之地召地去处理政务。当时天气炎热，召公却不在屋里待着，而是每天在一棵甘棠树下办公。他对乡亲们说："我来替你们排忧解难了，有什么委屈冤情，赶快来找我！"说完，他就在甘棠树下开始受理案件，一直工作到月亮高挂。他无法回去了，只好就地搭了个草棚歇息。这让民众深受感动。

召公给百姓解决了难题。他走了之后，百姓们十分怀念他，说："这样的好官太少了。不仅到我们百姓中来，而且还不扰民，就在一棵甘棠树下办公。办完了公，也不吃我们百姓的饭，也不喝我们百姓的水。如果天下的官员都像他这样的话，那就太好了！"

由于百姓们非常怀念他，所以不许任何人动那棵甘棠树，还作了前述的《甘棠》诗来歌颂他。

到成康之时，由于周朝的姜子牙与周公相继逝世，召公便成为政界泰斗。由于他声望甚高，所以在政坛上起着至关重要的作用。

周成王临终之际，怕自己的儿子姬钊不能胜任天子之职，便命令召公与毕公辅佐姬钊继位。周成王死后，召公和毕公率领诸侯，引导太子姬钊拜见先王庙，反复告诫他，周文王、周武王成就的王业，实属来之不易，因此一定要懂得节俭，克制贪欲。然后又将成王的临终遗命《顾命》交给姬钊，希望他能继承先王遗志。于是，太子姬钊继位，是为周康王。

传说，成王和康王父子二人主政期间，有四十年没有动用过刑法，社会呈现出罕见的稳定局势。所有这一切都离不开当时采取的一系列政策措施和召公的辛勤工作。

可以这样说，周公制定了礼乐制度，给西周建立了一套巩固奴隶制政权的体制，这自然起着至关重要的作用。但是，召公作为太保，也就是监护与辅弼国君之官，他对周礼的实际执行，也一样发挥了极其关键的作用。

所以，在西周初期，召公与周公并驾齐驱，其作用不分伯仲。

召公去世于康王时期，他为巩固西周的政权呕心沥血，其斐然的政绩永远为天下百姓所铭记。

第十五章

乱象一个接一个

一次狼狈的远征

为了一只野鸡，周昭王不惜远征，却落得个溺水身亡的结局，真是可悲可叹……

公元前995年，周康王在镐京去世，其子姬瑕继位，是为周昭王。

周昭王与先王们不同，他从小在宫廷里长大，养尊处优惯了，当上国君之后，又没有贤臣辅佐，更没人能管得了他，所以就开始胡作非为起来。

周昭王有一个最大的嗜好，就是酷爱奇花异草、飞禽走兽。

上有所好，自然就有人讨好。不少想升官发财的人，今天献上雪山顶上的灵芝，明天又送来天山上的仙草。周昭王对此非常高兴。

另外，周昭王对狩猎也很痴迷，简直到了走火入魔的地步。他只要一听说哪儿有珍禽异兽，就立刻去捕猎，结果弄得国力逐渐衰落，政治越发昏暗，诸侯们也离心离德。

当时，按照规定，各诸侯国年年都要向周王室进献贡品。可是，在南方的楚国由于土地肥沃和政治稳定，势力日益增强，他们看到周昭王无心政事，就开始懈怠了，该送的贡品没有送。

当然，周昭王不是一个好欺负的人，他对楚国的做法极为恼火，于是决定于公元前980年率军伐楚。

楚国见形势不妙，便派使者向周昭王求和。

这时，恰逢周军渡汉水，忽然冷风骤起，白浪掀天，周军将士惊恐之下，损失惨重。周昭王认为此乃凶兆，便率军北还。

一晃三年多过去了。一天，楚国派使者带了一堆珠宝来朝贡，并称捕获了一只罕见的白雉鸡，想运送到镐京上贡天子，但因交通不便，路途遥远，楚国无人能保证极难饲养的白雉鸡在路上存活。如果在路途中遭遇不测，恐犯欺君之罪。如天子感兴趣，请屈驾亲自将白雉鸡接回来。

周昭王一听，觉得楚国使者说得不错。再加之自己这些天没有外出狩猎，也实在太闷了。顺便将罕见的白雉鸡带回来，岂不是一箭双雕？于是，周昭王决定南巡。

虽然周昭王的南巡决定受到了许多大臣的劝阻，但他还是一意孤行。

在当时的情况下，南巡并非一件简单的事情，一路上给地方大小诸侯国带来了负担，而压力最终转嫁到了百姓身上，许多男人被强行征去从事挑夫、后勤、临时工等工作，女人则被征去洗衣、做饭。加之周昭王的军队纪律性很差，一路上搜刮民财、骚扰民女，弄得百姓们怨声载道。

周军走了数月，终于来到汉水北岸，过了这条河便可到达楚都丹阳（今江苏丹阳）。于是，周昭王决定渡河。但苦于周军中无人熟悉水性，也无专门造船的工匠随行。这时，他看见远处有许多人在钓鱼，便下令征集方圆五十里的渔船，听候天子调遣。这样花了两天两夜，周昭王的南巡大军才渡过河。

然而，在周昭王以为很快见到朝思暮想的白雉鸡时，突然接到奏报，说楚国的白雉鸡根本就是子虚乌有，而且楚国国君也不准备前来迎接圣驾。

对此，周昭王大发雷霆，命令军队进攻楚。可是，楚军早就预先做好了准备，打了两仗，周昭王没有占到任何便宜，丹阳始终攻不下来。周军只好拿百姓撒气，抢劫了百姓的大批财物后，便准备班师回朝了。

汉水边上的楚国人早就怨恨周军骚扰他们平静的生活，决定给他们一点苦头尝尝。当周军来到汉水边时，只见河边空荡荡的。周昭王派士兵到处找船，然而一无所获。于是，他命人将当地村民抓来，要他们在三天内造出三十条船来，否则全部处死。

到了第三天早上，村民果然送来了三十条新船。周军回家心切，就争先恐后地上船，还把抢来的财物全都装到船上，并向北划去。

不料船刚划到河中心，竟都漏起水来。村民跳到河中游走了，而这三十条船都散架了。就这样，周昭王和他的军队连同车马财物，全都掉进了湍急的汉水中。

这些来自北方的周军大多不会游泳，挣扎几下后，就葬身鱼腹了。自幼在深宫长大的周昭王，更是不懂水性，扑腾了几下就再也看不见了。后来，周昭王的手下好不容易才把他的尸体捞到岸上。

周昭王的尸体被抬回镐京，大臣们听说了事情详细经过，觉得堂堂的周朝天子，竟然为了一只白雉鸡送了性命，这样的丑事要是传出去，还不让天下人耻笑。只好昭告天下，周昭王暴病而亡。

痴情君主西北游

不同于周昭王的南征，他的儿子周穆王选择的是西游。这一趟虽然见了美女，却也留下了隐患……

周昭王死后，已经五十岁的周昭王长子姬满即位，是为周穆王。

此时，随着周昭王死于非命，周王室开始出现衰微的苗头，诸侯中不遵王命的现象开始出现。大臣甫侯将这一情况报告给了周穆王。

周穆王根据甫侯的建议，重新制定了刑法。刑法规定：狱官通过观察被告人言语、脸色、气息以及看人时的表情来进行分析断案。审讯的结果如确凿无疑，根据犯罪者罪行的轻重，判别施行墨、劓（yì）、膑、宫、大辟这五刑中的一种，还详细规定了三千多条细则。可刑不上大夫，对于诸侯、大夫则按照用钱赎罪的方法判决。

此后，周穆王面对稍不谨慎就可能引起轩然大波的西周政局，重兴文王、武王时期的德政，使天下的局势暂时得以安定下来。

历史上的周穆王以喜欢出游而著称。有一次，周穆王外出，来到盛国。盛国国君盛伯的女儿陪周穆王一起游玩，周穆王十分喜欢。因为盛国是姬姓国家，周穆王就赐盛伯之女为“上姬之长”，居于后宫众女之上位。

周穆王还为盛姬建了一个美丽的台，称为“重璧之台”，台上放置了许多美玉。

隔了几日，周穆王与盛姬一起到东边的大泽之中游玩，正好遇上了大风，气温骤然下降，盛姬受了风寒生病了。周穆王十分爱怜，就留在泽中看护，并下令把这个湖泽称为“寒氏”。

盛姬发高烧，要喝水，周穆王便命人取来最美味的甘浆给她饮用。然而无论周穆王怎样悉心照顾，盛姬还是不治身亡。

盛姬身亡后，周穆王哀痛不已，从此茶饭不思，跟丢了魂似的，哭得肝肠寸断。

然而时间一长，侍卫听了，受不了了。于是侍卫统一思想，统一行动，一个接一个地去安慰周穆王，并说道：“大王，死生由命，富贵在天，任您怎么哭，盛姬娘娘也是哭不回来的。”

听了侍卫的话，周穆王又是号啕大哭了一阵，哭完后一想：“侍卫说得有理，我为什么这么傻哭呀？”于是，他破涕为笑，决定巡游天下。

一切准备就绪后，周穆王带着他的侍卫和亲信大臣，骑着八宝骏马，从国都出发，向西北而行，开始了长时间的漫游。

周穆王很快来到钘山（在今河北保定）。周穆王继续前行，来到一个叫“漆泽”的湖泊旁。他到湖边的森林里去打猎，猎得一只雪白的羊。周穆王以为是吉祥之物，就拿来祭祀湖神。

一段时间过后，周穆王渡过一条大河，来到一个叫“温谷乐都”的地方。这是一条大山谷，气温暖和，庄稼长势良好，人民安居乐业。周穆王又来到积石山的南河。这里地势空旷，水草茂盛，他让骏马在河中畅饮，自己则进入森林中打猎。

“唉，我不好好做天子，却四处游乐，后世之人会不会指责我的过错呢？”周穆王感叹地说。但事已至此，他还是选择了继续前行。

又过了一段时间，周穆王来到昆仑山下的一个高丘，在那里看到了黄帝的一个行宫，还有雷师丰隆的墓葬。不久，周穆王又踏上北行的旅途，夜宿于珠泽旁。

然后，周穆王向北登上春山的高峰，极目四望，风景尽收眼底。这里树木青翠，清泉潺潺而流，温和无风，飞鸟、百兽觅食其中。周穆王不禁感慨起来：“春山，这座天下的高山，真是百兽所聚、飞鸟所栖的乐园啊！”在这里，周穆王看见了不少猛兽。

接下来，周穆王继续西行，上演了一出重头戏——在瑶池边遇见了大名鼎鼎的西王母。

周穆王对她一见钟情，将带来的珍宝送给她。西王母恭敬收下，并设下宴席热情款待。酒宴上，伴着优美的乐舞，周穆王和西王母诗歌相和，互生爱慕。西王母温柔缱绻，周穆王从此乐而忘归。

此时，东方的诸侯徐偃王率领少数部落侵扰周朝，周穆王只得暂别西王母回朝平乱。

周穆王回朝后，联合楚国，出其不意，轻松地平息了叛乱。然后他转战东方和南方，又平定了许多小部落。

周穆王于公元前976年继位，死于公元前922年，在位五十五年，是西周在位时间最长的君主。

周穆王通过游历收服了很多部落，这对于发展周的经济、维护周的统治有着突出的作用。但同时，由于周穆王西行占用了大量的精力、人力、财力，使得周出现了吏治不严、政事废弛的状况。此后，曾经强盛的周朝开始走下坡路。

是可忍，孰不可忍

哪里有压迫，哪里就有反抗。当人们无路可走时，他们就举起了手中的棍棒……

周穆王死后，周朝接下来的四位国君分别是共王、懿王、孝王、夷王，四人合计共在位四十五年。在这近半个世纪的时间里，周朝这列庞大的列车，继续滑向深渊。到了公元前 877 年，周厉王继位时，形势就更加不妙了。

在西周历代帝王中，周厉王是在位时间比较长的一个，他一共执政了三十六年。但是这三十六年，对于周的臣民来说，却是一段无比漫长的痛苦岁月。

周厉王在位时，宠信一个名叫荣夷公的大臣。荣夷公唆使他改变了从前的制度，把山林江河湖泊统统收归国有。

所谓“收归国有”，就是周厉王以“收归国有”的名义，霸占了国家所有的湖泊、江河和山林，谁要到湖里捕鱼或是到山上砍柴、打猎、采药等，都要缴纳相应的税金，并且税金还很重。

此外，周厉王还派兵在道路上设关立卡，盘查来往行人，只要没有交税，就不许人们上山打猎、下水捕鱼，人们悄悄采集来的果实也全部被没收。他们还勒索财物，虐待人民。周厉王的暴虐措施，激起了人们的强烈不满。

卿士芮良夫进谏说：“荣夷公整天只知道贪图钱财，却不知国家即将面临灾难。财物是什么东西？财物是由天地万物衍生而来的，所有的人都有理由和权利来享用它，怎么能够以国有的名义独自占有呢？独占的结果，只能招来人们的怨恨，将来一定后患无穷。《诗经·大雅》上说，‘因为让天下人都得到好处，才有了周家王朝。’先王们之所以能够创建周家辉煌的基业，并且一直延续到现在，依靠的就是这种思想啊！普通的百姓想要霸占别人的财产，我们把他称为强盗，如今您也想独霸天下的财产，怎么能行得通呢？如果您坚持这样做的话，那归顺您的人将越来越少；如果再重用荣夷公，周家也一定会衰败的。”

应当说，芮良夫的话句句在理。然而昏庸的周厉王不听劝告，继续我行我素。

如此一来，百姓的生活更加雪上加霜，顿时民怨沸腾，流传起这样一首歌谣来：

硕鼠硕鼠，无食我黍。

三岁贯女，莫我肯顾。

逝将去女，适彼乐土……

意思是说，大老鼠啊，大老鼠，你别再吃我们的粮食了。多少年来，我们用自己的粮食喂养着你，你却丝毫不顾及我们的死活。我们要离你而去，到理想的地方生活。

百姓对周厉王的不满情绪溢于言表，大家纷纷咒骂他。

在群臣中威望颇高的召公也觉得周厉王与民争利的行为实在太不明智，就对他说道："现在百姓纷纷议论，就是因为您的这些政策太不得人心了。"

周厉王却说："你的话很有道理，我也知道天下人在骂我。不过，你放心，我自然有办法让百姓闭上嘴。"

周厉王的办法是，实行恐怖的特务统治，派出特务，监视百姓的一言一行。谁要是有什么不利于天子的言论，特务就进宫报告。然后，周厉王就将特务检举的人统统杀掉。

如此一来，还有谁敢随意发表意见呢？人们如果在街上遇到熟悉的人，哪怕是自己的妻子儿女、父母长辈，也不敢说什么，只是用眼神交流。

周厉王觉得自己的办法很有效，就洋洋得意地对召公说："你看，现在百姓都不敢再议论我了。天下不就太平了吗？"

召公听了这番话后，长叹一声说道："这只是把他们的话堵塞回去而已。堵住老百姓的嘴，要比堵住河流的害处更严重。水蓄积太多，河流一旦决口，伤害的人一定很多；不让老百姓说话，结果也是一样。所以，治水的人要疏通河流，使流水畅通；治民也要开放言论，使老百姓敢说敢言。如今大王以严刑苛法，堵塞言路，不是很危险吗？"召公的话，后来被人们总结成一句成语——防民之口，甚于防川。

可惜，周厉王对召公的话根本置之不理，反而更加残暴地实行特务统治。

这样一来，老百姓的生活日益艰辛。“不在沉默中爆发，就在沉默中灭亡”，不打算灭亡的人们就团结起来让周厉王灭亡。

西周时期，一个城邑通常有内外两层城墙，住在城外的农夫叫“野人”，住在城里的平民叫“国人”。当时，随着贵族的内部分化，很多失去权势的旧贵族和生活落魄的士族阶层，地位逐渐下降，和社会下层的普通民众杂居在一起，他们已经和国人别无二致。

公元前 841 年，被压迫到无路可走的“国人”集结起来，手持棍棒、农具，围攻王宫，要杀周厉王。

惊慌失措的周厉王急忙调兵遣将。一个大臣战战兢兢地回答说：“我们的士兵就是来自国人，国人就是兵，兵就是国人。国人都暴动了，还能调动谁呢？”

周厉王万般无奈，带着亲信从城里仓皇而逃，沿渭水河岸一直逃到了彘（zhì，今山西临汾），才安定下来。

暴动的国人冲进王宫后，发现周厉王不在宫中，继而就把矛头转向了周厉王的太子姬静。

召公见势不妙，赶在国人行动前先把姬静藏到了自己家里。国人听说消息后，就一窝蜂地冲到召公家门外，把他家围了个水泄不通，要召公交出太子。召公为了保住周厉王的血脉，便用自己的儿子代替了姬静。召公的义举使太子姬静最终免于被杀。

国人暴动的第二天，共国（今河南新乡）的国君共伯和就带着军队开到镐京，准备平叛，可是暴动的国人已经散去。于是共伯和就率领部队，驻扎在宫中。

国不可一日无君。周厉王一时半会儿是不敢回来了。太子虽在国都，但年龄太小，不能主事。况且他是召公用自己儿子的性命换来的，现在暴动刚平，还不到说出真相的时候。于是召公提出，国事暂由共伯和代理，其他大臣也都赞成。

共伯和虽然名义上是代理，实际上是执政，同天子一样，所以公元前 841 年被称作“共和”元年。也就是从这一年起，我国历史开始有了准确的年代可以查考。

公元前 827 年，周厉王病死于逃亡的彘地后，共伯便和召公等人一起立太子姬静为新的周王，自己回到共国。

姬静，即历史上的周宣王。此时，西周已经日薄西山，走向了灭亡。

第十六章

开江山的玩笑

一个神奇的预言

当周宣王令人杀掉那个卖箕草箭袋的女子后，他以为不祥的预言已被打破。然而，是祸躲不过……

周宣王继位后，一开始还是不错的。因为国人暴动和父王的下场，周宣王是看在眼里记在心中，所以，在继位初期，周宣王勤理国政，使周朝有了一丝复兴的迹象。

可就在这时,其他诸侯国正在悄悄崛起。他们不肯再为周王室出力，甚至有的还蓄意叛乱。

公元前 788 年，活跃在西部的少数民族与东部诸侯国，公开向周王室叫板。周宣王盛怒之下，御驾亲征，结果大败而回。

尽管兵败，周宣王心里却很不服气，之后就再次征兵，准备报仇雪耻。这就是历史上所说的宣王“太原料民”。

这里的“太原”并非如今的山西太原，“太”是大的意思，“原”则是指大广场。“料”是指用斗来量米，意指估算。也就是说，周宣王让镐京城里的平民百姓全部集中到一个大广场上，由他来清点人数。然后根据调查核实的人口情况来征税、征兵。以便于下次战争发生的时候，府库充盈，兵力强盛。因为当时镐京的人口不多，这样的人口普查方法还是可行的，但比较费力、费时。

一天傍晚，又“料民”一天的周宣王准备回到宫里好好休息一下，然而在回宫的路上遇到了一件蹊跷事——他听到一群小孩在唱这样一首歌谣：

月将升，日将没。
檿（yǎn）弧箕服，几亡周国。

这首歌谣大意是说，弯弯的新月就要升起了，鲜红的太阳就要落山了。山桑木做的的弓呀，箕草做的箭袋，神龙家的女孩差不多要亡了周国。

兵败不久，“料民”又累，正当周宣王的情绪低落之时，忽然又听见了这么一首歌谣，让他龙颜大怒！于是，他命令道：“把这群孩子给我抓起了，问问到底是怎么一回事？”

士兵抓住几个孩子一问，原来这首歌谣是前几天一个穿红衣小孩教他们唱的。教完这首歌谣之后，那个穿红衣小孩就不知去向了。

这分明是一个对现政权不满的邪恶分子在散布谣言，蛊惑人心。可是，这次的特殊之处在于，这首歌谣是通过儿童之口进行扩散的。当时人们普遍认为，儿童天真无知，他们所传的谣言必非出于自撰，肯定出自天意。

于是，周宣王也就没追究那几个小孩的责任，而是回到宫中，问大臣：“此歌谣是什么意思，是凶还是吉？”

召公说：“檿，是山上桑木的名字，可以做弓，所以叫做檿弧；箕，是一种草，可以用来编成箭袋，所以叫箕服。看来国家将要发生战争啊。”

太史伯阳父说：“上天要警告国君，就会让荧惑星变成小孩，编造谣言。荧惑是火星，所以是红色。这是上天在警告大王啊！日没月升，说明后世必有女子乱国！请大王勿杀无辜之人，勿毁军旅的兵器。”

周宣王听了，半信半疑，忙召来王后，问她最近宫中的嫔妃有什么怪异的地方。

王后回答说：“怪异倒是没有，只是先王宫内的一个嫔妃卢氏，年方二十四岁，怀孕多年，才生下一个女儿。”

周宣王说：“这还不是怪事吗？”赶紧召来卢氏，询问原因。

卢氏把怀孕的经过说了一番，周宣王听说后，说道：“此女一定是怪物，你抱过来给我看一看！”

卢氏说：“妾疑心为怪物，生下来的那天晚上就让宫女将此女扔在御河中淹死了！”

周宣王对伯阳父说：“此女孩已死，卿试着占卜，看妖气消灭了没有？”

伯阳父占卜后说：“妖气虽然出宫，然而还在人间！”

周宣王一听，被吓出一身冷汗，命令士兵立刻巡访御沟内外，然而女婴已经不见踪影。周宣王又命人写出榜文，挂在各城门口，不论是谁，只要敢将御沟内的婴孩隐匿起来，就满门抄斩。

这一天，西城士兵在巡访时看见一个男子背着山桑木弓，一个女子背着萁草织成的箭袋，在街上叫卖。这是一对年轻夫妻，丈夫叫姒（sì）大。

士兵商量后，说道：“如今朝廷大臣断定谣歌是指山桑木弓和萁草箭袋，这两个人一定与此脱不了干系。我们放了那个男子，将那个女的捉去见天子。”于是，士兵将姒大的妻子捉走。

姒大原本想救自己的妻子，但自己势单力薄，如何斗得过那些士兵？只好掉头便跑。跑到郊外，他听见深林中群鸟喧噪，似有婴儿啼哭的声音。

姒大循声进入林中，看见百鸟用翅膀上的羽毛覆盖着一个躺在青草上的女婴，他想：“我妻子被朝廷捉去，估计没有了性命，不如将这个女孩抱回去，抚养成人，也算有个寄托。”于是，姒大抱起婴儿，奔褒城逃难而去。

士兵将姒大的妻子抓去见周宣王。周宣王一听是卖箕草箭袋的女子，就急令推出斩首。

周宣王以为杀了这个卖箕草箭袋的女子，便破了周朝倾亡的预言。

不爱江山爱美人

周幽王贪婪腐败，不问政事，任用虢石为卿士，执掌政事……

周宣王晚年固执己见，听不进去谏言。为了显示自己的威风，在属国鲁国选立继承人的时候，他根据自己的喜好，硬逼着废长立幼。鲁人不服，他就兴兵讨伐，使鲁国陷于混乱，这不仅破坏了周朝的嫡长子继承制度，也引起了同姓诸侯的不和，使得诸侯对周宣王更加不满。

对诸侯尚且如此，对在朝为官的大臣，周宣王更加放肆，更加蛮横无理了。

一次，为了一件小事，大夫杜伯触怒了周宣王，被判处死刑。杜伯的挚友左儒急忙上前劝阻，周宣王愤怒地斥责说："在你眼中，只有朋友，没有国君，是何道理？"

左儒回答说："国君有理，臣就顺从国君；朋友有理，臣就支持朋友。现在杜伯并没有罪，不该问斩，所以，臣劝谏大王，不要杀杜伯，否则就是滥杀无辜。"

周宣王恼怒地说："我就要杀他，你又能怎样？"

左儒回答道："臣愿陪杜伯同死。"

"我偏偏不让你死，看你能怎么办？"周宣王说罢，下令斩了杜伯。

左儒又羞又气，回到府宅后就自刎而死，此事在大臣间引起一片惊恐。

事后不久，周宣王冷静下来，觉得自己做得确实有些过分了，心里暗暗悔恨，却又不好意思明说，以致寝食难安。

一天，他带着臣下外出游猎，借以散心。游猎中，他忽然在车上大叫一声，昏迷了过去，没几天就死了。

周宣王一死，他的儿子宫涅继位，是为周幽王。周朝由此走上了穷途末路。

周幽王性情暴躁，待人刻薄寡恩，而且喜怒无常，只知道吃喝玩乐。周幽王还拜尹球为大夫，虢（guó）石父为上卿，祭公为司徒。三人皆谗佞阿谀之人，贪位慕禄之辈。

一次，三川（指关陇地区的泾河、渭河和洛河）守臣上表奏称三川发生了地震，周幽王笑着说道："地震是上天管的事，何必告诉寡人？"

伯阳父赵叔带说："以前伊洛（指伊水和洛河）竭而夏亡，河（指黄河）

竭而商亡，现在周如夏商的末季啊！”

周幽王问道：“何以见之？”

赵叔带说：“源塞必然川竭，川竭必然山崩，山崩是预兆，周室天下不出二十年当亡！”

周幽王不为所动。

这年冬天，岐山又崩，赵叔带又上表道：“山崩地裂，是国家不祥之兆，望大王抚恤下民，广开贤路，以弭天变，使社稷无危。”

周幽王听了这个消息，仍然没有太大的触动。他说：“山崩地裂，自然现象。如果你非要说这是上天发现我做了什么坏事，才用地震来警示我，那这上天也够蠢的，它警示我，为什么不震我，震那三川做什么？”

虢石父也在一旁说：“山崩地裂，大王所谓天道之常，有什么不祥？叔带是迂腐的读书人，不知天道，望大王详察！”

周幽王听信虢石父之言，罢免了赵叔带。

右谏议大夫褒珦（xiàng）在下边大声喊道：“怎可罢免赵叔带的官呢？大王，我们是在替大王着想啊。”

周幽王也怒了：“你瞎喊什么？你还是去监狱里待两天吧。”就这样，把褒珦关进了监狱。

褒珦在监狱里一待就是三年。褒家的人千方百计想把褒珦救出来，他们想了许多办法都没有奏效，最后褒珦的儿子洪德说道：“天子荒淫，耽于女色，这是众所周知的事。我听说褒城中姒大家的女儿长得十分清丽，家贫无资，若以百金买下这个女子，进贡给朝廷，一定可以赎回父亲。”

他的母亲同意了，就以百金买下此女子，把她献给了周幽王。果然，褒珦被放了出来。

从此，周幽王不理朝政。

群臣天天守候在宫门外，却不见周幽王的人影。许多国家大事得不到周幽王批准，都无法实施。

亲情敌不过爱情

周幽王置父子亲情于不顾。周朝由此开始跌入万劫不复的深渊……

原来，周幽王有两个儿子，一个是申王后所生的姬宜臼，一个是褒姒所生的姬伯服。按年龄，以姬宜臼为长。论宠爱，则以姬伯服为厚。

自从姬伯服出生之日起，褒姒就日思夜想地让他取姬宜臼而代之，成为周幽王王位的继承人。要成为未来的天子，办法不外乎有两种：一是废掉姬宜臼的母亲申王后，二是想办法除掉姬宜臼。前一种办法常为后代废长立幼者所使用，却为褒姒所不取。不是因为褒姒的心慈手软，而是因为申王后的娘家申国是当时数得上的诸侯强国，一下子废掉申王后，会招来申氏家族的报复。

既然第一个办法行不通，褒姒就用第二种办法。

有一天夜晚，姬宜臼独自一人来到皇家苑囿——上林苑玩耍，这是他从小就喜欢去的地方。或许是在想什么心事吧，他不知不觉地来到了虎苑。这虎苑，建于西周草创之初，内有虎、豹、熊等各种凶猛野兽。平日里，虎、豹、熊等关于囚笼之中。因此，姬宜臼虽然发觉误入虎苑，倒也不怎么着急。但是，刚走了几步，他就发觉气氛有些不对，苑里空无一人，管理皇家苑囿的上林尉和虎苑尉也不知哪里去了。

正思忖间，一只斑斓猛虎从一个本来锁得好好的笼子里跳跃而出。瞬间，姬宜臼隐隐发现有个人影在笼后一闪，他马上明白了，这是一场阴谋。

到了危急关头，姬宜臼反倒冷静下来。当猛虎向他扑来时，他非但没有惊慌逃避，反而迎上前去，用各种办法吓得老虎一惊，后退了几步，姬宜臼借机脱身。

姬宜臼虽然捡回了一条命，但他的母亲——王后申氏却逐渐失宠。

事情的起因是这样的：

一天，周幽王与褒姒在翠华宫游玩，申王后突然来了，褒姒正游玩得起劲，没有按当时宫廷的礼仪起身迎接。申王后心中虽有幽怨却不敢言，回宫后忧容不展。她明白自己已年近四十，再无法以美色和褒姒争一日之长短，唯有终日长吁短叹，郁郁寡欢。

太子姬宜臼见母亲忧闷，跪问原因。申王后说："你父王宠爱褒姒，不分尊卑，今日在翠华宫，见我来了，她仍饮酒自乐，全不退避。将来此婢得志，我母子无容身之处了！"

姬宜臼原本就怀疑那日在上林苑的遭遇是褒姒指使人所为，这次听说母后也受人欺侮，便忿恨地说："这事好办，改天可与数十宫人游御苑赏花，若褒姒来，令宫人将此贱婢乱打一顿。若她奏禀父王，父王不听则已，若有什么事，孩儿必杀之！"

几天后，申王后果然如太子所言将褒姒打了一顿。褒姒回去对周幽王哭诉说："申王后无故令宫人痛打小妾！"

周幽王变色地说："王后怎么敢如此无礼！"

虢石父、尹球借机对周幽王道："臣闻王后失德，嫉妒之心太甚。"

周幽王一听，不禁大怒，立即下诏废除申王后，改立褒姒为正宫。

太子姬宜臼愤愤不平，要杀虢石父。于是，虢石父逃到周幽王处，请求搭救。周幽王盛怒未息，命人将申王后囚于冷宫，废太子姬宜臼，改立褒姒所生的姬伯服为新太子。

从此，再也没有人敢反对褒姒的所作所为，西周王朝也就一步步走向万劫不复的深渊。

“狼”真的来了

“狼来了”的故事告诉我们，说谎话是要付出惨重代价的。然而周幽王不在乎……

虽然周幽王已立褒姒为王后，但褒姒整日愁眉不展。

这让“怜香惜玉”的周幽王伤透了脑筋。为了让褒姒开怀一笑，周幽王费尽心思，绞尽脑汁，能想的办法都想了，可褒姒始终没有笑脸。

周幽王无计可施，只好私下与虢石父说：“你若有什么办法让王后笑一笑，就赏你千金！”

虢石父对周幽王说：“办法倒是有，就怕大王不同意。”

周幽王说：“只要能让王后一笑，怎么干都行！”

虢石父说：“从前西戎强盛，先王怕他们入侵，就在骊山一带设置了几十座烽火台，一旦敌人入侵，烽火台上点起狼烟，诸侯们看到后，就会发兵来救。现在天下太平，烽火台已无用。大王若想要博得王后一笑，不妨同王后去骊山游玩，夜晚点起狼烟，诸侯的救兵必然马上赶到。救兵到来，却不见半个敌人，那场面想必十分滑稽，王后一定会笑。”

周幽王一听，不禁拍了拍虢石父的肩膀说：“关键时候还是你的鬼点子多。行，就照你说的办。”于是周幽王马上和褒姒去骊山游玩。

当天晚上，周幽王在骊山离宫中设宴，与褒姒一起观赏舞乐，同时传令在烽火台点起狼烟。

当时郑国国君桓公正在朝中办事，他听说这件事后，大吃一惊，急忙赶到骊山离宫，劝周幽王说：“烽火台是防备突发事变的，现在无故点起狼烟，不是在戏弄诸侯吗？诸侯如果受骗，必然不再相信大王，今后真有敌人入侵，就算点起狼烟，恐怕诸侯也不会发兵相救了，后果将不堪设想。还请大王三思！”

周幽王却不以为然地说：“现在天下太平，不必担心，我与王后出游，没有什么可消遣的，点起狼烟，不过与诸侯开个玩笑，没有什么大不了的。今后如果有事，与你无关！”

郑桓公见周幽王不听劝谏，只好怆然退下。

群臣们听说周幽王要无缘无故点烽火，也纷纷赶来劝谏。但万里江山怎如美人一笑，周幽王豁出去了。

第一座烽火台点起了狼烟，火光冲天。第二座烽火台的军士望见大火，也点起狼烟。紧接着所有的烽火台都相继点起了狼烟，火光连绵不断，鼓声惊天动地。

各地的诸侯一见焰火冲天，赶紧率领兵马，风尘仆仆地赶到国都。

大军抵达城楼后，一瞧四周，连敌兵的影子都没有，只见周幽王和褒姒在城楼上饮酒作乐。知道自己被天子愚弄了，大家都敢怒不敢言，只能悻悻地率领军队原路返回。

褒姒凭栏远眺，见各诸侯国的军队气喘吁吁地赶来，空忙一场，又偃旗息鼓、垂头丧气地回去，觉得很好玩儿，终于嫣然一笑。

周幽王见褒姒一笑，百媚千娇，更加动人，心里那个爽啊，真是无法用言语来形容。

等诸侯都退走了以后，周幽王觉得好玩的事情就应该多玩几次，于是又让士兵再点燃烽火，诸侯们又急匆匆地带着军队赶来了。周幽王和褒姒一见诸侯们又上当了，一起在烽火台上哈哈大笑。

周幽王说：“爱妃一笑，美不胜收，胜却世间的所有，此皆虢石父的功劳也！”遂以千金赏虢石父。

周幽王“烽火戏诸侯”“千金唯买美人笑”的荒唐作为，让他的老岳父也就是申国国君申侯知道了。本来周幽王废他女儿的王后之位，就让老申侯窝了一肚子火，现在周幽王又公然“调戏”众多诸侯，这让他更加怒不可遏，于是大骂周幽王无道。

没想到的是这些话让虢石父知道了，他就添油加醋地向周幽王奏报说："申侯打算与被废太子姬宜臼谋反，因此故意四处张扬大王的过失。"

周幽王问："那怎么办呢？"

虢石父说："赶快发兵讨伐他，免生后患！"

周幽王一听："对！统统给我灭了，免得多嘴多舌。"于是发兵讨伐申国。

申侯大惊，觉得凭自己那点人还真不是周朝大军的对手，于是就和群臣商量对策。

大夫吕章说："申国的近邻犬戎早就对周幽王不满了，主公不妨写信给犬戎，请求他们出兵一起讨伐无道的周幽王，这样就一定可以免掉申国的灾祸！"

申侯觉得舍此已无良策，只好写信求助于西边的犬戎部落。

犬戎接到申侯的信后，也不含糊，立刻调集兵马，朝着周朝的都城镐京杀了过来，将镐京围得水泄不通。

周幽王见此情景，大惊失色，对虢石父说："速点烽火以搬诸侯的救兵！"

可惜，周幽王点烽火数日，烽火台上白天冒着浓烟，夜里火光冲天，诸侯之兵却一个也没有来——他们都以为这是天子为博得美人一笑，又拿自个儿开涮呢。

在没人救援的情况下，镐京很快被攻陷。

周幽王带着褒姒一路往西逃去，后在骊山下被犬戎兵追上杀了。褒姒也被犬戎掳去，从此不知下落。

当诸侯们得悉犬戎真的打进镐京的消息后，纷纷率领人马前来救援，他们打退犬戎，立原来的太子姬宜臼为天子，这就是周平王。然后诸侯们就回各自的封地去了。没想到他们前脚一走，犬戎后脚又杀了回来，从此隔三岔五就来进犯。

当时镐京的宫殿被焚，国库里也没钱，没办法重建。镐京西边的很多土地又都被犬戎占领，边境烽火连年不息。为了避免犬戎骚扰，周平王干脆于公元前 770 年把都城迁到了洛邑。

周公建洛邑，但周天子并不常居洛邑。到了周平王这时候，才算是正式放弃了镐京，把都城迁到了洛邑，这就是东周的开始。

平王东迁后，周天子的王权开始衰落，渐渐不能担当共主的责任；诸侯势力不断坐大，开始各霸一方，由此拉开了春秋战国的序幕。

简要大事年表

原始社会

女娲“抟土造人”“补天”。

有巢氏建造房屋。

燧人氏钻木取火。

伏羲发明八卦、造书契等。

炎帝选定五谷、尝百草等。

黄帝与炎帝发生阪泉大战。

黄帝、炎帝与蚩尤发生涿鹿大战。

仓颉造字。

尧舜禅让。

禹治水。

夏

禹建夏朝。

禹传位于儿子启。

少康中兴。

孔甲养龙丧命。

夏桀宠爱施妹喜。

夏桀杀大臣关龙逄。

商

公元前 1600 年 商汤灭夏建商。

公元前 1300 年 盘庚迁都于殷。

公元前 1250 年　武丁即位，开创盛世。

公元前 1113 年　武乙遭雷劈而亡。

西　周

公元前 1046 年　周武王建周，史称西周。

公元前 976 年　周昭王南征溺水而亡。

公元前 976 年　周穆王继位，后西巡。

公元前 841 年　国人暴动。

公元前 781 年　周宣王暴病身亡。

公元前 771 年　犬戎攻破镐京，周幽王被杀，西周灭亡。

主要帝王列表

夏

禹（生卒年不详） 一般认为是他建立了夏朝。有说法认为其在位四十五年。

启（生卒年不详） 在位三十九年。废除了“禅让制”。也有人认为是其建立了夏朝。

太康（生卒年不详） 在位一年。吃喝玩乐之辈。即位头年即被后羿夺位，史称“太康失国”。

少康（公元前1972年~公元前1912年） 在位二十一年。一生大有作为，史称“少康中兴”。

扃（生卒年不详） 在位十八年。除戒奢侈、重俭朴以外，并无真正的治国之才。

孔甲(生卒年不详） 在位九年。昏君一个，除了喜欢信鬼神和养“龙”外，一无是处。后死得不明不白。

桀（？~公元前1600年） 在位约五十二年。一生荒淫无度，暴虐无道，是夏朝的亡国之君。

商

商汤（约公元前1670年~公元前1587年） 商朝开国君主。在位十二年。开创了中国历史上通过武力改朝换代的先例。

盘庚（生卒年不详） 在位五十年。是商朝一位很有作为的君主。迁都到殷后，使衰落的商朝出现复兴的局面。

武丁（？~公元前1192年） 在位五十九年。和其子祖庚（在位十年）、祖甲（在位三十三年）共同开创了商朝历史上最强盛的“黄金百年”。

武乙（？～公元前 1076 年） 在位三十五年。曾努力挽救国势，但是成效不大。后死于雷劈。

纣王（约公元前 1105 年～公元前 1045 年） 在位三十年。一生荒淫无度，滥杀无辜，是历史上有名的暴君，也是商朝的亡国之君。

西　周

周文王（公元前 1152 年～公元前 1056 年） 周朝的奠基者。靠德行赢得百姓的拥戴，是中国历史上的一代明君。

周武王（？～公元前 1043 年）: 周朝的开国君主,在位四年。军事、政治才能堪称卓越，是中国历史上的一代明君。

周成王（公元前 1055 年～公元前 1020 年） 在位二十二年。与其子周康王（？～公元前 995 年，在位二十五年）一起，按照周朝的典章制度治理国家，开创了“成康之治”。

周昭王（？～公元前 976 年） 在位十九年。一生无作为，酷爱奇花异草、飞禽走兽，后在伐楚时溺水而亡。

周穆王（约公元前 1054 年～公元前 949 年） 在位五十五年。是中国古代历史上最富于传奇色彩的帝王之一，其多年西巡虽然加强了中原与西域的联系，但也为西周的衰落埋下了祸根。

周厉王（公元前 904 年～公元前 827 年） 在位三十七年。重用奸臣，以国家名义垄断山林川泽，残酷剥削和压制百姓，最终导致了“国人暴动”的发生，自己也客死他乡。

周幽王（公元前 795 年～公元前 771 年） 在位十一年。一生沉湎于酒色，不爱江山爱美人，最终导致西周灭亡，自己也死于异族之手。